SOMMAIRE

W9-BDD-893

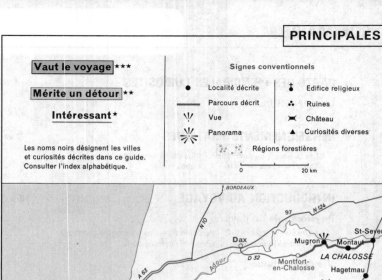

PRINCIPALES

Vaut le voyage ★★★

Mérite un détour ★★

Intéressant ★

Les noms noirs désignent les villes et curiosités décrites dans ce guide. Consulter l'index alphabétique.

Signes conventionnels

● Localité décrite
— Parcours décrit
Ⅴ Vue
Ⅵ Panorama

✝ Edifice religieux
⁂ Ruines
⚔ Château
▲ Curiosités diverses

Régions forestières

0   20 km

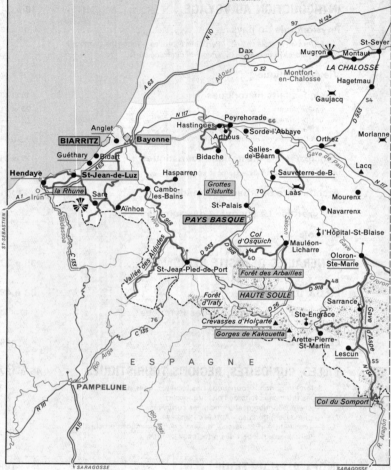

LES SCHÉMAS DE CE GUIDE

CURIOSITÉS

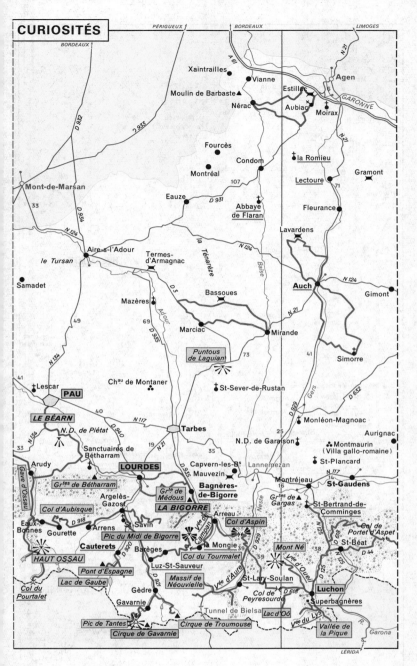

PÉRIGUEUX   BORDEAUX   LIMOGES

BORDEAUX

Xaintrailles
Vianne
Agen
Moulin de Barbaste
Nérac
Aubiac   Moirax
Estillac
GARONNE

Fourcès
Condom
la Romieu
Montréal
Gramont
Lectoure
Eauze
Fleurance
Abbaye de Flaran
Lavardens

Mont-de-Marsan

Aire-s-l'Adour
Termes-d'Armagnac
Auch
Gimont
le Tursan
la Ténarèze

Samadet
Mazères
Bassoues
Marciac
Mirande
Simorre
Puntous de Laguian
St-Sever-de-Rustan
Monléon-Magnoac
Ch^{au} de Montaner
Aurignac

Lescar
PAU
Montmaurin (Villa gallo-romaine)
LE BÉARN
N.D. de Piétat
Tarbes
N.D. de Garaison
St-Plancard
Sanctuaires de Bétharram
Capvern-les-B^s
Lannemezan
Montréjeau
St-Gaudens
LOURDES
Mauvezin
Gr^{tes} de Gargas
St-Bertrand-de-Comminges
Arudy
Gr^{tes} de Bétharram
Gr^{te} de Médous
Bagnères-de-Bigorre
Arreau
Col de Portet d'Aspet
Argelès-Gazost
LA BIGORRE
Col d'Aspin
Col d'Aubisque
St-Savin
St-Béat
Eaux-Bonnes
Arrens
Pic du Midi de Bigorre
la Mongie
Mont Né
Gourette
Cauterets
Barèges
Col du Tourmalet
HAUT OSSAU
Luz-St-Sauveur
Massif de Néouvielle
St-Lary-Soulan
Luchon
Pont d'Espagne
Superbagnères
Lac de Gaube
Gèdre
Col de Peyresourde
Col du Pourtalet
Gavarnie
Tunnel de Bielsa
Lac d'Oô
Pic de Tantes
Cirque de Troumouse
Vallée de la Pique
Cirque de Gavarnie

LÉRIDA

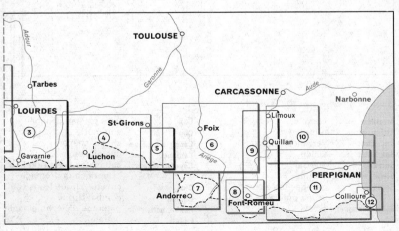

Adour
TOULOUSE
Garonne
Tarbes
CARCASSONNE
Aude
Narbonne
LOURDES
St-Girons
Limoux
③
④
Foix
⑥
⑨
Quillan
⑩
Gavarnie
Luchon
⑤
Ariège
PERPIGNAN
⑦
⑧
⑪
Collioure
Andorre
Font-Romeu
⑫

5

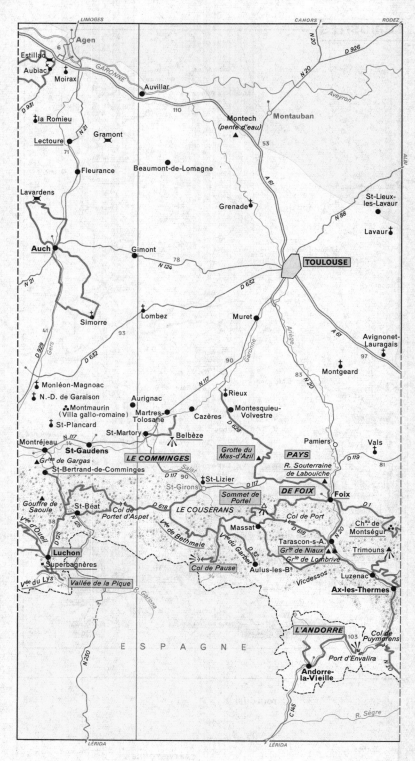

Quelques termes pyrénéens

Arraillère	éboulis	**Calm**	haut plateau dénudé
Arrieu, arriu	ruisseau	**Cap**	sommet
Bac, ubac	versant à l'ombre	**Casse, cassagne**	chêne, chênaie
Bat, baigt	vallée	**Castanet**	châtaigneraie
Bernède	aulnaie	**Cayolar, cujala**	cabane de berger où l'on
Bielle, vielle	village		fabrique du fromage
Borde	grange-étable sur	**Clot**	cuvette, cirque (sans eau)
	une prairie de fauche	**Coume**	combe, cirque
Bosc, bousquet	bois	**Estibe, estive**	pâturage d'été, en altitude
Boum	lac	**Faget**	hêtraie

6

LE PYRÉNÉISME

Le pyrénéisme − c'est-à-dire l'étude et la pratique de la montagne pyrénéenne − a gardé, de ses origines, une empreinte de ferveur et d'élégance, héritée du tempérament pour le moins original des premiers grands ascensionnistes, férus de fortes impressions ou de douces rêveries.

Les contemplatifs. − **Ramond de Carbonnières** (1755-1827), secrétaire du cardinal de Rohan, arrive aux eaux de Barèges en 1787. Du sommet du pic du Midi de Bigorre il contemple, fasciné, le Mont Perdu, « la plus belle montagne calcaire ». Ses pérégrinations, interrompues par l'instabilité des carrières politiques, le conduisent enfin en 1802 à la cime convoitée. Le comte **Henry Russell** (1834-1909), de sang irlandais et gascon à la fois, a déjà contemplé les Andes et l'Himalaya au cours de ses voyages. Pourtant c'est à l'exploration des Pyrénées qu'il se voue à partir de la trentaine. Il a une dilection particulière pour le Vignemale − qu'il gravit 33 fois − se faisant aménager près du sommet 7 « villas » (grottes-abris). Ses ouvrages, les Grandes Ascensions des Pyrénées, Souvenirs d'un Montagnard, suscitèrent de nombreuses vocations.

Le pyrénéisme professionnel. − Les relevés géodésiques et topographiques préparant l'édition de la carte d'État-Major ont fourni l'occasion d'exploits restés longtemps inconnus (voir p. 76).

Outre les militaires, de grands cartographes ont œuvré à titre privé pour une meilleure connaissance des Pyrénées. **Franz Schrader** (1844-1924), auteur d'un fameux atlas de géographie, réunissait des capacités de topographe, de dessinateur et de graveur qu'il employa à lever et à dresser une carte des Pyrénées Centrales à 1/100 000. La moisson de renseignements réunis par Schrader, Wallon, de Saint-Saud, sur le versant espagnol et exploités par le colonel Prudent pour une carte de France officielle à 1/500 000 (1871-1893) est si abondante que certains membres du Club Alpin Français s'étonnèrent à l'époque de la part trop belle faite aux Pyrénées dans leur annuaire !

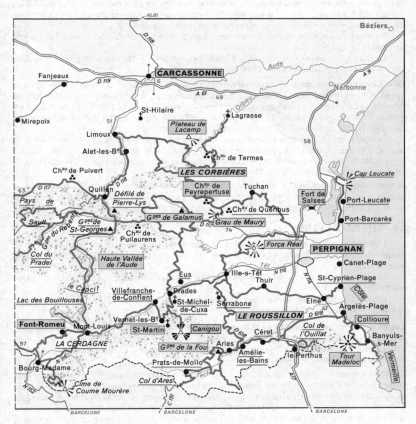

Fitte, Hitte	pierre dressée, borne	**Pech, pouey,**	mont aux formes
Fourque	col	**pog**	lourdes
Gar, ger, ker	rocher	**Pène**	crête rocheuse abrupte
Hount	source	**Port, Portet**	col
Jer, Germ	herbage d'altitude	**Pla**	plateau, petite plaine
Lane	plaine	**Rec, riu**	ruisseau
Lis, lite	avalanche	**Soulan, soulane**	versant ensoleillé
Mal, Mailh	rocher escarpé	**Soum**	sommet arrondi
Neu	neige	**Tuc, tusse, truc**	sommet tronqué, bien
Orry	cabane de pâtre		détaché
Oule, oulette	cirque	**Turon**	piton
		Vic	communauté de vallée

LES CLIMATS

Les Pyrénées constituent la chaîne de montagnes la plus ensoleillée de France. Elles restent cependant soumises, particulièrement à l'Ouest et en bordure du massif, à un régime de pluies océaniques engendrant de fortes variations dans le rythme et l'humidité des saisons.

L'Extrême-Sud-Ouest. — Les pluies sont très abondantes dans les Pyrénées-Atlantiques, les Hautes-Pyrénées et au Sud des Landes. Abondantes aussi le long du front pyrénéen jalonné par Oloron, Lourdes et Bagnères-de-Bigorre, où elles peuvent faire baisser passagèrement, mais sensiblement, les températures certains jours d'été.

L'atmosphère reste calme et cette absence de courants d'air violents a fait la fortune de Pau comme séjour climatique.

Le mois d'octobre, dans toute cette région atlantique, est l'un des plus séduisants pour ses lumineuses journées.

La Gascogne, le Toulousain, le Lauragais connaissent de violents orages d'été et un régime de températures contrastées. Des sautes de vent interrompent les courants dominants d'Ouest et du Nord-Ouest : en automne, l'**autan** (vent du Sud-Est) balaie les plaines de son souffle tiède, sec puis chargé de pluie, dégénérant en rafales furieuses funestes aux cultures fragiles, jusqu'à Agen.

Les ciels d'été du Toulousain et du Lauragais sont fréquemment brouillés, avec cette luminosité douce et un peu laiteuse notée par le géographe Emmanuel de Martonne : « le Méditerranéen ne se sent plus chez lui. L'homme du Nord n'est cependant guère moins dépaysé ».

Le versant méditerranéen. — La sécheresse et la chaleur des étés constituent sa caractéristique essentielle. La moyenne des températures des mois d'été est la plus élevée de France (22°3 à Perpignan). Le **marin**, vent de mer, apporte quelques pluies, rares certes en cette saison mais amenant un temps complètement « bouché ».

En hiver, surtout, les coups de **tramontane**, vent froid et sec du Nord-Ouest, peuvent être comparés au mistral pour leur brutalité.

Le Roussillon et les contreforts des Pyrénées méditerranéennes sont plus arrosés au printemps et en automne qu'en plein hiver.

Le climat de montagne. — L'exposition des versants, l'influence du relief et de l'altitude apportent une infinité de nuances aux climats des vallées pyrénéennes. Une position abritée devient un privilège pour les bassins intérieurs : Argelès-Gazost, Luz-St-Sauveur..., pour les vallées et massifs soustraits aux flux pluvieux d'Ouest (haute vallée d'Aure et massif de Néouvielle) ou du Sud-Est (Conflent, Cerdagne, Vallespir).

Les grandes vallées sont balayées par les brises de montagne soufflant le matin de la plaine vers les hauteurs et engendrant à la mi-journée la formation de nuages sur les sommets ; le soir un phénomène identique se produit mais en sens inverse. La régularité de ce mécanisme est l'indice d'un temps stable.

En quelle saison voir les lacs ? — De nombreux lacs pyrénéens étant aménagés en retenue, la saison la plus favorable à la visite des lacs se termine début juillet. Par la suite, les prélèvements à destination hydro-électrique risquent de dénaturer leur site.

LE THERMALISME

L'abondance des sources minérales et thermales de composition, de nature et de propriétés thérapeutiques très diverses est un des traits caractéristiques de la région pyrénéenne.

La tendance actuelle est au développement d'installations équipées pour la rééducation motrice (Luchon, Vernet, etc.)

L'enseignement et les recherches d'hydrologie médicale restent l'une des spécialités de la Faculté de Médecine de Toulouse.

Types de sources minérales et thermales. — Les eaux minérales et thermales sont pour la plupart très instables et s'altèrent sitôt sorties de terre. Il est donc indispensable, pour en tirer un profit thérapeutique maximum, d'en user sur place. C'est la principale raison de l'existence des stations thermales.

Sources sulfurées. — Elles se situent dans la zone axiale (voir carte p. 10) et s'échelonnent entre Eaux-Bonnes et Amélie-les-Bains. Leur température varie entre 13°5 et 80°. Le soufre, qualifié de « divin » par les Grecs, en témoignage de ses vertus médicales, entre dans leur composition en combinaisons chloro-sulfurées et sulfurées-sodiques. Sous forme de bains, douches, humages, ces eaux sont utilisées dans le traitement des affections du nez, de la gorge, des oreilles et des bronches, des dermatoses, des affections osseuses, rhumatismales et rénales, des affections féminines.

Les principales stations de ce groupe sont : Eaux-Bonnes, Cauterets, St-Sauveur, Barèges, Luchon, Ax-les-Thermes, Vernet, Molitg, Amélie-les-Bains et la Preste. Elles jalonnent la Route des Pyrénées.

Sources salées. — Ces sources se trouvent en bordure du massif ancien. Selon leur composition minéralogique, on distingue les eaux sulfatées ou bicarbonatées-calciques, dites « sédatives », employées à Bagnères-de-Bigorre, Capvern, Ussat, Rennes, Alet et au Boulou dans le traitement des affections nerveuses, hépatiques ou rénales.

Les eaux chlorurées sodiques sont souveraines, sous forme de douches et de bains, pour soulager les affections gynécologiques et infantiles. Salies-de-Béarn et Salies-du-Salat sont leurs stations les plus marquantes.

LA PÊCHE EN EAU DOUCE

La région pyrénéenne, riche en lacs, en rivières aux eaux vives et froides, attire de nombreux pêcheurs. Généralement le cours supérieur des rivières est classé en 1re catégorie (salmonidés dominants), les cours moyen et inférieur en 2e catégorie (salmonidés non dominants).

La pêche en montagne. — Deux régions sont particulièrement réputées pour leurs lacs, alevinés en salmonidés :

— **le Parc National**, avec ses 120 lacs. *Inventaire dans la brochure « La pêche sportive dans le Parc National des Pyrénées » par P. Chimits (Comité Départemental du Tourisme des Hautes-Pyrénées, 6 rue Eugène-Ténot, 65000 Tarbes).*

— **la région des Bouillouses**, avec sa vingtaine de lacs, facilement accessibles au départ de Font-Romeu. *S'adresser à l'Office de Tourisme de la station.*

Documentation courante. — Parmi les documents les plus diffusés, citons :

— la carte-dépliant commentée « Pêche en France » publiée par le Conseil Supérieur de la Pêche, mise en vente à la Fédération interdépartementale de Paris, « Les Juilliottes », 2 rue Louis-Pergaud, 94700 Maisons-Alfort ;

— les dépliants (périodes d'ouverture, cours d'eau, lacs d'altitude...) publiés par les Fédérations départementales de Pêche (sièges à Dax, Pau, Agen, Auch, Tarbes, Toulouse, Saurat (pour l'Ariège), Carcassonne, Perpignan).

TARIFS ET HEURES DE VISITE

Les indications données dans ce guide concernant les conditions de visite (tarifs, horaires, jours ou périodes de fermeture) s'appliquent à des touristes voyageant isolément et ne bénéficient pas de réduction. Les descriptions, de façon générale, ne tiennent pas compte des expositions temporaires ou itinérantes.

Dans certains monuments ou musées — en particulier lorsque la visite est accompagnée — il arrive que les visiteurs ne soient plus admis 1/2 h avant la fermeture. En outre un certain nombre d'entre eux sont fermés le mardi, même parmi les plus importants et en saison touristique.

Églises. — Les églises ne se visitent pas pendant les offices. Pour celles qui sont ordinairement fermées, nous indiquons les conditions de visite si l'intérieur présente un intérêt particulier.

Groupes. — Pour les groupes constitués, il est généralement possible d'obtenir des conditions particulières concernant les horaires ou les tarifs, avec un accord préalable.

Visites-conférences, visites organisées. — A Auch, Carcassonne, Condom, Dax, Foix, Lectoure, Lourdes, Perpignan, St-Bertrand-de-Comminges, St-Lizier, St-Sever, Sordes-l'Abbaye et Toulouse des visites de ville sont organisées de façon régulière, en saison touristique ; *s'adresser à l'Office de Tourisme ou au Syndicat d'Initiative.*

QUELQUES LIVRES

Géographie - Histoire - Art

Pyrénées françaises, par J.-J. CAZAURANG *(Paris et Grenoble, Arthaud, collection « Le monde en images »).* Grand tourisme.

Montagnes Pyrénées, par J.-L. PÉRES et J. UBIERGO *(Paris et Grenoble, Arthaud).* Axé sur l'alpinisme et la conquête des Pyrénées.

Flore et Faune des Pyrénées *(Colmar-Ingersheim, SAEP).*

Splendeurs et gloires des Pyrénées, par P. de Gorsse *(Paris, France-Empire).*

Histoire du Languedoc, Histoire de Toulouse *(Toulouse, Privat, collection « Univers de la France »),* ouvrages collectifs de conception universitaire, et **Documents de l'Histoire de l'Aquitaine.**

La Vie quotidienne des Cathares, entre autres ouvrages, par R. NELLI *(Hachette, collection « La Vie Quotidienne »).*

La Citadelle du vertige, par M. ROQUEBERT et C. SOULA *(Toulouse, Privat).*

L'Épopée cathare *(2 vol.),* par M. ROQUEBERT *(Toulouse, Privat).*

La Croisade albigeoise, par M. ZERNER-CHARDAVOINE *(Paris, Gallimard-Juillard).*

Itinéraires romans en Roussillon, par André Duprey *(collection Zodiaque, exclusivité Weber).*

Guides de haute montagne et de randonnée

Guides OLLIVIER. — Pyrénées Occidentales, Pyrénées Centrales (5 vol., de la vallée d'Aspe à la vallée de Luchon). *Pau, Librairie Parisienne (dépositaire).* Haute montagne.

Topo-guide du sentier de Grande Randonnée GR 10 « PYRÉNÉES », (4 fascicules parus, d'Hendaye à Banyuls). *Comité National des Sentiers de Grande Randonnée, 92, rue de Clignancourt, 75883 PARIS Cedex 18.*

Haute Randonnée Pyrénéenne, par G. VÉRON. D'Hendaye à Banyuls, en suivant les crêtes au plus près *(chez l'auteur, 10, rue Pierre-de-Fermat, 65000 Tarbes).*

D'autres guides de montagne sont publiés par les sections locales du C.A.F. (Lourdes-Cauterets, Perpignan, etc.). Se renseigner sur place.

INTRODUCTION AU VOYAGE

PHYSIONOMIE DU PAYS

La division des Pyrénées en trois grandes régions naturelles d'Ouest en Est est justifiée par des différences de structure, de climat, de végétation ; la langue et la race des habitants soulignent cette distinction.

LA FORMATION DE LA CHAÎNE

La chaîne des Pyrénées, que l'on voit, de Pau, se dessiner au-dessus des coteaux béarnais, frappe par la continuité de ses crêtes finement échancrées, ne laissant place, vues à cette distance, ni à des cimes maîtresses, hormis le pic du Midi d'Ossau, ni à des seuils.

L'obstacle que dresse la chaîne, sur 400 km en territoire français, de l'Atlantique à la Méditerranée, est mince (30 à 40 km sur le versant français) mais massif et continu : l'altitude moyenne des Pyrénées atteint 1 008 m, ne le cédant que d'une centaine de mètres à celle des Alpes françaises, alors que, si l'on s'en rapporte aux altitudes maximum, le Mont Blanc surpasse de 1 400 m le pic d'Aneto.

L'histoire du massif. — Sur l'emplacement actuel des Pyrénées s'élevaient des montagnes hercyniennes comme le Massif Central ou les Ardennes. Mais, alors que celles-ci ont connu une carrière relativement tranquille, le bloc pyrénéen s'est trouvé inclus dans une zone particulièrement instable de l'écorce terrestre.

Les formations hercyniennes, déjà vigoureusement plissées, furent, après un premier stade de nivellement, il y a 200 millions d'années environ, submergées et recouvertes de dépôts (formations secondaires), puis reprises littéralement « de fond en comble » par le plissement alpin dont les tout premiers spasmes se firent sentir ici.

Sous l'effort du plissement, les couches les plus récentes, encore relativement plastiques, plient sans se rompre ; mais le vieux socle rigide se brise et se disloque. Au voisinage des fractures, des sources thermales jaillissent, des gîtes métallifères se constituent.

Pendant tout ce temps, l'érosion ne cesse de niveler l'édifice. Multipliant ses attaques contre les régions surélevées, elle fait réapparaître, par décapage, les formations sédimentaires primaires et même, en certains endroits, le noyau cristallin. Lors des premières grandes invasions glaciaires, à l'aube du Paléolithique *(voir p. 20)*, les Pyrénées apparaissent à nouveau démantelées, ayant perdu plusieurs milliers de mètres d'épaisseur depuis la phase alpine. Les matériaux arrachés à la montagne s'épandent sur l'avant-pays.

L'ossature de la chaîne. — Le bourrelet de la chaîne, vu en plan, paraît régulièrement tronçonné en bastions par des vallées transversales perpendiculaires à la ligne de faîte principale. Mais, dans le détail, la chaîne n'en répond pas pour autant à la figuration sommaire — genre arête de poisson — qu'en donnaient les atlas de jadis.

PYRÉNÉES CENTRALES

La structure pyrénéenne se caractérise par la juxtaposition de grandes unités géologiques disposées longitudinalement. En venant de Toulouse, on rencontre :

— Les **Prépyrénées** (Petites Pyrénées et Plantaurel), hauteurs modestes, mais remarquables par la disposition alignée de leurs crêtes calcaires témoignant de plissements de style jurassien, coupées de « cluses » (défilés de Boussens sur la Garonne, de Labarre sur l'Ariège, en aval de Foix) ouvrant aux cours d'eau le chemin de la plaine.

— Les contreforts proprement dits : terrains d'ère secondaire, crétacés ou jurassiques, plissés de façon plus violente. Les crêtes calcaires ou gréseuses, fortement disséquées, y font place dans la région de Foix à des massifs cristallins de roches sombres détachés de la zone axiale, tels que le massif du St-Barthélemy.

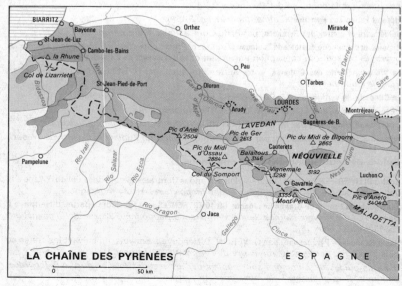

LA CHAÎNE DES PYRÉNÉES

— La **zone axiale**, la véritable échine pyrénéenne où, parmi les sédiments primaires, surgissent des noyaux granitiques reconnaissables surtout au modelé de leurs crêtes finement ciselées par l'érosion glaciaire : massif du Balaïtous, de Néouvielle, des Pyrénées luchonnaises, de la Maladetta. Au granit franc ne correspondent pas toujours des points culminants car il existe des variétés très dures de schistes et de calcaires, encore plus résistantes à l'érosion.

Les massifs granitiques sont les zones les plus riches en lacs de la montagne pyrénéenne.

— Au Sud, soulevée jusqu'à plus de 3 000 m d'altitude au Mont Perdu, la couverture de sédiments secondaires se développe surtout en Espagne. Le relief calcaire y compte deux « chefs-d'œuvre » : en Espagne, le canyon de la vallée d'Ordesa (parc national), en France, le fond du cirque de Gavarnie, aux gigantesques assises empilées.

Les vallées. — L'absence d'un grand sillon qui, à l'intérieur de la chaîne, relierait, parallèlement à la ligne de faîte, les vallées transversales, reste un obstacle aux communications internes, tributaires dans les Pyrénées centrales de cols impraticables en hiver. Chaque vallée transversale est donc restée longtemps étroitement cloisonnée et cette disposition a favorisé la survivance des modes de vie de petits « pays » comme le Lavedan, le Pays Toy, les Quatre Vallées, le Couserans. Ces percées sont loin d'être inhospitalières : malgré les défilés qui les rétrécissent, elles semblent prolonger en pleine montagne les plaines du bas-pays aquitain, avec le privilège d'un climat bien abrité (voir p. 8).

Les Pyrénées pittoresques. — La vallée de Cauterets illustre les attraits des Pyrénées traditionnelles, qui pénétrèrent tant d'« âmes sensibles » et inspirèrent tant de talents : vallées fortement encaissées mais dont les abrupts laissent rapidement place, en altitude, à de vastes étendues pastorales doucement modelées, nombreux lacs, gaves puissants et limpides. Ces attraits, joints aux bienfaits des cures thermales, s'accordaient à merveille au goût romantique, flatté de surplus par l'originalité des coutumes locales et le piment exotique de l'Espagne toute proche.

Malgré l'abandon progressif des habitations temporaires (bordes, cortals), des vieux chemins et des pâturages en altitude, les Pyrénées centrales maintiennent, tout au moins dans la zone axiale, l'image aimable de montagnes humanisées.

Les glaciers. — A ces contrastes de couleurs et de formes s'ajoutent les accidents dont sont responsables les anciens glaciers, qui poussaient, il y a une centaine de siècles, leur langue terminale jusque sur l'emplacement actuel de Lourdes, Montréjeau et Tarascon.

Ces géants ont été ramenés depuis à des surfaces infimes (moins de 10 km² pour toutes les Pyrénées, contre 400 km² dans les seules Alpes françaises) et l'on ne compte dans la chaîne qu'un seul glacier complet (avec langue glaciaire), le glacier d'Ossoue, sur le versant Est du Vignemale.

Le touriste doit encore aux glaciers ce qui fait l'imprévu d'une excursion au cœur des Pyrénées : vallées tour à tour étranglées et épanouies, cimes déchiquetées, cirques, lacs (plus de 500 dans les Pyrénées françaises), vallées suspendues, cascades, buttes et levées morainiques, blocs erratiques. Sans leur empreinte, l'aménagement de hautes chutes pour la production d'énergie hydro-électrique aurait pu difficilement être envisagé.

Les sommets. — Si des pics tels que le Balaïtous (alt. 3 146 m), le Vignemale (alt. 3 298 m) sont sur la ligne de partage des eaux, des ensembles aussi puissants que ceux du Posets (alt. 3 371 m), de la Maladetta (alt. 3 404 m au pic d'Aneto, le point culminant de la chaîne) sont entièrement sur le versant espagnol. En revanche, sur le versant français, le pic du Midi d'Ossau (alt. 2 884 m) doit la majesté de sa silhouette à des pointements de roches volcaniques et le pic du Midi de Bigorre (alt. 2 865 m) sa réputation à sa position avancée, au-dessus de la plaine. Le massif de Néouvielle enfin (alt. 3 192 m au pic Long, 3 173 m au pic de Campbieil), constitue un extraordinaire château d'eau dont les réserves sont maintenant presque totalement utilisées au profit de l'équipement hydro-électrique des vallées du gave de Pau et de la haute Neste.

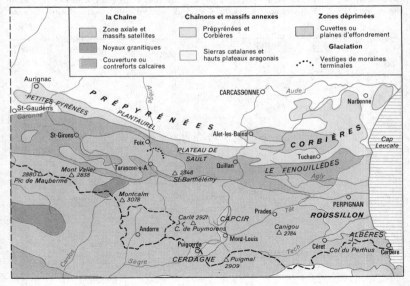

PYRÉNÉES ATLANTIQUES

Elles se caractérisent, géographiquement, par la disparition de la zone axiale. Cette particularité engendre une confusion accrue des reliefs et l'on ne trouve plus là de ligne de faîte continue, propre à fixer une frontière « naturelle ».

Les accidents de relief les plus remarquables apparaissent à l'Est, dans la couverture calcaire de la zone axiale *(voir carte p. 10)* : pic d'Anie (2 504 m), traits de scie des gorges de Kakouetta et d'Holçarté. Le sous-sol de ces calcaires fissurés et criblés de gouffres est devenu pour les spéléologues un immense domaine d'exploration et d'étude.

Ces « Basses » Pyrénées présentent une montagne abondamment boisée et relativement peu pénétrable (forêt d'Iraty). Contrairement aux Pyrénées centrales, les conditions naturelles n'y sont pas favorables, en altitude, à l'habitat, même temporaire.

Plus près de l'océan règne une topographie plus calme, témoin d'une réapparition de roches gréseuses ou cristallines composant le décor du Pays Basque : sommet de la Rhune, mont Ursuya (Cambo), monts encadrant St-Jean-Pied-de-Port. Mais, dans l'ensemble, le paysage entre l'Adour et l'Espagne fait la plus grande place à des collines modelées dans une masse hétérogène de sédiments de formation marine.

Les Pyrénées basques. — La cohésion et le charme de la région tiennent surtout au climat océanique, abondant dispensateur d'humidité, à l'armature que lui confèrent la langue et la civilisation basque, aux liens étroits tissés avec les provinces voisines du Guipuzcoa et de la Navarre. Le trafic transpyrénéen est canalisé surtout par la route côtière, mais les autres passages restent aussi très utilisés par les touristes et les frontaliers, depuis la grande époque des pèlerinages de Compostelle *(détails p. 22).*

Ces passages ne sont excentriques que du point de vue de l'observateur français : replacés dans l'alignement de la façade Nord de la péninsule ibérique, côte cantabrique comprise, ils occupent une position sensiblement médiane et sont donc les mieux placés pour les communications avec le centre de l'Espagne : on peut le vérifier en traçant sur une carte d'Europe une ligne de Paris à Madrid.

La côte. — Les dunes landaises et leurs pinèdes se prolongent au-delà de l'embouchure de l'Adour jusqu'à la pointe de St-Martin, près de Biarritz. Mais, plus au Sud, la ligne de rivage tranche les plis pyrénéens. Les roches, fortement plissées et feuilletées, forment des petites falaises inclinées qui ont fait la réputation pittoresque de la « corniche basque ».

L'AVANT-PAYS GASCON

Le Bassin Aquitain fait partie des bassins sédimentaires français résultant du comblement d'une fosse marine. Mais la particularité de la région décrite dans ce guide, entre les Pyrénées et la ligne Garonne moyenne — Toulouse — seuil du Lauragais, réside dans l'importance du remblaiement par d'énormes masses de débris provenant de la désagrégation de la chaîne, à partir de la fin de l'ère tertiaire.

Le **molasse** est la formation la plus répandue dans le Pays gascon, le Toulousain et le Lauragais. Ses bancs de sable, souvent cimentés en grès mous jaunâtres et entrecoupés de lits calcaires et marneux discontinus, déterminent un paysage de collines confus. Les sols de culture se partagent entre les **terreforts,** argileux et lourds à travailler, et les **boulbènes** limoneuses et plus légères mais moins fertiles et plus indiquées pour l'élevage.

Les coteaux de Gascogne. — Leurs longues et maigres rivières affluentes de la Garonne divergent vers le Nord et découpent les collines de l'Armagnac en fines lanières ; elles tracent sur la carte un immense éventail. A la sortie des grandes vallées pyrénéennes (Neste d'Aure, gave de Pau), les torrents se sont déchargés des débris qu'ils charriaient. Ces dépôts auxquels se mêlent d'anciens matériaux morainiques entraînent la pauvreté des sols : on suit ainsi une bande de landes entre le haut plateau de Lannemezan, le plateau de Ger à l'Ouest de Tarbes, et la lande de Pont-Long, au Nord de Pau.

Les rivières gasconnes, vraisemblablement alimentées par les eaux pyrénéennes avant les dernières glaciations, ont été coupées de leurs sources vives par les moraines qui ont dévié vers l'Est, à la rencontre de la Garonne, l'abondante Neste d'Aure dès sa

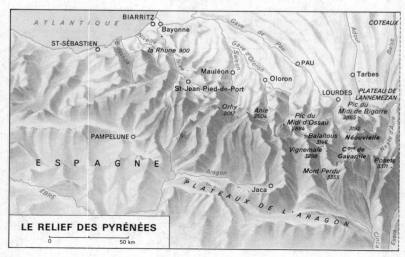

LE RELIEF DES PYRÉNÉES

0   50 km

sortie de la chaîne. Aussi un canal de dérivation branché sur la Neste réalimente-t-il, depuis 1860, en période de sécheresse, la Baïse, le Gers, la Gimone et la Save. Le plan d'aménagement actuel des coteaux de Gascogne (1951) a mis en œuvre un programme d'irrigation faisant appel non seulement à la Neste, mais aussi aux pompages dans la Garonne et aux réserves de lacs stockant les eaux de ruissellement. Certains de ces lacs (Marciac, Miélan, Thoux-St-Cricq) se prêtent déjà aux sports nautiques.

Les pays de l'Adour. — La courbe de l'Adour crée une nouvelle ligne maîtresse dans l'hydrographie. La convergence de toutes les rivières et gaves vers Bayonne est l'indice d'un enfoncement persistant du socle sous les mers, depuis la fin de l'ère secondaire.

A l'intérieur de ce grand arc de l'Adour, règne un paysage de collines lacérées par les affluents du fleuve. Les versants s'abaissent en terrasses plus ou moins en friche vers les fonds alluviaux cultivés des **rivières** — par exemple la dépression dite Rivière Basse drainée par l'Adour, entre Maubourguet et Aire, et par l'Arros. La géophysique, à l'occasion des sondages de Lacq, a permis de reconnaître, en profondeur, le prolongement des structures plissées pyrénéennes.

PYRÉNÉES MÉDITERRANÉENNES

Les Pyrénées méditerranéennes constituent le secteur le plus épanoui de la chaîne. Elles sont en effet épaulées, au Nord, par un massif annexe, les Corbières, dont l'avancée jusqu'en vue de la Montagne Noire, dernière ride méridionale du Massif Central, sépare le Bassin Aquitain des plaines du Languedoc méditerranéen.

Entre les Corbières et la zone axiale, les contreforts calcaires diffèrent, par plusieurs traits de relief et de paysage, de l'enveloppe sédimentaire Nord des Pyrénées centrales. Au plateau de Sault, sorte de causse forestier, succèdent des alignements de crêtes dont les silhouettes aiguës se redressent au-dessus du sillon du Fenouillèdes. L'Aude, née dans la zone axiale, creuse cette carapace de gorges grandioses.

Ces Pyrénées orientales, les plus fortement rehaussées par le soulèvement d'ensemble, ont été ramenées à des altitudes moindres que les Pyrénées centrales. Émergées les premières, elles ont subi plus longuement les atteintes de l'érosion et n'ont connu qu'une glaciation réduite, autour du massif du Carlit. Les sommets chauves, aux lignes émoussées, prédominent dans le paysage, surtout lorsque affleurent les granits.

A l'Est du Canigou, la montagne s'engloutit dans la fosse occupée par la Méditerranée. Les Albères, dernière avancée de roches cristallines de la chaîne, isolent deux compartiments affaissés : au Nord, le Roussillon, au Midi (en Espagne), l'Ampurdan, anciens golfes remblayés par des alluvions tertiaires sur plusieurs centaines de mètres (800 m dans le Roussillon).

Les vallées roussillonnaises. — Les sillons parallèles de la Têt et du Tech mettent en valeur la masse du Canigou (alt. 2 784 m). Ils permettent aux influences méditerranéennes de pénétrer au cœur de la montagne. La luminosité et la sécheresse de l'air font la réputation de leurs stations climatiques qui se parent d'une végétation tropicale : orangers et lauriers-roses y croissent en pleine terre.

Les fleuves côtiers connaissent de brutales variations de régime. Les inondations de l'automne 1940 sont restées dans le souvenir : Amélie reçut entre le 16 et le 19 octobre presque autant d'eau (758 mm) qu'en une année normale entière. On put estimer que, durant ces trois journées, le Tech avait charrié, sur quelques kilomètres, 1/3 de plus que les transports totaux du Rhône en un an.

La Cerdagne et le Capcir, hauts domaines du soleil. — Ces hauts bassins intérieurs, évidés entre 1 200 m et 1 600 m d'altitude, sont sans équivalent en France.

La Cerdagne, abritée des vents du Sud-Est souvent chargés d'humidité, offre, sous un ciel lumineux, l'image d'un terroir agricole, auquel ne manquent ni les arbres fruitiers, ni les labours, ni les prairies d'élevage irriguées. Le tourisme seul y a introduit, depuis la création de Font-Romeu, le genre de vie montagnard.

L'économie pastorale et forestière traditionnelle se maintient par contre dans le Capcir, exposé au vent du Nord plus âpre, et assuré de ce fait d'un enneigement abondant.

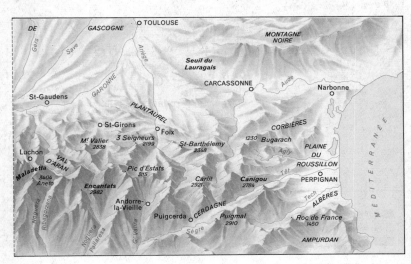

VIE ÉCONOMIQUE

Les Pyrénées et les Pays gascons, peu touchés par la révolution industrielle, défavorisés à partir du 19e s. par une démographie déclinante — le département du Gers est moins peuplé qu'un grand arrondissement de Paris — ont longtemps vécu à l'image de leurs campagnes pétries de traditions et de leurs petites villes animées seulement par leur fonction de marché agricole, à l'écart des grands courants d'échanges européens, voire nationaux.

La région lie maintenant son expansion à une meilleure mise en valeur de ses ressources énergétiques — la rencontre, sur son territoire, de l'électricité d'origine hydraulique et du gaz naturel de Lacq, a été en son temps un phénomène unique en France — et au développement des industries de pointe, comme l'aéronautique.

Le destin des Pyrénées est lié aussi au développement des relations, aux deux extrémités de la chaîne, entre le Sud-Ouest français et les régions industrialisées du Nord de l'Espagne (Catalogne et provinces basques du Sud).

La part de l'homme. — La croissance démographique constitue un facteur de développement dans les départements de Haute-Garonne et des Pyrénées-Atlantiques.

La répartition de la population active montre toujours une proportion d'agriculteurs supérieure à la moyenne métropolitaine. La part des commerces et des services («secteur tertiaire») croît jusqu'à occuper plus de la moitié de la population active en Haute-Garonne. Aussi la main-d'œuvre industrielle ne vient-elle qu'en troisième position. Depuis 1918, les régions du Sud de l'Aquitaine et le Toulousain ont été, comme le Languedoc, une terre d'accueil : agriculteurs italiens, réfugiés espagnols, familles de l'Est évacuées en 1939, rapatriés d'Afrique du Nord leur ont apporté le fruit de leur expérience et leur esprit d'entreprise.

L'AGRICULTURE

Le Roussillon, relevant du domaine méditerranéen, est traité p. 153.
L'ancien équilibre rural se fondait, en pays aquitain, sur la polyculture (blé, maïs, vigne, produits de la basse-cour) imposée par un climat fantasque, marqué en été par des périodes de sécheresse rendant aléatoire toute spécialisation. Cette stabilité, liée aux pratiques du métayage ou de la très petite propriété, fut rompue au 19e s. par le dépeuplement des campagnes. L'introduction du maïs hybride, le développement de l'irrigation, favorable aux cultures fruitières, peuvent contribuer à stopper cette récession.

Céréales. — Les terreforts *(voir p. 12)* du Haut-Languedoc gardent leur vocation de terres à blé, s'accommodant d'étés secs. Grâce au meilleur choix des variétés, au développement du machinisme, la Gascogne gersoise, le Toulousain et le Lauragais ont repris rang parmi les « greniers » de la France. La production d'ensemble de l'Aquitaine, au Sud de la Garonne, et du Haut-Languedoc est de l'ordre de 13 millions de quintaux de blé panifiable (7 % de la production française).

Le maïs. — Le maïs, introduit dans le Sud-Ouest, en provenance de l'Espagne, entre 1550 et 1650 sous le nom de «millet gros», est très bien adapté à l'humidité des printemps aquitains. Il laisse la terre ameublie pour les semailles de blé d'hiver, mais en revanche sa culture exigeait, au moment des travaux, tous les bras disponibles dans les familles rurales. Longtemps, il resta la base de l'alimentation paysanne (bouillies, pain).

La désertion des campagnes, l'évolution des habitudes alimentaires avaient entraîné, dès le 19ᵉ s., la décadence de cette culture, maintenue seulement pour les besoins de l'élevage et de la basse-cour.

1950 a marqué une transformation de cet état de choses, avec l'introduction dans le bassin de l'Adour de maïs hybrides américains, puis franco-américains encore mieux adaptés aux conditions agricoles locales. Depuis une trentaine d'années, les rendements ont triplé et, moyennant des apports d'engrais, la culture du maïs a conquis des terres jusqu'alors abandonnées à la lande.

Les machines agricoles spéciales — corn pickers (cueilleuses - épanouilleuses), corn shellers (cueilleuses - égreneuses) — apparurent alors dans les grandes exploitations. Les cages grillagées des «cribs» (séchoirs en plein air) laissèrent place à des silos métalliques.

De nos jours, le maïs devient une matière première pour l'industrie de la cellulose et des plastiques, la fabrication de l'alcool et de l'huile alimentaire.

La culture délicate, mais rémunératrice, du maïs de semence constitue un facteur assuré de progrès agricole, particulièrement dans le Pays d'Orthe, autour de Peyrehorade où il dispute le terrain au vignoble.

Cultures fruitières. — Les plaines alluviales de la Garonne et du Tarn sont le domaine des pêchers, des pommiers (goldens) et poiriers, alignés parfois sur plusieurs centaines d'hectares. Ce verger, complanté, pour sa plus grande part, après 1930 a rapidement connu une expansion remarquable qui n'a fait que se confirmer et se poursuivre depuis la Seconde Guerre mondiale.

Un arrosage régulier conditionne, sur les coteaux de Gascogne, la pratique de certaines cultures exigeantes mais rémunératrices, comme celle des melons et des fraises. Aussi a-t-on vu apparaître, dans la région de Nérac et de Lectoure, de petites retenues faisant office de réserves d'eau, ainsi que de longues chenilles de plastique jouant le rôle de serres au ras du sol. Ces pratiques attestent le développement de ces cultures.

Le vignoble. — Dans le pays gascon la vigne ne constitue qu'un des éléments de la polyculture traditionnelle, la part des vins d'appellation contrôlée, comme le Jurançon et le Madiran, ainsi que celle des vins délimités de qualité supérieure, de Béarn et de Tursan, dans l'activité économique reste limitée.

Les vignobles du Béarn *(p. 68)*, celui du Roussillon *(p. 153)* et celui de la région de Limoux *(p. 120)*, sont les plus fameux de la bordure pyrénéenne. Très différent est celui du Gers, à partir duquel s'élabore l'eau de vie d'Armagnac *(p. 34)*, donnant lieu depuis le 17ᵉ s. à un commerce international.

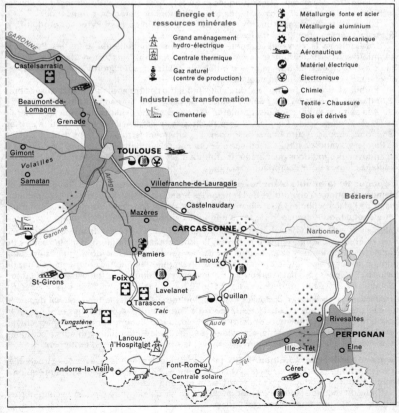

L'élevage. – Le troupeau de souche des Pyrénées françaises compte environ 500 000 **bovins,** mais la réduction de la transhumance d'été et des habitations temporaires y révèle le déclin de la vie pastorale.

La race Blonde des Pyrénées occidentales, aux élégantes cornes en lyre, a cédé sa place à la Blonde d'Aquitaine, placée au tout premier rang des races à viandes françaises et mondiales. La race laitière française Frisonne Pie Noire a été introduite dans l'Ariège, en Cerdagne et en Vallespir. Quant à la Gasconne, robe gris clair et mufle noir, elle conserve un effectif de quelque 30 000 têtes dans l'Ariège et les départements voisins. Les croisements avec la Charolaise et la Blonde d'Aquitaine impliquent le maintien des races rustiques dans les zones difficiles.

La plus forte concentration d'**ovins** des Pyrénées s'observe dans le Pays Basque et le Béarn (effectif du troupeau des Pyrénées-Atlantiques : 600 000 têtes). Les bergers basques traient les brebis de race basco-béarnaise ou les caractéristiques «manech», énormes mèches ambulantes un peu cocasses sur leurs pattes grêles. Le lait est transformé en fromage (voir p. 34) de type «Ossau-Iraty brebis des Pyrénées», fabriqué en montagne, entre le 10 mai et le 15 septembre, ou à la ferme et dans les laiteries.

Un élevage porcin moderne est concentré sur les départements des Pyrénées-Atlantiques et des Hautes-Pyrénées. Enfin les fermes de Gascogne produisent des volailles de qualité et les fameux foies gras qui ont fait la renommée de tout le Sud-Ouest.

L'élevage des chevaux de sang se maintient dans la région pyrénéenne, surtout dans le bassin de l'Adour.

De nombreuses réunions hippiques sont organisées à Pau-Pont-Long (grande saison de steeple-chases en hiver, meetings d'obstacles au printemps et en automne, concours hippique international au début d'avril).

D'autres courses très suivies sont organisées à Tarbes-Laloubère (plat), Beaumont-de-Lomagne (trot), Grenade-sur-Garonne (trot), etc.

Pour connaître le calendrier de ces réunions consulter la presse spécialisée ou les Syndicats d'Initiative.

L'INDUSTRIE

Les Pyrénées et leurs franges gasconnes ou languedociennes sont très inégalement développées. Le département des Hautes-Pyrénées et l'agglomération toulousaine concentrent les plus fortes populations industrielles de la région.

Les héritages. – Les industries nées de l'élevage et des ressources minières de la chaîne se maintiennent avec plus ou moins de succès.

L'**activité minière,** illustrée jadis par le département de l'Ariège (voir p. 105), est entretenue surtout aujourd'hui par l'extraction du talc de Luzenac (près de 300 000 tonnes en 1980) et du soufre de Lacq, plaçant la France parmi les tout premiers producteurs mondiaux.

L'industrie des **produits rouges** (briques et tuiles) et des ciments (Boussens) a de solides assises traditionnelles. Les cimenteries exportent hors de la région pyrénéenne.

L'**industrie textile** compte un très important secteur lainier : Midi-Pyrénées produit 75 % des tissus cardés et peignés français.

L'**industrie de la chaussure** a hérité de traditions «sandalières» dans les Pyrénées-Atlantiques. A partir des fameuses espadrilles, la production d'Hasparren, Mauléon, Oloron, Pau s'est diversifiée en une gamme d'articles – chaussures de sport légères, chaussures d'enfants – tout ou partie en caoutchouc.

Établie au bord des eaux vives du Salat, l'industrie de la **papeterie** s'est spécialisée après 1870 dans la fabrication des papiers minces, en particulier du papier à cigarettes.

A la suite de l'extinction des dernières «forges catalanes» alimentées par les minerais de fer de l'Ariège et du Canigou, divers **établissements métallurgiques** avaient vu le jour au 19ᵉ s. pour répondre surtout aux besoins de l'équipement ferroviaire à ses débuts. L'usine de Pamiers, ayant substitué l'électricité et le gaz naturel au charbon, a survécu en s'adaptant aux nouvelles conditions du marché (fourniture d'aciers spéciaux pour le marché national, d'alliages légers pour l'aéronautique).

L'époque de la houille blanche et du gaz naturel. – A partir de 1909, apparaissent en pleine montagne ou en bordure de la chaîne les branches industrielles de l'électrométallurgie et de l'électrochimie. La localisation des usines près des centrales électriques marque cette époque, où le transport de force à longue distance était encore inconnu.

L'aluminium. – Sous l'impulsion de Péchiney et d'Ugine, l'électrométallurgie pyrénéenne s'est orientée presque exclusivement vers la production d'aluminium, dans les usines du Vicdessos et de Lannemezan. Depuis la mise en service de l'usine de Noguères en 1960, dont les cuves d'électrolyse «tirent» sur la centrale thermique d'Artix alimentée au gaz de Lacq, les Pyrénées sont passées au 1ᵉʳ rang des régions productrices françaises (227 000 t en 1980 soit 52,6 % de la production totale).

Constructions mécaniques et électriques. – La région tarbaise en est le fief régional depuis le transfert des arsenaux de Metz et Strasbourg à Tarbes en 1874. Soutenues ensuite par la politique d'électrification menée par la Compagnie du Midi, les entreprises se sont orientées vers les fabrications de matériel ferroviaire (Bagnères-de-Bigorre), de moteurs électriques ou diesel pour la traction (Alsthom à Tarbes), de matériel spatial et d'armement.

La grande industrie chimique. – Elle est née au pied des Pyrénées, avec l'électrochimie, et surtout, en 1927, à Toulouse avec l'O.N.I.A. (actuellement A.P.C.), établissement équipé à l'origine pour la production de l'ammoniac et des engrais.

Dans un second stade, l'exploitation du gaz de Lacq a permis à l'industrie chimique de déboucher sur le domaine des plastiques.

Du repli à l'expansion. − Le Sud-Ouest aquitain a accueilli, dès 1917, des industries «stratégiques» jugées trop proches des frontières menacées. Cette conception a servi l'avenir de la région en y fixant l'industrie aéronautique.

L'industrie aéronautique. − Héritière de Sud-Aviation, producteur de la «Caravelle», l'Aérospatiale (programmes «Concorde» et «Airbus») constitue la plus grande entreprise du Sud-Ouest. A Toulouse aussi, le Centre d'Entretien d'Air France reçoit, pour révision, la flotte des moyens courriers. Turbomeca, spécialiste mondial du turboréacteur léger adopté pour ses appareils d'entraînement, les hélicoptères, les turbotrains, est installé à Bordes et à Tarnos.

La complexité croissante des techniques mises en œuvre nécessite le concours de nombreux fournisseurs d'équipements (trains d'atterrissage, à Arudy) ; elle a suscité la création d'entreprises de mécanique de précision et de petit matériel électrique dans la région toulousaine.

Électronique et Informatique. − Stimulée par l'évolution de l'aéronautique vers les techniques spatiales, cette branche, épaulée par de nombreux instituts universitaires et laboratoires, s'est développée aussi dans l'agglomération toulousaine.

Ports et voies de communication

Devenu le port du soufre de Lacq et le port exportateur du pétrole brut extrait dans le bassin de l'Adour, Bayonne se classe pour le trafic des marchandises sèches (pétrole exclu) parmi les 10 premiers ports de commerce français. St-Jean-de-Luz et Port-Vendres se sont spécialisés dans la pêche, avec des fortunes diverses.

L'obstacle de la montagne n'est que partiellement levé par les dernières percées transpyrénéennes (tunnel de Bielsa, en 1976). Mis à part le trafic touristique, les Pyrénées exigent encore d'être contournées, tant pour le rail que pour la route, par la côte basque ou le Roussillon.

SOURCES D'ÉNERGIE

L'électricité. − L'aménagement hydro-électrique des Pyrénées a donné lieu, au début du siècle, à des installations isolées, techniquement hardies, comme la chute d'Orlu dont la dénivellation atteignait 936 m. Mais l'exploitation de la houille blanche − métaphore due à Aristide Bergès, un ingénieur pyrénéen − a été surtout le fait des chemins de fer du Midi, pionniers de l'électrification. Dès 1911, cette compagnie procéda aux premiers essais de locomotives et de caténaires entrepris en France.

A partir de 1920, des chapelets d'usines permettent une utilisation rationnelle des eaux : c'est le type des installations des vallées d'Aspe, d'Ossau, du Gave de Pau, de la Neste, de l'Ariège, etc.

Les programmes de l'E.D.F. visent, depuis 1947, à développer des aménagements assurant la collecte intégrale des torrents et des lacs d'une zone déterminée. Par des kilomètres de galeries, les eaux, captées parfois dans des bassins différents, sont conduites à une centrale unique ou à des centrales en escalier qui les «turbinent» avec le maximum de rendement. Cette formule a été illustrée surtout par l'aménagement de Pragnères en 1954, la plus forte installation de la chaîne (puissance installée de la centrale : 185 000 kW).

En 1960, avec l'aménagement de l'Hospitalet, en Ariège, a débuté l'exploitation hydro-électrique du plus grand lac de retenue des Pyrénées françaises, l'étang de Lanoux (70 millions de m³).

En année moyenne, les usines pyrénéennes fournissent 6,4 milliards de kWh, couvrant environ 3 % des besoins actuels français en électricité.

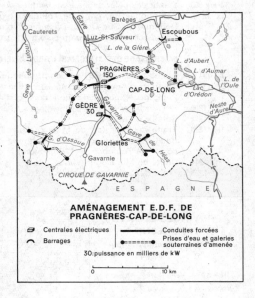

AMÉNAGEMENT E.D.F. DE PRAGNÈRES-CAP-DE-LONG

Centrales électriques — Conduites forcées
Barrages — Prises d'eau et galeries souterraines d'amenée
30 : puissance en milliers de kW

0   10 km

La période des grands équipements de montagne doit se poursuivre par la construction de quelques aménagements nouveaux, en particulier sur le bassin de l'Ariège.

Le gaz naturel. − La découverte le 14 juillet 1939 du gisement de gaz de St-Marcet (12 km au Nord de St-Gaudens), remarquable par son abondance et sa pression, avait déjà permis d'alimenter en gaz naturel les usines et les foyers domestiques des villes du Sud-Ouest. Comprimé en bouteille, le gaz est encore utilisé comme carburant automobile.

L'éruption du gaz de Lacq, en 1951 *(voir p. 118),* autorisa l'exploitation d'une des plus grandes réserves reconnues alors en Europe. Un réseau de transport de gaz s'est alors ramifié à travers la France, desservant une quarantaine de départements.

Pour trouver la description d'une ville ou d'une curiosité isolée, consultez l'index alphabétique à la fin du volume.

QUELQUES FAITS HISTORIQUES

(en bistre : quelques jalons chronologiques)

AVANT J.-C.

De 1800 à 50   **L'AGE DES MÉTAUX**

De grands mouvements de peuples fixent la physionomie ethnique de l'Occident. Les populations des Pyrénées atlantiques, forment déjà une souche homogène résistant aux influences extérieures. Sur la côte méditerranéenne les Phocéens installent le comptoir d'Ampurias et les Rhodiens celui de Rosas. Leur colonisation donne une impulsion au travail du fer (forges catalanes) qui enrichit les Pyrénées orientales. Le sel est déjà extrait à Salies-de-Béarn et à Salies-du-Salat.

PAIX ROMAINE ET CHRISTIANISATION

118   Fondation de Narbonne, colonie romaine. Le Roussillon fait partie de la Gaule Narbonnaise. La grand-route d'Italie en Espagne, la voie domitienne, le traverse.

72   Fondation, par Pompée, de Lugdunum Convenarum (St-Bertrand-de-Comminges), capitale religieuse des peuples du Sud de la Garonne.

59-51   Conquête des Gaules par Jules César.

APRÈS J.-C.

Vers 250   Martyre de saint Sernin à Toulouse.

313   Par l'édit de Milan, Constantin accorde aux Chrétiens la liberté du culte.

LES INVASIONS, LES MARCHES DE L'EMPIRE CAROLINGIEN

5e s.   Toulouse est la capitale du royaume wisigoth ; mais le retour en force des Francs réduit ce domaine à la Septimanie (Bas-Languedoc et Roussillon). Les Wisigoths perpétuent la culture latine et le droit romain écrit.

Fin du 6e s.   Les Vascons, montagnards basques du Sud refoulés par les Wisigoths, se répandent dans le plat pays, la « Gascogne ».

719   Prise de Narbonne par les Sarrasins.

732   Charles Martel défait les Arabes à Poitiers.

778   L'arrière-garde de Charlemagne, au retour d'une expédition au Sud des Pyrénées, est écrasée par les montagnards basques à Roncevaux.

801   Charlemagne prend Barcelone aux Arabes et organise la marche d'Espagne.

Vers 950   Début des pèlerinages à St-Jacques-de-Compostelle *(voir p. 22)*.

9e-12e s.   Les comtes Raymond de Toulouse représentent la plus puissante force politique du Sud-Ouest. Dans les Pyrénées catalanes, les comtés montagnards comme la Cerdagne sont aux mains de petits potentats.

LA CROISADE DES ALBIGEOIS, L'AQUITAINE ANGLAISE DES « ROIS-DUCS »

12e-13e s.   Épanouissement de l'art des troubadours.

1152   Éléonore d'Aquitaine, épouse divorcée de Louis VII, se remarie avec Henri II Plantagenêt, comte d'Anjou, puis roi d'Angleterre.

1209   Déclenchement de la Croisade des Albigeois.

1213   Bataille de Muret.

1229   Traité de Paris (ou de Meaux). Le roi de France, Saint Louis, reçoit le Bas-Languedoc ; son frère Alphonse de Poitiers épouse l'héritière du comté de Toulouse *(p. 176)*. Fondation de l'Université de Toulouse.

1244   Chute de Montségur *(voir p. 135)*.

1258   Traité de Corbeil. Le roi de France tient les « fils de Carcassonne » *(voir p. 96)*.

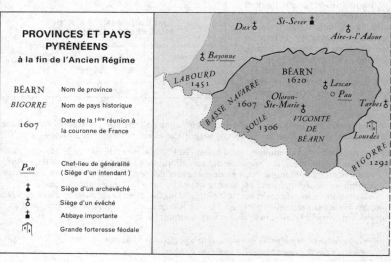

PROVINCES ET PAYS PYRÉNÉENS

à la fin de l'Ancien Régime

BÉARN   Nom de province

BIGORRE   Nom de pays historique

1607   Date de la 1ère réunion à la couronne de France

Pau   Chef-lieu de généralité (Siège d'un intendant)

✝   Siège d'un archevêché

⚲   Siège d'un évêché

⛪   Abbaye importante

🏰   Grande forteresse féodale

1290	Les comtes de Foix héritent du Béarn.
1345	Début de la guerre de Cent Ans en Aquitaine.
1380	Les Anglais sont réduits à Bordeaux et Bayonne.
1429	Épopée de Jeanne d'Arc.
1450-1500	Liquidation de la Gascogne «anglaise». Rattachement à la couronne de France des comtés d'Armagnac et de Comminges.

RIVALITÉ FRANCO-ESPAGNOLE, RATTACHEMENTS A LA COURONNE DE FRANCE

1462	Intervention de Louis XI en Roussillon *(p. 144 et 170)*.
1469	Le mariage de Ferdinand d'Aragon et d'Isabelle de Castille, les « rois catholiques», prélude à la formation de l'unité espagnole.
1484	Les Albret, «rois de Navarre», deviennent prépondérants dans les Pyrénées gasconnes (Foix-Béarn-Bigorre).
1512	Dépossédés par Ferdinand le Catholique, les Albret ne conservent, du royaume de Navarre, que le pays au Nord des Pyrénées (Basse-Navarre).
1539	L'édit de Villers-Cotterets impose le français comme langue judiciaire.
1570-71	Durant les guerres de Religion, Jeanne d'Albret impose le calvinisme au Béarn *(voir p. 68)*. Son lieutenant, Montgomery, et, du côté catholique, Blaise de Monluc, rivalisent d'atrocités.
1589	Avènement de Henri IV.
1607	Henri IV réunit à la France son propre domaine royal (Basse-Navarre) et les fiefs qu'il détient comme héritier de la maison d'Albret (Foix-Béarn).
1643-1715	Règne de Louis XIV.
1659	Traité des Pyrénées. Rattachement du Roussillon et de la Cerdagne.

NAISSANCE DU PYRÉNÉISME

1751-67	D'Étigny, administrateur exemplaire de la généralité d'Auch *(voir p. 126)*.
1754	La thèse de Théophile de Bordeu sur les eaux minérales d'Aquitaine contribue à la spécialisation des stations de cure et à l'essor du thermalisme.
1787	Séjour à Barèges de Ramond de Carbonnières, premier «pyrénéiste» dont l'admiration fervente pour la montagne annonce le Romantisme.
1852-70	Second Empire, période faste pour la Côte Basque et les stations thermales des Pyrénées centrales.
1858	Apparitions de Lourdes.
1860	La construction de la Route thermale (Eaux-Bonnes – Bagnères-de-Bigorre) est décrétée.
1870	Proclamation de la IIIe République, le 4 septembre.

EXPANSION ET REPLIS

1920	Les Pyrénées se convertissent à la « houille blanche». J.-R. Paul, directeur de la Cie des Chemins de fer du Midi, suscite d'importantes réalisations touristiques (station de Font-Romeu, route du pic du Midi de Bigorre, etc.).
1936-39	Guerre d'Espagne. De nombreux réfugiés se fixent dans le Sud-Ouest.
1940-44	Les Français décidés à poursuivre le combat franchissent clandestinement les «ports» des Pyrénées. La résistance intérieure s'organise.
1946	IVe République.
1951	Éruption du gaz de Lacq *(voir p. 118)*.
1958	Ve République.
1962	Après les accords d'Évian, des rapatriés d'Algérie s'installent en Languedoc et en Gascogne.
1963	Lancement du plan d'aménagement du littoral Languedoc-Roussillon.
1967	Création du Parc National des Pyrénées.
1976	Premier vol commercial de «Concorde 001».

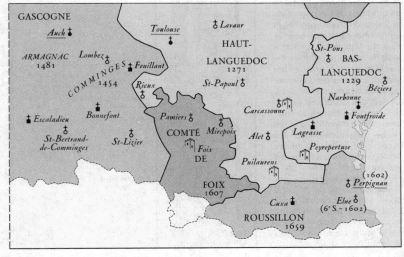

LA PRÉHISTOIRE

L'ère quaternaire, la plus récente et la plus brève des grandes ères géologiques, débuta il y a environ 2 millions d'années. Elle est marquée par le développement des glaciers qui envahirent les hautes montagnes, conséquence d'un refroidissement général de l'atmosphère du globe, mais surtout, par un événement capital : l'invasion de l'Asie et de l'Europe par les représentants de l'humanité primitive apparue un million d'années plus tôt en Afrique Orientale.

La préhistoire, science de la vie et de l'évolution de l'humanité avant l'invention de l'écriture, voit donc son champ de recherches couvrir quelque 1 500 fois la durée de l'ère chrétienne.

ÈRE QUATERNAIRE		Ancienneté
	Naissance de Jésus-Christ	—
	Fondation de Rome	753 ans
FER		900 "
BRONZE		2 500 "
ÂGE DES MÉTAUX		
	Pyramides d'Égypte	2 800 "
NÉOLITHIQUE (PIERRE POLIE)		7 500 "
MÉSOLITHIQUE		10 000 "
	SUPÉRIEUR	40 000 "
PALÉOLITHIQUE (PIERRE TAILLÉE)	MOYEN	150 000 "
ÂGE DE LA PIERRE	INFÉRIEUR	2 000 000 "
Apparition de l'homme		

L'évolution de l'espèce humaine. — Aux plus anciens ancêtres de l'homme, les primates, qui se manifestent à la fin de l'ère tertiaire (3 millions d'années), succèdent au cours de l'ère quaternaire des espèces de plus en plus évoluées.

Paléolithique inférieur. — L'Australopithèque d'Afrique orientale et australe, le Pithécanthrope de Java, le Sinanthrope de Chine du Nord, l'Atlanthrope d'Afrique du Nord, se distinguent déjà par leur station verticale, par leur maîtrise du feu (800 000 ans) et par leurs pratiques rituelles (80 000 ans). Certains taillent des noyaux de silex débarrassés de leurs éclats et fabriquent ainsi les premiers bifaces. Dans les Pyrénées, ont été découverts à Montmaurin en 1949 et à Tautavel en 1970 des vestiges humains datant de 300 ou 400 millénaires.

Paléolithique moyen. — L'homme de Néandertal, de petite taille, au crâne allongé, riche uniquement d'un outillage de pierre qu'il perfectionne et spécialise, s'identifie à la culture moustérienne. Il façonne le silex à l'aide de percuteurs en os ou en bois pour obtenir des pointes triangulaires, des racloirs. Des silex fixés à un manche de bois lui servent de massues pour la chasse (on a trouvé des crânes d'ours perforés par des pointes moustériennes). L'homme de Néandertal inhume ses morts mais ne crée pas d'œuvre d'art. Il s'éteint sans descendance directe.

Paléolithique supérieur. — L'« homo sapiens » (sage, intelligent) est caractérisé par le fort volume de son crâne et par son langage articulé. Ses outils sans cesse perfectionnés, ses conditions de vie facilitées par la mise au point de nouveaux procédés de chasse, il peut consacrer une part de son temps à la création d'œuvres artistiques, telles que les peintures pariétales des grottes de Gargas et de Niaux et les sculptures de la Vénus de Lespugue, de la Dame de Brassempouy et de la Tête de cheval hennissant du Mas d'Azil. Les musées de la région pyrénéenne *(carte page ci-contre)* exposent des copies ou des moulages de ces pièces célèbres. Cet art des cavernes, essentiellement animalier, connaît sa suprême élévation à la période magdalénienne; les hommes installés pour se protéger du froid, à l'abri des surplombs de rocher ou à l'entrée des cavernes, ont utilisé les parois de la roche pour exprimer leurs émotions artistiques, voire leurs inquiétudes métaphysiques, par la sculpture, la gravure ou la peinture.

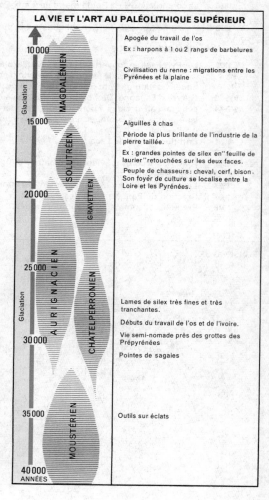

LA VIE ET L'ART AU PALÉOLITHIQUE SUPÉRIEUR

10 000 — MAGDALÉNIEN — Glaciation

Apogée du travail de l'os
Ex : harpons à 1 ou 2 rangs de barbelures

Civilisation du renne : migrations entre les Pyrénées et la plaine

15 000 — SOLUTRÉEN

Aiguilles à chas

Période la plus brillante de l'industrie de la pierre taillée.

Ex : grandes pointes de silex en "feuille de laurier" retouchées sur les deux faces.

Peuple de chasseurs : cheval, cerf, bison. Son foyer de culture se localise entre la Loire et les Pyrénées.

20 000 — GRAVETTIEN

25 000 — AURIGNACIEN — CHATELPERRONIEN — Glaciation

Lames de silex très fines et très tranchantes.

Débuts du travail de l'os et de l'ivoire.

30 000 — Vie semi-nomade près des grottes des Prépyrénées

Pointes de sagaies

35 000 — MOUSTÉRIEN

Outils sur éclats

40 000
ANNÉES

La lenteur des progrès réalisés par l'homme durant la préhistoire confond l'imagination, tout comme l'accélération qui lui a fait suite, liée à la maîtrise des techniques : près de 3 millions d'années lui ont été nécessaires pour apprendre à polir la pierre ; par contre, les quelques millénaires récents ont vu se développer dans le Proche et le Moyen-Orient, sur le bord des fleuves Indus, Tigre et Euphrate, puis en Égypte près du Nil, de brillantes civilisations dont la construction des grandes pyramides marque l'apogée. Quelques siècles plus tard un nouveau pas est franchi avec la découverte du bronze, puis celle du fer en 900 environ avant Jésus-Christ.

Le Mésolithique. — Des périodes fraîches ou tempérées engendrent la migration du renne vers le Nord et le développement d'une faune sylvestre identique à la nôtre. Avec la culture azilienne l'outillage de pierre se miniaturise.

Le Néolithique. — L'événement le plus marquant de cette époque (3000 à 1500 avant J.-C.) est l'apparition des mégalithes (dolmens, cromlechs) et des tumulus. La répartition des dolmens correspond à une occupation dense de la moyenne montagne pyrénéenne par des peuples de pasteurs (brebis à l'Ouest, chèvres à l'Est). Au Néolithique naissent l'agriculture et la vie sédentaire, la transhumance règne en montagne et certaines grottes restent encore occupées. De grandes routes de migrations se dessinent.

Le milieu pyrénéen, au paléolithique. — Durant 1 million d'années les Pyrénées ont été marquées par les avancées et les reculs des glaciers, dont l'étude a apporté des bases chronologiques solides aux sciences de la terre et de l'homme. La dernière grande glaciation, dite de Würm, a duré quelque 110 000 ans et correspond au paléolithique moyen et supérieur *(voir schéma p. 20)*. En périodes froides l'avant-pays (Prépyrénées, Corbières) offrait à l'homme l'abri des surplombs et des cavités de ses falaises, refuge précaire mais bien placé à proximité des terrains de chasse de la plaine que recouvrait alors, suivant les oscillations du climat, la steppe (bison, cheval) ou la toundra (renne). Aussi les Pyrénées sont-elles une des zones les plus intéressantes du globe pour l'étude des premiers âges de l'humanité. En 1949 une grotte proche de Montmaurin *(p. 134)* a livré aux chercheurs une mâchoire humaine remontant à 300 000 ou à 400 000 ans. 21 ans plus tard les restes d'un homme « de Tautavel » ont été identifiés comme ceux d'un chasseur de la steppe vivant il y a quelque 450 000 ans. En regard de pièces aussi vénérables les vestiges du paléolithique supérieur *(voir p. 20)* font presque figure de documents récents.

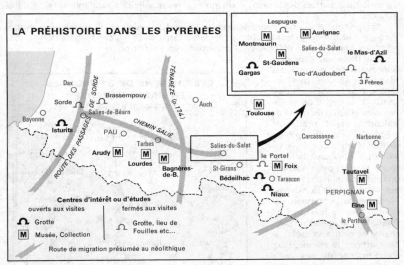

Les chercheurs. — La préhistoire a fait ses premiers pas à l'aube du 19e, mais ce ne fut qu'à partir de 1850 que l'étude des origines de l'homme ou paléontologie humaine se répandit dans les milieux cultivés.

Boucher de Perthes (1788-1868) — Fait admettre l'existence de la préhistoire.

Édouard Lartet (1801-1871) — D'abord imbu des thèses de Cuvier sur la fixité des espèces et l'impossibilité d'une coexistence entre l'homme et les animaux disparus, il se convainc, après la fouille d'Aurignac, de l'« Ancienneté géologique de l'Espèce humaine ». Il élabore une première classification des temps préhistoriques.

Gabriel de Mortillet (1821-1898) — La terminologie qu'il a fait adopter et l'essentiel de sa chronologie du paléolithique restent en usage aujourd'hui.

Edmond Piette (1827-1906) — Il fouille Brassempouy, Arudy, Lourdes, le Mas-d'Azil, etc. et communique sa passion à un jeune séminariste, Henri Breuil.

Émile Cartailhac (1845-1921) — Fait entrer l'enseignement de la préhistoire à l'Université en 1890.

Henri Begouen (1863-1955) — Assisté de ses trois fils, il explore les cavernes peintes voisines de sa résidence ariégeoise.

Abbé Henri Breuil (1877-1961) — Il a joint à ses titres de savant, ceux d'un artiste dont les relevés à la plume, au pastel, au crayon ou à l'aquarelle firent connaître l'art pariétal qui s'épanouit entre Poitiers, Avignon et Oviedo en Espagne.

Abbé Jean Bouyssonie (1877-1965) — Ses travaux de typologie ont contribué à la distinction des divers faciès du paléolithique supérieur du Sud-Ouest de la France.

Comte (1877-1950) et **Comtesse** (1890-1978) **de Saint Périer** — Ils ont collaboré de façon efficace aux fouilles de la grotte d'Isturits occupée durant 30 millénaires du moustérien au magdalénien et à l'exploration des cavités voisines de Montmaurin (Vénus de Lespugue).

PÈLERINS DE ST-JACQUES

Le pèlerin. – La pratique des pèlerinages lointains, en particulier celui de Compostelle, amenait pour quelques heures, dans un village, un étranger, souvent loqueteux, tout désigné à la méfiance des autorités locales, mais apportant des nouvelles et des récits bien propres à enflammer l'imagination populaire.

Le costume du pèlerin ressemblait à celui des voyageurs de l'époque, mis à part le gros bâton à crosse, ou bourdon, et les insignes du pèlerinage : coquille et médaille. De nombreux tableaux et des statuettes en montrent la vaste cape (pèlerine) et le mantelet court (esclavine) couvrant les épaules ; une panetière (musette), une gourde, un couvert, une écuelle, un coffret en tôle abritant les papiers et les sauf-conduits complétaient son attirail.

Le fidèle qui avait pris la coquille et le bourdon était, à son retour, considéré comme une manière de notable. Les confréries de St-Jacques avaient leur chapelle particulière dans les églises ; elles constituaient des fraternités (frairies) au budget bien géré et conservaient les comptes rendus de voyage permettant de tenir à jour les informations sur l'itinéraire.

Le chemin de St-Jacques. – Au Moyen Age, le tombeau de St Jacques le Majeur attire en Espagne une foule considérable de pèlerins. La dévotion envers « Monsieur St-Jacques » est si vivante dans toute l'Europe que Santiago (Compostelle) devient un centre de rassemblement exceptionnel, aussi réputé que Rome ou Jérusalem.

Depuis le premier pèlerinage français accompli par l'évêque du Puy en 951 des millions de **Jacquets**, Jacquots ou Jacobits se sont mis en chemin pour aller vénérer les reliques de l'apôtre à partir des centres de regroupement que constituaient pour l'Europe entière Paris, Vézelay, le Puy, Autun et Arles.

Une organisation très complète d'hospices, mise au point par les Bénédictins de Cluny, secondés par d'autres grands ordres religieux : Cîteaux, Prémontrés et aidés par les Chevaliers de St Jean de Malte dans leurs commanderies, voire par de simples laïcs comme à Harambels, facilite le voyage et pourvoit, le long des principaux itinéraires, à l'hébergement des pèlerins et au maintien de leur bonne santé spirituelle. Tout est prévu pour leur réconfort et leur sécurité, même un guide touristique du Pèlerin, assaisonné de remarques parfois dépourvues d'aménité sur les mœurs des habitants et la mentalité indigène.

Les grands itinéraires convergeaient en Basse Navarre avant le franchissement des Pyrénées ; ils opéraient leur jonction principale à Ostabat. Et St-Jean-Pied-de-Port *(p. 166)* représentait la dernière étape avant l'ascension vers le col frontière.

Les Pèlerins gagnaient Roncevaux par la route des hauteurs, section de l'ancienne voie romaine de Bordeaux à Astorga, de préférence au chemin du défilé de Valcarlos, seul praticable aujourd'hui de bout en bout (D 933). C'était une forêt vivante qui gravissait la montagne. Chaque pèlerin portait une croix de feuillage faite de ses mains avant la montée. Au terme de la première escalade, près de la « Croix de Charles », le pèlerin prie, chante et plante sa croix ; si bien, affirme le chroniqueur, qu'un millier de ces croix pouvaient être observées là à la fin de l'été. A l'ermitage du col d'Ibaneta, la cloche sonnait par temps de brouillard et pendant une partie de la nuit afin de rallier les égarés.

Mais, au cours des siècles, la foi des Jacquets s'émousse. Des perspectives de lucre et de brigandage rassemblent des bandes de « Coquillards », faux pèlerins, dont fit partie le poète Villon.

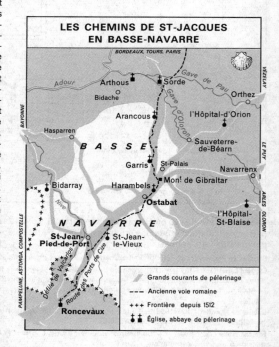

LES CHEMINS DE ST-JACQUES EN BASSE-NAVARRE

Avec les guerres de Religion, le Protestantisme et le Jansénisme, les mentalités changent et la méfiance populaire voit volontiers sous la pèlerine un aventurier ou un escroc.

Au 16ᵉ s., les pérégrinations se raréfient et, au 18ᵉ s., quiconque voulait se rendre à St-Jacques-de-Compostelle devait se munir d'un extrait de baptême légalisé par l'autorité de police, d'une lettre de recommandation de son curé, elle-même légalisée, et d'un formulaire, dûment rempli, de son évêque.

---

(1) Pour plus de détails, lire : « Les pèlerins du Moyen Age », par R. OURSEL (Paris, Fayard, coll. « Résurrection du Passé »); le « guide du pèlerin de St-Jacques-de-Compostelle », présenté par Jeanne VIELLIARD (Mâcon, imprimerie Protat) – traduction d'un « guide » en latin du 12ᵉ s.

LA PAIX PYRÉNÉENNE

Les hautes surfaces pastorales qui adoucissent le relief des Pyrénées au voisinage de 2 000 m d'altitude ont été exploitées aux siècles passés avec un grand raffinement de pratiques communautaires. L'essentiel n'était pas de placer des bornes, mais de s'accorder entre voisins sur l'utilisation des pâturages et sur la transhumance : ainsi, les dates de la montée et de la descente du bétail étaient-elles réglées une fois pour toutes.

Les «valléens», réfractaires aux allégeances féodales, et forts de leurs privilèges *(voir p. 68)* géraient leur patrimoine en gardant le souci, sinon d'empêcher les querelles de voisinage entre bergers, du moins d'éviter les dégâts d'une petite guerre au milieu des troupeaux.

Au 14e s., cet esprit de paix se manifeste d'abord par des suspensions de luttes, sans qu'il soit statué sur le fond du désaccord, et l'on convient de se rencontrer à dates régulières, à la limite des territoires intéressés, pour renouveler le pacte *(voir p. 49).*

Au 15e s., les conventions s'étendent du domaine pastoral au domaine commercial et la solidarité entre les vallées fait de nouveaux progrès avec les traités de **lies et passeries** (ou faceries). Ces alliances, impliquant des activités diplomatiques, sont entérinées de bon ou de mauvais gré par les suzerains, quand il s'en trouve, et les souverains.

Des foires s'ouvrent sur les lieux du rassemblement annuel, parfois en pleine montagne : le nom de «marcadau», en vallée de Cauterets, en perpétue le souvenir. Il se crée ainsi à cheval sur la crête frontière une véritable zone franche où les monarchies tolèrent d'intenses échanges frontaliers en temps de guerre comme en temps de paix. En cas d'invasion par des troupes régulières et quel qu'en soit le parti, les vallées alliées promettent, en dépit de la réprobation des militaires, de se donner l'alerte assez tôt pour mettre leurs troupeaux en sûreté. Cette zone-tampon préserva les vallées françaises des Pyrénées centrales des guerres napoléoniennes.

De nos jours les antiques pactes, vidés de leur substance politique, ont surtout une valeur d'exemple et de symbole. Les collectivités françaises et espagnoles gardent encore de nombreux droits d'usage ouvrant au bétail les terrains situés au-delà de la frontière. Mais, dans les Pyrénées centrales, le trafic commercial frontalier n'est plus qu'un souvenir.

LA LANGUE D'OC

De la fusion du latin vulgaire en usage parmi les populations de l'empire romain avec la langue parlée en Gaule avant l'invasion, est né un groupe de langues «romanes». Le groupe se divise en langue d'Oïl et langue d'Oc, ainsi nommées pour la façon dont on disait «oui» en chacune d'elles.

Cette distinction qui se dessine dès l'époque mérovingienne est assez avancée aux 10e et 11e s. pour que ces deux langues entrent séparément dans la littérature.

Approximativement, la langue d'Oc — ou occitan — était en usage au Sud d'une ligne qui, partant du confluent de la Garonne et de la Dordogne, remonterait vers Angoulême, passerait à Guéret, Vichy, St-Étienne, Valence, jusqu'à la frontière italienne. Plusieurs dialectes la composent : le limousin, l'auvergnat, le provençal, le languedocien, le gascon. Le catalan et le corse, expressions de cultures indépendantes, ont, dans le domaine linguistique, de nombreuses affinités avec l'occitan.

L'emploi des termes, naguère savants ou littéraires, d'«Occitanie», de «peuple occitan» s'est vulgarisé de nos jours pour manifester une communauté de culture, à l'intérieur de ces limites.

La langue des troubadours. — Du Limousin à la Méditerranée, les troubadours n'ont pas écrit dans leur dialecte propre mais dans une langue littéraire harmonisée. Ce phénomène de «classicisme» donne à la langue occitane sa dignité : Dante hésita entre le provençal et le toscan pour écrire sa Divine Comédie.

Étapes d'une Renaissance. — La langue d'Oc, qui était au Moyen Age la seule langue administrative écrite, avec le latin, perdit son caractère officiel avec l'édit de Villers-Cotterets *(voir p. 19).*

Depuis le 19e s. l'espoir renaît d'enrayer son déclin, tout au moins comme langue de culture.

1819. — Le Parnasse Occitanien, de Rochegude (publication de poésies originales des troubadours).

19e s. — Nombreuses études savantes des «romanistes» germaniques.

1854. — Fondation du Félibrige *(voir le guide Vert Michelin Provence).* Avec Mistral et Roumanille, le provençal littéraire devient le principal bénéficiaire d'une première réforme de l'orthographe et de l'épuration de la langue d'Oc.

Vers 1900. — Le terme «occitan» se vulgarise. La recherche d'une certaine unité de langue s'impose aux poètes et aux érudits languedociens, qui tendent à s'écarter de la tradition du Félibrige.

1919. — Fondation de l'Escola Occitana. Les spécialistes se basent sur le parler languedocien et mettent au point une orthographe normalisée, tenant le plus grand compte de l'ancienne langue des troubadours et compatible avec tous les parlers d'Oc.

1945. — Création à Toulouse de l'Institut d'Études Occitanes, qui diffuse cette réforme linguistique.

1951. — La «loi Deixonne» revient sur l'interdiction des «patois» à l'école.

1970-1971. — Les langues régionales sont introduites parmi les épreuves facultatives du baccalauréat (6 027 candidats pour l'épreuve occitane en 1979).

LES CATHARES

La répression du mouvement cathare, au 13ᵉ s., a laissé en Languedoc des traces encore perceptibles. Inaugurée par des sanctions ecclésiastiques ou féodales, elle prit l'aspect d'une guerre de croisade *(voir p. 175)* relayée par l'opération judiciaire que fut la poursuite des hérétiques par les tribunaux ecclésiastiques de l'Inquisition. Le pays en resta longtemps bouleversé.

En contrepartie, le dénouement de l'affaire albigeoise a donné une impulsion décisive à la monarchie capétienne.

La doctrine. — La doctrine cathare (mot grec signifiant « pur ») est dans la ligne d'un mouvement religieux dont la propagation peut se suivre depuis le 3ᵉ s., de l'Orient aux Balkans, à l'Italie du Nord et au Languedoc. Elle repose sur la séparation entre le principe du Bien et le principe du Mal, et fait régner Dieu sur un monde spirituel de lumière et de beauté dont notre pauvre monde matériel, pétri de malice et de souffrance, est l'antithèse. L'équilibre originel entre ces deux mondes a été rompu par la ruse du Malin, devenu le maître de la terre.

Pour l'orthodoxie catholique elle constitue un faisceau d'hérésies dont les sectateurs les plus absolus, rassemblés dans la région d'Albi, reçurent le nom d'Albigeois.

La religion des cathares est une religion d'initiés. Sa pureté reposait sur le secret dont les parfaits étaient dépositaires, aussi la persécution accentua-t-elle encore cet aspect hermétique de la doctrine.

L'Église cathare. — Un concile cathare tenu en 1167 à St-Félix-Lauragais pour nommer des diacres et des évêques lui aurait donné son organisation. La hiérarchie des vocations, distinguant les parfaits des croyants y est capitale.

Le **parfait**, muni du consolamentum, l'unique sacrement cathare, est appelé à la vie d'un apôtre et d'un ascète : il est tenu à l'observation rigoureuse de la chasteté, du jeûne et à la pratique des autres préceptes évangéliques. Homme de Dieu déjà ramené à la lumière, il est l'objet de la vénération et des soins des croyants. Nombre de femmes sont « parfaites » et vivent en petites communautés.

Le **croyant** s'engage seulement à demander le consolamentum à l'article de la mort.

Un milieu favorable. — Avant d'être persécutée, la doctrine cathare dont l'austérité, contrastant avec le relâchement du clergé catholique, fit le succès, trouve en Languedoc un terrain d'élection. Les « bonshommes » (parfaits) se rencontrent surtout dans le milieu des bourgeois commerçants et des artisans. Les cathares savent animer, très habilement, des controverses religieuses publiques *(voir p. 103)* dont les Languedociens sont amateurs. Ils honorent le travail manuel et, dans un souci de bienfaisance, créent par endroits des ateliers communautaires de tissage. Les compétences médicales de certains « bonshommes » leur ouvrent de nombreuses portes.

Convictions et attitudes des « purs ». — Sur bien des points, les convictions, les règles de vie et les rites pratiqués par les cathares tranchaient sur les mentalités et les coutumes du temps. Par exemple ils acceptent seulement le « baptême de l'Esprit » car l'eau, élément matériel, appartient au monde du Mal. C'est le **consolamentum** dont le rite est distinct selon qu'il s'agit de l'ordination d'un parfait ou du sacrement conféré aux croyants à l'article de la mort.

Le mariage n'est pas un sacrement : certains cathares vont jusqu'à le considérer comme un piège renouvelant l'esclavage de l'humanité de génération en génération. D'où une certaine tolérance vis-à-vis des écarts des simples croyants qui engendra la malveillance des adversaires de la secte.

QUELQUES HOMMES ILLUSTRES

Gaston Fébus (1331-1391). — *Page 67.* Chasseur, poète et fin politique. C'est, à l'époque, le seul vassal du roi de France à avoir de bonnes finances. La tradition en fait l'auteur de la célèbre chanson « Aquélos mountagnos... ».

Jean Duvergier de Hauranne, abbé de St-Cyran (1581-1643). — Théologien. Compagnon d'études de Jansenius et directeur spirituel de Port-Royal. Inflexible sur ses convictions, malgré sa captivité, il soutient son entourage par sa chaleur humaine.

Pierre de Fermat (1601-1665). — Magistrat féru de mathématiques. Cet « amateur », jonglant avec les chiffres et les définitions, partage avec son correspondant Pascal la découverte du calcul des probabilités.

Joseph Lakanal (1762-1845). — Religieux oratorien, professeur, puis, retourné à l'état laïc, député à la Convention. Il préside à l'organisation du nouveau système d'enseignement de la République (écoles primaires, écoles centrales, École normale supérieure). Son intervention sauve le jardin du Roi (jardin des Plantes et muséum de Paris).

Maréchal Lannes (1769-1809). — Un grand capitaine aux talents militaires éclatants mais aussi un homme de réflexion, conscient de la folie de la guerre contre l'Espagne soulevée, puis contre l'Europe coalisée.

François Arago (1786-1853). — Personnalité hors du commun, animée par le goût de la recherche et de la vulgarisation scientifique — il fut admis à l'Académie des sciences à l'âge de 23 ans — ainsi que par la passion politique. Il fit partie du gouvernement provisoire de 1848.

Maréchal Gallieni (1849-1916). — *Page 94.* Ses talents d'administrateur et de pacificateur de territoires Outre-Mer, ses qualités de Chef sachant associer l'action politique à l'action militaire, le sens de sa responsabilité à l'égard des populations indigènes assurèrent le succès de ses missions.

Maréchal Joffre (1852-1931). — Son sang-froid, secondé par un équilibre nerveux à toute épreuve, en fait l'homme des situations critiques.

Aristide Maillol (1861-1944). — *Page 58.* Si le peintre et dessinateur travaillait d'après modèles, le sculpteur, grâce à son observation constante, à sa recherche du mouvement équilibré, à son sens de la grandeur, a laissé des compositions remarquables : ses statues sont tout aussi gracieuses que puissantes.

Louis Barthou (1862-1934). — De l'Académie française. Lettré et homme politique béarnais. Victime, comme ministre des Affaires étrangères, de l'attentat dirigé contre le roi Alexandre Iᵉʳ de Yougoslavie à Marseille.

PRINCIPALES MANIFESTATIONS TOURISTIQUES

Lieu *(1)* et Date	Nature de la Manifestation
Arles-sur-Tech ....Vendredi Saint	Procession traditionnelle des Pénitents Noirs, à 20 h 30 à travers les rues de la ville.
Bayonne ....Début août	Grandes fêtes★ : corridas, toros de fuego, pelote *(voir p. 64)*.
Bidarray ....2e dimanche après la Pentecôte	Processions de la Fête-Dieu.
Céret ....Avant dernier dimanche d'août	Festival de la Sardane (400 danseurs costumés).
Collioure ....Vendredi Saint	Procession de confréries de Pénitents.
Hélette 78-19 ....2e et 3e dimanche après la Pentecôte	Processions de la Fête-Dieu.
Iholdy ....2e et 3e dimanche après la Pentecôte	Processions de la Fête-Dieu.
Licq-Athérey ....2 jours, début septembre	Rallye des Cimes *(voir p. 26)*.
Lourdes ....Du Vendredi Saint au dimanche suivant Pâques	Festival de musique et art sacré.
Martres-Tolosane ....1er dimanche après la Pentecôte	Le Dimanche Tolosan : Fête de la Trinité *(voir p. 129)*.
Méritxell (Andorre) ....8 septembre	Fête nationale de l'Andorre.
Nogaro 82-2 ....Septembre	Grand Prix (monoplaces, voitures de productions *(voir p. 26)*.
De mars à octobre	Sport motocycliste *(voir p. 26)*.
Pau ....Samedi, dimanche et lundi de la Pentecôte	Grand Prix (monoplaces, formule 2) comptant pour le Championnat d'Europe des Conducteurs *(voir p. 26)*.
Juin	Festival de théâtre.
Perpignan ....Vendredi Saint	Procession des Pénitents Noirs *(voir p. 146)*.
23 juin	Fête des Feux de la Saint-Jean.
Pomarez 78-7 ....Lundi de la Pentecôte et 15 août	Courses de vaches landaises dans les arènes (3 000 places) *(voir p. 26)*.
Prats-de-Mollo ....Février	Carnaval traditionnel *(semaine des congés scolaires, zone de Montpellier)*. Journée de l'Ours *(le dimanche)*.
16, 17 et 18 juillet	Fête patronale.
St-Lizier ....2 fins de semaine, en août-septembre	Festival de musique.
St-Michel-de-Cuxa ....Fin juillet/ début août	Festival de Prades (concerts à l'abbaye).
St-Palais ....1er dimanche après le 15 août	Festival de la Force basque.
St-Sever ....13 juillet et 14 août	Reconstitution historique : Spectacle «Son et Lumière».
Tarbes ....Une semaine, en juin	Festival International du Film de Tourisme.
Tardets ......Samedi, dimanche, lundi, mardi qui suivent le 15 août	Fête locale : danses, pelote.
Vic-Fezensac 82-4 ...Samedi, dimanche et lundi de la Pentecôte	Grandes corridas *(se renseigner à la Mairie)*.
Côte basque ....1re quinzaine de septembre	Musique de Septembre.

(1) Pour les localités non décrites dans le guide, nous indiquons le n° de la carte Michelin à 1/200 000 et le n° du pli.

Les stations des Pyrénées offrent, en saison, un large éventail de festivités ; les Syndicats d'Initiative en diffusent le programme.

Participez à notre effort permanent de mise à jour. Adressez-nous vos remarques et vos suggestions.
Cartes et Guides Michelin
46 avenue de Breteuil - 75341 Paris Cedex 07.

JEUX ET SPORTS

La course landaise, la sardane, la pelote restent trois divertissements bien ancrés dans les bourgs pyrénéens, alors que les sports « introduits » exigent la pelouse des stades ou les pistes.

La course landaise. — *Demander le calendrier officiel de la Fédération Française de Course landaise, 7, rue des Archers, B.P. 223, 40104 Dax CEDEX.*

Depuis des siècles, la passion de « faire courir » habite les Gascons.

Bien que la course espagnole (corrida ou novillada) se soit acclimatée aujourd'hui dans les Landes, entre l'Adour et le bassin d'Arcachon, la course landaise reste la forme la plus goûtée de la tauromachie en Gascogne.

Dérivée de courses plus ou moins « sauvages » de vaches dans les rues, la course landaise devint plus palpitante vers 1850 avec l'intervention des écarteurs. L'écarteur doit affronter une vache de course, dont l'origine espagnole ou camarguaise garantit la combativité. Il doit esquiver par un saut, un écart ou une « feinte » — mouvement tournant du buste et des bras — le coup de tête de la bête maintenue en ligne par un teneur de corde au poignet souple et précis. Par souci de sécurité, les cornes sont emboulées ; il n'y a pas de mise à mort.

D'autres formules plus facétieuses ont été introduites : ce sont les tours d'adresse de la course mixte (par exemple prise d'une cocarde fixée au frontal de la vache). Les sauts périlleux de l'« ange », à pieds joints, à la course, au-dessus de la vache sont très appréciés du public.

La Chalosse est la région la plus passionnée par ce jeu.

La sardane. — La sardane, « anneau magique et vivant », tire probablement de célébrations de l'Antiquité méditerranéenne son caractère et sa solennité de ronde rituelle. Cette danse à répétition, en un ordre immuable, de deux thèmes musicaux variables (les Courts-les Longs), est un lien entre les Catalans de part et d'autre des Pyrénées. Elle se pratique, au Nord de la chaîne surtout dans le Vallespir, entre Céret et Prats-de-Mollo, mais l'on voit maintenant se multiplier dans les villages du Roussillon et en Conflent des pistes cimentées circulaires appropriées.

Pour l'« étranger », la sardane offre un intérêt multiple. Elle se danse au son d'un orchestre dit **cobla** (9 à 14 musiciens) partagé entre les « bois » très particuliers et les « cuivres », introduits vers 1850.

Les instruments typiques sont : le **tenora**, hautbois à pavillon métallique, d'une sonorité agreste et mélodieuse ; le **tible** (ou prime), plus court, au son aigu, parfois très perçant, difficile à maîtriser ; le **tambori** tenu par le même musicien qui module sur un court flageolet (le **flabiol**).

Vue comme un spectacle, à l'occasion d'un concours ou d'un festival, la sardane déroule ses guirlandes de bras levés. Le finale, la « sardane de la fraternité », réunit en rondes concentriques les différents groupes participants.

L'harmonie générale d'un groupe se mesure à la sobriété de ses mouvements : oscillations latérales limitées et sauté vertical mesuré. L'attention de certains danseurs est frappante : ce sont les « compteurs », qui surveillent rigoureusement la mesure, pour satisfaire aux règles de la chorégraphie. L'utilisation d'espadrilles, amortissant les piétinements, accentue l'impression de recueillement.

Quiconque peut participer à la ronde d'une sardane populaire, en veillant, naturellement, à respecter la dignité et à ne pas séparer les couples (le cavalier dansant toujours à gauche de sa cavalière).

Les grands rassemblements sardanistes s'appellent des aplecs.

La pelote basque. — *Voir p. 60.* Le programme de l'année des Fêtes en Pays Basque (Comité de Coordination touristique du Pays Basque, « Javalquinto », Square d'Ixelles, 64200 Biarritz) énumère les tournois de pelote disputés dans la région.

Demander en temps opportun confirmation au Syndicat d'Initiative intéressé.

Le rugby. — Le rugby s'est vigoureusement installé le long de la chaîne pyrénéenne à partir de 1900. Il a modelé un nouveau type de Gascon, successeur étoffé des mousquetaires : stature imposante, tenue soignée, verbe haut allant dans les moments d'émotion jusqu'aux violences verbales, mais sans grossièreté.

Le rugby a sa presse (Midi Olympique), sa bibliothèque (une centaine de titres), son sanctuaire (N.-D.-du-Rugby à Larrivière, Landes — Carte Michelin n° 🔲🔲 - pli 1, Sud de Grenade-sur-l'Adour) et ses hérétiques, les tenants languedociens du jeu à XIII (Carcassonne, Lézignan, Limoux).

On trouve en Gascogne quelques équipes féminines, jouant la « barette » (les « Lionnes » d'Auch).

La clôture de l'année sportive, fin mai, est une grande fête amicale dont les échos tardifs animent l'hôtel où se tient le banquet des équipes.

Sport automobile. — *Voir p. 25.* Le **Grand prix de Pau** se court sur un circuit urbain *(voir p. 142).* Organisateur : ASA Basco-Béarnais à Pau.

Le **Grand prix de Nogaro** a été inauguré en 1976. D'autres compétitions, en particulier les coupes de Pâques, ont lieu sur le circuit Paul-Armagnac (3 120 m). *Organisateur : ASA Armagnac-Bigorre à Nogaro.*

Le **Rallye des Cimes**, épreuve réservée aux engins du type jeep ou buggy, se déroule sur des pistes de montagne à Licq-Athérey *(voir p. 172). Organisateur : ASA Basco-Béarnais à Pau.*

Sport motocycliste. — *Voir p. 25.* Sur le circuit de Nogaro, ont lieu, en mars la coupe de marques, en mai l'Internationale Moto Revue, en juin la Promo Sport Endurance, en octobre la Promo Sport Vitesse. *Organisateur : ASM Armagnac-Bigorre à Nogaro.*

ARCHITECTURE ET URBANISME MÉDIÉVAL

ARCHITECTURE MILITAIRE

De l'émiettement de l'autorité féodale, résulta au Moyen Age une dispersion générale des points fortifiés. Le Sud-Ouest et particulièrement l'ancienne Aquitaine, partagée trois siècles durant entre deux couronnes, furent alors saupoudrés de châteaux forts.

En dehors des cités dont la défense pouvait être assurée par la consolidation d'une enceinte gallo-romaine, des fortifications grossières se multiplièrent en rase campagne : un fossé, une palissade d'enceinte (« pau » en langue d'Oc, « plessis » en langue d'Oïl), une tour de bois puis de pierre élevée sur une « motte » suffisaient, pour un simple refuge.

Les donjons. — Au début du 11e s. apparaissent des donjons défensifs de pierre rectangulaires. Leur rôle est d'abord simplement protecteur : maçonneries peu épaisses, absence de meurtrières permettant de tirer à l'arc. Le rez-de-chaussée, obscur, sert de magasin. L'accès se fait uniquement par le 1er étage au moyen d'une échelle ou d'une passerelle escamotable. Cette pratique illustrée par le donjon de Bassoues *(voir p. 131)*, courante jusqu'au 14e s., explique le dispositif des escaliers à vis, en pierre, qui ne s'amorcent qu'au 1er étage.

Les **salles**, variantes gasconnes du donjon des 13e et 14e s., antérieures à la guerre de Cent Ans sont des logis fortifiés flanqués d'une ou de deux tours rectangulaires disposées en diagonale. Seuls les étages sont habitables et percés de fenêtres.

Les châteaux de brique. — Certains châteaux du Béarn portent la marque de Sicard de Lordat, ingénieur militaire de Gaston Fébus. Ils sont construits en brique par souci d'économie. Leur unique tour carrée, à cheval sur l'enceinte polygonale, forme donjon-porte. Les casernements et le logis d'habitation s'adossent intérieurement aux courtines. Morlanne et surtout Montaner sont les exemples les plus achevés de ce type.

Les tours de guet. — Nombreuses surtout dans les Corbières, le Fenouillèdes, le Vallespir, les Albères, elles portaient le nom d'atalayes, guardias, farahons, etc. Elles assuraient, au moyen de feux la nuit et de fumées le jour, les « transmissions » de l'époque. Un code de signaux permettait de préciser la nature et l'importance du danger.

La chaîne de ces postes de télégraphie optique a pu être reconstituée dans la montagne catalane : elle aboutissait au château de Castelnou *(p. 156)* au temps des comtés catalans du haut Moyen Age, à Perpignan à l'époque des rois d'Aragon.

(D'après photo " Pierres et Vestiges ")

Château de Montaner.

Les églises fortifiées. — Nombreuses dans le Sud-Ouest, elles occupent une grande place dans l'histoire de l'architecture militaire.

Les deux types de mâchicoulis seraient apparus pour la première fois en France, à la fin du 12e s., sur des églises des pays de langue d'Oc : mâchicoulis classiques sur corbeaux ; mâchicoulis ménagés sur des arcs bandés entre les contreforts (Beaumont-de-Lomagne).

Traditionnel lieu d'asile — l'aire d'inviolabilité proclamée par les trèves de Dieu *(p. 147)* s'étendait à 30 pas autour de l'édifice — l'église

(D'après photo Artpyr, Barèges)

Église fortifiée de Luz.

représentait, avec son architecture robuste et son clocher tout désigné comme poste de guet, un refuge pour les populations.

Des églises forteresses complètes subsistent dans les hautes vallées pyrénéennes exposées aux raids aragonais. Les plus connues sont celle de Luz, enfermée dans une enceinte crénelée, et celle de Sentein, surmontée de trois tours.

Le 13e s., qui marque pour le Languedoc l'entrée dans le domaine royal et le triomphe de l'orthodoxie sur les Albigeois, est aussi, paradoxalement, l'époque où surgissent les grandes églises de brique du gothique « toulousain », dont le plan et l'élévation semblent répondre surtout à un souci défensif.

La guerre de siège au Moyen Age

L'attaque inopinée d'une place permettait parfois de surprendre des défenseurs souvent improvisés gênés par le nombre réduit de postes de tir utiles (créneaux, meurtrières, archères...). Mais si la garnison était alertée, les chances de réussir à escalader les courtines par des échelles ou de prendre une porte, de vive force, s'amenuisaient. Il fallait se résoudre à la guerre de siège.

L'investissement. — Le premier soin de l'assiégeant est d'investir la place. Les fortifications qu'il élève (fossés, palissades, tours, ouvrages appelés bastilles) sont dirigées à la fois contre une sortie éventuelle des assiégés et contre l'attaque d'une armée de secours.

Dans les sièges importants qui durent de longs mois, c'est une véritable ville fortifiée qui s'élève autour de la place à conquérir.

Pour ébrécher la muraille, les sapeurs creusent leurs galeries de mine (l'incendie des étais entraînera leur effondrement), les béliers sont mis en action. Les «engeigneurs» dirigent la construction de machines dont les croisades ont constitué le dernier banc d'essai.

Les engins. — Les machines de jet adoptent le principe de la catapulte ou de la fronde et ne diffèrent pas sensiblement des machines de guerre romaines.

Le Moyen Age préfère aux engins à tir tendu dérivés de la catapulte (arbalète à tour) l'artillerie trébuchante qui n'encombre pas les convois. Le

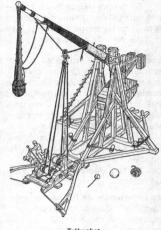

Trébuchet.

trébuchet, ou **pierrière**, utilisé tant par les assiégeants que par les assiégés, peut en effet être construit sur place, pour peu que les charpentiers — l'époque en fut prodigue et compta des virtuoses — trouvent à proximité des arbres de haute futaie. C'est un engin à tir courbe, lançant des blocs de pierre, mis en action par un contrepoids et le déclenchement d'une énorme fronde.

La **tour roulante** ou beffroi est l'engin d'assaut le plus perfectionné. Construit en bois, recouvert de peaux fraîches — protection contre les projectiles enflammés — cet édifice mesure jusqu'à 50 m de hauteur et abrite des centaines d'hommes. Pour l'amener à pied d'œuvre, il faut combler le fossé sur une partie de sa longueur, ménager un chemin de roulement en bois. L'énorme construction est ensuite placée sur rouleaux et déplacée au moyen de palans. Huit à dix de ces tours sont parfois utilisées au cours d'un siège important. Elles permettent d'opérer des diversions là où il n'a pas été fait de brèche.

L'assaut. — Les ponts-levis des tours roulantes s'abaissent sur les remparts et, par cette passerelle, les soldats, montés par la face arrière de la tour, se ruent sur les courtines; d'autres franchissent les brèches. On dresse des échelles: certaines ont 20 m de haut. Des échafaudages volants sont montés en un clin d'œil par des charpentiers virtuoses.

Les assiégés font pleuvoir les flèches et les projectiles, s'acharnent à renverser les échelles, à couper les cordes, à verser de la poix bouillante ou de la chaux vive; ils cherchent à brûler les troupes d'assaut.

Si, dans le farouche corps à corps qui s'engage, l'assaillant a le dessus, s'il pénètre dans la place, il lui reste encore à

Tour roulante.

réduire les ouvrages autonomes (donjon, portes, grosses tours). Chacun de ces ouvrages a plusieurs étages qui ne peuvent être enlevés que successivement. Escaliers étroits et tortueux, fausses portes, souricières, chicanes, ponts-levis piétonniers, meurtrières et mâchicoulis intérieurs permettent à des défenseurs résolus une longue résistance.

L'ère du canon. — La bombarde primitive se perfectionne. Vers le milieu du 15e s., l'artillerie royale, sous l'impulsion de deux canonniers de génie, les frères Bureau, devient la première du monde. Aucune forteresse féodale ne peut désormais lui résister. En un an, Charles VII reprend aux Anglais soixante places dont ils n'avaient pu s'emparer qu'après des sièges de quatre à dix mois. L'architecture militaire subit une complète transformation: les tours deviennent des bastions bas et très épais, les courtines s'abaissent et s'élargissent jusqu'à 12 m d'épaisseur. Vauban portera à la perfection ces nouvelles défenses.

L'ART ROMAN EN LANGUEDOC ET EN ROUSSILLON

(D'après photo Ed. Estel, Blois)

Chrisme, monogramme du Christ qui apparaît dans le Sud-Ouest au tympan des chapelles romanes et appartient au répertoire symbolique du compagnonnage, sous le nom de « pendule à Salomon ».

Le berceau catalan. — Les Pyrénées catalanes, l'Andorre et le Val d'Aran ont contribué, dès le 11e s., à la diffusion des voûtes de pierre inspirées de la nef de St-Martin-du-Canigou. Les sanctuaires de montagne, souvent restés à l'écart des grandes voies de passage dans les vallées pyrénéennes, grossièrement bâtis en pierre éclatée, doivent leur distinction à leur belle tour carrée aérée d'arcatures et allégée de « bandes lombardes » dont l'usage s'est maintenu et l'influence propagée jusqu'au 13e s.

Les sculpteurs tirent parti des marbres gris ou rose des carrières du Conflent et du Roussillon.

À l'intérieur, les parois, lisses, le plus souvent, parcimonieusement percées, se prêtent au déploiement des peintures murales, le motif du Christ en Gloire étant toujours réservé à l'abside.

Toulouse. — Métropole de la Chrétienté d'Occident, Toulouse brille de tous ses feux au 12e s.

Sur la route de Compostelle la basilique St-Sernin, élevée sur la tombe d'un des rares martyrs de la Gaule, voit affluer les pèlerins. L'église est, fait notoire pour l'époque, complètement voûtée en faisant appel aux différents dispositifs romans : voûtes en berceau plein cintre sur doubleaux pour la nef principale, voûtes en demi-berceau dans les tribunes, voûtes d'arêtes aux collatéraux, coupole à la croisée du transept. En moins de 40 ans (1080-1118) sa décoration sculptée est menée à bien, à l'exception du portail Ouest. Les scènes que le sculpteur a représentées sur les portails, par leur symbolisme et par leur ordonnance, manifestent une foi profonde et cultivée, puisée aux sources des écritures de l'Ancien et du Nouveau Testament. Sur la seule porte Miégeville *(voir p. 179)* sont représentés le Péché originel (entrée du Mal dans le monde), l'Annonciation (annonce du Salut), le massacre des Saints-Innocents (premières luttes des rachetés ; communion des saints), la Résurrection (le triomphe de la Foi).

Avec Moissac *(guide Michelin Périgord)*, Toulouse est l'un des berceaux de la sculpture romane médiévale, surtout pour l'activité de ses tailleurs de chapiteaux, au travail dans les trois fameux cloîtres de St-Sernin, de la Daurade et de St-Étienne, tous détruits au 19e s. (vestiges au musée des Augustins).

(D'après photo F. Tur)

Tour romane (St-Michel-de-Cuxa).

LE GOTHIQUE DU MIDI

La tradition languedocienne. — Au 13e s. un art gothique proprement languedocien se développe, caractérisé par l'emploi de la brique et souvent la présence d'un clocher-mur ou d'un clocher ajouré d'arcs en mître inspiré par celui de N.-D.-du-Taur de Toulouse et par les étages supérieurs de celui de la basilique St-Sernin. En l'absence d'arcs-boutants, la butée des voûtes est assurée par des contreforts massifs entre lesquels se logent les chapelles.

À l'intérieur, la nef unique languedocienne est relativement sombre, presque aussi large que haute et terminée par une abside polygonale plus étroite. Son ampleur permettant le rassemblement des foules servait bien la prédication fréquemment pratiquée après la croisade des Albigeois. Les surfaces murales aveugles appellent une décoration peinte.

La légèreté de la brique permet de voûter des édifices primitivement couverts de charpente.

Pour saisir le contraste entre le gothique du Nord et celui du Midi il suffit de passer de la nef dans le chœur de la cathédrale de Toulouse ou de descendre de St-Nazaire de Carcassonne (Cité) à St-Vincent, dans la ville basse.

Les cloîtres gothiques languedociens (Jacobins à Toulouse, St-Hilaire, Arles-sur-Tech) sont de très gracieuses constructions, avec leurs frêles colonnettes jumelées.

(D'après photo Jean Dieuzaide)

Clocher-mur toulousain (N.-D.-du-Taur).

Les Ordres mendiants. – Les Dominicains ou «Jacobins» élèvent le premier couvent de leur ordre à Toulouse en 1216, les Cordeliers (Franciscains) s'y installent, également du vivant de leur fondateur, saint François d'Assise, en 1222 (l'église a disparu, incendiée en 1871). La recherche de vastes espaces favorables à la prédication, les consignes de dépouillement s'accordent parfaitement avec les caractères du gothique languedocien. La cathédrale de Lombez (2 nefs), l'église de Grenade (3 nefs sensiblement d'égale hauteur) témoignent dans les campagnes, de l'influence de l'église des Jacobins de Toulouse.

Le «gothique de brique» toulousain. – La construction en brique caractéristique du Toulousain reste en faveur jusqu'à la Renaissance. Les églises ont souvent, alors, l'aspect d'églises-forteresses *(voir p. 27)*; elles se différencient surtout par leur clocher.

Les clochers-mur semblent avoir pour prototype celui de N.-D.-du-Taur à Toulouse. Très nombreux en Lauragais, ils jalonnent la N 113 entre Toulouse et Villefranche.

Les clochers octogonaux dérivent des deux derniers étages de la tour de St-Sernin et surtout de la tour des Jacobins. Les répliques les plus réussies sont le clocher de Beaumont-de-Lomagne et le clocher de la cathédrale de Rieux, élevé au 17ᵉ s. seulement.

(D'après photo Jean Dieuzaide)

Clocher-tour toulousain (les Jacobins).

LES «VILLES NOUVELLES» DU MOYEN AGE

Le Sud-Ouest ne compte que trois fondations urbaines du Moyen Age dignes encore du nom de ville : Montauban (1144), création du comte de Toulouse, le «bourg» (ville basse) de Carcassonne (1247), construit sur la rive gauche de l'Aude par Saint Louis pour les habitants sans abri des quartiers rasés, au pied de la Cité, Libourne (1270) dont le nom vient de Sir Roger Leyburn, sénéchal d'Edouard Iᵉʳ d'Angleterre.

Mais l'Aquitaine, d'abord ponctuée de sauvetés et de castelnaux, a été surtout marquée par le mouvement des bastides, «villes nouvelles» mi-rurales, mi-urbaines qui ne dépassent guère aujourd'hui le rang de chef-lieu de canton.

Sauvetés et castelnaux (11ᵉ et 12ᵉ s.). – Les **sauvetés** («Salvetat», «Sauveterre», etc.) procèdent d'initiatives ecclésiastiques. Prélats, abbés ou dignitaires d'un ordre militaire de chevalerie font appel à des «hôtes» pour assurer le défrichement et la mise en valeur de leurs terres.

Les **castelnaux** («Châteauneuf», «Castets», etc.) ont pour origine des agglomérations créées par un seigneur dans la dépendance d'un château. Muret, Auvillar, Mugron, Pau étaient à l'origine des castelnaux. En Gascogne, le nom de Castelnau est complété par un nom de fief : Castelnau-Magnoac, Castelnau-Barbarens, etc.

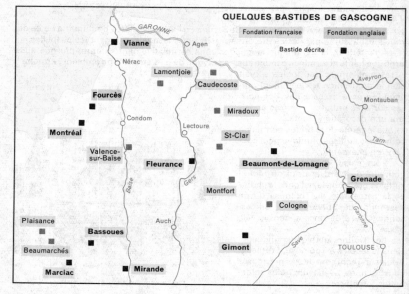

Les Bastides (1220-1350 environ). — On compte environ 300 bastides du Périgord aux Pyrénées. Elles atteignent en Gascogne une densité qui laisse penser qu'elles constituent le premier habitat aggloméré dans cette région. Bien qu'elles ne se soient pas toutes développées et malgré leur alanguissement actuel — certaines ont même disparu — les bastides sont, par leur création, une réponse à des besoins démographiques, financiers et économiques ou à des préoccupations politiques et militaires.

Nombre de bastides sont nées d'un contrat de paréage *(voir p. 46)* entre le roi et le seigneur du lieu ou entre un abbé et le seigneur laïc. Ce contrat précise le statut des habitants, le programme du lotissement, les redevances à payer par les acquéreurs, etc. Le peuplement était encouragé, entre autres dispositions, par la garantie du droit d'asile et l'exemption du service militaire dû au seigneur. Les nouveaux venus avaient capacité de disposer librement de leurs biens en faveur de leurs héritiers. En contrepartie, des pénalités pouvaient sanctionner un retard à construire.

Création. — Les grands fondateurs de bastides furent :

Le frère de Saint Louis, **Alphonse de Poitiers** (1249-1271), devenu comte de Toulouse. Il multiplie les fondations, du Comminges au Rouergue, et peut compter ainsi sur d'importantes rentrées de fonds et sur les progrès de la francisation.

Le sénéchal de Toulouse, **Eustache de Beaumarchais** (1272-1294), sous les règnes de Philippe le Hardi et de Philippe le Bel. Ses bastides gasconnes montrent de très beaux damiers (Mirande, Marciac) et des plans originaux (Fleurance, dans un triangle).

Le duc d'Aquitaine et roi d'Angleterre, **Édouard Ier Plantagenêt** (1272-1307), et son sénéchal pour l'Agenais, Jean de Grailly. Leurs visées répondent à des préoccupations stratégiques et leurs créations font pièce aux bastides françaises, au-delà de la « frontière ».

Toponymie. — Le nom de la bastide évoque soit son statut : Villefranche ; soit son fondateur : Montréjeau (Mont royal), Beaumarchés, Hastingues (Hastings) ; soit le parrainage symbolique d'une cité illustre : Valence (de Valence en Espagne), Fleurance, Cologne, Mirande (Miranda), Grenade, Tournay, etc.

Urbanisme. — Le plan des bastides se rapproche souvent d'un modèle-type original, en échiquier carré ou rectangulaire, mais s'en éloigne parfois en raison du relief et de la nature du site choisi pour ses possibilités de peuplement ou de défense.

On reconnaît l'intervention d'un arpenteur professionnel dans le tracé rectiligne des rues se coupant à angle droit et dans le découpage de lots de valeur égale.

Les colons recevaient, outre une parcelle à bâtir, une parcelle de jardin et, hors de l'agglomération, mais à proximité, une parcelle cultivable.

La voirie est en avance sur son temps : les rues principales ont couramment 8 m de largeur, chiffre élevé alors que les maisons n'ont qu'un étage.

L'unique place principale, réservée aux marchés, comme le rappellent les halles encore élevées en leur centre, était habituellement soustraite au trafic. La place n'est autre qu'un îlot en lacune, sur les côtés duquel les rues, passant de l'air libre aux « couverts », gardaient leur continuité et même leur nom.

L'église est édifiée près de la place centrale ou à la périphérie, solidaire du cimetière.

Les **couverts**, malheureusement amputés ou disparus, s'ouvrent sous des arcades de pierre ou sous un étage charpenté supporté par des poteaux de bois

MIRANDE
(les couverts subsistants
sont indiqués en noir)

0   100 m

(les « embans » gascons). Mirepoix *(p. 132)* conserve le plus pittoresque ensemble de couverts du Sud de la Garonne.

Les églises de bastide. — La multiplication des bastides à partir du 13e s. a engendré de nombreux chantiers d'églises. Là aussi, la nef unique, caractéristique du gothique languedocien convenait, la nef unique remplissant à l'îlot assigné à l'emplacement de l'édifice était strictement mesuré. Les églises des bastides gasconnes (département du Gers) ont un air de famille avec leur clocher-porche (Mirande, Marciac) et leur large nef sombre éclairée principalement par la claire-voie d'une abside étriquée.

Quelques termes d'archéologie

Arcature	: suite de petits arcs accolés.	**Modillon**	: console soutenant une corniche.
Claveau	: pierre d'appareil taillée en coin pour dresser un arc, une voûte.	**Oculus**	: baie de forme circulaire (latin : œil).
Crédence	: petite niche aménagée dans le mur, où sont placées les burettes.	**Pentures**	: bandes de fer clouées sur une porte et s'ajustant à leur extrémité sur les gonds.
Enfeu	: niche funéraire.		
Géminé	: groupé par deux (arcs géminés, colonnes géminées).	**Phylactère**	: banderole portant une inscription.
Gloire	: auréole entourant un personnage (souvent en forme d'amande).	**Pilastre**	: pilier plat engagé dans un mur.
Jubé	: clôture monumentale entre le chœur et la nef.	**Tympan**	: paroi pleine obturant la partie cintrée d'une baie, d'un portail.
Meneau	: traverse de pierre compartimentant une baie, une lucarne.	**Triforium**	: galerie de circulation formant un étage intermédiaire entre les grandes arcades et les fenêtres hautes.

LES GROTTES

Les grottes offrent au touriste des spectacles de la nature inconnus à la surface du sol : formes rocheuses défiant les caprices de l'imagination, concrétions délicates étincelantes de blancheur, miroirs d'eau ou calmes lacs souterrains incroyablement limpides, gisements attestant le passage des hommes de la préhistoire *(voir p. 20 et 21)*.

L'exploration et l'étude du monde souterrain pratiquées par les naturalistes et les sportifs sont désignées, depuis 1890, sous le terme de spéléologie. **Édouard Alfred Martel** (1859-1938) les a élevées au rang d'une science.

L'infiltration des eaux. — Sur les massifs calcaires très fissurés — comme on en rencontre dans les Pyrénées du bord de la Méditerranée (Font-Estramar) aux soubassements du Mont Perdu à près de 3 000 m d'altitude — les eaux de pluie ne circulent pas à la surface du sol ; elles s'infiltrent. Chargées d'acide carbonique, elles dissolvent le carbone de chaux contenu dans le calcaire. Alors se forment des dépressions généralement circulaires et de dimensions modestes appelées **dolines**. Si les eaux de pluie s'infiltrent plus profondément

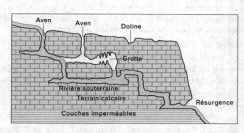

Circulation souterraine des eaux.

par les innombrables fissures qui fendillent la carapace calcaire, le creusement et la dissolution de la roche engendrent la formation de puits ou abîmes naturels : les **avens**. Peu à peu les avens s'agrandissent, se prolongent par des galeries souterraines qui se ramifient, communiquent entre elles et s'élargissent en grottes.

Rivières souterraines et résurgences. — Les eaux d'infiltration atteignant le niveau des couches de terrains imperméables (marnes ou argiles) sont à l'origine d'un véritable réseau de rivières souterraines dont le cours se développe parfois sur plusieurs kilomètres.

Les eaux se réunissent, finissent par forer des galeries, élargissent leur lit et se précipitent souvent en cascades. Lorsque la couche imperméable affleure au long d'une pente au flanc d'un versant, le cours réapparaît à l'air libre en source plus ou moins puissante, c'est une **résurgence**, comme la fontaine de Fontestorbes. Ce trajet souterrain d'une rivière entre sa pente en amont et sa résurgence porte le nom de **percée hydrogéologique**.

La circulation souterraine des eaux à travers les puits et les galeries est tout à fait instable car la fissuration de la roche affecte continuellement le drainage du sous-sol. Nombreux sont les anciens lits abandonnés au profit de galeries plus profondes qu'emprunte la rivière actuelle. L'exemple de Bétharram est remarquable à cet égard.

Lorsqu'elles s'écoulent lentement, les eaux forment de petits lacs délimités par des barrages naturels festonnés. Ce sont les **gours** dont les murettes sont édifiées peu à peu par dépôt du carbonate de chaux sur le bord des plaques d'eau qui en sont saturées.

Il arrive qu'au-dessus des nappes souterraines la dissolution de la croûte calcaire se poursuive : des blocs se détachent alors de la voûte, une coupole se forme, parfois immense comme à Lombrives, dont la partie supérieure se rapproche de la surface du sol. Lorsque la voûte de cette coupole devient très mince, un éboulement découvre brusquement la cavité et ouvre un gouffre.

Formation des concrétions. — Au cours de sa circulation souterraine, l'eau abandonne le calcaire dont elle s'est chargée en pénétrant dans le sol. Elle édifie ainsi un certain nombre de concrétions aux formes fantastiques. Dans certaines cavernes, le suintement des eaux donne lieu à des dépôts de calcite (carbonate de chaux) qui constituent des pendeloques, des pyramides, des draperies, dont les représentations les plus connues sont les stalactites, les stalagmites *(schéma ci-contre)*, les excentriques.

Les **stalactites** se forment à la voûte de la grotte. Chaque gouttelette d'eau qui suinte au plafond y dépose, avant de tomber, une partie de la calcite dont elle s'est chargée. Peu à peu, s'édifie ainsi la concrétion le long de laquelle d'autres gouttes d'eau viendront déposer leur calcite.

Les **fistuleuses** sont des stalactites offrant l'aspect de longs macaronis effilés pendant aux voûtes.

Les **stalagmites** s'élèvent du sol vers le plafond : les gouttes d'eau tombant toujours au même endroit déposent leur calcite qui forme peu à peu un

Grotte à concrétions.

1. Stalactites. – 2. Stalagmites. –
3. Colonne en formation. – 4. Colonne formée.

cierge. Celui-ci s'élève, à la rencontre d'une stalactite avec laquelle il finira par se réunir pour constituer une colonne.

La formation de ces concrétions est extrêmement lente ; elle est, actuellement, de l'ordre de 1 cm par siècle sous nos climats.

Les **excentriques**, très fines protubérances dépassant rarement 20 cm de longueur, se développent en tous sens sous forme de minces rayons ou d'éventails translucides. Des phénomènes complexes de cristallisation les libèrent des lois de la pesanteur.

Les campagnes d'E.-A. Martel et de Norbert Casteret. — Envoyé dans les Pyrénées en mission hydrologique par le ministère de l'Agriculture, **E.-A. Martel** a visité de nombreuses cavités, durant quatre mois de campagnes étalées de 1907 à 1909 : grottes ou résurgences de Bétharram, du Mas-d'Azil, de Labouiche, Lombrives, Fontestorbes, Font-Estramar, gorges de Kakouetta et d'Holçarté, etc.

Fort de la somme considérable de ses observations, Martel, particulièrement intéressé par les eaux courantes souterraines, voulut surtout promouvoir la lutte contre la pollution des sources contaminées par les transits des eaux dans des gouffres servant de décharge aux paysans.

Norbert Casteret (né en 1897) a relaté ses premières aventures, parfois téméraires (franchissement d'un siphon en plongée libre, en 1922), puis les expéditions auxquelles il a collaboré, dans une trentaine d'ouvrages qui suscitèrent de très nombreuses vocations. Il prouva en 1931 l'existence d'une percée hydrogéologique de la Garonne sous le massif de la Maladetta, en Espagne.

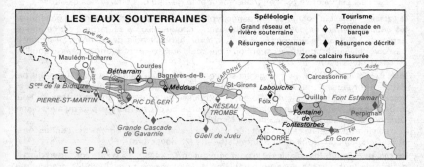

Les grands réseaux. — Leur exploration devint, surtout à partir de 1950, le but d'expéditions méthodiquement organisées. L'allègement du matériel de descente, mis au point dès 1930 par Robert de Joly et perfectionné depuis suivant des techniques proches de l'alpinisme, permet de limiter l'importance des équipes de surface.

Le réseau Trombe. — La prospection du massif d'Arbas-Paloumère commencée en 1940 par la reconnaissance du gouffre de la Henne-Morte par Norbert Casteret et Marcel Loubens, a abouti, à partir de 1956, à la découverte du réseau Trombe, percée hydrogéologique de 30 km de développement total, entre 1 410 m et 480 m d'altitude.

Le réseau de la Pierre-St-Martin. — En août 1950, au cours d'une prospection des « arres » *(voir p. 49),* le physicien belge Max Cosyns et le spéléologue Georges Lépineux font descendre leur sonde par un orifice tout proche du col jusqu'à une profondeur de 346 m, reconnaissant ainsi un abîme d'une exceptionnelle verticalité. Dès lors les expéditions se succèdent. En 1951 Lépineux descend au fond du puits, qui porte son nom, et Marcel Loubens, le relayant, entend et atteint vers 450 m de profondeur une rivière souterraine. Endeuillée par la mort de Loubens (1952) trahi par le serre-câble du câble de suspension, l'équipe reconstituée en 1953 dévale un chapelet de grandes salles et découvre la gigantesque salle de la Verna (longueur : 230 m, largeur : 180 m, hauteur : 150 m).

Compte tenu de la découverte de nouveaux puits, la dénivellation du réseau de la Pierre-St-Martin atteignait 1 332 m en 1979.

LA CONQUÊTE DES SOMMETS

Les Pyrénéistes *(p. 7)* avaient de la montagne une conception esthétique et sentimentale autant que sportive ; aussi la période de l'escalade athlétique ne débuta-t-elle qu'après 1870.

À l'exemple de leurs aînés, les excursionnistes et alpinistes contemporains ne se limitent pas au versant Nord de la chaîne : ils retrouvent les Catalans et les Aragonais sur les sommets de la Maladetta, du Posets, des Encantats, du Mont Perdu, etc.

Les grands terrains d'escalade. — Le **massif de Luchon** prend tout son caractère dans le cirque d'Espingo (refuge du C.A.F.), à l'origine de la vallée d'Oô, aux parois de granit franc et à la fine guirlande glaciaire. Le souvenir du Dr Jean Arlaud (1896-1938), pionnier du ski et animateur de l'alpinisme auprès des jeunes, y reste vivant.

Henri Brulle (1854-1936), le précurseur des grandes escalades, inaugura après 1870 les courses appelées plaisamment « jeux du cirque » sur les parois de **Gavarnie**. Les guides de Gavarnie coopérèrent de façon étroite à ses victoires.

Le **Vignemale** montre dans l'enfilade du val de Gaube le couloir de Gaube, « fascinante et provocante cheminée de neige et de glace... vertigineuse et haute de 600 m », selon le récit des premiers ascensionnistes, Brulle et le guide Célestin Passet (1889). Les difficultés et obstacles accumulés sur cette voie — pente variant entre 45° et 65°, bloc coincé surplombant, mur de glace — firent échouer longtemps les autres tentatives. La seconde victoire ne fut acquise qu'en 1933.

Le **Balaïtous**, massif granitique le plus secret des Pyrénées centrales, n'offre pas d'escalades présentant de très hautes difficultés techniques mais un parcours aérien admirable : la crête du Diable.

Le **pic du Midi d'Ossau** est le stade d'escalade des Palois, très fréquenté en fin de semaine. Le **cirque calcaire de Lescun** offre le dernier ensemble « alpin » des Pyrénées, à l'Ouest (aiguilles d'Ansabère).

LA TABLE

La cuisine basque. — La cuisine basque, fortement assaisonnée et pimentée (piments rouges d'Espelette), fait largement appel aux produits de la mer : morue, merlu (merluza), thon et bonites. La bouillabaisse basque, le **ttoro**, est à base de congre, de lotte et de grondin. Les **chipirones**, sortes de petites seiches, se mangent farcis ou cuits à la casserole.

La **piperade** est une omelette aux piments verts piquants et à la tomate, mais la préparation, sans les œufs, peut servir d'assaisonnement ou être mise en conserve.

La cuisine gasconne et béarnaise. — Ses ingrédients de fond sont la graisse de porc et la graisse d'oie. La graisse d'oie présente pour les fritures l'intérêt de ne se décomposer qu'à 250° (beurre : 130°, graisse de porc : 200°) ; elle fait aussi office d'agent de conservation.

L'hospitalière Gascogne, pays d'«Ancien Régime» où la plus modeste auberge de chef-lieu de canton n'a pas rogné sur la composition des menus est un foyer d'art culinaire, favorisant les recherches et les essais de grands «chefs».

Le maïs est valorisé par l'engraissement et le gavage des oies et des canards.

La garbure. — C'est le potage de campagne typique en pays gascon. Préparation généreuse, les petits estomacs ne devront pas en abuser. Chaque saison a sa garbure car ce potage demande à être fait de légumes frais. Choux, fèves, haricots, pois, persil, thym, ail en sont la base avec la viande confite de canard ou d'oie, mais aussi de porc, plongée dans le bouillon en cours de cuisson.

Foies d'oie et de canard. — Le gavage est souvent confié à une aïeule patiente. Trois fois par jour, la «gorgeuse», maintenant la tête de la bête, introduit un entonnoir dans le gosier et y verse le maïs. Si le volatile n'avale pas, elle pousse le grain avec un petit bâton au bout arrondi et poli. Au bout d'un mois, l'oie est si lourde qu'elle ne marche plus qu'avec peine. Quand elle refuse de se lever, elle est «à point».

Les foies d'oie et de canard sont négociés sur les marchés des «gras» des Landes (Aire) et du Gers, aux environs de la Sainte Catherine (25 novembre).

Les confits. — Toutes les volailles et le porc peuvent être confits, c'est-à-dire conservés dans la graisse de leur cuisson avec un complément de panne de porc. Avec les progrès des techniques de la conserve, ce procédé traditionnel a perdu de son exclusivité.

Les salmis. — En voici la recette résumée : du volatile rôti détacher les morceaux, dont les cuisses et les ailes. Par ailleurs hacher menu la carcasse, les chairs restantes et les abats pour obtenir une sauce épaisse. Passer au tamis fin, compléter l'assaisonnement et après cuisson, ajouter les morceaux de gibier.

Les magrets. — La rationalisation de l'élevage du canard a permis de présenter un nouveau morceau, le magret, filet détaché des flancs de la bête.

Les fromages de brebis des Pyrénées. — Les fromages de brebis (pâtes pressées non cuites ou demi-cuites) gardent, en montagne, la saveur des produits locaux. Ils sont disponibles, du printemps à fin août, dans les Pyrénées occidentales sous forme de pains de 5 kg environ. Parmi les points de vente sur les lieux de production ou à proximité, il faut citer :
Iraty (brebis et vache). — Disponible sur le plateau d'Iraty *(p. 172)*.
Laruns (brebis pur). — Disponible à Gabas *(p. 141)*. Il existe d'autre part des fabrications «laitières» aux environs de Laruns.
Sost (brebis pur). — En Barousse (carte n° 🆕 - pli 20, Sud de Mauléon-Barousse).

La cuisine catalane. — On trouve ici le domaine méditerranéen, avec la cuisine à l'huile, l'aïoli (en catalan : all y oli), l'anchoïade (el pa y all), etc.

La boullinade, la bouillabaisse de l'endroit, le civet de langouste au Banyuls (le Banyuls sec se prête admirablement à la cuisine et le vin doux aux entremets ou salades de fruits), font un digne cortège aux anchois de Collioure.

La charcuterie catalane a son authenticité : boudin (boutifare), saucisson de foie de cochon et, surtout, jambons et saucissons secs de la montagne cerdane.

La **cargolade**, grillade de «petits gris» de la garrigue, à la braise de sarments de vigne, donnait leur note d'allégresse aux repas champêtres pris après les dévotions aux ermitages.

Les vins. — Les vignobles du Béarn *(p. 68)*, du Roussillon *(p. 153)* et de la région de Limoux *(p. 120)* sont les plus célèbres.

L'ARMAGNAC

La région délimitée d'appellation «Armagnac» (35 000 ha) couvre la plus grande partie du département du Gers et empiète sur le Lot-et-Garonne et les Landes. Seuls les vins blancs issus de cépages réglementaires au nombre de 10 peuvent être distillés. Leur caractéristique essentielle est une acidité fixe forte. Les cépages les plus appréciés sont principalement l'Ugni Blanc et la Folle-Blanche (appelé gros plant dans le pays nantais).

Les vins sont distillés au moyen d'un alambic continu ou d'un alambic «à repasse».

Au sortir de l'alambic l'eau de vie, titrant entre 52° et 72°, est recueillie dans une pièce de chêne neuve et commence à prendre, par imprégnation de tanin et oxydation, sa robe ambrée. Le vieillissement dans les chais lui donne, après cinq ans de garde, sa plénitude. Au maître de chai appartient le soin des «coupes» donnant à chaque marque ses caractères propres en dosant les produits du Bas-Armagnac (région d'Eauze, Nogaro et Labastide-d'Armagnac), suaves et fruités, et les eaux-de-vie plus étoffées de la Ténarèze *(p. 174)*.

Au cours de la campagne 1980-1981, il a été vendu (en France et à l'Étranger) plus de 8 millions de bouteilles d'Armagnac.

Pour une visite de chais d'Armagnac, s'adresser au Bureau National Interprofessionnel de l'Armagnac, place de la Liberté, BP 3 à Eauze, à l'Office de tourisme du Gers à Auch et aux Syndicats d'Initiative de la région (en particulier Condom).

ITINÉRAIRES DE VISITE RÉGIONAUX

**BEAUX VILLAGES BASQUES
ÉTAPES VERS COMPOSTELLE
(617 km)**

0   20 km

ST-SEVER

Mugron
p.90
Gaujacq   52   Samadet
44
BAYONNE ★★
Peyrehorade   Orthez   Morlanne
Arthous   Sorde-l'Abbaye
★★★ Biarritz   p.148   46   Mourenx
ST-JEAN-   Bidart ★   Bidache
DE-LUZ   Hasparren   Sauveterre-   Lescar
★★   de-Béarn ★
Hendaye ★   p.164   76   ★★★ Pau
Sare ★   Cambo   61
la Rhune ★★★   Grottes
72   d'Isturits ★★
Pas de Roland
Bidarray   Mauléon-Licharre
p.63   OLORON ★
Col d'Osquich
55   p.64   10
ST-JEAN-   26
PIED-DE-PORT   Sarrance
18   26
Ste-Engrâce   p.69
★★ Gorges de Kakouetta ★★   Lescun ★

E S P A G N E

○ Ville d'étape
⚓ Château
♣ Ruines
⛪ Edifice religieux
▲ Curiosités diverses
p.90 Parcours décrit p.90

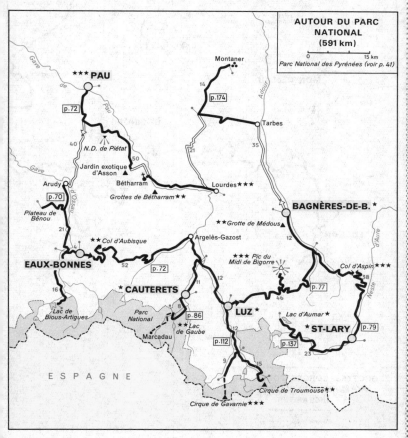

**AUTOUR DU PARC
NATIONAL
(591 km)**

0   15 km
Parc National des Pyrénées (voir p. 41)

★★★ PAU   Montaner
14   p.174
p.72   Tarbes
40   N.D. de Piétat   35
50   21
Jardin exotique
d'Asson   Lourdes ★★★
Arudy   Bétharram
p.70   Grottes de Bétharram ★★   BAGNÈRES-DE-B. ★
Plateau de
Bénou   ★★ Grotte de Médous ▲
21   Argelès-Gazost   12
★★ Col d'Aubisque   ★★★ Pic du   Col d'Aspin ★★★
EAUX-BONNES   Midi de Bigorre   58
S2   p.72   12   p.77
16   CAUTERETS ★   46   St-LARY ★   p.79
Lac de   8   12   Lac d'Aumar ★
Bious-Artigues   p.86   LUZ ★   p.137
Parc   ★★ Lac   p.112   23
National   de Gaube
Marcadau   12
9   15
★★ Cirqué de Troumouse ★★
Cirqué de Gavarnie ★★★

E S P A G N E

Pyr. 2   **35**

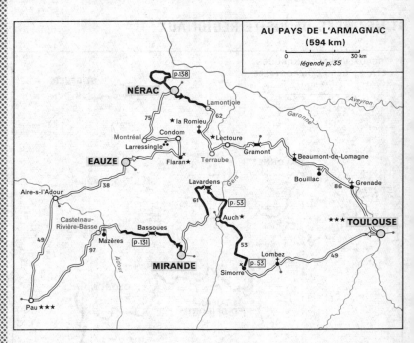

AU PAYS DE L'ARMAGNAC
(594 km)

0   30 km

légende p. 35

NÉRAC p.138

Lamontjoie

75   62

★ la Romieu

Condom

Montréal   ★ Lectoure

Larressingle   Gramont

Flaran ★   † Beaumont-de-Lomagne

EAUZE   Terraube

Bouillac

38   Gers   86

Aire-s-l'Adour   † Grenade

Lavardens

Castelnau-   61
Rivière-Basse   p.53

Bassoues   Auch ★   ★★★ TOULOUSE

49   Mazères   p.131   53

97   Lombez

MIRANDE   p.53   49

Simorre

Pau ★★★

Adour

Garonne

Aveyron

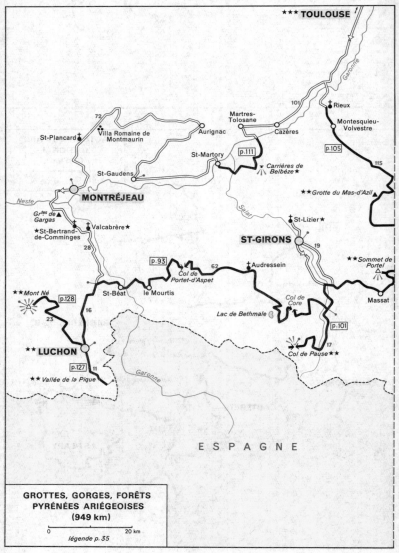

★★★ TOULOUSE

101   † Rieux

72   Martres-   Montesquieu-
Tolosane   Volvestre

St-Plancard †   Aurignac   Cazères   p.105

Villa Romaine de   115
Montmaurin

St-Martory   p.111

St-Gaudens   ✝ Carrières de
Belbèze ★

★★ Grotte du Mas-d'Azil ▲

Neste   MONTRÉJEAU   † St-Lizier ★

Gr^tes de   Salat
Gargas ▲   ST-GIRONS

★ St-Bertrand-   Valcabrère ★   19
de-Comminges

28   ★★ Sommet de
p.93   Portel

62   † Audressein   Massat

★★ Mont Né   Col de
p.128   Portet-d'Aspet   Col de
Core

St-Béat   le Mourtis   Lac de Bethmale

16   p.101

23   17

★★ LUCHON   Col de Pause ★★

p.127   11

★★ Vallée de la Pique   Garonne

E S P A G N E

GROTTES, GORGES, FORÊTS
PYRÉNÉES ARIÉGEOISES
(949 km)

0   20 km

légende p. 35

36

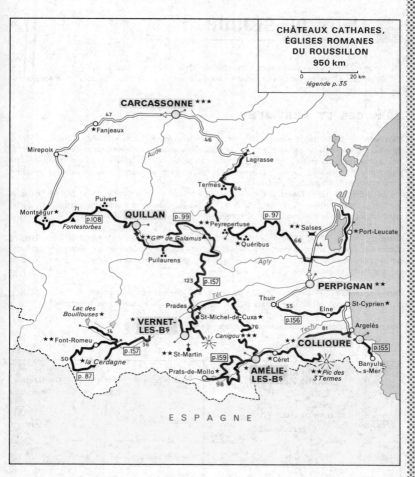

CHÂTEAUX CATHARES,
ÉGLISES ROMANES
DU ROUSSILLON
950 km

0   20 km
légende p. 35

CARCASSONNE ★★★
47
★Fanjeaux
Mirepoix
46
Aude
Lagrasse
Termes★ 64
Puivert
71
QUILLAN   p.99
Montségur★   p.108
Fontestorbes   ★★Peyrepertuse   p.97
G.ges de Galamus   ★Salses
★Quéribus   66
Puilaurens   44 ★Port-Leucate
Agly
123   p.157
Têt   Thuir   PERPIGNAN ★★
Prades   55   Elne   ★St-Cyprien★
Lac des   St-Michel-de-Cuxa   p.156
Bouillouses★   76   Tech   Argelès
14   VERNET-   Canigou ★★★   81
LES-B.s   COLLIOURE
★★Font-Romeu   ★★St-Martin   p.159   ★Céret   p.155
36   p.157   AMÉLIE-   Banyuls-
50   ★la Cerdagne   LES-B.s   ★★Pic des   s-Mer
p.87   Prats-de-Mollo★   3 Termes
98

ESPAGNE

Ariège
Labastide-   ★ Rivière souterraine de Labouiche
de-Sérou
p.106   FOIX ★
52   R.te Verte ★★   ★Roquefixade
p.109
★Montségur   Fontaine de Fontestorbes   Quillan
Tarascon-s-Ariège   109   Défilé de
★Trimouns   F.ts de Comus et de la Plaine ★★   ★Pierre-Lys★
★★Grotte de Niaux   26   Lordat   p.172   Belcaire   Gorges de
p.107   St-Georges★
Luzenac   Aude
★ AX-LES-THERMES   p.54
25   77
★★l'Andorre
Sant Joan   p.48
de Caselles★
Ordino   Col de Puymorens
7   36
Port d'Envalira   p.151   Angoustrine   p.87
Andorre-   43   FONT-ROMEU ★★
la-Vieille
★la Cerdagne

37

LIEUX DE SÉJOUR

Nous proposons dans les pages suivantes un choix de lieux de séjour.

Pour chaque station ou centre de villégiature, l'essentiel des ressources est donné sous forme de tableau (p. 42 et 43).

SERVICES ET AGRÉMENT

Hôtellerie. — La lettre **H** signale des ressources hôtelières (avec possibilité d'hébergement et de restauration) sélectionnées par le guide Michelin **France**. On trouvera dans l'édition annuelle de cet ouvrage un choix d'hôtels agréables, tranquilles, bien situés avec l'indication de leur équipement : piscines, tennis, plages aménagées, aires de repos... ainsi que les périodes d'ouverture et de fermeture des établissements.

Le guide Michelin **France** présente aussi une sélection de maisons qui se signalent par la qualité de leur cuisine : repas soignés à prix modérés, étoiles de bonne table (mention généralement complétée par l'indication de spécialités culinaires et de vins locaux).

Camping. — La lettre **C** signale des terrains sélectionnés par le guide Michelin **Camping Caravaning France**. Dans le guide de l'année figurent les commodités et les distractions offertes par de nombreux terrains : magasins, bars, laverie, salle de jeux, golf miniature, jeux et bassins pour enfants, piscines, etc.

Bureau de tourisme. — La lettre **T** signale un bureau d'informations touristiques ou un Syndicat d'Initiative. Le guide Michelin **France** donne leur adresse et leur numéro de téléphone.

Cinéma. — Le signe ▓ indique au moins une séance hebdomadaire.

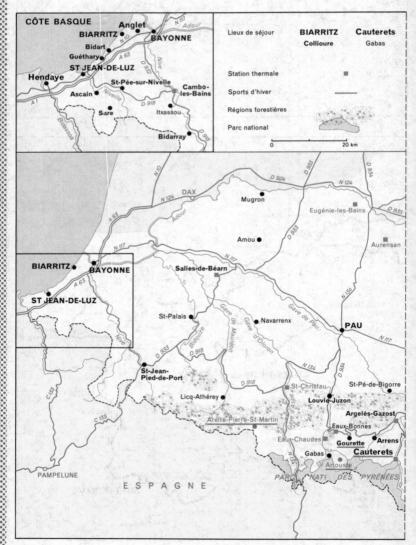

38

SPORTS ET DISTRACTIONS

Piscine ou baignade. — Le signe ⌇ désigne une piscine chauffée ; le signe ⌇ une piscine non chauffée ; le signe ≈ une baignade surveillée.

Alpinisme. — Pratique de l'alpinisme sous la conduite de guides agréés. Les refuges de montagne sont situés sur les cartes **Michelin** à 1/200 000.

Spéléologie. — La lettre **S** signale des activités spéléologiques contrôlées par un club aux environs d'un lieu de séjour sélectionné. Ces clubs sont le plus souvent affiliés à la Fédération Française de Spéléologie, 130 rue Saint-Maur, 75011 PARIS.

Ski de fond. — Un foyer existe dans la localité.

AUTRES CARACTÉRISTIQUES

Stations thermales. — La carte les distingue par un carré bleu. Le tableau ne reprend que les centres de tourisme marquants.

Le guide Michelin **France** signale les dates officielles d'ouverture et de clôture de la saison thermale.

Sports d'hiver. — Les noms des stations ou centres de sports d'hiver sont soulignés de bleu sur la carte. Le tableau restreint cette sélection aux localités offrant en matière d'hébergement des ressources sélectionnées dans les guides Michelin **France** ou **Camping Caravaning France**.

Les principales remontées mécaniques : téléphériques, télésièges, télécabines figurent sur les cartes **Michelin** à 1/200 000.

Les routes enneigées apparaissent, dans un cartouche, sur les cartes **Michelin** France à 1/1 000 000 nᵒˢ 999, 916 et 989, avec l'indication des périodes de fermeture probable, du délai de déblaiement et des centres d'information routière.

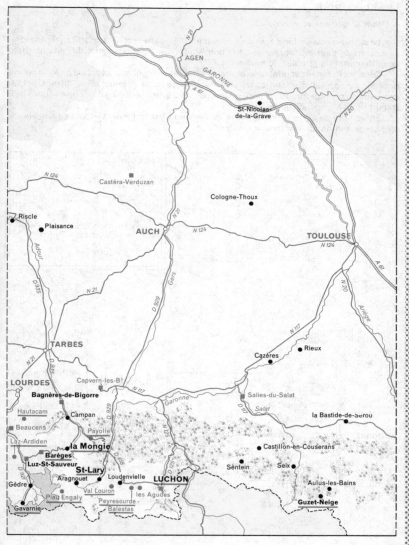

LE SKI

Les stations de sports d'hiver des Pyrénées gardent pour la plupart les agréments d'une «affaire de famille»: relations agréables avec les personnalités locales, les champions de l'endroit, tarifs relativement modérés des remontées mécaniques.

Les stations

Pour l'équipement des stations de sports d'hiver sélectionnées, voir le tableau des pages 42 et 43.

Stations de vallée. — Elles exploitent en altitude un domaine skiable de hautes combes ou de plateaux. Un téléphérique ou une route déneigée assurent la liaison.

Cauterets, St-Lary, Luchon, Ax-les-Thermes appartiennent à cette catégorie.

Stations «hautes». — Les pistes y aboutissent. En dehors du village de Barèges, berceau du ski pyrénéen, ces stations sont souvent des créations — Arette, Pierre-St-Martin, Gourette, la Mongie (coordonnée avec Barèges depuis que les remontées mécaniques permettent de franchir le Tourmalet) — ou traduisent un vaste programme d'extension (les Angles).

Les stations nouvelles de ce type restent encore peu animées en été.

Les stades de neige

Ces «centres de loisirs de neige», installés au pied des pistes, se limitent dans une première étape à un domaine skiable équipé de remontées mécaniques et d'installations d'hébergement adaptées surtout à l'accueil des skieurs du week-end (restaurants, salles «hors sacs», chalets de collectivités). Ces réalisations se développent dans des sites sélectionnés pour leur enneigement et leur ensoleillement.

L'appoint de l'hôtellerie classique, du caravaneige, des résidences locatives y rend possible, dans certains cas, un séjour de ski de longue durée.

Le ski de fond

Voir le tableau de la page 43.

Le ski nordique de fond était déjà connu en 1910 dans le milieu sportif pyrénéen. Son succès actuel tient principalement à la conviction et à l'enthousiasme de certains clubs, voire de certaines familles de «fondeurs».

Dans les Pyrénées centrales, le domaine skiable vraiment adapté au ski de fond pour la douceur de son relief et son cadre de forêts est celui de **Payolle**, où se disputèrent les épreuves du championnat de France de fond en 1976 et qui peut constituer une annexe de la station de la Mongie distante de 20 km.

Enfin, hors de son aire d'origine, le ski de fond s'est facilement acclimaté sous le ciel méditerranéen de la Cerdagne et du Capcir.

LE PARC NATIONAL DES PYRÉNÉES OCCIDENTALES

Créé en 1967 pour la protection de la nature, le parc national des Pyrénées dessine le long de la chaîne frontière, sur plus de 100 km, entre la vallée d'Aspe et le massif de Néouvielle, une bande large de 2 à 12 km, entre 1 070 m et 3 298 m d'altitude (sommet du Vignemale). Il compte 48 000 ha, réserve naturelle de Néouvielle comprise.

La chasse, la cueillette des fleurs, les feux, le camping, l'introduction de chiens y sont interdits ; en revanche, la pêche dans les gaves et dans les quelque 230 lacs du parc (salmonidés) relève de la réglementation générale.

Le parc proprement dit est enveloppé par une zone périphérique de 206 000 ha partagée entre les départements des Pyrénées-Atlantiques et des Hautes-Pyrénées. Le programme d'aménagement de ce « pré-parc » vise à ranimer l'économie pastorale et les anciens villages, tout en prévoyant l'accueil des touristes. *Voir l'itinéraire de visite « Autour du Parc National », p. 35.*

Le parc donne asile à 4 000 isards, notamment dans les vallées d'Ossau et de Cauterets où ils sont le plus facilement visibles, à plus de 200 colonies de marmottes et à une vingtaine d'ours bruns dans les vallées d'Aspe, d'Ossau et les canyons de la Haute-Soule. La découverte de ces animaux méfiants reste encore difficile ; mais il n'est pas exceptionnel d'apercevoir en vol des vautours fauves, des aigles royaux ou des gypaètes barbus dans ces régions des Pyrénées fréquentées encore par le coq de bruyère et le lagopède.

Les « Maisons du Parc » (Cauterets, St-Lary, Gabas, Etsaut, Plan d'Aste, Luz) donnent des informations sur le parc, sa flore et sa faune, ainsi qu'une documentation permettant d'organiser une promenade en montagne.

Plus de 350 km de sentiers tracés et jalonnés, 24 refuges de montagne offrent de multiples possibilités aux randonneurs. Le sentier de Grande Randonnée « des Pyrénées », GR 10, traverse le parc d'Ouest en Est.

Visites guidées. — L'association des Amis du Parc National, 20, rue Samonzet à 64000 Pau, ☏ (59) 27 15 30, et le Parc National des Pyrénées, route de Pau, BP 300 à 65013 Tarbes, ☏ (62) 93 30 60, organisent des randonnées à travers le parc et des excursions à caractère scientifique. *Programme disponible aux adresses ci-dessus et dans les Syndicats d'Initiative de la région.*

La Compagnie des Guides Pyrénéens et d'autres associations habilitées organisent, de leur côté, des excursions ou ascensions en haute montagne.

LES PORTS DE PLAISANCE DU ROUSSILLON

Localités (1)	Équipement nautique			Physionomie de la station et de ses environs		
	Nombre de postes à quai avec eau et électricité	Nombre d'écoles de voile (2)	Activités nautiques sur étang	Urbanisme intéressant (3)	Caractère de l'arrière-pays	Éloignement du bourg traditionnel le plus proche
Port-Leucate	500	1	⊼	■	montagne	8
Port-Barcarès	200	1	⊼	■	plaine (vergers, vignoble) et montagne	8
Canet-Plage	600	1	—	—	plaine (vergers, vignoble)	3
St-Cyprien-Plage .	1 000	1+1	⊼	■	plaine (vergers, vignoble)	3
Argelès-Plage-Le Racou	port en construction	—	—		plaine et montagne (vergers, vignoble)	3
Collioure	—	1	—		montagne (vignoble)	
Port-Vendres	200	—	—		montagne (vignoble)	
Banyuls	300	1	—		montagne (vignoble)	

(1) Les stations nouvelles sont soulignées.
(2) Les écoles fonctionnant toute l'année sont indiquées par un chiffre bistre.
(3) Indication limitée à la côte aménagée.

	Altitude	Hôtellerie = H	Camping = C	Bureau de tourisme = T	Médecin =	Pharmacien =	Site agréable =	Bourg pittoresque =	Plan d'eau ou rivière =	Casino =	Cinéma =
Amélie-les-Bains-Palalda . . .	230	H	C	T	🩺🩺	⚕	–	–	●	♣	▥
Amou	41	–	–	T	🩺🩺	⚕⚕	–	–	●	–	–
Angles (Les)	1600	H	–	T	–	–	–	–	●	–	▥
Anglet	28	H	C	T	🩺🩺	⚕	◁	–	●	♣	▥
Aragnouet	1000	–	C	T	–	–	◁	–	●	–	–
Argelès-Gazost	463	H	C	T	🩺🩺	⚕⚕	–	–	●	–	▥
Argelès-Plage (1)	15	H	C	T	🩺	⚕	–	–	●	♣	–
Arinsal (Andorre)	1445	H	–	–	–	–	◁	–	–	–	–
Arrens	878	H	C	T	🩺	⚕	–	–	●	–	–
Ascain	30	H	C	T	🩺🩺	⚕	–	◇	●	–	▥
Aulus-les-Bains	762	H	–	T	–	⚕	◁	–	●	–	–
Ax-les-Thermes	720	H	C	T	🩺🩺	⚕⚕	–	–	●	♣	▥
Bagnères-de-Bigorre	556	H	C	T	🩺🩺	⚕⚕	◁	–	–	♣	▥
Banyuls-sur-Mer (1)	–	H	C	T	🩺🩺	⚕⚕	–	–	●	–	▥
Barèges	1219	H	–	T	🩺🩺	⚕⚕	–	–	●	–	▥
Bastide-de-Sérou (La) . . .	410	H	–	T	🩺	⚕	–	◇	●	–	–
Bayonne	5	H	C	T	🩺🩺	⚕⚕	–	–	●	–	▥
Belcaire	1002	H	–	–	🩺	–	–	–	●	–	–
Biarritz	40	H	C	T	🩺🩺	⚕	◁	–	–	♣	▥
Bidarray	71	H	–	–	🩺	⚕	◁	◇	●	–	–
Bidart	–	H	C	T	🩺	⚕	◁◁	◇	–	–	–
Cambo-les-Bains	65	H	C	T	🩺🩺	⚕⚕	◁	–	●	–	▥
Campan	660	H	C	T	🩺	⚕	–	◇	–	–	–
Canet-Plage (1)	–	H	C	T	🩺🩺	⚕⚕	–	–	●	♣	▥
Castillon-en-Couserans	530	–	C	T	🩺	⚕	◁	–	–	–	–
Cauterets	932	H	C	T	🩺🩺	⚕⚕	–	–	–	♣	▥
Cazères	240	–	C	–	🩺🩺	⚕⚕	–	–	●	–	▥
Collioure (1)	–	H	C	T	🩺🩺	⚕⚕	◁	◇	–	–	▥
Eaux-Bonnes (Les)	750	H	C	T	🩺🩺	⚕⚕	◁	–	–	♣	▥
Font-Romeu	1800	H	–	T	🩺🩺	⚕⚕	◁	–	–	♣	▥
Gabas	1020	H	–	T	–	–	◁	–	–	–	▥
Gavarnie	1357	H	–	T	–	–	◁◁	–	●	–	–
Gèdre	1011	–	C	T	–	⚕	◁	–	●	–	–
Gourette	1400	H	C	T	🩺	⚕	◁◁	–	–	–	▥
Guéthary	27	H	–	T	🩺🩺	⚕	◁◁	–	–	–	▥
Guzet-Neige	1400	H	C	T	–	–	◁◁	–	–	–	–
Hendaye	–	H	C	T	🩺	⚕	◁	◇	–	♣	▥
Itxassou	39	H	–	–	🩺🩺	⚕	◁	◇	●	–	–
Laroque-des-Albères	142	–	C	–	🩺🩺	⚕	–	–	●	–	–
Licq-Athérey	275	H	–	–	–	–	◁	–	–	–	–
Loudenvielle	960	–	C	T	–	–	–	–	●	–	–
Louvie-Juzon	412	H	C	T	🩺	⚕	–	–	●	–	(4)
Luchon	630	H	C	T	🩺🩺	⚕⚕	◁	–	–	♣	▥
Luz-St-Sauveur	711	H	C	T	🩺🩺	⚕⚕	–	◇	●	–	▥
Massana (La) (Andorre)	1241	H	C	–	–	–	◁	–	●	–	–
Mirepoix	303	H	–	T	🩺🩺	⚕⚕	–	◇	–	–	▥
Mongie (La)	1800	H	–	T	🩺🩺	⚕⚕	–	–	–	–	–
Mugron	90	–	C	T	🩺🩺	⚕⚕	◁	–	–	–	–
Navarrenx	125	–	C	T	🩺🩺	⚕⚕	–	–	●	–	▥
Osséja	1220	–	C	T	🩺🩺	⚕⚕	–	–	●	–	▥
Pau	210	H	C	T	🩺🩺	⚕⚕	◁	–	●	♣	▥
Plaisance	133	H	C	–	🩺🩺	⚕⚕	–	–	●	–	–
Port-Barcarès (1)	–	H	C	T	🩺	⚕	–	–	●	♣	▥
Prats-de-Mollo-la-Preste . . .	745	H	C	T	🩺	⚕	◁	◇	●	–	▥
Rieux	216	–	C	T	🩺🩺	⚕	–	◇	●	–	–
Riscle	105	H	C	T	🩺🩺	⚕⚕	–	–	●	–	–
St-Cyprien (1)	–	H	C	T	🩺🩺	⚕⚕	–	–	●	–	▥
St-Jean-de-Luz-Ciboure	–	H	C	T	🩺🩺	⚕⚕	◁	–	–	♣	▥
St-Jean-Pied-de-Port	163	H	C	T	🩺🩺	⚕⚕	◁	◇	●	–	▥
St-Lary-Soulan	817	H	–	T	🩺	⚕	–	–	●	–	▥
St-Nicolas-de-la-Grave	69	–	C	T	🩺🩺	⚕⚕	–	–	●	–	–
St-Palais	51	H	C	T	🩺🩺	⚕⚕	–	◇	–	–	▥
St-Pé-de-Bigorre	333	H	–	T	🩺🩺	⚕	–	◇	●	–	–
St-Pée-sur-Nivelle	30	H	C	T	🩺🩺	⚕	–	◇	●	–	▥
Salies-de-Béarn	54	H	C	T	🩺🩺	⚕⚕	–	◇	●	♣	▥
Sare	70	H	C	T	🩺🩺	⚕	◁	–	●	–	▥
Seix	510	H	C	T	🩺	⚕	–	–	●	–	–
Sentein	732	H	C	T	–	–	–	◇	●	–	–
Soldeu (Andorre)	1826	H	–	–	–	–	◁	–	–	–	–
Sorède	64	H	C	T	🩺🩺	⚕	–	◇	●	–	▥
Thoux (2)	202	–	C	T	🩺🩺	⚕	◁	–	●	–	▥
Vernet-les-Bains	650	H	C	T	🩺🩺	⚕	◁	◇	–	–	▥

(1) Autres détails : voir p. 41.
(2) Les ressources sont cumulées avec celles de Cologne (Gers) où se trouve un S.I.

Golf et nombre de trous	Spéléologie	Remontées mécaniques en cabine	Remontées mécaniques skis aux pieds	Ski de fond	Page du guide ou renvoi à la carte Michelin	Localité
—	—	—	—	—	46	Amélie-les-Bains-Palalda
—	—	—	—	—	78-⑦	Amou
—	—	1	17	✓	86-⑯	Les Angles
18	—	—	—	—	75	Anglet
—	—	—	—	—	137	Aragnouet
—	—	—	—	—	49	Argelès-Gazost
—	—	—	—	—	155	(1) Argelès-Plage
—	—	—	13	—	86-⑭	Arinsal (Andorre)
—	—	—	—	✓	51	Arrens
—	—	—	—	—	61	Ascain
—	—	—	—	—	101	Aulus-les-Bains
—	—	1	13	—	56	Ax-les-Thermes
—	—	—	—	—	57	Bagnères-de-Bigorre
—	—	—	—	—	58	(1) Banyuls-sur-Mer
—	—	2	18	—	58	Barèges
—	S	—	—	—	105	La Bastide-de-Sérou
—	S	—	—	—	64	Bayonne
—	S	—	—	—	86-⑥	Belcaire
18	—	—	—	—	73	Biarritz
—	—	—	—	—	63	Bidarray
—	—	—	—	—	75	Bidart
—	—	—	—	—	80	Cambo-les-Bains
—	—	—	—	—	78	Campan
—	—	—	—	—	155	(1) Canet-Plage
—	—	2	14	✓	86-②	Castillon-en-Couserans
—	—	—	—	—	85	Cauterets
—	—	—	—	—	111	Cazères
—	—	—	—	—	90	(1) Collioure
—	—	1	21	✓	101	Les Eaux-Bonnes
—	—	—	—	—	109	Font-Romeu
—	—	—	10	✓	141	Gabas
—	—	—	—	—	113	Gavarnie
—	—	2	19	—	114	Gèdre
—	—	—	18	—	72	Gourette
—	—	—	—	—	115	Guéthary
—	—	—	18	—	86-③	Guzet-Neige
—	—	—	—	—	116	Hendaye
—	—	—	—	—	80	Itxassou
—	—	—	—	—	86-⑲	Laroque-des-Albères
—	S	—	—	—	172	Licq-Athérey
—	—	(3)	(3)	✓	85-⑲	Loudenvielle
9	—	2	12	✓	85-⑯	Louvie-Juzon
—	—	—	—	—	126	Luchon
—	—	—	—	—	129	Luz-St-Sauveur
—	—	—	—	—	86-⑭	La Massana (Andorre)
—	—	—	—	—	132	Mirepoix
—	—	3	24	—	132	La Mongie
—	—	—	—	—	90	Mugron
—	—	—	—	—	136	Navarrenx
—	—	—	1	✓	88	Osséja
18	S	—	—	—	142	Pau
—	—	—	—	—	82-③	Plaisance
—	—	—	—	—	154	(1) Port-Barcarès
—	—	—	3	✓	150	Prats-de-Mollo-la-Preste
—	—	—	—	—	151	Rieux
—	—	—	—	—	82-②	Riscle
18 9	—	—	—	—	155	(1) St-Cyprien
18	—	—	—	—	163	St-Jean-de-Luz-Ciboure
—	—	—	—	—	164	St-Jean-Pied-de-Port
—	—	3	27	—	165	St-Lary-Soulan
—	—	—	—	—	79-⑯	St-Nicolas-de-la-Grave
—	—	—	—	—	166	St-Palais
—	S	—	—	—	125	St-Pé-de-Bigorre
—	—	—	—	—	85-②	St-Pée-sur-Nivelle
—	—	—	—	—	168	Salies-de-Béarn
—	—	—	—	—	61	Sare
—	S	—	—	—	86-③	Seix
—	—	—	—	—	100	Sentein
—	—	—	12	✓	48	Soldeu (Andorre)
—	—	—	—	—	86-⑲⑳	Sorède
—	—	—	—	—	82-⑥	(2) Thoux
—	—	—	—	—	186	Vernet-les-Bains

(3) Remontées mécaniques au Val Louron.
(4) Cinéma et piscine à Arudy (2 km).

43

LÉGENDE

★★★ Vaut le voyage
★★ Mérite un détour
★ Intéressant

Itinéraire décrit, point de départ et sens de la visite

sur la route	en ville
◉➡	➡

**Les symboles suivants, accompagnés d'un nom écrit en gras,
localisent des curiosités décrites**

Principalement sur les cartes

✕	⁂	Château - Ruines
♦	⊥	Chapelle - Calvaire
☀	Ⓦ	Panorama - Vue
⅄	⋈	Phare - Moulin
⌣	✿	Barrage - Usine
☆	∪	Fort - Carrière
▲		Curiosités diverses

Principalement sur les plans

⊞	ⓘ	Église catholique, protestante
▰		Bâtiment (avec entrée principale)
▬		Remparts - Tour
		Porte de ville
◉		Fontaine
▪		Statue - Petit bâtiment
▨		Jardin, parc, bois
B		Lettre identifiant une curiosité

Signes conventionnels

▭▭▭	Autoroute (ou assimilée)	▰	Bâtiment public
▭▭▭	Route à chaussées séparées	⊞	Hôpital
▬▬▬	Grand axe de circulation	⬡	Marché couvert
▰▰▰	Voie bordée d'arbres	⋄⋄⋄	Caserne
⊞⊞⊞	Voie en escalier	⊥⊥⊥⊥	Cimetière
╫	Voie piétonne	⤾ 🏌	Hippodrome - Golf
✕======	Impraticable ou en construction	Ⅼ Ⅼ̄	Piscine de plein air, couverte
--------	Sentier	⤵ ⊤	Patinoire - Table d'orientation
•—•—•—	Trolleybus, tramway	⊤	Tour, pylône de télécommunications
▄▄▄	Gare	⊙ 🏛	Stade - Château d'eau
A │ B	Coordonnées de carroyage dans les plans de villes	✈ ✈	Aéroport - Aérodrome
③	Numéro de sortie de ville, identique sur les plans et les cartes MICHELIN	🚌	Gare routière
⅄ 12 ⅄	Kilométrage	⊠	Bureau principal de poste restante
→1429←	Col - Altitude	🛈	Information touristique
		P	Parc de stationnement

Dans les guides MICHELIN, sur les plans de villes et les cartes, le Nord est toujours en haut.
Les voies commerçantes sont imprimées en couleur dans les listes de rues.

Abréviations

A	Autoroute	*GR*	Sentier de Grande Randonnée	*P*	Préfecture, Sous-préfecture
A	Chambre d'Agriculture	H	Hôtel de ville	POL.	Police
C	Chambre de Commerce	J	Palais de Justice	*R.F.*	Route Forestière
D	Route Départementale	M	Musée	T	Théâtre
G	Gendarmerie	*N*	Route Nationale	U	Université

Signes particuliers à ce guide

▪┼┼┼┼▪	Funiculaire	▫–▪–▫	Téléphérique, télécabine	⟋	Embarcadère

Pour trouver la description d'une ville ou d'une curiosité isolée,
consultez l'**index alphabétique** à la fin du volume

VILLES CURIOSITÉS RÉGIONS TOURISTIQUES

AIRE-SUR-L'ADOUR

Carte Michelin n° 🔲🔲 - plis 1, 2 — 6917 h. (les Aturins) — *Plan dans le guide Michelin France.*

La ville est massée entre l'Adour, dont les berges sont aménagées en promenades, et le coteau de la Chalosse, alors que la plaine de la rive droite s'est prêtée à des extensions industrielles (Centre National d'Études Spatiales). Ses marchés des «gras» (oies, canards, foies d'oies et foies de canards) offrent, de novembre à février, un spectacle pantagruélique.

Église Ste-Quitterie du Mas. — *Visite: 1/2 h; fermée le mercredi, d'octobre à avril.* A mi-versant du plateau, l'église est, depuis l'évangélisation de l'Aquitaine, à la fin du 1er s., le sanctuaire le plus vénérable de la cité. Elle est placée sous le patronage de sainte Quitterie, martyrisée lors des persécutions ariennes. Le grand portail gothique, consacré au Jugement dernier, montre aux registres inférieurs du tympan les élus, vêtus de la robe nuptiale, les damnés, engloutis par un monstre, et les âmes du Purgatoire, souffrant dans des chaudières.

En tournant le dos au maître-autel, remarquer, à gauche, le 2e chapiteau: personnages montant à l'envers des animaux fabuleux; à droite, le 1er chapiteau: l'ânesse de Balaam, arrêtée par un ange à l'épée flamboyante et le 2e: oiseaux grapillant des raisins.

Crypte. — *Minuterie (1 F) au début de l'escalier de droite.*

En passant par des absidioles surbaissées, on atteint la crypte principale.

Dans une anfractuosité de la paroi, le **sarcophage de Ste-Quitterie**★ constitue un chef-d'œuvre antique (4e s.) admirable par la beauté du marbre et par la douceur du modelé. De droite à gauche on reconnaît Dieu (vêtu de la toge romaine) créant l'homme, le Péché originel, la Synagogue (matrone romaine voilée), le Bon pasteur, Daniel dans la fosse aux lions, la résurrection de Lazare. Sur les côtés: à droite Jonas endormi sous un ricin; à gauche Jonas jeté à la mer. Parmi les dalles, on remarque une pierre sculptée de feuilles de laurier, vestige d'un temple élevé là au dieu Mars.

La fontaine aurait jailli à l'endroit où sainte Quitterie déposa sa tête tranchée.

Remonter dans l'église par l'absidiole Nord, du 11e s., conservant de beaux chapiteaux.

EXCURSION

Le Tursan. — *Circuit de 55 km - environ 2 h 1/2. Sortir d'Aire par ④ du plan.*

Samadet. — 1 030 h. *Visite du musée de la Faïencerie de 9 h à 12 h et de 14 h à 18 h. Entrée: 5 F.* La grande époque du «Samadet» se situa entre 1732 et la Révolution. La faïencerie utilisa la technique du «grand feu» mettant en valeur le fondu de l'émail et des couleurs et celle du «petit feu» permettant une palette plus raffinée. Le musée, créé dans la maison de l'abbé de Roquépine, abrite de riches et rares collections des célèbres «Samadet»: pièces à décor de roses, œillets, papillons et plats en camaïeu vert à grotesques ou chinoiseries.

Un intérieur landais bourgeois du 18e s., des salles artisanales intéresseront le profane aussi bien que la reconstitution de l'ancienne et célèbre faïencerie royale et les costumes du 18e s. présentant la vie des bourgeois et des paysans.

Faire demi-tour et, par le D 944, Aubagnan et le D 65, gagner Vielle-Tursan.

Vielle-Tursan. — 339 h. De la terrasse de la mairie, vue agréable sur le pays vallonné de Tursan, dont le vignoble exportateur au 17e s. connaît un regain de faveur.

Rentrer à Aire par St-Loubouer et Eugénie-les-Bains. La route, accidentée, franchit les dos de terrain qui séparent les vallées parallèles des affluents de la rive gauche de l'Adour.

ALET-LES-BAINS

Carte Michelin n° 🔲🔲 - pli 7 — *Schémas p. 54 et 98* — 554 h. (les Aletois).

A l'entrée de l'étroit d'Alet, dernier défilé de l'Aude, la ville est favorisée d'un climat privilégié par un site bien abrité. D'une abbaye considérable, le pape Jean XXII avait fait en 1318 un siège épiscopal qu'illustra, de 1637 à 1677, Nicolas Pavillon, disciple de Vincent de Paul et ami de Port-Royal.

Ruines de la cathédrale. — *Demander la clé de la grille au presbytère ou à la mairie.*

De style roman, élevée au 11e s., cette abbatiale fut ruinée par les Huguenots en 1577. Les importants vestiges, en belle pierre dorée, dominés par un unique pan de la tour Nord, se distinguent par l'élégance de leur décoration romane où reviennent surtout les motifs ronds: oves, perles, demi-boules, etc. En s'approchant du chevet roman polygonal, remarquer les traces du déambulatoire gothique, resté sans doute inachevé. Les colonnes engagées du chevet sont surmontées de chapiteaux corinthiens incorporés dans une corniche continue, très riche, à deux rangs de modillons.

A l'intérieur de l'abside court pareillement une corniche, plus légère, reliant les chapiteaux, également corinthiens, faisant saillie à la base de l'arc triomphal.

AMÉLIE-LES-BAINS-PALALDA ★

Carte Michelin n° 86 - plis 18, 19 – *Schéma p. 154* – 4 037 h. (les Améliens) – *Lieu de séjour, p. 42* – Plan dans le guide Michelin France.

La station hydrominérale d'**Amélie-les-Bains**, jumelée administrativement avec le vieux bourg de Palalda, dont les toits patinés s'étagent au-dessus du Tech, s'est développée au débouché du défilé du Mondony. La végétation méditerranéenne de ses jardins – mimosas, lauriers-roses, palmiers, agaves – illustre la douceur de son climat.

Amélie, qui s'appelait autrefois Bains-d'Arles, doit son nom à la reine Amélie, femme de Louis-Philippe, et sa vogue au général de Castellane qui fit ouvrir l'hôpital militaire en 1854 et tracer des sentiers pour permettre des promenades sur les pentes environnantes.

Amélie possède un établissement militaire et deux civils : les Thermes Pujade, établis à la sortie des gorges du Mondony, et les Thermes romains, qui abritent une piscine romaine restaurée. Ces derniers sont englobés depuis 1974 dans un Nouvel établissement alimenté par les mêmes sources. Les eaux sont employées dans le traitement des maladies des voies respiratoires et des rhumatismes (cures toute l'année).

Amélie-les-Bains est le point de départ des excursions dans le Vallespir *(p. 184)*.

Gorges du Mondony. – *1/2 h à pied AR. Partir des Thermes romains et, longeant l'hôtel des Gorges, atteindre la terrasse dominant la sortie des gorges. On suit alors le sentier en corniche et les galeries accrochées à l'escarpement.* Fraîche promenade.

EXCURSION

Vallée du Mondony★. – *6 km jusqu'à Mas Pagris. Parcours de corniche impressionnant (garages de croisement sur les 2 derniers kilomètres).* Se détachant de l'avenue du Vallespir à la sortie amont de la localité, la route, signalée Montalba, s'élève sur les pentes du piton du Fort-les-Bains et évite par les hauteurs les gorges du Mondony.

Tracée ensuite en palier, en vue des découpures du Roc St-Sauveur, elle domine la vallée déserte, boisée uniformément de chênes verts. Laissant à gauche l'antenne de Montalba, poursuivre dans des gorges granitiques jusqu'au petit bassin de Mas Pagris (demi-tour et parking possibles avant le pont, aire de pique-nique avec fontaine), base de promenades dans le haut vallon du Terme.

L'ANDORRE ★★

Carte Michelin n° 86 - plis 14, 15.

Formalités douanières. – *Un passeport (périmé depuis moins de 5 ans) ou la carte d'identité (validité : 10 ans) suffisent. Les enfants mineurs doivent posséder une carte d'identité et, s'il y a lieu, une autorisation parentale.*

La «carte verte», exigée à la frontière, doit être complétée, le cas échéant, par une attestation spéciale «Circulation des automobiles en Espagne» et par un certificat de caution. Renseignements auprès des compagnies d'assurances.

Monnaie. – *L'argent français et l'argent espagnol ont cours indifféremment dans les magasins et les hôtels.*

Régime postal. – *A Andorre-la-Vieille coexistent les administrations postales française et espagnole. Pour les relations avec la France, s'adresser au bureau de poste français et utiliser les boîtes aux lettres jaunes de type français. En raison des dispositions du contrôle français des changes, certaines opérations financières postales sont suspendues en Andorre (chèques postaux de voyage) ou limitées (paiement de mandats-lettres, chèques postaux de dépannage, remboursement sur livrets de Caisse d'Épargne).*

L'Andorre, territoire de 464 km² soustrait à la souveraineté française et espagnole, attire de nombreux touristes intéressés par les beautés rudes de ses paysages et la réputation d'archaïsme de ses coutumes patriarcales.

En moins d'un demi-siècle, l'Andorre a connu une évolution surprenante dans ses modes de vie; les premières voies carrossables permettant une liaison avec le monde extérieur furent ouvertes, du côté espagnol en 1913 et, du côté français, en 1931 seulement. Aussi le petit État donne-t-il des signes d'une croissance parfois désordonnée, tels que la prolifération d'immeubles résidentiels et commerciaux dans la vallée du Gran Valira.

L'intérêt se porte maintenant sur les hauts plateaux ou les vallées latérales, desservies par de petites routes de montagne qui permettent encore un «voyage dans le temps».

Les Vallées d'Andorre comptent environ 25 000 habitants – dont 6 000 citoyens actifs, andorrans de souche – en majorité de langue catalane répartis dans sept «paroisses» ou communes : Canillo, Encamp, Ordino, La Massana, Andorre, Sant Julià de Loria et Escaldes-Engordany.

La fille de Charlemagne. – «Le grand Charlemagne, mon père, des Arabes me délivra». C'est par ces mots que débute l'hymne andorran qui, fièrement, poursuit : «Seule, je reste l'unique fille de l'empereur Charlemagne. Croyante et libre, onze siècles, croyante et libre je veux être entre mes deux vaillants tuteurs et mes deux princes protecteurs».

La co-principauté d'Andorre vit toujours sous le régime du paréage hérité du monde féodal. Dans un tel contrat, deux seigneurs voisins délimitaient leurs pouvoirs et leurs droits sur un territoire qu'ils tenaient en fief, en commun. La particularité de l'Andorre réside dans le fait que ses seigneurs, étant devenus étrangers l'un à l'autre par la nationalité, ont laissé survivre, conformément au droit féodal, le statut d'un territoire dont aucun des deux partenaires ne pouvait revendiquer la possession.

La «constitution» andorrane ne comporte pas de lois écrites. Elle est toujours régie par la coutume et les privilèges. Toutefois, lors des sessions du Conseil Général, on peut invoquer le témoignage du «Manual Digest», compilation rédigée en 1748 et conservée au secret jusqu'en 1946 dans l'«armoire aux six clés».

L'acte de paréage, signé en 1278 par l'évêque d'Urgel et Roger-Bernard III, comte de Foix, instituait comme co-princes l'évêque d'Urgel et le comte de Foix. Les évêques d'Urgel restent toujours co-princes mais la suzeraineté des comtes de Foix, par l'intermédiaire de Henri IV, a été transmise à la France, en la personne du président de la République. Pour le représenter dans les Vallées, chaque co-prince désigne un viguier qui a pour suppléant un bayle faisant aussi fonction de juge de paix.

Le goût de la liberté. — Les Andorrans sont avant tout « avides, fiers, jaloux » de leur liberté et de leur indépendance. Habitués de longue date au régime représentatif, vivant en paix depuis onze siècles, ils n'ont guère modifié leur système administratif. Tous les deux ans, en décembre, chaque paroisse élit pour quatre ans la moitié des membres du conseil de paroisse ou « comù » et deux conseillers généraux. Ce conseil général, appelé avant 1866 « Conseil de la Terre », tient une session par mois à la « Casa de la Vall » et choisit, tous les trois ans, le syndic général et le vice-syndic. Les Andorrans ne sont soumis ni aux impôts directs ni au service militaire ; ils bénéficient de la franchise postale en régime intérieur. La propriété privée de la terre demeure très réduite, vu l'importance des biens communaux.

Les travaux et les jours. — La vie, toute patriarcale, était naguère consacrée en grande partie à l'élevage et à la culture ; la contrebande y jouait parfois un rôle d'appoint.

Entre les hauts pâturages d'été et les hameaux subsistent les « cortals » formés de granges ou bordes, dont les accès sont rendus, peu à peu, carrossables. Sur les soulanes *(voir p. 7)* subsistent des cultures en terrasse. Les plantations de tabac se maintiennent jusqu'à 1 600 m d'altitude.

L'enracinement de la Foi se manifeste dans le choix de la solennité de N.-D.-de-Meritxell (8 septembre) comme fête nationale. La messe se déroule en présence du clergé du pays et des autorités en tenue d'apparat. Comme tout « aplech » catalan (pèlerinage) elle est suivie de repas champêtres sur les prairies d'alentour.

Le développement de l'équipement hydro-électrique, les opérations d'« urbanizaciòn » (lotissements touristiques), l'afflux des visiteurs étrangers ont bouleversé la vie andorrane.

ANDORRE-LA-VIEILLE (ANDORRA LA VELLA) — 11 985 h. (les Andorrans)

Capitale des Vallées d'Andorre, la « ville », massée à l'étroit sur une terrasse au bord escarpé dominant le Gran Valira, devient en été une métropole du négoce. L'agglomération se soude, à l'Est, au-delà du pont sur le torrent, à la commune non moins animée des Escaldes, établie plus au large dans la petite plaine où confluent les deux rameaux supérieurs du cours d'eau. A l'écart des voies de traversée, le noyau d'Andorre garde ses ruelles et sa Maison des Vallées, où se discutent toujours les intérêts du pays.

Maison des Vallées (Casa de la Vall) (A B). — *Visite de 9 h à 10 h et de 15 h à 16 h ; fermé les samedis et dimanches après-midi.*

Elle est à la fois le Parlement et le palais de Justice des Vallées. Le « Très illustre Conseil général » y tient ses séances.

Cette construction massive doit son allure d'ensemble à des aménagements du 16e s. mais a été fortement restaurée en 1963, son appareil défensif ayant alors été complété par une deuxième échauguette d'angle, au Midi. Le portail s'ouvre sous de longs et lourds claveaux caractéristiques des constructions nobles aragonaises. Les armes des Vallées apposées en 1761 illustrent le régime de co-principauté : à gauche, la mitre et la crosse d'Urgel et les quatre « pals » de gueules de la Catalogne *(voir p. 145) ;* à droite, les trois « pals » du comté de Foix et les deux « vaches passantes » du Béarn.

L'intérieur doit sa noblesse à ses plafonds et ses lambris. On montre au 1er étage la salle de réception, jadis réfectoire, ornée de peintures murales du 16e s. La salle du Conseil conserve la fameuse « armoire aux six clés » munie de six serrures différentes (chacune des paroisses détient une clé, une septième serrure est en projet pour la septième paroisse) qui abrite les archives.

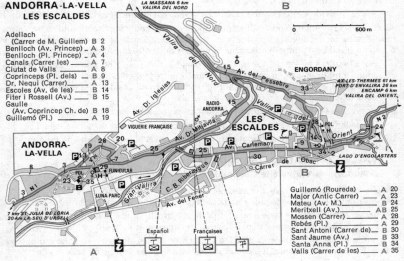

ANDORRA-LA-VELLA
LES ESCALDES

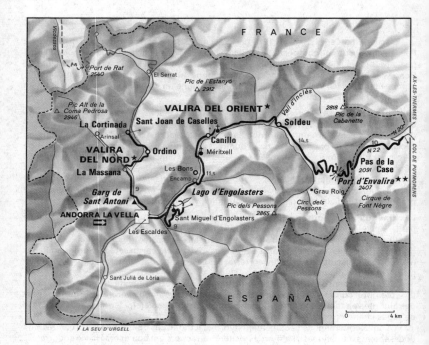

VALLÉE DU VALIRA DEL ORIENT★

D'Andorre-la-Vieille à la route du Puymorens — *36 km — environ 1 h 1/2 — schéma ci-dessus*

Le port d'Envalira peut être obstrué par la neige, mais sa réouverture est en principe assurée dans les 48 h. Par temps de tourmente l'issue, par la route du Puymorens, risque de n'être ouverte que sur le versant Sud, vers Porté et la Cerdagne.

Se dégageant, aux Escaldes, de l'agglomération, la route remonte la vallée continuellement rude. Elle laisse en arrière le bâtiment des machines de Radio-Andorre, flanqué d'un clocher néo-roman inattendu. Après Encamp, par un raidillon, on surmonte le verrou des Bons, **site★** d'un hameau bien groupé sous la ruine du château qui défendait le passage *(illumination)* et la chapelle Sant Roma. A droite s'élève la chapelle **N.-D. de Meritxell**, sanctuaire national de l'Andorre, reconstruite en 1976.

Canillo. — 401 h. L'église collée au rocher est surmontée du plus haut clocher d'Andorre. A côté se détache, en blanc, l'ossuaire (dont les cellules abritent les caveaux funéraires), construction fréquente dans les pays de civilisation ibérique.

Sant Joan de Caselles. — *En cas de fermeture, s'adresser à la maison paroissiale de Canillo.* L'église, isolée, est un des types les plus accomplis d'édifice roman d'Andorre, avec son clocher à trois étages de baies. A l'intérieur, derrière la pittoresque grille de fer forgé et découpé du chœur, apparaît un retable peint, œuvre du Maître de Canillo (1525) : la Vie de saint Jean et les visions apocalyptiques de l'apôtre. Lors de la dernière restauration (1963) on a pu rétablir une **crucifixion★** romane : les morceaux épars d'un Christ en stuc ont été recollés sur le mur, à leur emplacement d'origine, après dégagement de la fresque complétant la scène du calvaire (le soleil, la lune, Longin, le soldat porte-lance, et Stéphaton, le soldat présentant l'éponge).

La route décrit une boucle dans le beau vallon pastoral d'Inclès.

Soldeu. — 161 h. *Lieu de séjour, p. 42.* Ce hameau est le plus élevé d'Andorre (1826 m).

Au cours de la montée au port d'Envalira, annoncé par les antennes de « Radio de les Valls » (Sud-Radio), on découvre, s'épanouissant au Sud-Ouest, le cirque des Pessons aux replats d'origine glaciaire. A droite se détache le chemin du centre de ski de Grau Roig.

Port d'Envalira★★. — Alt. 2 407 m. C'est le plus haut col pyrénéen franchi par une bonne route. Il marque la ligne de partage des eaux entre la Méditerranée (Valira) et l'Océan (Ariège) et offre un **panorama★★** sur les montagnes de l'Andorre, atteignant 2 946 m, dans le lointain à l'Ouest, à la Coma Pedrosa.

La descente vers le Pas de la Case offre de très belles vues sur l'étang et le **cirque de Font-Nègre.**

Pas de la Case. — Alt. 2 091 m. Simple poste-frontière devenu un centre de ski.

La N 22 se déroule à travers un paysage désolé et se rattache à la route du Puymorens.

VALLÉE DU VALIRA DEL NORD★

D'Andorre-la-Vieille à la Cortinada — *9 km — schéma ci-dessus*

Fraîche vallée où l'on trouve encore des témoins de la vie montagnarde.
Par une rampe, la route se dégage rapidement de l'agglomération d'Andorre-les-Escaldes.

Gorges de Sant Antoni. — D'un pont sur le Valira del Nord, on aperçoit à droite le vieux pont en dos d'âne qu'utilisait l'ancien chemin muletier de la vallée.

A la sortie de cet étranglement, la vallée s'épanouit, radieuse, sur un fond de montagnes arides. Par la vallée d'Arinsal, belle vue sur les sommets du groupe de la Coma Pedrosa.

La Massana. — 992 h. *Lieu de séjour, p. 42.*

Ordino. — 567 h. *Laisser la voiture dans le village haut sur la place près de l'église.* Bourg pittoresque dont on parcourra les ruelles en contrebas de l'église. L'église *(minuterie à gauche en entrant)* a gardé de belles grilles de fer forgé et découpé, que l'on découvre encore dans plusieurs sanctuaires proches des anciennes «forges catalanes». Une autre réalisation de ferronnerie ancienne s'observe près de l'église : le balcon, long de 18 m, de la «maison de Don Guillem», jadis propriété d'un maître de forges.

La Cortinada. — Site agréable ; champs de tabac. En contrebas de l'église et du cimetière à ossuaire, voir une ancienne maison de notable à galeries extérieures et à pigeonnier.

La route se poursuit vers le Nord. Elle doit un jour établir, par le port de Rat (alt. 2 540 m), une liaison avec le Vicdessos (p. 107).

LAC D'ENGOLASTERS

9 km — puis 1/2 h à pied AR — schéma p. 48

Sortir des Escaldes, à l'Est, par la route de France ; à la sortie de l'agglomération, tourner à droite en arrière dans la route de montagne d'Engolasters.

Sur le plateau de pâturages d'Engolasters, annexe sportive d'Andorre-la-Vieille (équitation, stand de tir), se dresse la fine tour romane de l'église St-Michel.

Du terminus de la route, franchir la crête, sous les pins, pour redescendre aussitôt (à pied) au barrage. L'ouvrage a élevé de 10 m le niveau du lac (alt. 1 616 m), reflétant la forêt sombre. A l'extrémité opposée se dressent les antennes de Radio-Andorre.

*L'estimation de temps indiquée pour chaque itinéraire
correspond au temps global nécessaire
pour bien apprécier le paysage et effectuer les visites recommandées.*

ARETTE-PIERRE-ST-MARTIN

Carte Michelin n° 85 - pli 15 — *Schéma p. 63* — 1 167 h. (les Arettois).

Cette station de sports d'hiver (alt. 1 640 m), occupant un **site★** panoramique exceptionnel dans les Pyrénées, tire son nom de la commune d'Arette *(23 km au Nord)*, dont elle constitue l'annexe d'altitude, et de sa position proche de la Pierre-St-Martin, nom devenu célèbre dans les annales de la spéléologie depuis 1950. Une fois la neige disparue, et avec elle l'animation, apparaît le relief calcaire des **«arres»**, champs de lapiaz défendant les approches du pic d'Anie.

Col de la Pierre-St-Martin. — Alt. 1 760 m. *3 km au Sud.* Livrant passage à une route internationale *(généralement fermée de mi-octobre à fin mai)*, reliant le Barétous à la vallée navarraise de Roncal, ce col doit son nom à une petite borne frontière numérotée 262 autour de laquelle se renouvelle chaque année, le 13 juillet, la commémoration de la «junte de Roncal». En vertu d'un traité de facerie *(voir p. 23)* remontant à 1375, une délégation de maires du Barétous vient remettre ce jour-là aux syndics de Roncal un tribut symbolique de trois génisses. Les Navarrais reçoivent en fait une compensation en argent.

Ces notables renouvellent l'antique pacte en croisant leurs mains sur la pierre.

En contrebas du col, en territoire espagnol *(formalités : comme pour Andorre, p. 46 — accès à vue, du parking du col, par une piste recoupant le virage de la route)*, s'ouvrait l'orifice du gouffre de la Pierre-St-Martin *(p. 33)* ou **gouffre Lépineux**, maintenant obturé par une dalle. Plaque à la mémoire des spéléologues Loubens et Ruiz de Arcaute.

Forêt d'Issaux★. — *Du col de Labays, sur la route de montée d'Arette, 6 km avant la station, 11 km de route forestière, praticable en été jusqu'au col de Hourataté.* Parcours imposant, à flanc de pente, à travers les futaies de hêtres mêlés de bouleaux et de sapins.

ARGELÈS-GAZOST

Carte Michelin n° 85 - pli 17 — *Schémas p. 71 et 78* — 3 678 h. (les Argelésiens) — *Lieu de séjour, p. 42 — Plan dans le guide Michelin France.*

Argelès, petite ville thermale et résidentielle, s'est développée, surtout au 19e s., dans un cadre de moyenne montagne *(1)* vanté pour sa douceur. Le bassin d'Argelès, carrefour des principales vallées du Lavedan *(p. 76)*, présente une grande densité de villages et de sanctuaires pittoresquement situés. Isolé, par des défilés, tant de l'avant-pays de Bigorre, au Nord, que des hautes vallées de Cauterets et de Luz, au Sud, c'est un exemple de ces bassins internes des Grandes Pyrénées avantagés, climatiquement, par le calme de l'atmosphère.

La ville haute, la plus ancienne et la plus animée, domine légèrement la vallée du gave de Pau et la cité thermale, face à un **panorama** rehaussé par les dentelures du Viscos, entre les vallées de Cauterets et de Luz, et les premières cimes du Néouvielle (Maucapéra — alt. 2 709 m). Table d'orientation sur la terrasse «des Étrangers», place de la République.

(1) Pour plus de détails, lire le «guide des Montagnes d'Argelès» par M. Noblet (Bagnères-de-Bigorre, Péré).

EXCURSIONS

Route du Hautacam★. — *20 km à l'Est. Sortir d'Argelès par le D 100 qui franchit le gave puis s'élève, après Ayros, sur le versant Est du bassin d'Argelès.*

Artalens. — 122 h. 800 m, au-delà du village, faire halte à la traversée d'un vallon pour voir, de part et d'autre de la route, échelonnés le long du ruisseau, cinq anciens petits moulins familiaux comme il en existait plusieurs centaines en Bigorre au siècle dernier. Descendre au dernier moulin aval, qui a conservé sa turbine.

Après Artalens, la route dessert les pâturages d'été très peuplés et prend un caractère panoramique. Les **vues★** lointaines sont constantes : Vignemale, par la vallée de Cauterets, et, surtout, Balaïtous dominant les montagnes de la vallée d'Arrens. Laissant à droite le centre de ski du Hautacam, la route atteint la crête, en vue des contreforts du Pic du Midi de Bigorre et du cirque pastoral qui ferme, en contrebas, la vallée de Gazost.

«Donjon des Aigles». — *A Beaucens : 6,5 km au Sud-Est. Monter au village, le traverser dans sa longueur et pousser jusqu'aux parkings aménagés au pied du château.*

Ouvert de début avril à mi-octobre. Visite simple de 10 h à 12 h, entrée : 6 F. Visite avec démonstration de vol en liberté de 14 h à 19 h, entrée : 12 F ; durée : 1 h.

Les ruines de **Beaucens** se prêtent à la présentation de rapaces indigènes (vautours, aigles, faucons, milans, buses, chouettes, etc.) ou exotiques (vautour-pape).

ARLES-SUR-TECH

Carte Michelin n° 86 - pli 18 — *Schéma p. 154* — 2 945 h. (les Arlésiens).

Foyer de traditions religieuses et folkloriques en Haut-Vallespir, Arles s'est bâtie autour d'une abbaye installée au bord du Tech vers l'an 900, dont subsistent l'église et le cloître. Outre l'exploitation du minerai de fer extrait à Batère, la ville consacre une part de son activité à la fabrication de tissus catalans traditionnels.

Église. — *Visite : 1/2 h.* Au tympan, remarquer un Christ en majesté inscrit dans une croix grecque dont les bras portent, dans des médaillons, les symboles des Évangélistes (fin du 11e s.). Avant de pénétrer dans l'église, on verra, à gauche de l'entrée principale, derrière une grille, un sarcophage en marbre blanc du 4e s, la **sainte Tombe**, d'où suintent chaque année plusieurs centaines de litres d'une eau limpide incorruptible. Aucune explication scientifique n'a, jusqu'à présent, rendu compte de ce phénomène. Au-dessus, belle statue funéraire (début du 13e s.) de Guillaume Gaucelme de Taillet.

Intérieur. — La nef surprend par sa hauteur sous voûte (17 m). En progressant dans le vaisseau, remarquer le dispositif des arcades témoignant de deux chantiers : les arcades basses, à jour, correspondent à l'édifice du 11e s. couvert d'une charpente relativement légère. Quand l'église fut voûtée, au 12e s., la pesée des voûtes exigea le renforcement des supports : les piles furent alors doublées, intérieurement, et on lança le long des murs de la nef de hautes arcades aveugles.

Dans la 1re chapelle à droite, le grand retable baroque des saints Abdon et Sennen, vénérés jadis dans tout le Roussillon comme protecteurs en cas de calamités, retrace en 13 panneaux le martyre de ces jeunes princes kurdes et la translation de leurs reliques d'abord en bateau, puis dans des barils chargés à dos de mulet.

La 2e chapelle réunit trois représentations du Christ (dans l'attente, sur la croix, étendu dans une châsse de verre) dont le réalisme laisse pressentir la proximité de la Catalogne. Ces effigies, appelées «misteris», sont portées par les Pénitents lors de la procession nocturne du Vendredi Saint.

L'ancienne table d'autel romane du maître-autel a retrouvé sa destination.

Cloître. — *Porte d'accès au bas du bas-côté gauche.* Cloître gothique.

ARREAU

Carte Michelin n° 85 - pli 19 — *Schéma p. 79* — 913 h. (les Aurois).

Petite ville aux toits d'ardoise, fort bien située au confluent des Nestes d'Aure et du Louron, au croisement de la route de la vallée d'Aure et de la route des Pyrénées, sur le seuil séparant les cols de Peyresourde et d'Aspin, Arreau est l'ancienne capitale du Pays des Quatre Vallées.

Maison du Lys. — 16e s. Elle élève ses colombages en encorbellement sur un rez-de-chaussée de pierres aux encadrements et aux linteaux sculptés.

Halle. — Au 1er étage la mairie, construite en colombages, abrite les halles au pittoresque couvert en anse de panier.

Église St-Exupère. — *Rive droite.* 13e s. Portail roman à colonnettes en marbre des Pyrénées et à chapiteaux historiés.

En aval, près du confluent des Nestes, vaste demeure bigourdane ancienne.

EXCURSION

Sarrancolin. — *7 km au Nord par le D 929.* Bourg industriel connu pour ses carrières d'où l'on extrait le fameux marbre rouge veiné de gris ou de jaune. L'église (12e s.) possède un beau clocher carré surmonté d'une flèche ronde à quatre clochetons ; à l'intérieur, sous la tribune une salle abrite la chasse de saint Ebons en orfèvrerie limousine et divers objets d'art. A gauche, retable du 17e s. ; le chœur est fermé par une grille de fer forgé du 17e s.

ARRENS

Carte Michelin n° 🔢 - pli 17 — *Schémas p. 71 et 78* — 843 h. (les Arrensois) — *Lieu de séjour, p. 42.*

A portée du Parc National, Arrens, la station de la vallée d'Azun, est à la fois un lieu de vacances paisibles en montagne bocagère et une base de courses en haute montagne dans le massif du Balaïtous.

Chapelle de Pouey-Laün. — Le sanctuaire, édifié à même le rocher, montre un ensemble mobilier du 18e s., rehaussé par la pompe naïve de la voûte constellée d'étoiles peintes, qui lui a valu son nom de «chapelle dorée». Les vastes tribunes à balustres rappellent l'affluence des pèlerins de jadis. Les boiseries latérales à motifs rocaille forment avec les quatre confessionnaux un ensemble décoratif.

EXCURSIONS

Haute vallée d'Arrens. — *9,5 km au Sud-Ouest, jusqu'à la «porte» du Parc National.*
Dépassant le monticule de Pouey-Laün, la route s'enfonce dans la rude vallée du gave d'Arrens. Des abords du barrage du Tech, la vue s'ouvre jusqu'au Balaïtous.

Porte d'Arrens. — *Aires de pique-nique.* La maison d'accueil présente une documentation cartographique et photographique sur le Parc, sa faune et sa flore. C'est le point de départ de sentiers balisés pénétrant le massif du Balaïtous.
De là, gagner *(3/4 h à pied AR)* le lac de Suyen

Lac d'Estaing★. — *13 km au Sud par le col des Bordères et la vallée glaciaire de Labat de Bun.* Retenu par une moraine dans l'évasement terminal de la vallée, ce lac romantique est encadré de versants boisés qui se reflètent dans ses eaux.

> *Circulation en montagne.*
> *Le demi-tour et le parking sont parfois malaisés dans les hameaux*
> *marquant le terminus des petites routes de montagne.*

ARTHOUS (Abbaye d')

Carte Michelin n° 🔢 - Est des plis 17, 18 — 2 km au Sud de Peyrehorade.

Au pied des collines s'effilant en promontoire vers Hastingues *(p. 148),* les moines de Prémontré ouvraient les portes d'Arthous aux pèlerins de Compostelle. Convertie en bâtiments d'exploitation agricole au 19e s., l'abbaye fut l'objet d'importants travaux de restauration. Une partie des bâtiments sert à l'hébergement de stagiaires en archéologie, une autre partie, confiée au Service des Fouilles et Antiquités, abrite un centre de documentation et un dépôt archéologique.

Les bâtiments abbatiaux ont été reconstruits, non sans charme, aux 16e et 17e s. dans le style traditionnel des maisons landaises à colombages. Trois salles abritent un musée consacré à la protohistoire, à la préhistoire et aux époques romaines.

Visite de 9 h à 12 h et de 14 h à 18 h du 1er avril au 30 septembre, de 9 h 30 à 12 h et de 14 h à 17 h le reste de l'année. Entrée : 3 F.

Église. — Le chevet roman a retrouvé sa pureté. Détailler le décor de l'abside et des deux absidioles dont la corniche à frise de billettes est soutenue par des modillons : personnages souvent jumelés, décor géométrique «en copeaux» (évoquant une flûte de Pan), entrelacs, etc.

La nef, très longue, est coupée en deux par un mur de refend. Seules les deux premières travées, qui auraient été revoûtées d'ogives au 16e s., peuvent être vues. Le chœur aux absides voûtées en cul-de-four garde quelques chapiteaux à entrelacs.

AUCH ★

Carte Michelin n° 🔢 - pli 5 — 25 070 h. (les Auscitains).

Ville de carrefour, animée dès l'époque romaine par le grand trafic de Toulouse à l'Atlantique, qui n'empruntait pas alors le sillon de la Garonne moyenne, Auch fut régénérée au 18e s. par l'intendant d'Étigny et embellie sous le Second Empire.

L'animation de ses rues et de ses marchés du samedi atteste sa vocation de capitale administrative de la Gascogne. Les rues de traversée convergent vers la place de la Libération : elles laissent à l'écart la ville épiscopale dressée au-dessus du Gers.

Le vrai d'Artagnan. — Auch honore d'Artagnan d'une statue sous les traits du fameux mousquetaire immortalisé par Alexandre Dumas. Né vers 1615 au château de Castelmore *(p. 174),* Charles de Batz, allant servir dans le régiment des Gardes françaises, emprunte à sa lignée maternelle des Montesquiou le nom de d'Artagnan, mieux introduit à la Cour.

Déjà distingué par Mazarin, le cadet partage son temps entre les campagnes, les missions délicates et les ruelles. Investi de la confiance de Louis XIV, il est chargé d'arrêter Fouquet et Lauzun, mandat dont il s'acquitte avec délicatesse. Au faîte des honneurs, comme capitaine-lieutenant de la Première compagnie des mousquetaires du roi, il trouve une mort glorieuse au siège de Maestricht (1673).

Les «Mémoires de Monsieur d'Artagnan», œuvre apocryphe publiée en 1700, répondaient aux goûts d'un public avide d'indiscrétions. L'ouvrage était tombé dans la pénombre des bibliothèques lorsque Alexandre Dumas le découvre et en fait son livre de chevet. Avec les «Trois Mousquetaires», d'Artagnan ressuscite sous les traits du héros gascon.

■ PRINCIPALES CURIOSITÉS *visite : 2 h*

Escalier monumental (Z K). — Ses 232 marches relient la place Salinis, formant terrasse au-dessus de la vallée du Gers, aux quais. Les descendre jusqu'à la statue de d'Artagnan (1931). En remontant place Salinis, belle vue sur la tour d'Armagnac (14e s.), haute de 40 m, ancienne tour des prisons de l'Officialité.

Avant de pénétrer dans la cathédrale par le portail Sud, remarquer l'ordonnance des contreforts et des arcs-boutants à double volée.

Cathédrale Ste-Marie★. — Sa construction commencée en 1489 par le chevet, assis sur une crypte permettant de racheter la dénivellation, n'a été achevée que deux siècles plus tard. Les voûtes, construites sur croisées d'ogives en plein 17e s., lui conservent intérieurement une certaine unité. L'ensemble marque l'emprise du gothique « français » : collatéraux moins hauts que la nef, triforium entre les grandes arcades et les fenêtres hautes.

Le chœur, aussi vaste que la nef, conserve deux ensembles artistiques de premier ordre, les vitraux et les stalles. Commencer le tour du déambulatoire par la gauche.

Vitraux★★ et statuaire. — Les chapelles du déambula-
toire ont été dotées de 18 verrières par le peintre gascon Arnaut de Moles. Les grandes figures très expressives — remarquer les visages d'hommes presque caricaturaux — la palette de couleurs, les lames de verre de très grande dimension, la décoration combinant les médaillons et accolades à l'antique avec les dais du gothique flamboyant en font un des chefs-d'œuvre de la peinture française du début du 16e s. On détaillera aussi les petites scènes familières figurant à la base des vitraux.

La répartition des sujets tient compte, suivant les thèses des théologiens de l'époque, de la concordance entre l'Ancien Testament, le Nouveau Testament et même le monde païen.

Stalles★★★. — *Visite du 15 avril au 15 septembre de 8 h à 12 h et de 14 h à 18 h ; du 16 septembre au 14 avril de 9 h à 12 h et de 14 h à 17 h. Entrée : 2 F.*

Ce gigantesque chef-d'œuvre de « huchiers »
demanda 50 années (vers 1500-1552). Les 113 stalles de chêne, dont 69 stalles hautes abritées par un baldaquin flamboyant, sont peuplées de plus de

(D'après photo Arch. Phot., Paris)

Vitrail du 16e s. — La Sybille d'Érythrée.

1500 personnages. Le thème d'ensemble manifeste le même souci de parallélisme que les vitraux. La Bible, l'histoire profane, la mythologie et la légende y mêlent leurs motifs.

Les statues qui décoraient le jubé démoli au 19e s., en particulier la scène représentant les quatre Évangélistes à table, ont trouvé place au couronnement du retable (1609) clôturant le chœur, du côté de l'abside.

Trésor. — *Visite liée à celle des stalles et des sarcophages de la crypte.* Collection d'orfèvrerie religieuse et d'ornements sacerdotaux. Copie de l'olifant d'ivoire « de saint Orens » (11e s.).

Dans l'avant-dernière chapelle latérale à gauche, monument funéraire de l'intendant d'Étigny, reconstitué après la Révolution.

Le grand orgue, de 1694, œuvre de Jean de Joyeuse, donne l'éclat de ses timbres rares aux récitals de musique classique organisés en juin, lors du festival d'Auch.

Façade. — 16e-17e s. Elle
présente un aspect tassé
avec ses étages en retrait :
le jeu des colonnes, pi-
lastres, corniches, balus-
trades et niches est très
réussi. Les portails ou-
vrent sur un vaste porche
offrant à l'intérieur une
belle perspective trans-
versale avec ses
arcs de séparation traités
en arcs de triomphe à
l'antique.
Gagner la place de la
Libération, carrefour
d'animation de la haute
ville, fermée au Nord-
Ouest par l'hôtel de ville
(YZ H) et par le terre-plein
des allées-promenades
d'Étigny, deux réalisa-
tions de l'intendant d'Étigny, entre 1751 et 1767.
La statue du bienfaisant
administrateur, au som-
met des escaliers, re-
garde le quartier dont il
rénova l'urbanisme.

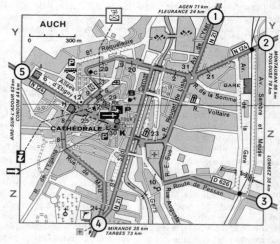

Faire demi-tour ; sur la place Ste-Marie, prendre à gauche, à l'angle de la maison Fedel (fin 15ᵉ s.) à colombages (Syndicat d'Initiative), la rue Dessoles, qui fut l'artère principale de la ville haute avant l'ouverture, par d'Étigny, de rampes de contournement. Tourner à droite la rue Salleneuve. De la place occupée par la halle « aux herbes » (légumes), remonter à la cathédrale qui présente ici son flanc Nord. A gauche, la préfecture occupe l'ancien palais archiépiscopal (1742-1775) (YZP), à la façade classique rythmée par de hauts pilastres cannelés. Revenir à la place Salinis en contournant la cathédrale par la façade.

■ AUTRE CURIOSITÉ

Musée des Jacobins (YB). – *Visite du 2 mai au 30 octobre de 9 h à 12 h et de 14 h à 17 h ; fermé le lundi ; le reste de l'année de 10 h à 12 h et de 14 h à 16 h ; fermé les dimanches et lundis ; fermé en outre le 1ᵉʳ janvier, le jour de l'Ascension, les 14 juillet, 15 août, 1ᵉʳ novembre et 25 décembre. Entrée : 5 F.*

Installé dans l'ancien couvent des Jacobins, il abrite des collections d'art et d'archéologie, en particulier de très rares poteries précolombiennes.

EXCURSIONS

Lavardens. – *Circuit de 42 km – environ 2 h. Sortir d'Auch par ①, route d'Agen ; à 8,5 km, prendre à gauche le D 272. Au-delà de Roquelaure, qu'on laisse sur la gauche, poursuivre par les crêtes le long du D 148.*

A la sortie de Mérens prendre à gauche le D 518 pour avoir une **vue★** sur Lavardens avant d'arriver au village.

Lavardens. – 422 h. Bourg massé au pied de l'éperon du château, longue bâtisse découronnée, associée dans le paysage au clocher de l'église, donjon de la forteresse primitive. *Avant la sortie du village, prendre la route entre la statue de saint Michel et le monument aux Morts et qui contourne le château, pour aboutir à la place de l'église.* L'ancien château *(visite du 15 juin au 15 septembre de 10 h à 12 h et de 15 h à 20 h ; entrée : 5 F)* des comtes d'Armagnac, rasé sur l'ordre de Henri de Navarre, a servi de souche au bâtiment élevé par les Roquelaure au 17ᵉ s. La construction percée de fenêtres à double croisée de pierre fut hardiment lancée vers l'Ouest : elle se termine de ce côté par deux tours d'angle carrées, en encorbellement, qui surplombent le chemin d'accès.

A 3,5 km de Lavardens, tourner à gauche vers Auch. Quittant le bassin de la Baïse pour celui du Gers, la N 124 s'incline vers Auch, dans un cadre de collines très mouvementé.

Simorre. – *Circuit de 67 km – environ 2 h 1/2. Quitter Auch par ④, route de Tarbes ; à 3 km obliquer à gauche dans le D 929, remontant la vallée du Gers que l'on quitte à Seissan pour tourner à gauche dans le D 129 vers Simorre.*

Simorre. – *Page 171.*

Descendre la vallée de la Gimone vers Saramon. A 5 km, tourner dans le D 242 à gauche.

Cachan. – Délicieuse église rurale *(demander la clé à M. Seillan, à 150 m de l'église)* au milieu de son petit cimetière.

A Héréchou poursuivre au Nord vers Castelnau-Barbarens.

Castelnau-Barbarens. – 421 h. Le bourg enroule ses maisons en arcs concentriques autour de la colline de l'église, site d'un ancien château. Au départ de la rue principale, grande maison à « embans » (galeries) et escalier couvert typique de la région.

Prendre la direction d'Auch. Sur 2 km, en atteignant le plateau, le D 626 offre le plus beau **panorama★** du circuit, en direction des Pyrénées.

AUDE (Haute vallée de l') ★★

Carte Michelin n° 86 - plis 7, 16, 17.

L'Aude prend naissance sur le versant Est du Carlit et coule d'abord parallèlement à la Têt puis s'oriente au Nord. Le col de la Quillane marque la ligne de partage des eaux. L'Aude traverse ensuite la haute plaine du Capcir que des montagnes boisées, longuement enneigées, isolent. Moins abrité des vents du Nord que la Cerdagne, le **Capcir** connaît des températures hivernales sévères. Mais la pureté du ciel, l'intensité de l'ensoleillement y favorisent les séjours d'altitude.

Le torrent est soumis à des crues considérables ; la pluie et la fonte des neiges modifient son débit dans la proportion de 1 à 1000. Il charrie des masses énormes de limon arrachées au cours de sa descente. L'abondance du torrent, au moment de la fonte des neiges, a justifié l'aménagement de deux barrages réservoirs – Matemale et Puyvalador – régularisant le flot destiné à un escalier de centrales hydro-électriques dont les usines de Nantilla et de St-Georges marquent les paliers inférieurs.

Les forêts du bassin supérieur de l'Aude. – Le département des Pyrénées-Orientales possède de très belles forêts de pins sylvestres et de pins à crochets. Les pins sylvestres de la forêt de la Matte sont parmi les plus beaux spécimens de France. Les fûts, longs et réguliers, dépassent souvent 20 m. Le D 118 et le D 32 permettent de les admirer.

Recouvrant des versants plus ou moins accidentés, les autres massifs boisés du Capcir peuplés de pins à crochets, pins sylvestres ou sapins, sont desservis par des routes forestières revêtues ou précaires offrant d'intéressants itinéraires d'excursions : étangs de Balcère en forêt des Angles, étangs de Campoureils, à plus de 2 200 m d'altitude, route du col de Sansa par le col de Creu, en forêt de Matemale.

Plus au Nord, règne l'association sapin-hêtre, si majestueuse et impressionnante : forêts du Carcanet et des Hares, en pays de Donézan, forêts de la région de Quillan et, surtout, forêts du Pays de Sault (p. 169).

La chapellerie. — En 1804, quelques habitants de Bugarach, dans les Corbières, à leur retour de captivité en Haute-Silésie, cherchèrent à développer chez eux l'industrie qu'ils avaient apprise là-bas. En 1820, attirés par l'eau, ils s'installèrent à Espéraza, puis fondèrent d'autres fabriques à Quillan, Couiza et Chalabre. Au début, les ressources locales en laine et en poil de lapin suffirent, mais bientôt les centres chapeliers importèrent leurs matières premières et exportèrent des chapeaux finis et des «cloches» (chapeaux semi-finis).

Cependant l'abandon du port du chapeau par les jeunes générations a provoqué une régression dans la fabrication. Une seule usine reste en service à Montazels ; la plupart des autres ont été converties en fabriques de chaussures, de meubles, de mousse plastique (Esperaza) ou de panneaux décoratifs lamifiés (revêtement «Formica»).

LE CAPCIR★ ET LES GORGES★★

De Mont-Louis à Quillan

— 68 km — environ 2 h — schéma ci-contre

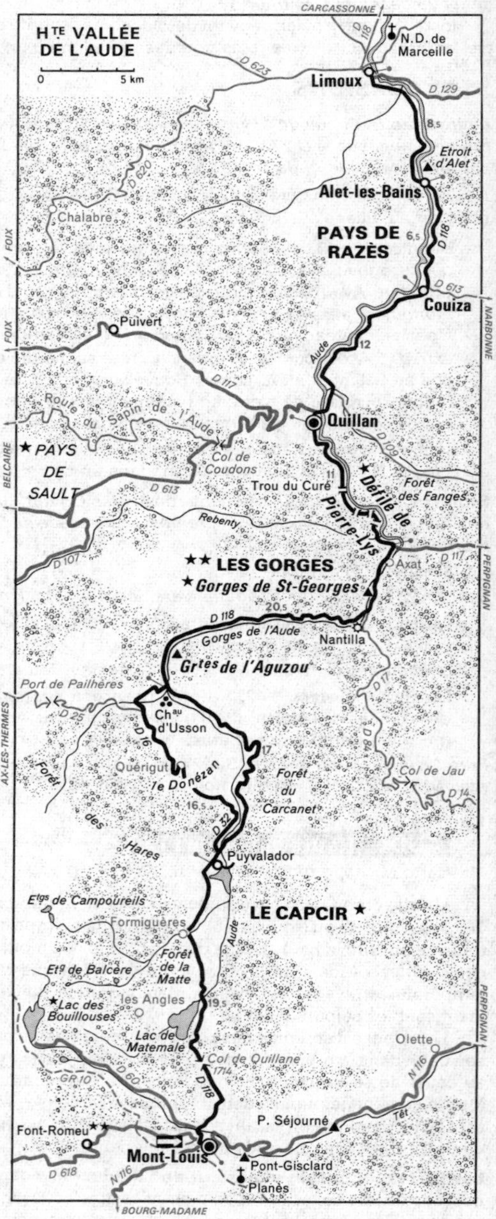

S'élevant en légère montée au départ de Mont-Louis (p. 133), la route offre une jolie vue d'ensemble sur la citadelle, émergeant d'une couronne de bois, devant le massif du Cambras d'Azé, évidé d'un ancien cirque glaciaire. On atteint la ligne de partage des eaux au col de la Quillane (alt. 1714 m) où l'on pénètre dans le Capcir. Le paysage y est largement épanoui mais l'empreinte d'un climat rigoureux se marque dans les bourgs aux longues maisons basses couvertes de schiste patiné de tons rouille. Cependant les terrains labourés y sont nombreux. Le lac artificiel de Matemale occupe le fond du bassin, dont les versants boisés se rapprochent. Immédiatement à gauche s'étend la forêt de pins de la Matte (p. 53).

Après Formiguères, les villages deviennent plus nombreux. L'un d'eux, surveille l'entrée du défilé de l'Aude, au-dessus du second barrage établi sur la rivière, mérite bien son nom de Puyvalador, «montagne sentinelle».

La route serpente dans la forêt du Carcanet (sapins, hêtres, ormes). Les ruines du château d'Usson, perché à gauche sur un rocher isolé, signalent le confluent de la Bruyante, descendue du Pays du Donézan.

Variante par Quérigut. — Le pays du **Donézan** (altitude des villages : 1200 m environ), l'un des plus sauvages des Pyrénées, a pour cadre un bassin évidé dans les granits et versant ses eaux dans l'Aude. Le Donézan faisait partie du comté de Foix, qui devint l'Ariège.

Hᵀᴱ VALLÉE DE L'AUDE

Grottes de l'Aguzou. — *Visite sous forme de «safaris spéléologiques» d'une journée. S'adresser à Mme Bataillou, Centrale électrique d'Usson, 11140 Axat. Réseau souterrain découvert en 1965.*

Dans les **gorges de l'Aude**, sillon d'une dizaine de kilomètres, le torrent bouillonne entre de hautes murailles couvertes d'une abondante végétation. La centrale de Nantilla, alimentée par conduites forcées, marque le palier inférieur de l'aménagement hydro-électrique le plus puissant de la haute Aude.

Gorges de St-Georges★. — Taillées verticalement dans le roc nu, ce sont les gorges les plus étroites.

Défilé de Pierre-Lys★. — Passage impressionnant entre des falaises où s'accrochent quelques buissons. Le dernier tunnel, le **trou du Curé**, rappelle le souvenir de l'abbé Félix Armand (1742-1823), curé de St-Martin-Lys, qui fit ouvrir le passage au pic et à la pioche.

Continuer par le D 117 qui mène à Quillan (p. 151).

L'AUDE, EN PAYS DE RAZÈS

De Quillan à Limoux *— 27 km — environ 1 h — schéma p. 54*

Belle route ombragée de platanes, mais très fréquentée.

En aval de Quillan *(p. 151),* la vallée se poursuit, dans une région plus déprimée : l'antique pays de Razès, dont les Wisigoths avaient fait l'un de leurs foyers de fixation en Gaule narbonnaise, avec l'oppidum de Rennes-le-Château pour capitale.

Couiza. — 1 314 h. Ville industrielle (chaussures). L'ancien château des ducs de Joyeuse, du milieu du 16ᵉ s., cantonné de tours rondes, se distingue par sa silhouette, commune à nombre d'édifices du Languedoc et des Cévennes, et par son bon état d'entretien. *S'adresser au bureau de la C.I.V.A.M. pour visiter la cour intérieure, du 1ᵉʳ septembre au 30 juin.*

Par un portail à bossages on pénètre dans la cour à la sobre architecture Renaissance ; seule la galerie au revers du portail montre un décor de colonnes et d'entablements superposés. On visite aussi des salles ornées de cheminées.

Alet-les-Bains. — *Page 45.*

A la sortie d'Alet, l'Aude écorne un pli du massif des Corbières et la vallée s'encaisse à nouveau : c'est l'**Étroit d'Alet.** La route, pittoresque, conduit à Limoux *(p. 120).*

AURIGNAC

Carte Michelin n° 🔢 - pli 16 — 10 km au Nord-Ouest de Boussens — 1 130 h. (les Aurignaciens).

L'ancienne ville forte s'allonge sur l'une des dernières rides des Petites Pyrénées à l'Ouest de la Garonne. Son nom, attribué, voici un siècle, à l'une des civilisations du paléolithique, est mondialement connu des préhistoriens.

Un heureux coup de pioche. — En 1852, un terrassier d'Aurignac met au jour un abri funéraire sous une roche voisine de la route de Boulogne-sur-Gesse. L'événement ne paraît pas prêter à conséquence, les guerres religieuses ayant déjà multiplié les nécropoles en territoire gascon. Les squelettes sont ensevelis au cimetière communal.

Huit ans plus tard, le gisement attire l'attention d'un paléontologue du Gers, **Édouard Lartet** (1801-1871), qui pratique des fouilles au lieu de la découverte. La récolte de silex et d'os taillés est suffisamment fructueuse pour permettre au savant d'ébaucher une première chronologie du paléolithique *(p. 20).* C'est le début d'une grande aventure scientifique, marquée, du vivant de Lartet, par la découverte, aux Eyzies, des squelettes de Cro-Magnon, race-témoin de la période aurignacienne.

■ CURIOSITÉS *visite : 1 h*

Musée de Préhistoire. — *En semaine, s'adresser à la mairie. Visite de 9 h à 12 h et de 14 h à 17 h. Entrée : 3 F.*

Les vitrines centrales concernent les fouilles d'Aurignac proprement dites : hommage à Lartet, outillage — dont les typiques grattoirs «carénés» aurignaciens — ossements d'animaux (ours, hyène, rhinocéros, lion) recueillis par F. Lacorre en 1938-1939 aux abords de la grotte. L'exposition se poursuit par une collection consacrée aux autres grands sites aurignaciens du Sud-Ouest (reproduction de la «Vénus de Lespugue») et à l'Afrique du Nord. Vitrines sur la préhistoire locale.

Monter à la ville haute ; passer sous le clocher de l'église formant porte fortifiée.

Église. — Seuls le porche et le portail, de style gothique flamboyant, présentent de l'intérêt.

Le porche à quatre colonnes torses provient d'une église détruite. Les chapiteaux, dégrossis en quartiers d'hexagone à l'extérieur, présentent, intérieurement, la forme d'un dé. Le portail montre au trumeau et au tympan deux statues superposées : une Vierge à l'Enfant, du 17ᵉ s., et le Christ attendant la mort, du 15ᵉ s.

Donjon. — Le **panorama★** se départage de part et d'autre du sommet du Cagire, lourde montagne boisée caractéristique du second plan : à gauche, les Pyrénées ariégeoises et le massif de la Maladetta avec le pic d'Aneto ; à droite le massif glaciaire de Luchon, l'Arbizon et le pic du Midi de Bigorre.

Actualisée en permanence,
la **carte Michelin au 200 000ᵉ** *bannit l'inconnu de votre route.*

Elle permet de choisir d'un seul coup d'œil :
— une route principale pour un grand itinéraire,
— une route de liaison régionale ou de dégagement,
— une petite route où il fait bon flâner.

Équipez votre voiture de **cartes Michelin** *à jour.*

AVIGNONET-LAURAGAIS

Carte Michelin n° 82 - pli 19 – 938 h. (les Avignonetains).

Régulièrement ordonnée à flanc de pente à proximité du col de Naurouze *(voir le guide Vert Michelin Causses),* Avignonet domine du haut de ses vestiges d'enceinte la N 113. Son clocher marque, en venant du pays des églises de brique toulousaines, la réapparition des monuments de pierre.

Église N.-D.-des-Miracles. – Construite au 14ᵉ s. en grès appareillé, elle dresse sur une souche carrée décorée d'arcatures aveugles son clocher octogonal flanqué d'une élégante tourelle d'escalier et couronné par une flèche gothique à crochets.

À l'intérieur, un tableau placé au fond de l'église évoque le massacre perpétré le 28 mai 1242 par des conjurés du Lauragais, des membres du tribunal de l'Inquisition au château d'Avignonet, disparu depuis. Un parti descendu de Montségur avait permis le succès de l'opération qui devait décider les autorités à réduire la citadelle cathare *(voir p. 135).*

L'estimation de temps indiquée pour chaque itinéraire
correspond au temps global nécessaire
pour bien apprécier le paysage et effectuer les visites recommandées.

AX-LES-THERMES ★

Carte Michelin n° 86 - pli 15 – *Schéma p. 107* – 1 592 h. (les Axéens) – *Lieu de séjour, p. 42.*

Dans la vallée de l'Ariège, au débouché de l'Oriège et de la Lauze, Ax est à la fois une station thermale, une villégiature estivale et une station de sports d'hiver.

Ses quatre-vingts sources, aux températures variant de 18 à 78°, alimentent trois établissements : le Couloubret, le Modèle et le Teich. On y soigne surtout les rhumatismes, les affections des muqueuses respiratoires et certaines dermatoses.

Le centre de la station est la promenade du Couloubret. Sur la place du Breilh, un dégagement de vapeur signale un bassin d'eau chaude empli le matin et pouvant servir alors de lavoir public : c'est le **bassin des Ladres.** Saint Louis l'avait fait établir pour les soldats lépreux qui revenaient des Croisades. L'hôpital St-Louis (1846), reconnaissable à son clocheton, est un témoin du style « thermal » du 19ᵉ s.

EXCURSIONS

Vallée d'Orlu★. – *8,5 km – schéma ci-contre. Sortir d'Ax par la route du Puymorens ; la quitter aussitôt avant le pont sur l'Oriège ; rester sur la rive droite du torrent.*
La route longe la retenue du barrage d'Orgeix où se reflète le manoir d'Orgeix. L'ancienne forge d'Orlu est entourée d'escarpements rocheux où ruissellent des eaux vives.

Plateau de Bonascre★. – *9,5 km – schéma ci-contre. Sortir d'Ax par la N20 vers Tarascon ; la quitter aussitôt pour le D820, à gauche.*

La route s'élève rapidement en lacet, en vue des trois vallées convergeant vers Ax : Val d'Ariège (vers Tarascon), vallée d'Orlu dominée par la Dent d'Orlu, vallée de la haute Ariège.

On atteint le plateau de Bonascre, site de la station de ski d'**Ax-1400**. Le télécabine conduisant au plateau du Saquet (alt. 2 030 m) en constitue l'équipement de base *(fonctionne tous les jours ; prix AR : 20 F).*

Poursuivre, en voiture, au-delà de la maison de vacances de « Sup-Aéro » ; appuyer à gauche dans la route forestière des Campels, tracée à flanc de montagne ; la suivre sur 1 500 m : **vue★★** d'enfilade superbe sur le sillon de la haute Ariège jusqu'aux montagnes frontière de l'Andorre. Remarquer les tracés enchevêtrés de la route et de la voie ferrée.

Col du Pradel★ ; Pic de Sérambarre. – *30 km – schéma ci-dessus. Quitter Ax à l'Est par la route de Quillan ; à 3,5 km, prendre à droite vers Ascou, puis 3,5 km plus loin, à gauche le D22. La route du col du Pradel est étroite et fermée du 15 novembre au 15 mai.*

La Dent d'Orlu (alt. 2 222 m), sommet pointu caractéristique de la haute Ariège, se dessine au Sud-Est. Par des lacets nombreux et serrés, à travers prés, on atteint le col.

Col du Pradel★. – Alt. 1 680 m. Belle vue sur les montagnes qui encadrent le bassin supérieur de l'Ariège.

Pic de Sérambarre. – Alt. 1851 m. *1 h 1/2 à pied AR du col de Pradel.* Du sommet un **panorama★★** se développe au Sud sur la chaîne des Pyrénées du Pic Carlit à gauche, aux montagnes de l'Andorre, aux Pyrénées centrales (massif de la Maladeta) jusqu'au Pic du Midi de Bigorre à droite ; à l'Est et au Nord sur les Corbières et le pays de Sault.

Signal de Chioula★. – *Circuit de 38 km – environ 3 h – schéma p. 56. Sortir d'Ax au Nord par le D 613, tracé en lacet au-dessus du Val d'Ariège.*

Signal de Chioula★. – Alt. 1 507 m. *3/4 h à pied AR au départ du col de Chioula, par une large piste. Belvédère sur les sommets de la haute Ariège.*

Au col de Marmare, prendre le D 2. Dans le lacet de Cos, la vue se dégage à nouveau sur le Val d'Ariège. Aux abords de Caussou, village situé dans un paysage de cultures en terrasses, remarquer plusieurs croix de fer, produits de l'ancienne métallurgie ariégeoise.

Le D 2 regagne le fond de la vallée de l'Ariège.

Luzenac. – *Page 128.*

La N 20 ramène à Ax.

BAGNÈRES-DE-BIGORRE ★

Carte n° ৪৫ - pli 18 – *Schéma p. 78* – 10 573 h. (les Bagnérais) – *Lieu de séjour, p. 42.*

Bagnères-de-Bigorre offre l'attrait d'une station thermale animée, doublée d'un centre industriel (construction de matériel électrique et frigorifique, de matériel roulant ferroviaire, tissus « des Pyrénées »). Elle jouit d'un cadre pastoral annonçant la vallée de Campan.

La cure à Bagnères offre les bienfaits d'eaux sulfatées-calciques, employées dans le traitement des arthroses et des troubles nerveux mineurs, et les avantages liés à une vocation culturelle centenaire. La ville est le siège de la Société Ramond, doyenne (1865) des sociétés montagnardes de France et pépinière de Pyrénéistes *(voir p. 7)* alliant la passion de la découverte à la noblesse de la forme littéraire (on pourra lire les œuvres des Pyrénéistes à la bibliothèque municipale).

C'est la ville du folklore, où survit le groupe des « Chanteurs Montagnards », ensemble qu'Alfred Roland conduisit à Londres, Rome, Jérusalem et Moscou, de 1837 à 1855, aux accents du célèbre « Montagnes Pyrénées, vous êtes mes amours ».

Musée Salies (AZ). – *Visite de 10 h à 12 h et de 15 h à 17 h (du 1er novembre au 31 mai, les mercredis et dimanches seulement de 10 h à 12 h et de 14 h à 16 h). Fermé le mardi et en octobre. Entrée : 0,50 F.*

La section des Beaux-Arts contient notamment des céramiques et des toiles de Joos van Cleve, Boissieu, Georges Michel, Dehodencq, Ricard, Chassériau, Jongkind, Picabia, etc.

BAGNÈRES-DE-BIGORRE

0 — 400 m

Coustous (Allées des)	BZ 7
Foch (R. Mar.)	BY
Lafayette (Pl.)	ABY 24
Strasbourg (Pl. de)	BZ 32
Thermes (R. des)	AZ 34
Victor-Hugo (R.)	AZ 35
Alsace-Lorraine (R. d')	AZ 2
Arras (R. du Pont-d')	AZ 3
Belgique (Av. de)	AY 4
Clemenceau (Pl. G.)	AY 5

Costallat (R.)	BY 6
Fontaine-Ferrugineuse (Av.)	AY 8
Frossard (R. Émilien)	BZ 9
Gambetta (R.)	AY 10
Horloge (R. de l')	AZ 20
Joffre (Av. Mar.)	AY 22
Jubinal (Pl. A.)	BZ 23
Lorry (R. de)	BZ 25
Pasteur (R.)	AZ 26
Pyrénées (R. des)	AZ 27
République (R. de la)	AY 28
Salles (R. de)	AZ 30
Thermes (Pl. des)	AZ 33
Vigneaux (R. des)	BY 37
Vigneaux (Sq. des)	BY 38
3-Frères-Duthu (R.)	BZ 39

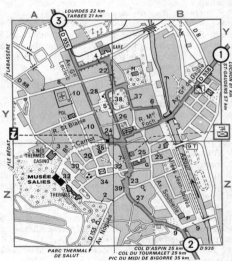

Parc thermal de Salut★. – *3/4 h à pied AR.* Agréable promenade ombragée et variée.

Par l'avenue P.-Noguès, gagner le portique d'entrée du parc. L'allée centrale traverse ce parc (100 ha) et longe le vallon conduisant à l'Établissement thermal de Salut.

EXCURSIONS

Grotte de Médous★★. – *2,5 km par ② du plan. Description p. 130.*

Route de la Croix Blanche★ ; Lourdes★★★. – *Circuit de 50 km – environ 2 h (visite de Lourdes non comprise) – schéma p. 78. Parcours très accidenté et sinueux à travers les avant-monts pyrénéens.*

Cette route relie la vallée de l'Adour à celle du gave de Pau en s'insérant dans des vallons très frais, au milieu des chênes, bouleaux et châtaigniers.

Sortir de Bagnères par ③, route de Tarbes ; la quitter à Pouzac pour le D 26, à gauche.

Dans le parcours de montagne proprement dit, entre les vallées de l'Oussouet et la vallée de Castelloubon *(voir p. 76),* les vues s'orientent successivement au Sud, vers le pic de Montaigu et le pic du Midi de Bigorre, au Nord-Est, vers la coulée de l'Adour et le bas-pays, au Sud-Ouest, vers le massif du Balaïtous reconnaissable à son glacier.

Lourdes★★★. – *Page 122.*

Entrer à Bagnères par les D 937, à l'Est, et 935. A l'Est de Loucrup, au point culminant du trajet, le parcours offre à nouveau un vaste panorama sur les Pyrénées.

BAGNÈRES-DE-LUCHON ★★ — *Voir Luchon p. 126.*

BANYULS-SUR-MER

Carte Michelin n° 🔲🔲 - pli 20 — *Schéma p. 156* — 4 297 h. (les Banyulencs) — *Lieu de séjour, p. 42.*

Banyuls, station balnéaire la plus méridionale de France, se développe harmonieusement, dans son décor de vignoble, autour d'une baie divisée en deux anses par le promontoire de la vieille ville. A l'abri de la tramontane, le site a permis l'acclimatation en France d'essences exotiques (caroubier, eucalyptus, palmiers divers) introduites par le biologiste Charles-Victor Naudin (1815-1899) et propagées, de là, sur la Côte d'Azur.

La mer. — Les eaux littorales de la Côte Vermeille, profondes, claires et poissonneuses, ont attiré l'attention des scientifiques pour leur richesse biologique, justifiant l'installation à Banyuls du laboratoire Arago (Université de Paris VI), centre de recherches et d'enseignement en océanographie et biologie marine. Une réserve naturelle marine a été créée entre Banyuls et Cerbère.

La plage principale (sable et galets) s'abrite dans l'anse fermée, à l'Est, par l'île Petite et l'île Grosse (monument aux Morts, par Maillol), reliées l'une et l'autre à la terre par une digue.

Aquarium. — *Visite de 9 h à 12 h et de 14 h à 18 h. Entrée : 8 F.*

Spécimens de la faune méditerranéenne, présentés avec clarté.

Le vignoble et la montagne. — Le vignoble règne sur les derniers flancs des Albères, couvrant les extrêmes promontoires des Pyrénées ou les versants raides du bassin de la Baillaury. Les pentes schisteuses, découpées en terrasses soutenues par des murettes, sont défendues contre le ruissellement, dans les zones les plus exposées, par un système de rigoles entrecroisées en X.

On peut visiter, sur la route du balcon de Madeloc, la grande cave Templers et la cave souterraine du 1ᵉʳ juin au 30 septembre de 9 h à 19 h (le reste de l'année de 9 h à 12 h et de 14 h à 18 h).

Métairie Maillol. — *4 km au Sud-Ouest par la route de la vallée de la Baillaury (à 3,5 km, prendre à gauche pour traverser le torrent).*

Enfant de Banyuls, **Aristide Maillol** (1861-1944), «monté» à Paris à 20 ans, s'initie à la peinture et surtout, suivant la tendance du cercle «nabi», à la renaissance de l'artisanat d'art : céramique, tapisserie. La quarantaine passée, il affirme son génie dans la sculpture, tirant de ses cartons d'esquisses les éléments de ses compositions de nus robustes.

L'artiste aimait se retirer dans ce petit mas au fond d'un vallon torride et poussiéreux en été. Il se fit enterrer dans le jardin (bronze : «La Pensée», 1905).

BARÈGES

Carte Michelin n° 🔲🔲 - pli 18 — *Schéma p. 78* — 324 h. (les Barégeois) — *Lieu de séjour, p. 42.*

Trois séjours du duc du Maine (1675 à 1681), fils légitimé de Louis XIV et de Mme de Montespan, décidèrent de la fortune thermale de Barèges. De là, Madame de Maintenon, gouvernante du jeune prince infirme, s'insinua dans les bonnes grâces du roi par la qualité de sa correspondance. La station accueille traditionnellement les blessés ou accidentés. Les «eaux d'arquebusades» sont dispensées dans l'établissement thermal, d'où émanent les effluves sulfurés caractéristiques. L'ancien hôpital militaire accueille de nos jours des parachutistes en stage d'initiation à la montagne.

L'animation enjouée qui règne, en saison, dans l'unique rue de la station fait oublier son site étroit. Les principaux terrains de promenade se trouvent au Sud, sur le plateau du Lienz (station intermédiaire du funiculaire d'Ayré).

Parmi les ressources du commerce local on remarque une vaste collection de cartes postales pyrénéennes éditées sur place.

La saison d'hiver. — Au début du 19ᵉ s. encore, Barèges illustrait les méfaits des avalanches : les habitants ne construisaient qu'en bois aux endroits menacés, quitte à démonter et à numéroter les ais à l'entrée de chaque hiver. Les travaux de reboisement et la pose de «râteliers à neige» sur le versant Nord ont permis une vie touristique hivernale. Barèges, berceau du ski pyrénéen, forme un important «complexe» de sports d'hiver avec la Mongie, au-delà du col du Tourmalet, maintenant équipé de télésièges sur ses deux versants. Cet aménagement a entraîné la création d'une annexe d'altitude hivernale, Super-Barèges, dans le cirque terminal de la vallée du Bastan.

Font d'Ayré. — *Accès par funiculaire jusqu'à 2 002 m d'altitude. Du 1ᵉʳ juillet au 15 septembre (sauf le mercredi) et du 15 décembre à la fin des vacances de Pâques ; 4 ou 5 départs par heure. Tarif AR : 12 F.*

Le funiculaire a été établi pour faciliter les travaux de percement d'un tunnel long de 11 km qui permet de capter les eaux du massif de Néouvielle au profit du Gave de Pau. De la station supérieure, vue intéressante sur le massif de Néouvielle, le pic du Midi de Bigorre, le Balaïtous. Un sentier *(2 h à pied AR)* permet de gagner le Pic d'Ayré (alt. 2 422 m).

---

*Les **guides Rouges**, les **guides Verts** et les **cartes Michelin** composent un tout.*

Ils vont bien ensemble, ne les séparez pas.

Carte Michelin n° 85 - plis 1 à 5, 13 à 15.

Le touriste qui, venant de Bordeaux par les Landes, pénètre dans le Pays Basque, voit ses impressions complètement renouvelées. Les montagnes apparaissent soudain toutes proches. La côte, avec ses falaises, ses rochers déchiquetés, s'oppose aux grèves landaises tirées au cordeau. L'arrière-pays, si attachant avec ses vallons verdoyants et ses maisons blanches, est l'une des régions de France qui ont gardé le plus de caractère.

Les sept provinces. — Les Pyrénées basques présentent une géologie confuse : elles marquent l'écrasement terminal des plis pyrénéens. Les vallées sont tortueuses, les communications entre les différents bassins difficiles. « Pays fort bossu » disait un chroniqueur du 17ᵉ s. C'est ce qui explique, en partie, l'ancien morcellement en « pays d'États » particularistes.

Il y a sept provinces basques. La formule consacrée « Zaspiak-bat » se traduit par « les sept ne font qu'une » : la race, la langue sont, en effet, les mêmes des deux côtés des Pyrénées. Ce guide décrit les trois provinces du Nord du Pays Basque.

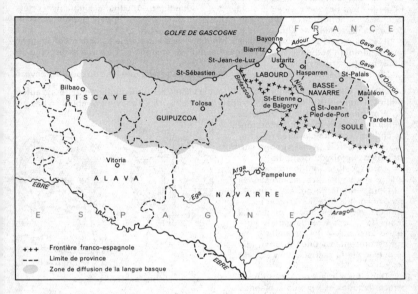

Le Labourd. — Il s'étend le long de la côte atlantique, entre l'Adour et la Bidassoa. A l'Est, il est limité approximativement par la Joyeuse. C'est un pays de riants coteaux et de landes. Les montagnes sont bien détachées mais de faible altitude : la Rhune, point culminant du Labourd, ne dépasse pas 900 m.

La Basse-Navarre. — Montagneuse, boisée et sillonnée de cours d'eau poissonneux, elle s'étend de la Nive à la Bidouze. Coupée depuis 1512 de la province-mère de Navarre, au Sud des Pyrénées, elle a permis aux rois de France, depuis Henri IV (héritier des rois de Navarre de la race d'Albret) jusqu'à Charles X, de s'intituler aussi rois de Navarre.

La Soule. — Elle est constituée par la vallée du Saison (gave de Mauléon). La Haute-Soule, en amont de Tardets, est un pays de caractère véritablement montagnard, prodigue en curiosités naturelles : gorges, grottes, résurgences, etc.

Déjà influencée par le Béarn, cette province garde les danses et les traditions théâtrales les plus caractéristiques.

LA VIE BASQUE (1)

Une race mystérieuse. — L'origine du peuple basque et de sa langue reste énigmatique. On sait seulement que les Basques quittèrent la vallée de l'Èbre, refoulés par les Wisigoths. Ils fondèrent le royaume de Vasconie, dans les Pyrénées occidentales. Les Vascons de la plaine fusionnèrent avec les populations aquitaines et devinrent les « Gascons ». Ceux des montagnes gardèrent farouchement leur langue et leurs traditions.

L'**euskara** — la langue basque — est l'armature de la race.

(D'après photo Ema, Cambo)

Le Bas-Cambo.

---

(1) Pour plus de détails, lire « Les Basques », par Ph. Veyrin (Paris-Grenoble, Arthaud).

BASQUE (Pays)★★★

La maison. — La maison labourdine, la plus charmante des habitations basques, a inspiré nombre de villas et de pavillons de banlieue. Faite de torchis, elle a des pans de bois apparents, peints le plus souvent en rouge brun. Sa façade, tournée vers l'Est pour éviter les pluies qu'apporte le vent d'Ouest, est protégée par un vaste toit de tuiles.

La maison de Basse-Navarre offre de beaux encadrements de pierre et des balcons circulaires. En Soule, on trouve des toits d'ardoise plus foncée qui font pressentir le Béarn.

Les maisons basques, revêtues d'un crépi blanc, éclatant et joyeux, arborent, au-dessus de la porte d'entrée, leur date de construction ou le nom de leur propriétaire. Nulle part ailleurs l'identification de la famille et de la demeure n'est aussi poussée. Le maître de maison, l'«etcheko jaun», exerce une autorité souveraine. Sa grande préoccupation est d'assurer la pérennité du patrimoine familial.

La maison revient à l'enfant, garçon ou fille, que le père a désigné comme «aîné». Les autres enfants, partis chercher fortune ailleurs, ont alimenté l'émigration «aux Amériques», en Amérique latine surtout, où les Basques sont particulièrement appréciés. Au cours du 19e s., le Pays Basque français a envoyé outre-Atlantique 90 000 de ses enfants. Fortune faite, les «Americanoak» sont revenus au pays natal ou ont appelé auprès d'eux les descendants de leur famille.

L'attachement à la maison familiale, régulièrement entretenue de génération en génération, garantit l'authenticité des villages basques et épargne aux bourgs la disgrâce des lotissements périphériques.

Au musée basque de Bayonne, le touriste pourra se faire une idée du mobilier paysan.

L'église. — Elle joue un rôle primordial : tout le village est symboliquement groupé autour d'elle. De nombreux fidèles assistent chaque jour aux offices souvent célébrés en basque.

L'architecture extérieure est assez variée. Les églises souletines montrent de curieux clochers calvaires *(illustration p. 64)* à trois petits pignons surmontés des croix du Golgotha.

La disposition intérieure est particulière aux seules provinces basques du Nord : une large nef est entourée par deux ou trois étages de galeries, en principe réservées aux hommes. La chaire fait corps avec la galerie inférieure. Le maître-autel au retable baroque est présenté sur une haute estrade, sous laquelle la sacristie peut trouver place.

(D'après photo Ezkila)

Stèles discoïdales basques.

Dans les cimetières, les tombes caractéristiques et les plus anciennes — antérieures au 16e s. parfois — sont dites «discoïdales» : la stèle s'orne d'un disque de pierre fréquemment sculpté de la «croix basque», qui pourrait être une métamorphose de la svastika (croix gammée, d'origine hindoue, à branches coudées).

Le fronton. — Le jeu séculaire du Basque, c'est la pelote. Depuis 1900, la formule la plus goûtée des touristes de la côte basque française est le jeu au grand chistera, tirant son nom de la caractéristique gouttière en osier prolongeant le gant protecteur. Ce «grand jeu», à 2 équipes de 3 joueurs, fut popularisé par les prouesses de Joseph Apesteguy (1881-1950), devenu célèbre sous le nom de Chiquito de Cambo.

La pelote, plus grosse qu'une balle de tennis, doit allier la dureté à l'élasticité. Elle comporte un noyau de buis ou de caoutchouc enrobé de laine et garni de cuir de chevrette ou de veau. Lancée contre le mur du fronton, elle est reprise, de volée ou après un premier rebond, à l'intérieur des limites tracées sur le terrain.

Une variante du jeu de chistera, très spectaculaire et athlétique aussi, connaît une faveur plus récente : c'est la cesta punta, importée d'Amérique latine. Elle se joue sur un fronton espagnol couvert (jaï alaï) à 3 murs (devant, derrière, à gauche). Le but se marque sur le «mur à gauche» entre deux lignes verticales numérotées.

Les connaisseurs basques préfèrent d'autres jeux, plus anciens et plus subtils : le «jeu net» (yoko-garbi) au petit gant (chistera de petit format), le jeu à main nue. Le jeu de rebot se joue à deux équipes se faisant face. Pour engager le point, le buteur fait rebondir la pelote sur un billot et la lance à la volée, vers le mur, dans le camp adverse.

On retrouve dans les jeux en **trinquet**, pratiqués en salle, le cadre des anciens jeux de paume. L'aménagement abonde en chicanes favorisant l'astuce aux dépens de la force. La pelote est lancée soit à main nue, soit avec une palette de bois (paleta), soit avec la raquette argentine (jeu de sare). Dans le jeu de pasaka, pratiqué avec le gant, les joueurs se font face comme au tennis, de part et d'autre d'un filet.

Dans les grandes parties, les «pelotaris» des deux camps rivaux, en chemise et pantalon blancs, se distinguent par la couleur de leur ceinture (cinta), bleue ou rouge. Ils bondissent d'un bout à l'autre de la piste et renvoient la balle d'un puissant moulinet de bras. Le «chacharia» (crieur) compte les points d'une voix sonore.

Les cagots. — Au Pays Basque, comme en Béarn et en Bigorre, certains métiers (bûcherons, charpentiers, menuisiers, maçons, tisserands) étaient pratiqués traditionnellement par les cagots, chrestiaas ou agotak. Du Moyen Age au début du 19e s., ces parias, victimes sans doute de la terreur suscitée par les épidémies de lèpre et par les tares introduites par le fléau, formèrent une caste exclue de la communauté. Ils devaient vivre à l'écart, porter sur leurs vêtements une marque en forme de patte d'oie. Une porte spéciale et un bénitier leur étaient réservés à l'église. Le mariage en dehors de leur caste pouvait être puni de mort.

Le folklore. — Le Basque, silencieux et grave, s'extériorise dans ses danses, ses chants, ses divertissements collectifs. Les jeunes gens — la plupart des danses traditionnelles ne comprennent pas de partenaire féminin — se déplacent de village en village pour les fêtes locales ; le soir, au retour, leur cri de ralliement résonne de montagne en montagne.

Les danses, nombreuses et compliquées, s'exécutent au son du « tchirulä », sorte de flûte à trois trous, et du « ttun-ttun », petit tambour, ou du tambourin à cordes (l'accordéon, la clarinette ou le cornet à piston les remplacent parfois). Les fameux « sauts basques », aux multiples figures, sont dansés par les hommes seuls. Il y a un contraste frappant entre l'immobilité du buste, l'impassibilité du visage et la fantastique agilité des jambes.

Le **« fandango »**, « chaste et passionné », figure l'éternelle poursuite de la femme. Le mouvement du buste et des bras s'harmonise aux rythmes alternés de recherche et de fuite.

Pour la danse du verre, les danseurs souletins, d'une légèreté aérienne, arborent des costumes éblouissants. Le zamalzain, à la fois cavalier et cheval, grâce à une armature d'osier, et les autres danseurs décrivent de véritables arabesques autour d'une coupe pleine de vin. Puis, ils se posent, une fraction de seconde, en équilibre sur la coupe, sans en renverser une goutte.

Les chants, primitifs et directs, inspirés de la vie quotidienne, ont des mélodies pleines de poésie. Les Basques français reprennent parfois le chant sacré des Basques espagnols : « Guernikako Arbola », véritable hymne national. Ici, le chêne de Guernica (village de Biscaye) symbolise les « fueros », c'est-à-dire les libertés locales.

Les pastorales rappellent les sorties du Moyen Age et opposent les « Bons » et les « Mauvais » ; c'est un spectacle qui peut durer des heures.

Fréquemment encore, les repas de fête se terminent par des improvisations, véritables concours de chant et de composition sur un même air et un même thème.

La Chasse à la Palombe. — C'est au Pays Basque que se pratique le plus assidûment la chasse à la palombe. Cet oiseau, sorte de pigeon sauvage, descend du Nord, à l'automne, pour gagner l'Espagne par groupes atteignant parfois plusieurs milliers.

Si dans les Landes on domestique des palombes pour servir d'appeaux, au Pays Basque on se passe d'appeaux. Les filets, les « pantières », sont tendus entre les plus hauts arbres d'un col situé sur le trajet des palombes. Des rabatteurs, perchés dans les arbres environnants ou sur des tourelles de pierres sèches, canalisent les oiseaux en poussant des cris gutturaux. Ils agitent parfois des drapeaux blancs et lancent de faux éperviers en bois. Effrayées, les palombes rasent le sol et s'engouffrent dans le filet qui s'abat.

LE LABOURD★

De Bayonne au col de Lizarrieta par Sare — 41 km — environ 2 h — schéma p. 62

Quitter Bayonne (p. 64) par ④ et, aussitôt passé sous l'autoroute, prendre à droite vers Arcangues. La route s'élève parmi les collines du Labourd.

Arcangues. — 1728 h. Ce village compose un décor plaisant et pittoresque, associant l'église, le fronton et l'auberge. Le souvenir du chanteur Luis Mariano (1914-1970) y est évoqué par une stèle, placée à l'entrée du théâtre de la nature. A l'intérieur de l'église, à galeries sculptées, grand lustre Empire et bas-relief : décollation de saint Jean-Baptiste, patron de la paroisse. *Minuterie.*
Dans la chapelle privée de la famille d'Arcangues, à gauche, un triptyque italien de saint Michel « Archange » évoque le pieux jeu de mots invoqué pour donner aux aînés de cette maison le prénom de Michel.
Le cimetière offre un **panorama★** sur les Pyrénées Basques.

La route sine sur la ligne de crête et se rapproche des montagnes bleutées des Pyrénées Basques. Après la traversée d'une chênaie (palombière), la descente sur St-Pée offre des vues lointaines sur la Rhune et le bassin d'Irun, le promontoire du Jaizkibel et l'océan. A l'Est, le chaînon de l'Artzamendi *(p. 80)* ferme le bassin de la haute Nivelle.

St-Pée-sur-Nivelle. — 2571 h. (les Sempertars). *Lieu de séjour, p. 42.*

Sare★. — 1871 h. (les Saratars). *Lieu de séjour p. 42.* Joli village que Pierre Loti a décrit sous le nom d'Etchejar dans « Ramuntcho ». Son grand fronton, ses rues ombragées, sa belle église à 3 étages de galeries et au chœur très surélevé aux riches retables baroques sont caractéristiques du pays Basque. Sare est qualifié d'« Enfer des palombes ».

Le parcours du haut vallon de la Sare prodigue d'agréables tableaux : hameaux labourdins authentiques, champs peuplés de brebis « manech » ou de vaches laitières, palombières.

Grottes de Sare. — *A 2,5 km au Sud du D 306. Visite de 10 h 30 à 19 h du 1ᵉʳ juin au 30 septembre ; en mai et en octobre les samedis et dimanches seulement. Entrée : 6 F.* Site plein de fraîcheur. Tranquille promenade souterraine.

Au-delà d'agréables sous-bois, proches du ruisseau, la route s'élève à travers les chênes de la forêt de Sare et atteint le **col de Lizarrieta** (alt. 441 m) où règne à l'époque de la chasse à la palombe une grande animation (postes de guet et de tir le long du chemin de crêtes).

De St-Jean-de-Luz à Cambo — 38 km — environ 3 h — schéma p. 62

Quitter St-Jean-de-Luz (p. 161) par ②. La route remonte le cours inférieur de la Nivelle.

Ascain★. — 1876 h. (les Azkaindars). *Lieu de séjour, p. 42.* La place, avec ses maisons labourdines, son fronton, ses hôtels avenants, a beaucoup de caractère ; elle est bordée par l'église au massif clocher porche et à 3 étages de galeries. Dans le cimetière, derrière l'église, sur la droite, intéressante stèle discoïdale de 1657. Ascain possède un trinquet *(voir p. 60)*, dans un restaurant.

Dans un cadre de lande, la route s'élève au-dessus d'un gracieux vallon et atteint le col de St-Ignace (alt. 169 m).

BASQUE (Pays)★★★

La Rhune★★★. – *Du col de St-Ignace, 1 h AR par chemin de fer à crémaillère.*
Service pendant les vacances de Printemps et de Pâques, et du 1er mai au 30 septembre.
Prix AR : 18 F.
La Rhune (en basque, larrun : «bon pâturage») est la montagne-emblème du Pays Basque français.
Du sommet-frontière (alt. 900 m – émetteur de télévision) **panorama★★★** splendide sur l'océan, la forêt des Landes, les Pyrénées Basques et, au Sud, la vallée de la Bidassoa.

La descente s'effectue au milieu des «Touyas» (landes d'ajoncs et de fougères). L'entaille de la route fait apparaître le grès rouge de la Rhune, pierre de construction employée dans la région. Vue sur les monts fermant à l'Est le bassin de la Nivelle (Artzamendi).

Sare★. – *Page 61.*

Aïnhoa★. – 543 h. Aïnhoa est un village basque caractéristique. Sa **rue principale★** est très pittoresque avec ses maisons anciennes aux toits débordants, assymétriques parfois, recouverts de vieilles tuiles, leurs façades reblanchies à la chaux chaque année aux approches de la St-Jean, leurs volets et leurs colombages peints, leurs poutres maîtresses parfois ornées d'inscriptions et de dates.
L'église est intéressante par les boiseries dorées du chœur, son plafond de bois, ses 2 étages de galeries. A l'entrée du cimetière le monument aux morts est conçu dans le style des stèles discoïdales.

Espelette. – 1 188 h. Ancienne place féodale, Espelette est un village très étendu, aux rues tortueuses, inhabituelles en Labourd, et aux maisons nettes et fleuries. Dans l'église, remarquer les grilles de la table de communion, et, dans le cimetière voisin des croix discoïdales des 17e et 18e s. Le bourg, centre de la culture du piment rouge, fait aussi le commerce des **pottoks**, petits chevaux *(illustration p. 171)* vivant en troupeaux à demi-sauvages sur les versants inhabités des montagnes frontière. Autrefois exporté en Angleterre pour la traction des berlines dans les galeries de mine, ce poney est amélioré aujourd'hui pour la boucherie et de plus en plus la selle. Il intéresse aussi les laboratoires pour sa composition sanguine.

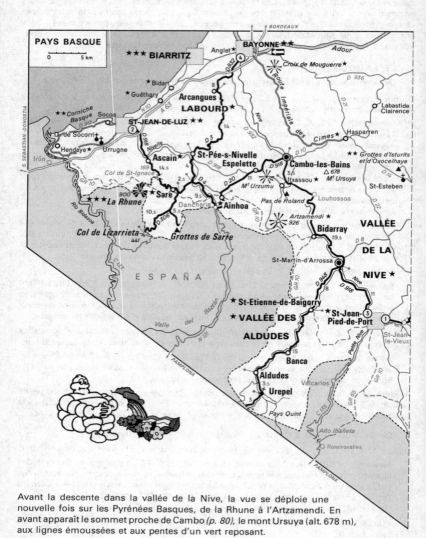

Avant la descente dans la vallée de la Nive, la vue se déploie une nouvelle fois sur les Pyrénées Basques, de la Rhune à l'Artzamendi. En avant apparaît le sommet proche de Cambo *(p. 80),* le mont Ursuya (alt. 678 m), aux lignes émoussées et aux pentes d'un vert reposant.

VALLÉE DE LA NIVE★ ET COL D'OSQUICH★

De Cambo à Mauléon – *60 km – environ 3 h – schéma ci-dessous*

Quitter Cambo au Sud par la route de St-Jean-Pied-de-Port. A hauteur de Louhossoa la route pénètre en Basse-Navarre, pays de grès rouge très utilisé pour la construction.

Bidarray. – 673 h. (les Bidarraitars). *Lieu de séjour, p. 42.* Par un pont du 14ᵉ s., en dos d'âne, on peut monter au plateau de l'église. L'église, romane, bien située dans un paysage mouvementé présente un clocher-mur dessinant un fronton. Ses parties basses, en grès rouge, appartiennent à un ancien prieuré de Compostelle fondé là, en 1132.

En suivant le rameau principal de la Nive, la route atteint St-Jean.

St-Jean-Pied-de-Port★. – *Page 164.*

De St-Jean à la bifurcation de Larceveau, la route filant dans une large dépression suit approximativement le tracé du tronc principal de la route de Compostelle *(carte p. 22)*. Le nom de la commune de St-Jean-le-Vieux et celui de la ferme d'Aphat-Ospital rappellent le pèlerinage.

Prenant à droite à Larceveau, le D 918 remonte la haute vallée de la Bidouze pour s'élever ensuite vers le col d'Osquich.

Col d'Osquich★. – Limite entre la Basse-Navarre et le pays de Soule.

Du col géographique (alt. 392 m) au point culminant de la route (alt. 500 m) le **trajet★**, au-dessus de la combe de Pagolle, se déroule dans un paysage au relief très doux.

Au cours de la descente, la chaîne est visible par temps clair jusqu'au pic du Midi d'Ossau et au pic du Midi de Bigorre ; le pic d'Anie (alt. 2 504 m) se détache nettement. Le parcours s'achève dans la vallée du Saison pour atteindre Mauléon *(p. 130)*.

VALLÉE DES ALDUDES★

De St-Martin d'Arrosa à Urepel – *26 km – environ 2 h – schéma p. 62*

La Nive des Aldudes, affluent de la Nive, torrent au lit rocheux prend sa source en Espagne. Sa vallée boisée est une des plus caractéristiques du Pays Basque. «Les Aldudes» signifie chemin des Hauteurs et la haute vallée fut longtemps l'enjeu des luttes épiques, entre les habitants de Baïgorry et ceux du val d'Erro en Espagne, qui donnèrent naissance au Pays Quint.

La route partant de St-Martin-d'Arrosa est souvent serrée entre des versants couverts de chênes et de châtaigniers ; le sol et les roches sont d'une belle couleur rouge.

St-Étienne de Baïgorry★. – 1 783 h. Village basque à la fois caractéristique par ses maisons typiques, sa belle place ombragée de platanes, et original par sa disposition en longueur dans la vallée et sa division en deux quartiers autrefois rivaux de part et d'autre du torrent. En amont du pont moderne, un vieux pont «romain» atteste l'ancienneté de l'installation humaine dans ce site.

BASQUE (Pays)★★★

Reconstruite au 18e s. sur une souche romane remaniée, l'**église St-Étienne★** est intéressante par ses trois étages de galeries, son chœur surélevé dont les 3 autels sont ornés de retables de bois doré, ses orgues de bois et son arc triomphal peint.

Au 18e s. la forge d'Echaux appartenant par moitié à la célèbre famille basque et à la vallée produisait des canons et des boulets de corsaires.

Banca. — 600 h. Le village s'est développé au 18e s. autour de la poudrerie qui traitait le cuivre découvert dans la montagne.

Après un défilé, la vallée s'épanouit dans le bassin des Aldudes.

Aldudes. — 586 h. Centre de la chasse à la palombe. Sur une placette très pittoresque l'église présente une belle voûte de bois en berceau et ses galeries caractéristiques.

Urepel. — 495 h. Église basque intéressante avec une voûte de bois à pénétration et une coupole.

La route *(6 km AR)* qui s'amorce à hauteur de l'église d'Urepel mène au **Pays Quint.** Autrefois indivis entre les vallées française et espagnole, ce territoire présente depuis le traité de Bayonne, signé en 1856, la particularité d'être reconnu à l'Espagne mais donné en bail perpétuel aux habitants de la vallée des Aldudes, les Quintoars, qui jouissent — au nombre d'une trentaine de familles — des pâturages en territoire espagnol et ont le statut de ressortissants français à l'étranger.

BASSE SOULE

De Mauléon à Oloron — *54 km — environ 2 h — schéma p. 62 et 63*

Le touriste curieux d'histoire anecdotique retrouve ici le souvenir de « Mousquetaires » d'Alexandre Dumas *(voir p. 51).*

Gotein. — 486 h. Clocher-calvaire caractéristique.

Trois-Villes. — 167 h. Le nom, plus que le château *(on ne visite pas)* construit par Mansard, rappelle la carrière militaire et le personnage littéraire de Monsieur de Tréville, capitaine des Mousquetaires du roi sous Louis XIII.

(D'après photo Perrin)

Gotein.- Un clocher-calvaire

Le **Barétous,** pays de transition entre le Pays Basque et le Béarn, présente un damier de champs de maïs et de magnifiques prairies, entrecoupés de bouquets de chênes, avec un arrière-plan de sommets calcaires.

Lanne. — 536 h. Jolie église à double porche. C'est l'ancienne chapelle du château qui fut la résidence d'Isaac de Porthau, « Porthos ».

Aramits. — 621 h. Ancienne capitale du Barétous. « Aramis » se prévalait du titre d'une abbaye disparue aujourd'hui, dont il recevait le bénéfice comme « abbé laïc ».

Arette. — 1 167 h. Bourg reconstruit après le tremblement de terre du 13 août 1967. Une route de montagne donne accès à Arette-Pierre-St-Martin *(p. 49).*

Après une agréable montée sinueuse au-dessus du bassin d'Arette, la route passe sur le versant de la vallée d'Aspe.

A Asasp, traverser le Gave d'Aspe.

St-Christau. — *Page 69.*

Par la rive droite du gave, la route gagne Oloron *(p. 139).*

HAUTE SOULE★★ — *description p. 172.*

Respectez les foins non coupés, l'une des rares richesses du montagnard.

◼BAYONNE ★★

Carte Michelin n° ⑦⑧ - pli 18 — *Schéma p. 62* — 44 706 h. (les Bayonnais) — *Lieu de séjour, p. 42.*

Aux confins des Landes et du Pays Basque, Bayonne joue le rôle de capitale économique du bassin de l'Adour. La construction de matériel pour l'aéronautique, la fabrication de ciments et d'engrais ont transformé la zone portuaire du Boucau-Tarnos naguère vouée à la sidérurgie. D'importateur de pondéreux le port est devenu exportateur (maïs, soufre de Lacq).

Cette ville nette, animée et commerçante, offre le spectacle pittoresque de ses quais, de ses vieilles rues. Ses remparts sont bien dégagés entre le château Vieux (16e s.) vers lequel convergeaient les cortèges princiers, et la porte d'Espagne. La citadelle dominant le faubourg de St-Esprit (rive droite de l'Adour) est l'œuvre de Vauban.

Début août commencent les **grandes fêtes★** traditionnelles : corridas, manifestations folkloriques... « Garçons et filles gambillent pendant six jours de la Nive à l'Adour... ».

UN PEU D'HISTOIRE

Bayonne fait partie au 12e s. de la dot d'Eléonore d'Aquitaine *(voir p. 18).* Lorsque cette princesse se remarie avec Henri Plantagenêt, la ville devient anglaise et le restera trois siècles.

Durant la guerre de Cent Ans, la flotte bayonnaise court bord à bord avec la flotte anglaise. Le port regorge de marchandises, la ville est florissante.

L'intégration de Bayonne au domaine royal français, après la chute de la place en 1451, ne va pas sans grincements : il faut payer une indemnité de guerre et le marché anglais est perdu. Les rois de France empiètent plus largement sur les libertés locales que les lointains souverains britanniques ; les actes et lois ne doivent plus être rédigés en gascon, mais en français. Les Bayonnais en gardent un long ressentiment. Heureusement, Charles IX décide de rendre vie au port ensablé ; le chenal direct vers la mer est ouvert en 1578.

L'apogée. — Au 18e s., l'activité de Bayonne atteint son apogée. La Chambre de Commerce est fondée en 1726. Les échanges avec l'Espagne, la Hollande, les Antilles, la pêche à la morue sur les bancs de Terre-Neuve, les chantiers de constructions entretiennent une grande activité dans le port. En 1759, le peintre Joseph Vernet n'oublie pas Bayonne dans ses tableaux consacrés aux «Grands Ports de France». Bayonne est déclarée port franc en 1784 ce qui triple encore son trafic. Les prises de la guerre de course sont fabuleuses et les bourgeois arment maints bateaux corsaires. Les ministres de Louis XIV : Seignelay, fils aîné de Colbert, et Pontchartrain fixent par ordonnance le mode de partage du butin : un dixième à l'amiral de France, les deux tiers aux armateurs, le reliquat à l'équipage. Une somme est retenue pour les veuves, les orphelins et le rachat des prisonniers aux Barbaresques.

La corporation des ferronniers et armuriers de la ville, les « faures », est célèbre. C'est à eux que l'on doit la **baïonnette** que toute l'infanterie française utilise dès 1703.

Jours difficiles. — La Révolution supprime le port franc. Les guerres de l'Empire, le blocus naval portent des coups terribles au commerce maritime de la ville. C'est à Bayonne, en 1808, que Napoléon donne une entrevue aux souverains espagnols qui renoncent à leurs droits à la couronne en faveur de Joseph, frère de l'empereur.

En 1813, Wellington, à la tête d'une armée d'Anglais, d'Espagnols et de Portugais, passe d'Espagne en France. Il détache une partie de ses troupes devant Bayonne tandis qu'il marche sur Orthez où Soult est battu. Une sortie héroïque de la garnison de Bayonne amène la capture du général anglais Hope.

En 1814, Bayonne, de nouveau assiégée, résiste victorieusement. Mais les Alliés entrent à Paris, Louis XVIII est reconnu roi de France, et Bayonne doit cesser la lutte.

Le port de Bayonne. — Le développement du port vient de franchir une nouvelle étape décisive : le trafic a dépassé la barre des 3 000 000 t et, depuis 1980, des navires de 18 000 t peuvent entrer dans le port. Les ouvrages portuaires (digues de 1 200 m de long au Nord, de 4 000 m au Sud), la campagne de dragage effectuée dans l'avant port ont efficacement amélioré les caractéristiques nautiques de l'embouchure de l'Adour.

Le «port au soufre» de Blanc-Pignon exporte 1 300 000 t de soufre solide et liquide par an. Les usines de fabrication d'engrais importent leurs besoins en phosphate et la production intensive du maïs des vallées de l'Adour et des Gaves est expédiée vers les pays de la Communauté. Une nouvelle activité vient de démarrer : l'exportation du pétrole brut extrait du sous-sol pyrénéen et le transit des produits chimiques liquides en provenance ou à destination de la zone industrielle.

■ **CURIOSITÉS** *visite : 3 h*

Place de la Liberté (BY 27). — Située au débouché du pont Mayou qui traverse la Nive à l'entrée de la vieille ville, c'est un centre très animé : l'hôtel de ville et le théâtre la bordent.
Traverser le pont Mayou et suivre la rue Frédéric-Bastiat jusqu'à la rue Laffitte.

Musée Bonnat★★ (BY M¹). — *Visite de 10 h à 12 h et de 16 h à 20 h du 15 juin au 10 septembre ; de 13 h à 19 h en semaine, de 10 h à 12 h et de 15 h à 19 h les samedis et dimanches le reste de l'année ; ouvert jusqu'à 22 h les vendredis ; fermé les mardis et jours fériés. Entrée : 5 F.*

Ce musée renferme les magnifiques collections que le peintre Bonnat (1833-1922) rassembla pour les léguer à sa ville natale.

La visite chronologique débute au deuxième étage et offre un choix de Primitifs et de grands maîtres, particulièrement dans le salon Rubens (16 œuvres). Le 19e s. est représenté par les œuvres de Bonnat, Delacroix, Géricault, Ingres, Puvis de Chavannes, Degas... Des salles sont aussi réservées à l'archéologie. Enfin, le cabinet des dessins renferme plus de 2 000 originaux célèbres des plus grands maîtres flamands, hollandais, allemands, italiens et français du 15e au 19e s. *(consultation possible sur autorisation).* Ces dessins sont exposés par roulement.

Le musée abrite également un service éducatif, des salles d'expositions temporaires, une galerie d'expositions autour d'un tableau choisi dans les collections du musée.
Revenir au pont Mayou et suivre le quai sur la rive droite jusqu'à la rue Marengo.

Musée basque★★ (BY M²). — *Visite de 9 h 30 à 12 h 30 et de 14 h 30 à 18 h 30 du 1er juillet au 30 septembre ; de 10 h à 12 h et de 14 h 30 à 17 h 30 le reste de l'année ; fermé les dimanches et jours fériés. Entrée : 5 F.*

C'est un des plus beaux musées d'ethnographie régionale française. Sa visite est indispensable à qui désire connaître la physionomie du Pays Basque dans son ensemble, son histoire, ses traditions. On y trouve représentées toutes les manifestations artistiques et

traditionnelles : l'art sacré, les costumes, le mobilier, les métiers, les danses et les jeux, ainsi que de nombreux documents sur Bayonne et les écrivains hôtes du Pays Basque. La navigation basque (modèles de bateaux) y trouve aussi sa place.

A côté de la salle des Chemins de St-Jacques (grande carte murale), un cabinet sombre est réservé à la sorcellerie, sur la base des témoignages réunis par Pierre de Lancre, chargé par Henri IV d'instrumenter contre les suspects du pays.

Au 2e étage, un «musée de la pelote basque» présente une collection de pelotes, chisteras, gants, raquettes ayant appartenu à des champions, tableaux, gravures, maquettes de frontons, etc.

Traverser le pont Marengo, et prendre, tout droit, la rue Port-de-Castets à laquelle fait suite la rue Argenterie qui, elle-même, débouche sur une jolie place plantée de magnolias.

Cathédrale Ste-Marie★ (AY). — Elle a été bâtie du 13e au 16e s., dans le style des églises du Nord. Primitivement, elle ne possédait qu'une tour, au Sud. Au siècle dernier, la tour Nord et les deux flèches furent ajoutées.

Pénétrer dans l'église par le portail Nord, ouvert dans le bras gauche du transept. Remarquer le heurtoir ciselé du 13e s., «anneau d'asile» dit-on : le criminel pourchassé qui y posait les doigts était en sécurité.

A l'intérieur, remarquer les vitraux Renaissance de la nef et, dans la 2e chapelle (chapelle St-Jérôme), un beau vitrail de 1531 : «la Prière de la Chananéenne». Les deux donateurs sont représentés agenouillés ; en haut, figure la salamandre, attribut de François Ier. Dans la 6e chapelle, une plaque commémorative de 1926 rappelle le «miracle de Bayonne» (phénomène céleste ayant entraîné la reddition de la garnison anglaise, en 1451).

De l'axe central de la nef, on peut juger des belles proportions et de l'harmonie de l'édifice. Le chœur et le triforium sont remarquables.

Cloître★ (AY B). — 14e s. Il communique avec l'église par une porte dans le bas-côté droit. Il conserve grande allure avec ses baies géminées.

De la galerie Sud, belle vue d'ensemble de la cathédrale et en particulier de ses fenêtres bien connues des archéologues pour leurs vastes dimensions et leur excellent dessin.

Sortir par le portail Ouest, fort endommagé pendant la Révolution, puis tourner à droite et, par la rue de la Monnaie, rejoindre la rue du Port-Neuf.

Rue du Port-Neuf (AY 33). — Suivre cette charmante rue piétonne bordée d'arcades basses sous lesquelles s'ouvrent des pâtisseries et des confiseries célèbres fleurant bon le chocolat — le travail du cacao fut introduit à Bayonne dès le 17e s. par des Juifs chassés d'Espagne et du Portugal — puis regagner la place de la Liberté.

EXCURSIONS

Croix de Mouguerre★. – *10 km à l'Est. Sortir de Bayonne par ③, route de Bidache ; à 7,5 km, tourner à gauche en arrière dans le D 712, route de crête traversant Mouguerre. Gagner à droite le terre-plein de la croix.*

Monument commémoratif français des combats ayant opposé en 1813-1814 les troupes du maréchal Soult à l'armée d'invasion anglo-hispano-portugaise commandée par Wellington. **Panorama★** sur les Landes, Bayonne, la côte Basque et les Pyrénées jusqu'au pic du Midi d'Ossau. *Table d'orientation.*

Route impériale des cimes★. – *De Bayonne à Hasparren (p. 116), 25 km. Sortir de Bayonne par ③, route de Bidache ; la quitter aux dernières propriétés de St-Pierre-d'Irube pour le D 22, à droite.* Napoléon Ier fit aménager cette route comme tronçon d'une liaison stratégique de Bayonne à St-Jean-Pied-de-Port par les hauteurs.

La **vue★** se dégage sur la côte Basque et les sommets des Pyrénées proches de l'océan : la Rhune, les Trois Couronnes au cimier denté, le Jaizkibel qui, de cette distance, donne l'illusion d'une île escarpée. Aux approches d'Hasparren les Pyrénées basques du haut bassin de la Nive s'étalent, plus en profondeur, de la Rhune à l'Artzamendi.

Le BÉARN ★★

Carte Michelin n° 85 - plis 5 à 7, 15 à 17.

Le Béarn, le plus vaste des États pyrénéens, couvre à peu près les deux tiers du département des Pyrénées-Atlantiques, le reste étant occupé par le Pays Basque. Il est traversé en diagonale par les gaves de Pau et d'Oloron. Prairies et labours s'étagent de part et d'autre des cours d'eau, tandis que la vigne et les arbres fruitiers occupent les premières pentes des longues croupes couvertes de landes («touyas»), qui s'étirent entre les gaves. Dans le Sud du pays, la chaîne des Pyrénées dresse des sommets aux formes hardies comme le pic du Midi d'Ossau (alt. 2 884 m) ou le pic d'Anie (alt. 2 504 m).

Le célèbre col d'Aubisque (alt. 1 709 m) fait passer du Béarn en Bigorre par la montagne.

UN PEU D'HISTOIRE

Le «For de Morlaas». – En 820, le Béarn est érigé en vicomté par Louis le Débonnaire. Lescar, la capitale, ayant été détruite par les Sarrasins en 841. Morlaas lui succède.

De tous temps, les Béarnais, comme la plupart des populations pyrénéennes, ont montré un goût très vif de la liberté. Le suzerain, qu'il soit roi de Navarre, d'Angleterre ou de France, devra rendre très lâches les liens qui assujettissent le petit État.

A l'intérieur du Béarn même, le vicomte sera conduit à accorder des garanties aux habitants. Au 11e s. Gaston IV le Croisé promulgue le «For (droit) de Morlaas». C'est une sorte de charte politique et judiciaire qui limite les pouvoirs seigneuriaux et soumet tout le monde à l'impôt de la taille. A leur avènement, les vicomtes de Béarn sont tous tenus de «jurer le For».

En 1194, nouveau changement de capitale : Orthez évince Morlaas.

Gaston Fébus. – En 1290, la maison de Foix acquiert, par alliance, la vicomté de Béarn. Le plus célèbre des comtes de Foix et vicomtes de Béarn est Gaston III (1331-1391) qui adopte vers 1360 le surnom de Fébus, signifiant «le brillant», «le chasseur». C'est un personnage plein de contrastes. Ayant pour devise «toque-y si gauses» (touches-y si tu l'oses), politique avisé, il exerce un pouvoir absolu, méprisant les «fors» jurés par lui. Lettré, poète, il s'entoure d'écrivains et de troubadours ; mais il fait assassiner son frère, tue son fils unique au cours d'une discussion. Passionné de chasse, il écrit un traité sur l'art de

(D'après photo Bibl. Nat., Paris)

La chasse à l'arc (livre de la Chasse de Gaston Fébus).

la vénerie. Il entretient 600 chiens et, à 60 ans, découd encore l'ours. C'est au retour d'une de ces expéditions, près de Sauveterre, qu'il tombe foudroyé par une hémorragie cérébrale.

En 1464, Pau remplace Orthez et resta capitale du Béarn jusqu'à la Révolution.

La Marguerite des Marguerites. – Grâce à la protection des rois de France et à la suite de mariages profitables, de petits seigneurs landais, les Albret, se trouvent au 16e s. en possession du comté de Foix, du Béarn et de la Basse-Navarre. Henri d'Albret épouse **Marguerite d'Angoulême**, sœur de François Ier, en 1527.

Le BÉARN★★

La beauté, l'intelligence, le charme et la bonté de Marguerite ont été célébrés par les poètes du temps. Elle use de son influence sur son frère pour protéger les esprits trop libres et les novateurs religieux (Clément Marot, Calvin...). Bien que de haute moralité, Marguerite n'est pas prude. Grande admiratrice du «Décameron» de Boccace, elle compose un recueil de contes galants connu sous le nom d'«Heptaméron». Son château de Pau, où se déroulent fêtes et bals, est un des grands centres d'activité intellectuelle de l'Europe.

La rude Jeanne d'Albret. — On avait dit de Marguerite de Navarre : «Corps féminin, cœur d'homme et tête d'ange». Mais sa fille, Jeanne d'Albret, n'éveille pas autant de lyrisme : «Elle n'a de femme que le sexe» dit crûment un contemporain.

Son mariage l'unit à Antoine de Bourbon, descendant de Saint Louis, ce qui mettra leur fils, le futur Henri IV, en mesure de recueillir l'héritage des Valois quand cette branche s'éteindra avec Henri III. Henri naît à Pau le 13 décembre 1553.

Jeanne devient reine de Navarre à la mort de son père ; la loi salique ne s'applique pas dans les États pyrénéens. Elle abjure le catholicisme pour embrasser la religion réformée. Charles IX envoie alors une armée qui s'empare de Pau. Les Calvinistes subissent de dures représailles. Jeanne court chercher un abri à la Rochelle. Cinq mois après, son lieutenant général, Montgomery, reprend Pau ; c'est au tour des «papistes» de se balancer aux gibets.

Antoine de Bourbon, compromis dans la conjuration d'Amboise abjure le protestantisme pour se rapprocher des Guise, mais Jeanne, pour assurer l'avenir de sa maison et de sa religion, négocie le mariage de son fils Henri avec Marguerite de Valois, fille de Catherine de Médicis et de Henri II. Elle meurt à Paris, en 1572, deux mois avant les noces.

«Lou Nouste Henric», le grand Béarnais. — Le jeune Henri de Navarre passe les premières années de sa vie au château de Coarraze (sur la route de Pau à Lourdes), nourri de pain bis, d'œufs, de fromage et d'ail. Il court nu-tête et nu-pieds, et ne parle que gascon.

A 12 ou 13 ans, Henri entre officiellement dans la religion réformée. Six jours après son mariage avec Marguerite de Valois éclate le coup de tonnerre de la St-Barthélémy (1572). Le jeune époux n'échappe à la mort que par l'abjuration ; il reviendra ensuite à la religion réformée jusqu'à l'abjuration solennelle précédant son avènement. Lors de celui-ci (1589), voulant ménager l'esprit d'indépendance de ses Béarnais, Henri IV proclame : «je donne la France au Béarn et non le Béarn à la France» et, pour accuser la nuance, prend le titre de «roi de France et de Navarre». C'est Louis XIII qui, en 1620, réunit définitivement le Béarn à la couronne. L'esprit particulariste de la province est ménagé par la concession de privilèges et de libertés locales. Un Parlement siège à Pau.

Le Béarn reste «pays d'États» jusqu'à la Révolution. Les délégués des trois ordres (Noblesse, Clergé, Tiers-État) forment les «États» qui accordent le «don gratuit» : il s'agit des subsides réclamés par les commissaires du roi pour subvenir aux frais de l'administration du royaume.

LA VIE EN BÉARN

Trois démocraties pastorales. — Les montagnards des vallées d'Aspe, d'Ossau et de Barétous *(p. 64),* jouissant de la propriété collective des pâturages de montagne, vécurent jusqu'à la fin de l'Ancien Régime à l'écart du système féodal. Le servage, les droits féodaux vexatoires, la gabelle restaient inconnus de ces communautés vivant sous un régime de «fors» *(p. 67)* assimilable, pratiquement, à l'autonomie politique.

Longtemps prompts à la razzia à travers le plat pays, les Ossalois subordonnèrent, à partir du 11ᵉ s., leurs dispositions pacifiques à la garantie de leurs droits sur les pâturages de la lande de Pont-Long au Nord de Pau, but d'une transhumance d'hiver vitale pour leur économie. Les empiètements des riverains de la lande — seigneurs, communes ou propriétaires fonciers — enrichirent la chronique béarnaise d'innombrables «descentes» et procès. Après sept siècles d'escarmouches la querelle fut enfin réglée en 1829 par un acte maintenant les droits de la Vallée d'Ossau. Un compte de «feux» datant du Moyen Age fixe toujours la répartition, par commune, des bénéfices de gestion de Pont-Long.

La réglementation des «montagnes générales», pâturages d'altitude appartenant indivisément aux communes, était un modèle de législation pastorale. Le partage du domaine en trois lots et la rotation triennale des attributions permettaient à tous les pasteurs de la vallée de disposer, à tour de rôle, de tous les pâturages.

Les vignobles du Béarn. — Les versants bien exposés des coteaux calcaires conviennent parfaitement à la culture de la vigne. Le cru le plus fameux est le **Jurançon**, vin capiteux, dont on a chanté la «couleur de maïs», la «couleur d'ambre».

Les vignobles du Jurançonnais s'étendent sur la rive gauche du gave de Pau, englobant 25 communes (production moyenne : 15 000 hl). Le Jurançon vieillit fort bien et supporte à merveille les longs voyages. Les plants, tardifs (gros mansenc, petit mansenc, courbu), sont vendangés souvent après la Toussaint au stade de la pourriture noble et le type traditionnel est le vin moelleux dégusté seul ou avec le foie gras. Toutefois suivant la mode, la production de vin blanc sec qui peut accompagner le saumon grillé, les fruits de mer, le thon frais se développe. Dès le Moyen Age, le Jurançon était connu des amateurs étrangers ; mais il est à jamais lié à l'histoire de France puisque ce fut le premier liquide qui humecta les lèvres frottées d'ail du jeune Henri de Navarre *(p. 142).*

Les vignes du **Vic-Bilh** (les vieux villages), qui avaient presque disparu, sont en pleine renaissance grâce aux plantations nouvelles de cabernet traditionnel. Cette région vinicole s'étend au Nord-Est du département et touche aux Hautes-Pyrénées et au Gers. Le Gers est réputé pour les vins rouges de **Madiran**.

Le **Rosé du Béarn**, également de vieille réputation — au 17ᵉ s., il était expédié en Hollande et jusqu'à Hambourg — est produit principalement près de Salies et Bellocq. C'est un vin léger et fruité qui se marie bien avec la cuisine régionale.

Œilhes et moutons. – Vie agricole dans la plaine (maïs, grande culture des basses vallées), vie pastorale dans la montagne, voilà ce qui caractérise la vie béarnaise. Fièrement, le blason du Béarn porte sur champ d'or «deux vaches passantes portant clarines au cou».

Les Pyrénées-Atlantiques viennent au quatrième rang (après l'Aveyron, la Haute-Vienne et la Vienne) pour le nombre des ovins. Brebis et moutons, «œilhes et moutons», fournissent laine, viande et surtout lait notamment utilisé pour la fabrication du Roquefort.

Au mois de mai, les troupeaux quittent les vallées pour les pâturages de moyenne altitude et gagnent la haute montagne vers juillet. En octobre, la transhumance d'hiver les conduit aux landes et pâturages de la plaine. Les bergers quittent leur abri rudimentaire précédés des chiens et, le grand parapluie en bandoulière, suivent le flot compact du troupeau ; le mulet vient derrière, portant la paillasse et les couvertures.

Les maisons. – Les habitations permanentes n'existent que jusqu'à la limite de la vie agricole. Elles sont généralement de vastes dimensions, avec des toits d'ardoise fortement inclinés. Une de leurs caractéristiques est la grande porte charretière cintrée s'ouvrant sur une grange qui sert aussi d'étable, de bûcher ; un escalier intérieur conduit aux pièces d'habitation où subsistent parfois quelques beaux meubles «à pointes de diamant», œuvre des artisans béarnais d'autrefois. Souvent, pour les murs de clôture ou même les bâtiments, on utilise des galets roulés et polis par le gave, qui constituent un bon matériau.

«Lou Biarnés ! ». – Le Béarnais est habitué à vivre isolé. Mais, à l'encontre du Basque, il est communicatif. Il parle beaucoup dans une langue drue et sonore, variété de gascon ; malgré sa brusquerie, il sait être courtois et spirituel.

C'est à Laruns, dans la vallée d'Ossau, à la procession du 15 Août, que l'on peut avoir la meilleure idée du Béarn traditionnel.

Les hommes sont en veste rouge, gilet à larges revers et culotte courte ; ils portent le béret et des guêtres évasées. Les femmes coiffent la «bonnette» blanche sur leurs cheveux nattés ; elles ont un capulet écarlate doublé de soie qui descend sur les épaules, un châle rehaussé de broderies et une ample jupe à plis, noire ou marron – la jupe rouge est réservée aux «héritières» qui ont seules le droit de porter les parures en or restant traditionnellement dans la famille –, recouverte d'un petit tablier de dentelle.

Filles et garçons dansent le «branle» d'Ossau au son du «fluto» à trois trous (le «tchirulä» basque) et du tambourin, joués par le même instrumentiste.

GAVE D'ASPE★

D'Oloron-Ste-Marie à Lescun – *36 km – environ 2 h – schéma p. 70*

«La vallée d'Aspe est un quartier de grande considération à cause du passage ordinaire des gens de guerre et des marchands entre notre pays et l'Espagne et ceci depuis les temps les plus reculés... On remarque chez les Aspois une certaine liberté des peuples de montagne, lesquels se confiant dans la fortification naturelle et dans l'assiette de leur pays deviennent aussi élevés et sourcilleux que les rochers de leurs montagnes...». Cet hommage de Pierre de Marca, historien du Béarn au 17ᵉ s., convenait encore, au siècle dernier, à l'une des cellules montagnardes les plus isolées des Pyrénées.

Malgré les améliorations apportées à la route et l'ouverture, en 1928, d'une voie ferrée transpyrénéenne (actuellement inexploitée au Sud de Bedous), à grand renfort d'ouvrages d'art, la vallée étranglée en longs défilés a gardé sa rudesse montagnarde : villages sans coquetterie, forêts hantées encore de quelques ours (protégés par le Parc National). Sa population s'est réduite à moins de 5 000 habitants.

L'émigration aspoise a ses lettres de noblesse : la famille Laclède, originaire de Bedous, a compté parmi les siens le fondateur de la ville de St-Louis (Missouri), Pierre de Laclède (1729-1778).

Sortir d'Oloron (p. 139) par le quartier Ste-Croix et la rue d'Aspe. La route de la rive droite du Gave remonte la vallée toute campagnarde avec ses champs de maïs coupés de rideaux de peupliers. Le pic Mail-Arrouy (alt. 1 251 m) semble fermer le passage au Sud.

St-Christau. – Station thermale (sources ferro-cuivreuses remédiant aux affections des muqueuses) réaménagée dans un parc de 60 ha. Site très frais.

Escot. – 130 h. Premier village aspois, pittoresquement campé sur une terrasse, au débouché de la vallée du Barescou. Avant d'y pénétrer, le vicomte du Béarn devait, suivant le «for», échanger des otages avec les représentants de la Vallée. Louis XI se rendant en pélerinage à N.-D.-de-Sarrance signifia ici qu'il sortait de son royaume en ordonnant à son porte-épée de baisser sa lame.

On pénètre aussitôt dans le défilé d'Escot, «porte» ouverte dans le calcaire urgonien.

Sarrance. – *Page 169.*

En arrivant à Bedous, un dos-d'âne prononcé permet de découvrir le bassin médian de la vallée, où se groupent 7 villages. Bedous et Accous, le chef-lieu historique, s'y disputent la primauté. Du fond du bassin surgissent quatre culots de roches éruptives. A l'arrière-plan se découpent les crêtes d'Arapoup et, à l'extrême-droite, les premiers sommets du cirque de Lescun (Pic de Burcq).

Aydius. – 94 h. *6,5 km au départ de Bedous. Route très étroite.* Village de montagne pittoresquement échelonné suivant la ligne de plus grande pente. En cours de route remarquer, sur la rive opposée du torrent, une «Roche qui pleure» formée par les pétrifications spongieuses d'un ruisseau affluent.

La route s'engage à nouveau dans une gorge. Prendre à droite vers Lescun.

Lescun★. – 276 h. *1/2 h à pied AR.* Village aimé des montagnards pour son cirque de montagnes calcaires aux sommets acérés. Pour admirer le **panorama★★**, partir du parking, derrière l'hôtel du Pic d'Anie, en suivant un instant le GR 10 que l'on quitte à hauteur de l'église. Sortant de l'agglomération, poursuivre vers l'Est. Au-delà d'un lavoir et d'une croix, le sentier contourne une croupe. On identifie alors, en se retournant, le pic d'Anie (à droite au second plan), et, plus à gauche, le Billare, le Dec de Lhurs avec les fines aiguilles de la Table des Trois Rois (à droite) et d'Ansabère (à gauche).

La N 134, **route du Somport★** remonte une vallée presque continuellement étranglée. Les villages y sont établis deux par deux, l'un semblant surveiller l'autre (Eygun et Cette, Etsaut et Borce).

Chemin de la Mâture. – *Du pont de Sebers, 3 h à pied AR (parcours vertigineux, très exposé au soleil et sans protections) par le GR 10.* Pour exploiter le bois du Pacq, les ingénieurs de la Marine taillèrent ce passage dans les dalles mêmes de la paroi au-dessus de la gorge du Sescoué. Débardés par ce chemin, les troncs étaient assemblés en train de bois, en période de hautes eaux du gave, pour être dirigés sur les chantiers navals de Bayonne. Vues en cours de route sur les superstructures du fort du Portalet. *Faire demi-tour en atteignant les prairies de la combe supérieure.*

Fort du Portalet. – *On ne visite pas.* Verrouillant depuis le début du 19e s. l'un des passages les plus encaissés de la vallée, il est entré dans l'histoire comme lieu de détention de personnalités, entre 1941 et 1945. Remarquer, de la route, les cheminements murés donnant accès aux casemates battant la route d'Urdos, en amont.

A la sortie de la gorge apparaît la chaîne frontière, avec l'encoche du Pas d'Aspe et le Pic de la Garganta (alt. 2 636 m), habituellement taché de neige. Au-delà d'Urdos, le viaduc d'Arnousse, à gauche, souligne la montée de la voie ferrée, grâce à un tunnel hélicoïdal. Délaissant le bassin des Forges d'Abel (entrée du tunnel transpyrénéen), la route continue à monter à travers les hêtres, puis atteint la zone pastorale dans le cirque de Peyrenère.

Col du Somport★★. – Alt. 1 632 m. Ce col, le seul des Pyrénées centrales accessible en toutes saisons, est chargé de souvenirs historiques depuis le passage des légions romaines. Les pèlerins de St-Jacques-de-Compostelle l'empruntèrent jusqu'au 12e s. ; le grand gîte d'étape était alors l'hospice de Ste-Christine, disparu, sur le versant Sud.

Prendre de la hauteur derrière le restaurant. Vues imposantes sur les Pyrénées Aragonaises, aux sommets très découpés dans la sierra d'Aspe, à droite, plus massifs (Collarada) le long du Rio Aragon. Les premiers plans de roches rouges forment de belles oppositions de couleurs avec le vert des forêts et le bleuté des lointains.

GAVE D'OSSAU★★

D'Oloron à Gabas – *46 km – environ 2 h – schéma p. 71*

Cette incursion en montagne doit être prolongée par une visite du Haut-Ossau (p. 140).

Au départ d'Oloron *(p. 139)* – sortir par ② du plan – la route emprunte l'ancienne vallée du gave d'Ossau qui suit aujourd'hui une vallée parallèle : la moraine frontale du glacier d'Ossau barra le gave en aval d'Arudy et en détourna le cours. Le bois du Bager couvre les premières pentes des Pyrénées.

Après Buzy, la route franchit la barrière morainique ; les gros blocs que l'on aperçoit en sont les vestiges. Elle atteint le seuil de la vallée d'Ossau.

Arudy. – 2 957 h. Bourg le plus développé du Bas-Ossau, grâce à l'activité de ses carrières de marbre et de ses usines métallurgiques (laminage à froid, pièces pour trains d'atterrissage).

La **Maison d'Ossau** *(visite guidée du 1ᵉʳ juillet au 31 août de 10 h à 12 h et de 14 h 30 à 18 h 30 — entrée : 6 F),* installée au chevet de l'église dans une demeure du 17ᵉ s., présente dans son sous-sol une exposition sur la préhistoire dans les Pyrénées (tableaux sur l'évolution de l'outillage). Les anciennes pièces d'habitation du rez-de-chaussée sont réservées à une présentation du Parc National, orientée sur la géologie, la faune et la flore de la vallée d'Ossau. Les combles abritent une exposition sur le berger ossalois et l'histoire de la vallée.

Au-delà du pont de Louvie-Juzon apparaît la silhouette altière du Pic du Midi d'Ossau.

Bielle. — 509 h. L'ancien chef-lieu de la vallée, partagé en deux quartiers par un torrent affluent du gave d'Ossau, a conservé une certaine dignité de petite capitale assoupie : quelques maisons du 16ᵉ s. subsistent dans le quartier rive droite, entre la Nationale et l'église ; du côté rive gauche, château bâti par le marquis de Laborde (1724-1794), banquier attitré de Louis XV et de Choiseul.

Bilhères. — *Passer par le centre du village.* Bilhères, village disséminé où certaines maisons montrent des raffinements hérités des 16ᵉ et 17ᵉ s. (clés décoratives au cintre des portes).

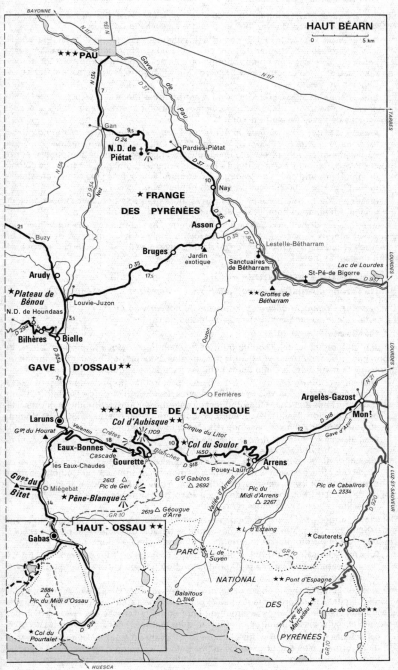

Le BÉARN★★

Plateau de Benou★. – *De Bilhères, 3 km.* Au-dessus de Bilhères, la vue s'étend, au Sud, jusqu'aux roches grises du massif du pic de Ger.

La chapelle N.-D.-de-Houndaas (lieu de halte aménagé) apparaît, à l'abri de deux tilleuls, dans un **site★** rafraîchi par les eaux vives provenant d'importantes sources.

La route débouche dans la combe pastorale du Bénou (nombreux troupeaux en été).

Après Laruns, la route pénètre dans la gorge boisée du Hourat et traverse la station thermale des Eaux-Chaudes.

Gorges du Bitet. – *1 h à pied AR par un large chemin forestier se séparant de la route du Pourtalet après la centrale de Miégebat, aussitôt franchi le pont sur le Bitet.* Remontant ces gorges très ombragées, on remarque un ravissant ensemble de cascades et de vasques. Une conduite forcée marque le terme de la promenade.

2 km avant Gabas *(p. 141),* au «Chêne de l'Ours», vue saisissante sur le pic du Midi.

LE HAUT OSSAU★★ – *schéma et description p. 140*

LA FRANGE DES PYRÉNÉES★
De Pau à Bielle, par Asson – *49 km – environ 2 h 1/2 – schéma p. 71*

Sortant de Pau *(p. 142)* par Jurançon, ④ du plan – le célèbre vignoble n'est pas visible –, la N 134 remonte la vallée du Nez. A Gan, prendre à gauche le D 24.

N.-D. de Piétat. – A l'opposé de la chapelle de pèlerinage (17e s.), au bout de l'esplanade, s'élève un calvaire. Gagner derrière celui-ci la table d'orientation : **panorama★** sur la vallée du Gave et ses nombreux bourgs ; du côté de la montagne apparaissent, au-delà du rideau des avant-monts boisés, le pic du Midi de Bigorre, le Vignemale, le Gabizos, le Capéran de Sesques.

La route regagne la vallée du Gave et traverse entre Pardies-Piétat et Nay (prononcer Naï) de beaux villages béarnais aux maisons opulentes dont on remarque les portails, aux piles surmontées de vases de pierre décoratifs.

Asson. – 1 680 h. *3 km au-delà du bourg (vers Bruges) se détache le chemin du jardin exotique (visite de 8 h à la nuit ; entrée : 12 F).* Cette exploitation agricole, convertie partiellement en zoo, rassemble une bruyante et colorée tribu de perroquets, perruches, loris, flamants roses de Cuba, émeus, chimpanzés, gibbons, ainsi qu'une colonie de lémuriens, originaires de Madagascar. La serre, souvenir de l'exposition universelle de 1889, abrite 3 500 espèces de cactées et plantes grasses.

Bruges. – 702 h. Une place centrale carrée, hors de proportion avec l'importance du village actuel, et un nom illustre attestent son passé de bastide *(voir p. 31).*

La route traverse des villages aux jardins très fleuris. Les champs de maïs, les vergers, les vignes en hautins se succèdent. Dans la descente finale vers la trouée du Bas-Ossau on remarque le caractéristique clocher de pierre de Louvie-Juzon en forme de calice renversé, avant de gagner Bielle *(p. 71).*

ROUTE DE L'AUBISQUE★★★
De Laruns à Argelès-Gazost – *48 km – environ 2 h 1/2 – schéma p. 71*

Le col est généralement obstrué par la neige de novembre à juin.
La route s'élève rapidement au-dessus du bassin de Laruns.

Eaux-Bonnes. – *Page 101.*

Au pont d'Iscoo (cascade), la route franchit le Valentin et attaque la montée à flanc de montagne, offrant de belles vues sur le massif calcaire du pic de Ger : dans les premières heures de la matinée et en fin d'après-midi, les jeux de couleurs sont superbes.

Gourette. – *Lieu de séjour, p. 42.* Le cirque pastoral de Gourette compose un **site★** montagnard tourmenté des Pyrénées calcaires. Les strates du pic de Ger (alt. 2 613 m), le croc rocheux du Pène Médaa donnent au paysage un caractère mouvementé (escalades parfois difficiles). Déjà connue des pionniers du ski béarnais, Gourette reste la station de sports d'hiver classique des Pyrénées-Atlantiques.

Pène Blanque★. – *1 h 1/2 AR par télésiège au départ de Gourette, les mardis et jeudis seulement de 10 h à 12 h et de 14 h à 17 h 30. Prix AR : 16 F.* La station supérieure du télésiège, dans le cirque Nord de la Pène Blanque, au pied du pic de Ger offre, à proximité de petits lacs de montagne, une **vue★** sur Gourette, la route et le col de l'Aubisque. Par un sentier difficile *(2 h à pied AR),* s'élevant en lacets entre le pic de Ger et le Géougne d'Arre, on atteint un col d'où se révèle une vue intéressante sur le Balaïtous, le lac et la vallée d'Artouste.

Dans les pâturages, vaches et chevaux paissent en liberté. 2 km après Gourette, au virage des «Crêtes blanches», un splendide panorama se déroule du Gabizos au pic de Sesques. On reconnaît le pic du Midi de Bigorre à son émetteur de télévision.

Col d'Aubisque★★. – Alt. 1 709 m. Illustré par le passage du Tour de France cycliste, il offre un **panorama★★** circulaire. Du mamelon Sud (station supérieure de téleski), vue saisissante sur le cirque de Gourette.

Après le col, la N 918, taillée en corniche, procure des vues sur la vallée de Ferrières et ses villages ; au-delà, le regard porte jusqu'à la plaine béarnaise. La route domine ensuite de plusieurs centaines de mètres le cirque du Litor : c'est la **Corniche des Pyrénées,** l'un des passages les plus saisissants du parcours et l'une des réalisations routières hardies du 19e s.

Col du Soulor★. – Alt. 1 450 m. Au loin, au-delà de la vallée d'Azun, s'élèvent le pic du Midi de Bigorre et, plus à gauche, le pic de Montaigu. Des arêtes gazonnées hérissées de fines pointes composent les premiers plans d'un vaste paysage montagnard.

Au col du Soulor commence une agréable descente au cours de laquelle on découvre, sur la droite, le Balaïtous (alt. 3 146 m) et son glacier. La vallée est très verdoyante. Des frênes, hêtres, ormes, chênes, châtaigniers, etc., ombragent la route.

Arrens. — *Page 51.*

D'Arrens à Argelès-Gazost *(p. 49),* les villages aux jolies églises se succèdent.

Monument des Géodésiens. — La tourelle, érigée en 1925 à l'occasion du centenaire de la «Première» du Balaïtous *(p. 76),* est le fac-similé du signal des géodésiens.

BEAUMONT-DE-LOMAGNE

Carte Michelin n° 82 - pli 6 — 4 077 h. (les Beaumontois).

Beaumont, ville dont la fonction de marché est attestée par une grande halle en charpente, doit être abordée par le D 3, soit en venant de Grenade, soit de préférence, en descendant des hauteurs de Lavit. Ces trajets font apprécier l'ampleur lumineuse de la vallée de la Gimone. Au Nord-Est de la ville, près de l'hippodrome, un plan d'eau permet de pratiquer différents sports nautiques (voile, canotage...) et la pêche à la ligne.

Église. — Impressionnante église fortifiée de briques (13e-15e s.). Remarquer les arcs de décharge formant mâchicoulis «sur arcs» au Sud, les baies du chemin de ronde, les échauguettes d'angle, le clocher toulousain *(voir p. 30)* aux arcs en mitre et en tiers-point.

BÉTHARRAM (Grottes de) ★★

Carte Michelin n° 85 - Nord du pli 17 — *Schémas p. 71 et 78.*

Les grottes de Bétharram, aménagées pour recevoir un grand nombre de visiteurs, sont l'une des curiosités naturelles les plus connues des Pyrénées.

Découvertes en 1819 par des bergers, elles reçurent, l'année même, la visite de natura-listes de Pau. Leur exploration méthodique, entreprise en 1888 par trois membres palois du C.A.F., dura dix ans et révéla 5 200 m de galeries souterraines. En 1898, les grottes retien-nent l'attention de Léon Ross, artiste peintre, malouin d'origine, établi en Bigorre. En quatre ans, cet homme mène à bien l'aménagement touristique qui permet les premières visites régulières ; en 1919, il réussit le forage du tunnel de sortie.

Bétharram allie aujourd'hui l'intérêt spéléologique à la triple attraction d'une prome-nade en télécabine, d'une navigation souterraine et d'un parcours en petit train.

Visite. — *Les grottes sont ouvertes du 1er juillet au 15 septembre de 8 h 30 à 12 h et de 13 h 30 à 18 h, du dimanche des Rameaux au 30 juin et du 15 septembre au 3e dimanche d'octobre de 9 h à 11 h 30 et de 14 h à 17 h. Durée : 1 h 1/4. Prix : 23 F.*

Un parcours souterrain de 2,8 km permet de visiter cinq étages de galeries superposées creusées par la rivière (qui se jette dans le gave de Pau) dans la montagne calcaire.

La partie supérieure, la plus vaste, aux grandes salles communicantes, est surtout intéressante par ses plafonds spongieux ; on y voit les belles stalactites de la «salle des Lustres» et une caractéristique colonne en formation. Le gouffre d'effondrement, de 80 m, dans lequel la rivière s'est précipitée, présente un «chaos» et un curieux «cloître roman». L'ancien lit de la rivière est une fissure étroite et profonde où l'on remarque d'intéressants phénomènes d'érosion. L'étage inférieur correspond au niveau actuel de la rivière que l'on suit en barque. Un petit train épargne le parcours du tunnel ramenant au jour.

BÉTHARRAM (Sanctuaires de)

Carte Michelin n° 85 - Sud du pli 7 — *Schéma p. 71.*

Les vastes bâtiments d'une congrégation religieuse et d'un collège, le vieux pont (1687) enguirlandé de lierre, le plan d'eau glauque du gave, les chapelles du chemin de croix disséminées sur la pente donnent au site des sanctuaires son cachet solennel.

Les sanctuaires. — L'église Notre-Dame (1661) présente du côté du pont routier une rigide façade classique en marbre gris. L'intérieur est aménagé dans le goût baroque.

On verra à gauche en entrant, derrière une grille, une Vierge allaitant, en bois poly-chrome du 14e s., vénérée jadis au maître-autel ; à droite, un Christ à la colonne du 18e s. Au maître-autel, statue de N.-D.-de-Bétharram, en plâtre (1845).

Adossée au chevet, la chapelle-rotonde de St-Michel-Garicoïts (1926) contient la châsse de ce prêtre basque (1797-1863), restaurateur du sanctuaire et du calvaire.

BIARRITZ ★★★

Carte Michelin n° 78 - pli 18 — *Schéma p. 62* — 27 653 h. (les Biarrots, en basque : les Miarriztars) — *Lieu de séjour, p. 42.*

Biarritz offre au touriste son cadre fameux de rochers et de récifs sur lesquels se brise l'océan, ses plages, ses attractions variées. La présence de quatre terrains de golf dans un rayon de 15 km confirme la classe internationale de la station.

La ville d'Eugénie. — Au début du 19e s., Biarritz n'est qu'une pauvre bourgade perdue dans la lande quand les Bayonnais prennent l'habitude de venir s'y baigner. Le trajet se fait à âne ou à mulet. Puis la noblesse espagnole découvre les charmes du lieu. Dès 1838, la comtesse de Montijo et sa fille Eugénie y viennent chaque année. Devenue impératrice des Français, Eugénie décide Napoléon III à l'accompagner. Cette première visite a lieu en 1854. L'empereur est séduit à son tour et fait construire une résidence, la «Villa Eugénie» (deve-nue l'Hôtel du Palais). Biarritz devient célèbre. Charme, luxe, accueil discret attirent maints grands personnages : peu de stations balnéaires offrent un livre d'or aussi riche que Biarritz.

BIARRITZ-ANGLET
AGGLOMÉRATION

0   1 km

OCÉAN

ATLANTIQUE

POINTE ST-MARTIN

BIARRITZ
voir plan détaillé

CHIBERTA

BLANCPIGNON

Lac de Chiberta

CHAMBRE D'AMOUR

CINQ-CANTONS

ANGLET

BAYONNE

ST-JEAN

PARC DES SPORTS

BEAU RIVAGE

LARREPUNTE

BEAU SOLEIL

INSTITUT DE THALASSOTHÉRAPIE

ILBARRITZ

LA NÉGRESSE

Lac de Brindos

TOUR DE LANNES

PARME

vers A 63

Mac-Croskey (Bd Gén.)	AX 68
Madrid (R. de)	AX 70
Marne (Av. de la)	AX 71
Nathalie (Av. Reine)	AX 76
Pringle (R.)	AX 84
République (Av. de la)	AX 86
Victoria (Av. Reine)	AX 93

ANGLET

Chambre d'Amour (Av.)	AX 16
Courbin (R. Paul)	BX 22
Gaulle (Pl. Gén. de)	BX 37
Guynemer (Av.)	AX 41
Hardoy (R. de)	BX 43
Le Barillier (Av. A.)	BX 63
Pontots (Rte des)	BX 81
Rouge (R. du)	BX 85
Ste-Madeleine (R. de)	AX 89

BIARRITZ

Bergerie (R. de la)	AX 10
Foch (Av. du Mar.)	AX 25
Beau Rivage (Av.)	AX 7

Grammont (Av. de)	AX 40
Haget (Av. Henri)	AX 42
Impératrice (Av. de l')	AX 48
Juin (Av. Mar.)	AX 53
Kennedy (Av. Prés.)	AX 54
Lattre de T. (Av. Mar. de)	AX 62

La station. — La ville, fleurie d'hortensias, doit beaucoup de son charme à ses jardins-promenades aménagés au flanc des falaises, sur les rochers et le long des trois principales plages devenues de hauts-lieux internationaux du surfing.

Les plages. — Dominée par les casinos, la **Grande Plage**, la plus mondaine, était, il y a un siècle, réservée aux nageurs intrépides, d'où son nom oublié de « plage des Fous ». La plage Miramar la prolonge.

Le plan d'eau relativement calme de la petite **plage du Port Vieux** fut le premier but des baigneurs de l'époque héroïque. Il garde un intérêt local et familial.

La **plage de la Côte des Basques**, la plus « sportive » et la plus exposée, au pied d'une falaise demandant à être périodiquement protégée contre les éboulements, doit son nom à un « pèlerinage à l'océan » rassemblant jadis, le 15 août, pour un bain collectif, les Basques de l'intérieur. Au Sud de la ville, deux nouvelles plages ont été ouvertes, la plage de Marbella et la plage de la Milady.

Les promenades. — On aimera flâner, à partir de la Grande Plage, le long de rampes en pente douce ombragées de tamaris, en prenant pour but le rocher du Basta puis le fameux **rocher de la Vierge★**, entouré d'écueils et rattaché à la côte par une passerelle.

■ CURIOSITÉS *visite : 3 h*

Musée de la Mer★ (CY). — *Visite du 1ᵉʳ juillet au 31 août, de 9 h à 19 h ; le reste de l'année, de 9 h à 12 h et de 14 h à 18 h. Entrée : 13 F.*

Ce « Centre d'Études des Sciences de la Mer » comprend un aquarium réservé à la faune de l'Atlantique Nord. On y reconnaît de nombreuses espèces d'animaux marins des fonds du golfe de Gascogne. Le musée joint à une présentation classique de sciences naturelles un attrayant département de matériel océanographique et de techniques de la pêche en mer : modèles de bateaux et présentation des modes de pêche, dans la salle Paul Arne.

Remarquer une belle carte en relief de la topographie des fonds du golfe de Gascogne et la maquette du « canyon sous-marin » du gouf de Capbreton.

Pointe St-Martin (AX). — Des jardins et surtout de la lanterne du phare *(visite du 1ᵉʳ juin au 15 septembre de 14 h 30 à 18 h)*, à 73 m au-dessus du niveau de la mer, **vue★** sur la ville et les Pyrénées Basques.

Plateau de l'Atalaye (CY). — Vue sur le minuscule abri du port des Pêcheurs, coincé entre le rocher du Basta et le promontoire où se dresse une atalaye *(voir p. 27)*. Les feux allumés sur cette tourelle donnaient jadis l'alerte aux pêcheurs de baleines.

La Perspective (CYZ). — Promenade tracée au-dessus de la plage des Basques. **Vue★★** dégagée, jusqu'aux trois derniers sommets basques : la Rhune, les Trois Couronnes, le Jaizkibel.

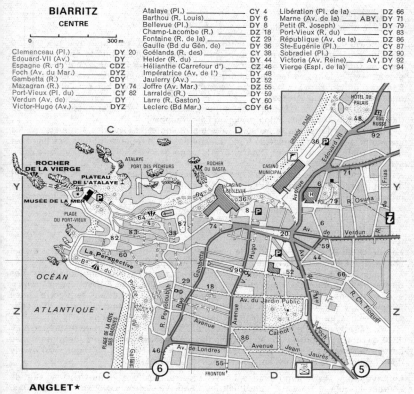

Atalaye (Pl.)	CY 4		Libération (Pl. de la)	DZ 66	
Barthou (R. Louis)	DY 6		Marne (Av. de la) __ ABY, DY 71		
Bellevue (Pl.)	DY 8		Petit (R. Joseph)	DY 79	
Champ-Lacombe (R.)	DZ 18		Port-Vieux (R. du)	CY 83	
Fontaine (R. de la)	CZ 29		République (Av. de la)	DY 86	
Gaulle (Bd du Gén. de)	DY 36		Ste-Eugénie (Pl.)	CY 87	
Goélands (R. des)	CY 38		Sobradiel (Pl.)	DZ 90	
Helder (R. du)	DY 44		Victoria (Av. Reine) __ AY, DY 92		
Hélianthe (Carrefour d')	CZ 46		Vierge (Espl. de la)	CY 94	
Impératrice (Av. de l')	DY 48				

Clemenceau (Pl.) _____ DY 20
Edouard-VII (Av.) _____ DY
Espagne (R. d') _____ CDZ
Foch (Av. du Mar.) _____ DYZ
Gambetta (R.) _____ CDY
Mazagran (R.) _____ DY 74
Port-Vieux (Pl. du) _____ CY 82
Verdun (Av. de) _____ DY
Victor-Hugo (Av.) _____ DYZ

Jaulerry (R.) _____ DZ 52
Joffre (Av. Mar.) _____ DZ 55
Larralde (R.) _____ DY 59
Larre (R. Gaston) _____ CY 60
Leclerc (Bd Mar.) _____ CDY 64

ANGLET★

26 049 h. (les Angloys, en basque : les Angeluars) − *Lieu de séjour, p. 42.*

Anglet fait le lien entre Biarritz et Bayonne. Son site l'apparente encore aux stations de la Côte d'Argent landaise, au Nord de l'Adour : terrain plat, côte basse bordée de dunes, arrière-pays planté de pins (forêt de Chiberta, en partie lotie).

La piscine et les cours de tennis d' «El Hogar», la patinoire olympique de la Barre, le port de plaisance sont des pôles importants de l'animation de la station, mais Anglet favorise surtout les sports exigeant de grands espaces : golf (à Chiberta), équitation, surfing, etc.

BIDACHE

Carte Michelin n° 85 − pli 18 − *Schéma p. 63* − 1 033 h. (les Bidachots).

Les ruines grises du château de Gramont, sur leur colline rehaussée d'une terrasse, avoisinent le bourg de Bidache, encore navarrais par l'aspect de son unique rue aux maisons claires bien soudées et percées de portes cintrées.

Les seigneurs de **Gramont** établis là depuis le 14e s. tirèrent parti de la situation féodale assez confuse de leurs terres à la limite de la Navarre, du Béarn et du royaume de France pour s'ériger en princes souverains, statut qu'ils conservèrent jusqu'à la Révolution.

Le représentant le plus célèbre de cette famille fut Antoine III, maréchal de France pour qui, en 1643, la seigneurie de Bidache fut érigée en duché et pairie. Il reçut Mazarin à l'époque de la paix des Pyrénées et se rendit en Espagne pour demander la main de l'infante Marie-Thérèse pour Louis XIV.

Château de Gramont. − *Visite : 3/4 h. Laisser la voiture au carrefour Est de Bidache. S'adresser au gardien de la propriété «le Pavillon».*

Franchissant la porte d'entrée − le fronton a été construit, au 18e s., entre les deux tours, du 14e s. −, on débouche dans l'ancienne cour d'honneur. Le premier pavillon (17e s.), à droite, contre l'ouvrage d'entrée abritait l'appartement personnel du duc Antoine III.

Traverser ensuite le corps principal, élevé vers 1535, affecté aux pièces d'apparat dont subsistent seules les cheminées. Du côté Nord, du 14e s., ce logis s'ouvre sur une terrasse dominant la Bidouze. Une aile le relie à l'ancien donjon dont le rez-de-chaussée avait été aménagé en chapelle au 17e s.

BIDART ★

Carte Michelin n° 78 - pli 18 − *Schéma p. 62* − 2 977 h. (les Bidards, en basque : les Bidartars) − *Lieu de séjour, p. 42.*

Station le plus haut postée de la Côte basque, Bidart est massée sur le bord de la falaise.

Le littoral lui-même y reste vierge ce qui ajoute au charme du **panorama★** de la chapelle Ste-Madeleine, située sur la corniche, en vue du Jaizkibel (promontoire fermant la rade de Fontarabie), des Trois Couronnes et de la Rhune.

Place centrale. − Elle est classique mais charmante avec sa trilogie église-mairie-fronton. Des compétitions et parties de pelote très suivies ont lieu au fronton principal. La rue de la Plage et une rampe en forte descente conduisent à la plage du Centre.

Le Pays de Bigorre est une ancienne unité régionale et historique devenue, lors du découpage départemental, le noyau du département des Hautes-Pyrénées. En y associant le Pays des Quatre Vallées *(p. 79),* la Bigorre se confond avec les Pyrénées centrales, zone la plus attirante de la chaîne, tant par l'altitude des sommets — Vignemale : 3 298 m, Balaïtous : 3 146 m, l'un et l'autre sur la crête frontière, Pic Long : 3 192 m — que par l'apparition de quelques lambeaux glaciaires.

Ce sont là les Grandes Pyrénées des cirques, des torrents — non captés dans la vallée de Cauterets — dont la préservation relève du Parc National.

Les rares « ports » de la frontière, à peine moins élevés que les sommets qui les encadrent, s'ouvrent tout juste au trafic transpyrénéen ; la route du port de Boucharo est achevée sur le versant français. Depuis 1976, le tunnel de Bielsa, au fond de la vallée d'Aure, livre passage à un itinéraire de transit d'été entre la Gascogne et l'Aragon.

Les centres les plus actifs de la Bigorre sont situés au contact de la zone montagneuse et du plat-pays, dans les bassins de Lourdes, de Bagnères et dans la plaine de Tarbes dont la prospérité contraste avec la pauvreté des plateaux de Lannemezan et de Ger, immenses cônes de déjections prolongés par l'éventail des coteaux de Gascogne.

UN PEU D'HISTOIRE

Le comté de Bigorre. — En 1097, le comte Bernard II édicte les « fors de Bigorre » qui confirmèrent les coutumes réglant les rapports du peuple et du seigneur.

La loi salique — dont les légistes du Nord tirèrent argument pour interdire aux femmes de ceindre la couronne de France et, par là, empêcher qu'elle n'aille à un souverain étranger — ne jouait pas dans les États pyrénéens. Il y eut donc des comtesses de Bigorre, fortes femmes souvent : au début du 13e s., Pétronille connut, en treize ans, cinq maris et eut des filles avec chacun d'eux. On imagine la complication des successions.

En 1292, Philippe le Bel place le comté sous séquestre mais le traité de Brétigny, en 1360, en confirme la possession aux Anglais. Ils sont chassés en 1406, après une lutte menée par les Bigourdans. Passant à la maison de Foix, puis à Henri IV, la Bigorre est réunie définitivement à la couronne en 1607 et devient « Pays d'États ».

Le Lavedan. — La région montagneuse de Bigorre, depuis le « Pont Neuf » au Sud de Lourdes jusqu'à la frontière, constituait les « Sept Vallées du Lavedan » qui, au 10e s. passèrent sous la souveraineté de vicomtes, vassaux directs des-comtes de Bigorre, résidant, en dernier lieu, à Beaucens. En fait, les Vallées s'administraient elles-mêmes. La vallée de Barèges, la plus vaste, occupe le centre (Luz). Quatre d'entre elles se trouvent sur la rive gauche du gave de Pau : St-Savin (Cauterets), Estrem de Salles, Bats-Surguère et Azun. Deux vallées de moindre importance, Castelloubon (vallée du Néez) et Davant-Aygue, s'étendent sur la rive droite.

A son avènement, le comte de Bigorre se rendait dans les Vallées pour faire serment aux gens du Lavedan de maintenir leurs coutumes ; ensuite, les montagnards lui juraient fidélité. Par précaution, des otages, pris dans les meilleures maisons des communautés, étaient gardés dans le château de Lourdes jusqu'au retour du comte.

Une race batailleuse. — Les montagnards bigourdans, petits, bruns et vigoureux, sont de rudes compagnons. « Nous sommes toujours rois chez nous » disaient-ils.

Les Barégeois contribuent à la prise, sur les Anglais, du château de Lourdes en 1407. Mais ces guerriers n'aiment guère acquitter les impôts et les officiers royaux éprouvent souvent de sérieuses difficultés. Colbert, voulant appliquer la gabelle à ces populations qui s'approvisionnent en sel au Béarn ou en Espagne, suscite de nombreuses révoltes. Un gentilhomme, Audijos, enrôlant 7 000 hommes du pays sous sa bannière, tint en échec les commissaires du roi pendant douze ans. Il fallut modifier l'application de la gabelle.

La Bigorre religieuse et lyrique. — Lorsque Bernard Ier, en 1062, mit son comté sous la protection de N.-D. du Puy-en-Velay, il ne pouvait pas prévoir que, huit siècles plus tard, un sanctuaire de Bigorre surpasserait en rayonnement celui de la suzeraine.

En effet, depuis les apparitions de la Vierge à Bernadette Soubirous, Lourdes attire des millions de pèlerins ; dans cette Bigorre « bénie de Dieu » il ne faut pas oublier les anciennes abbayes de St-Pé, St-Savin et St-Orens.

La Bigorre, comme le Béarn, est une terre élue pour le lyrisme gascon. Au début de notre siècle, deux poètes bigourdans ont chanté, dans leur belle langue, la grande nature pyrénéenne : Philadelphe de Gerde, « la fée de Bigorre », et Michel Camélat d'Arrens, l'un des fondateurs de l'École Gaston Fébus *(voir p. 82, Château de Mauvezin).*

Service commandé au Balaïtous. — La crête du Balaïtous a été escaladée pour la première fois en 1825 par des officiers géodésiens chargés d'établir la triangulation des Pyrénées. Ce travail, préliminaire à l'établissement de « la carte d'État-Major » à 1/80 000 (1833-1880), fut confié, pour la moitié Ouest de la chaîne, à deux lieutenants, Peytier et Hossard.

Le Balaïtous, reconnu comme une « station » techniquement idéale, est gravi le 3 août 1825 et, dès lors, commencent les opérations. Étalées sur deux étés en raison d'un temps abominable, elles dureront vingt-six jours dont quatorze en haute montagne (neuf nuits de campement au sommet même), exigeant le transport d'un fragile appareil de visée de 17 kg, la construction d'une tourelle-signal de pierre, le croquis coté de ce signal, le dessin du tour d'horizon, avec le seul concours des montagnards inexpérimentés de la région.

Le travail achevé, fiches et rapports furent dirigés vers les cartons des Archives de la Guerre. Ils en furent exhumés en 1898 par Henri Beraldi, le grand historien des Pyrénées, qui communiqua son enthousiasme au cercle des Pyrénéistes. Justice est enfin rendue aux officiers géodésiens.

GORGE DE LUZ
D'Argelès à Luz-St-sauveur — *18 km — environ 1 h — schéma p. 78*

Sur cet itinéraire se greffent, à Pierrefitte, les excursions dans les vallées de Cauterets (Pont d'Espagne, lac de Gaube, Marcadau), grandes «classiques» du tourisme pyrénéen.

Quittant le fond du bassin d'Argelès *(p. 49)*, le D 101 s'élève parmi les châtaigniers.

St-Savin. — *Page 167.*

Dès la sortie de St-Savin apparaît, sur un piton, la chapelle de Piétat.

Chapelle de Piétat. — *Stationnement possible seulement avant la courbe de la route, autour de l'éperon.* **Site★** poétique de sanctuaire perché. De la terrasse ombragée de tilleuls, au bord de l'escarpement bref mais raide plongeant vers le fond du bassin d'Argelès, vue sur l'abbatiale de St-Savin, émergeant des châtaigniers, et, en face, sur les ruines roussâtres de Beaucens. Le pic de Viscos domine la rencontre, à Pierrefitte, des vallées de Cauterets et de Barèges.

A la sortie de l'agglomération de Pierrefitte-Soulom (production d'ammoniaque, d'acide nitrique, de dérivés du phosphore, ferro-alliages), la route s'engage dans la sombre gorge de Luz. Jusqu'à la construction de la chaussée, au milieu du 18e s., force était d'emprunter le sentier muletier très exposé des «Échelles de Barèges», aussi les visiteurs de marque préféraient-ils faire, au grand ahan des porteurs, le détour par le Tourmalet.

Le pont de la Reine — premier jalon du souvenir napoléonien dans la vallée de Barèges *(p. 129)* — marque la fin du passage encaissé. Le «Pays toy» (bassin de Luz) présente alors ses villages nichés dans la verdure. La vue se développe sur les premiers contreforts découpés du Néouvielle, à gauche du pic de Bergons.

A l'ombre des frênes, on atteint Luz ou, en restant sur la rive gauche du gave, St-Sauveur.

Luz-St-Sauveur★. — *Page 129.*

VALLÉES DE CAUTERETS★★ — *schéma et description p. 86*

VALLÉE DE GAVARNIE★★ — *schéma et description p. 112*

ROUTE DU TOURMALET★★
De Luz-St-Sauveur à Bagnères-de-Bigorre — *47 km — environ 2 h 1/2 — schémas p. 78 et 79*

Route de montagne pouvant paraître impressionnante sur le versant de Barèges.
Le col du Tourmalet reste généralement obstrué par la neige de novembre à juin.

La route des Pyrénées entre dans la vallée du Bastan et laisse à gauche les ruines du château Ste-Marie. Le paysage devient plus âpre et la rampe se raidit avant Barèges.

En amont de Barèges *(p. 58)*, la route s'engage dans le vallon désolé d'Escoubous, où le ruisseau serpente à travers des pâturages pierreux. Après le pont de la Gaubie apparaît, en arrière, dans l'enfilade du vallon, le pic de Néouvielle dont la pyramide rocheuse est flanquée d'un glacier. Bientôt, à droite, se profilent des crêtes aux formes hardies; à gauche, on aperçoit le pic du Midi de Bigorre, surmonté de son observatoire et du bâtiment qui abrite le relais de télévision avec son pylône haut de 101 m.

Col du Tourmalet★★. — Alt. 2 115 m. C'est le plus haut col routier des Pyrénées françaises. Son nom signifie «mauvais détour». Jusqu'au 17e s., il ne pouvait être franchi qu'en chaise à porteurs; les premières voitures s'y engagèrent en 1788 alors que la route de la gorge de Luz était coupée par une crue du gave de Pau. Du col, le **panorama★★** est remarquable par l'âpreté des sommets qu'il fait découvrir, surtout sur le versant de Barèges: au-delà du chaînon de l'Ardiden, se détache au dernier plan le Balaïtous, avec son glacier. Une stèle honore la mémoire de «Monsieur Paul», promoteur du tourisme pyrénéen et constructeur de la route du Pic du Midi.

Pic du Midi de Bigorre★★★. — *Au départ du col du Tourmalet, 5,5 km, par route taxée, puis 1 h 1/2 AR. Description p. 131.*

La descente du col du Tourmalet s'effectue d'abord parmi les pelouses qui contrastent avec les sites ravinés de la montée. Dans une série de lacets, on aperçoit à gauche, au-dessus de la route, le tracé de l'ancien chemin que suivirent les chaises à porteurs du duc du Maine et de Mme de Maintenon pour gagner, depuis Bagnères-de-Bigorre, les eaux de Barèges. Les pyramides de l'ensemble résidentiel de la Mongie-Tourmalet annoncent la station de la Mongie.

La Mongie★. — *Page 132.*

Après la traversée de la Mongie, la pente s'accentue au passage d'un gradin boisé. La route en rachète la dénivellation par une boucle dans le vallon affluent du Garet puis traverse successivement le ruisseau du Tourmalet et l'Arises coulant en cascades.

Le plateau d'Artigues, joli cirque pastoral noyé en partie par un lac de retenue, s'ouvre à droite, en contrebas.

Cascade du Garet★. — *0,5 km depuis la N 618, puis 1/2 h à pied AR.* Laisser la voiture près de l'hôtel des Pyrénées, à Artigues. Traverser le hameau. Au-delà d'une maison familiale de vacances, franchir un petit pont sur le ruisseau du Tourmalet, en amont de la centrale hydro-électrique. Continuer à s'élever régulièrement en passant dans le vallon affluent du Garet. On entre dans un bois de sapins. Descendre quelques pas taillés dans le roc pour atteindre le belvédère d'où l'on découvre la cascade.

La route suit maintenant la fraîche **vallée de Campan★** aux prairies d'un vert intense. Plusieurs maisons ou granges au toit de chaume et au pignon à redans apparaissent encore çà et là. La dispersion des habitations s'observe jusqu'à Campan.

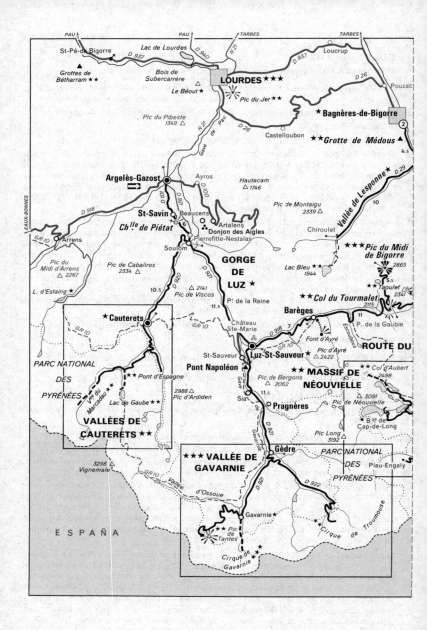

Après Ste-Marie-de-Campan, le D 935 descend la vallée de l'Adour. Les échappées sur le pic du Midi de Bigorre révèlent maintenant un sommet massif, toujours reconnaissable à l'antenne de son émetteur de télévision.

Campan. — 1 587 h. (les Campanois). *Lieu de séjour p. 42.* Les halles (16ᵉ s.), la fontaine (18ᵉ s.) et l'église (16ᵉ s.) composent un tableau harmonieux.

Pour visiter l'église (belles boiseries du 18ᵉ s., curieuse voûte d'ogives, en bois), franchir la grille d'un porche qui donne accès à l'ancien cimetière (galeries aux colonnes de marbre). A gauche de ce porche, Christ du 14ᵉ s. provenant de l'ancienne abbaye de l'Escaladieu.

Campan conserve le souvenir du sergent Gaye-Mariole (1767-1818), « premier sapeur de France ». La chronique rapporte que, à l'entrevue de Tilsitt, ce grognard de taille gigantesque eut la facétie de présenter les armes à son empereur avec le tube, long de 1,60 m, d'un canon de 4 (84 mm). Napoléon aurait, dit-on, apprécié cet « arraché » (près de 300 kg).

Vallée de Lesponne★. — *10 km au départ du D 935.* De cette charmante vallée, les belles faces rocheuses du pic du Midi de Bigorre et du pic de Montaigu apparaissent altières, surtout lorsque les neiges de printemps et d'automne en saupoudrent les versants. Les auberges de Chiroulet sont le point de départ de l'excursion au **lac Bleu★★** (alt. 1 944 m) utilisé comme lac-réservoir. Une montée longue (dénivellation : 850 m), par un bon chemin ombragé le matin, conduit à ce site grandiose et désolé. *Compter 4 h à pied AR.*

Grotte de Médous★★. — *Page 130.*

Le D 935 mène ensuite à Bagnères *(p. 57).*

COL D'ASPIN★★★
De Ste-Marie-de-Campan à Arreau *— 38 km — environ 1 h — schéma ci-contre*

Le col d'Aspin reste généralement obstrué par la neige de décembre à avril.

Le parcours de la vallée de l'Adour de Payolle rappelle la vallée de Campan, mais avec une touche montagnarde plus rude.

En avant et à droite les vues restent presque constantes sur l'Arbizon (alt. 2 831 m). Le pic du Midi réapparaît, en arrière et à droite, à l'occasion de la traversée du bassin de **Payolle** (centre de ski de fond).

> **Espiadet.** — Hameau situé au pied de la célèbre carrière de marbre de Campan, dont le marbre vert, teinté de rouge et de blanc, a été utilisé pour les colonnes du Grand Trianon, à Versailles et, en partie, pour celles de l'Opéra de Paris.

Après Espiadet, la route, en montée ininterrompue jusqu'au col d'Aspin, serpente parmi de splendides sapinières et offre des échappées sur le massif de l'Arbizon. Puis la forêt s'éclaircit et l'on passe dans la zone des pâturages.

> **Col d'Aspin★★★**. — Alt. 1 489 m. En dépit de son altitude plus faible que celle des trois autres grands cols (Aubisque, Tourmalet, Peyresourde) franchis par la Route des Pyrénées, entre Eaux-Bonnes et Luchon, le col d'Aspin offre un **panorama★★★** des plus étendus : la disposition des massifs, le contraste entre les cimes neigeuses et les forêts bleutées produisent une impression profonde. *Table d'orientation.*

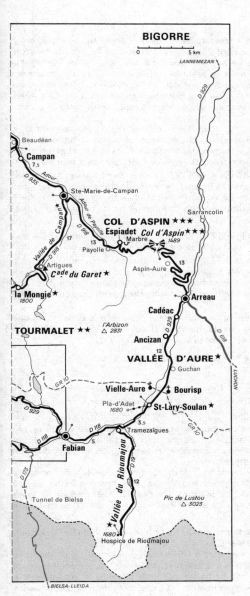

La descente commence aussitôt, très régulière mais rapide : en 12,5 km, la route passe d'une altitude de 1 489 m à 704 m.

La vue plonge, à droite, sur le vallon où se blottit le village d'Aspin. A droite aussi, le massif de l'Arbizon se dégage. Les nombreux lacets que décrit la route permettent de bien voir le bassin d'Arreau *(p. 50)*.

VALLÉE D'AURE★
D'Arreau à Fabian *— 21 km — environ 1 h 1|2 — schéma ci-dessus*

Cette région formait autrefois la vicomté d'Aure, sous la suzeraineté des rois d'Aragon. Au 14e s., elle fut réunie aux «Vallées» de Magnoac, de Neste et de Barousse et devint le Pays des «Quatre Vallées» qui échut, en 1398, à la Maison d'Armagnac puis, en 1527, à la Maison d'Albret.

Le D 929 remonte la vallée de la Neste d'Aure, large et harmonieusement dessinée.

> **Cadéac.** — 169 h. A la sortie du village la route passe sous le porche de la chapelle N.-D.-de-Pène-Taillade («du rocher coupé»).

> **Ancizan.** — 239 h. *Faire le détour par le centre.* Ensemble de maisons du 16e s. qui rappellent la prospérité passée du bourg : ce secteur de la vallée faisait vivre sous l'Ancien Régime un millier de tisserands travaillant les cadis (tissus grossiers en laine non teinte).

A la sortie d'Ancizan le fond de la vallée est occupé par des buttes morainiques, dénommées «pouys» dans la région.

La route franchit la Neste d'Aure avant Guchan et offre un beau point de vue sur un horizon montagneux d'où se détache la pyramide aiguë du pic de Lustou (alt. 3 023 m).

Bourisp. — 120 h. L'église gothique *(ouverte de 16 h à 17 h)* abrite sous son porche un savoureux dessin au trait noir du 16ᵉ s., représentant les sept Péchés capitaux : de gauche à droite, l'Orgueil, l'Avarice, la Gourmandise, la Luxure, la Colère, l'Envie et la Paresse, symbolisés par sept dames en costume d'époque Henri III montées sur des animaux divers et portant en croupe des démons. La clôture intérieure *(en demander l'ouverture à Mme Soulé, face à l'église)* et la balustrade de la tribune, du 16ᵉ s. aussi, forment un bel ensemble de boiserie aux sculptures très expressives : têtes de personnages, sirènes.

Dans le fragile retable sculpté (1592) du maître-autel trône une Vierge noire du 12ᵉ s. Parmi les peintures murales, à dominante ocre, on reconnaît encore un arbre de Jessé, saint Antoine et saint Sébastien, le martyre de saint Étienne, la Cène et le Lavement des pieds, l'arrestation de Jésus. Croix processionnelle de 1617 (vitrine à gauche).

Vielle-Aure. — 221 h. *Ouverte de 8 h à 9 h et de 17 h à 18 h en semaine, de 11 h à 12 h le dimanche.* Église romane très basse. La fresque (14ᵉ s.) de l'abside s'ordonne autour du Christ trônant dans une gloire en forme de losange. Les sacristies abritent, outre un trésor liturgique, plusieurs croix dont une croix de fer forgé, travail populaire du 16ᵉ s.

St-Lary-Soulan★. — *Page 165.*

La vallée se resserre en gorge. Le village de Tramezaïgues — son château défendait la vallée contre les incursions aragonaises — est posté, en surveillance, à gauche.

Vallée du Rioumajou★. — *De Tramezaïgues, 12 km par un chemin devenant très mauvais. Au-delà de la clairière de Fredancon, croisement impossible sur les 4 derniers kilomètres.* Vallée très boisée qu'animent de nombreuses cascades. Le vieil hospice de Rioumajou (alt. 1 680 m) se dresse dans un beau cirque aux pentes gazonnées ou forestières très inclinées.

Dans l'enfilade de la vallée de la Neste d'Aure se détache désormais le pic de Campbieil (alt. 3 173 m), l'un des points culminants du massif de Néouvielle, reconnaissable à son arête à 2 pointes soulignée d'un névé. La route atteint Fabian *(p. 137).*

MASSIF DE NÉOUVIELLE★★ — *schéma et description p. 137*

CAMBO-LES-BAINS

Carte Michelin n° **78** - pli 18 — *Schéma p. 62* — 5 126 h. (les Camboars, en basque : les Kanboars) — *Lieu de séjour, p. 42* — *Plan dans le guide Michelin France.*

Le Haut Cambo, quartier résidentiel, groupe ses propriétés et ses hôtels sur le rebord d'un plateau qui domine la Nive ; le Bas Cambo *(illustration p. 59),* vieux village basque, est situé près de la rivière que les chalands remontaient autrefois jusqu'en cet endroit. En amont, le quartier thermal a repris ses activités.

Le climat d'une douceur exceptionnelle a fait de Cambo une station de cure, consacrée au début du siècle par le séjour d'Edmond Rostand. Venu à Cambo pour la première fois à l'automne 1900, le maître, enchanté, décide de s'y installer à demeure. Chantecler, né de ses promenades à travers la campagne basque, et la villa Arnaga suffiront, jusqu'en 1910, à matérialiser ses rêves.

Arnaga★. — *Visite du 1ᵉʳ mai au 30 septembre de 10 h à 12 h et de 14 h 30 à 18 h 30 ; en avril et en octobre, de 14 h 30 à 18 h. Entrée : 6 F.*

L'immense villa de style basque-labourdin (1903-1906) s'élève sur un promontoire aménagé par Edmond Rostand en jardins à la française. Au Sud-Est, la perspective vers le mont Ursuya s'achève sur un pavillon à pergola évoquant la gloriette de Schönbrunn.

La demeure dénote l'influence du modern-style. Les pièces ont conservé leurs boiseries claires et leurs peintures décoratives. De nombreux documents sur la famille Rostand et la carrière du poète y trouvent place, entre autres plusieurs portraits d'Edmond Rostand et de Rosemonde Gérard par Pascau et Caro Delvaille, les dessins originaux des costumes du «Chantecler» et les épées d'académicien d'Edmond et de Jean Rostand.

EXCURSION

Itxassou★ ; Artzamendi★. — *20 km au Sud — environ 3 h. Quitter Cambo par ②.* La route s'échappe de la dernière cuvette cultivée de la basse Nive.

Itxassou★. — 1 218 h. (les Itsatsuars). *Lieu de séjour, p. 42.* Le village disperse ses hameaux parmi les cerisiers. Isolée près de la Nive, l'**église★** dotée de 3 étages de galeries à balustres tournés, et ornés de statues, d'un cachet rustique, conserve une chaire aux beaux rechampis dorés et un retable en bois doré du 18ᵉ s. Là, officia au 17ᵉ s. un jeune curé, Jean Duvergier de Hauranne, futur abbé de St-Cyran que la dispute du jansénisme devait rendre célèbre.

Mont Urzumu. — *D'Itxassou, 2,5 km par le chemin qui mène au terrain de vol à voile.* De la table d'orientation, près d'une statue de la Vierge, **panorama** sur les Pyrénées basques et sur la côte, de la Pointe Ste Barbe à Bayonne.

Pas de Roland. — La petite route, étroite, remonte la rive gauche de la Nive. S'arrêter sur un élargissement peu après une petite croix sur le parapet pour regarder en contrebas, le site du Pas de Roland, rocher ajouré en porte, ouvert selon la légende par le sabot du cheval de Roland poursuivi par les Vascons.

Prendre à droite à Laxia (route très étroite, à fortes rampes et à virages serrés).

Artzamendi★. — Des abords de la station de télécommunications, le **panorama★** s'étend au Nord sur la basse vallée de la Nive, le bassin de la Nivelle et ses hauts pâturages, et, au-delà de la frontière, sur les hauteurs de la vallée de la Bidassoa.

Carte Michelin n° 86 - plis 17, 18.

Le Canigou, mont révéré des Catalans de France et d'Espagne qui viennent aujourd'hui allumer à son sommet le premier des feux de la Saint-Jean, dresse au-dessus des vergers du Roussillon sa cime longtemps enneigée, parfaitement dégagée sur trois faces par la coupure de la Têt (Conflent), la plaine d'effondrement du Roussillon, la vallée du Tech (Vallespir).

Dès le règne de Louis XIV, les géographes chargés de déterminer le méridien de Paris avaient reconnu que le Canigou jalonnait, à quelques minutes d'angle près (7' 48'' à l'Est), ce méridien et avaient calculé son altitude par rapport au niveau de la mer. En l'absence de relevés aussi précis dans les autres massifs, le Canigou usurpa un temps le rang de point culminant des Pyrénées.

Prouesses en tout genre. — Depuis la première ascension, faite, d'après la chronique, en 1285, par le roi Pierre III d'Aragon, les sportifs catalans se sont plu à vaincre le Canigou par tous les moyens disponibles.

Le chalet des Cortalets fut atteint en 1901 à bicyclette, en 1903 en skis, la même année à bord d'une voiture automobile Gladiator 10 CV. En 1907, un lieutenant de gendarmerie monte au sommet à cheval sans mettre pied à terre. Le projet d'un chemin de fer à crémaillère sombra en raison de la guerre 1914-1918. Quant aux grandes routes touristiques, les différents tracés entre Conflent et Vallespir proposés depuis 1911 sont restés dans les cartons, à la satisfaction des fervents de la montagne. Seules des routes forestières *(dangereuses par brouillard)* assurent la liaison entre Vernet-les-Bains et Prats-de-Mollo.

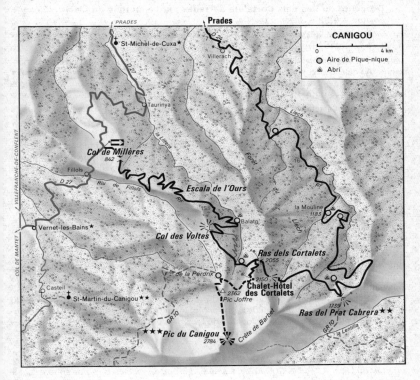

ROUTES DU CANIGOU★★★

Montée au sommet depuis le col de Millères — *17 km — environ 5 h dont 3 h 1/2 à pied AR — schéma ci-dessus*

La vieille route des Cortalets, construite en 1899 pour le Club Alpin par l'Administration des Eaux et Forêts, est un chemin de montagne pittoresque mais accidenté.
Praticable l'été seulement, elle est d'un parcours pénible pour les voitures encombrantes : sol souvent raviné, glissant par temps de pluie, croisement impossible en dehors des évitements, nombreux virages serrés. Intense trafic, dans les deux sens, de jeeps d'excursion.

Dès le départ du col de Millères (alt. 842 m) la route monte en lacets très rapprochés le long de la crête rocailleuse séparant les vallées de Fillols et de Taurinya. Sur la gauche, des vues se dégagent sur le Conflent avec Prades et St-Michel-de-Cuxa, le chaînon du Madrès à l'arrière-plan.

La route adopte un tracé hardi.

Escala de l'Ours. — Passage en haute corniche au-dessus de l'entaille boisée de la Llitera.

Après le refuge forestier de Balatg, la route pénètre dans l'étage pastoral des prairies.

Col des Voltes. — Vue sur le versant Nord du Canigou (bassin du Cady).

Au ras (col) dels Cortalets (alt. 2 055 m), laisser la route des gorges du Llech et prendre à droite.

Le CANIGOU★★★

Chalet-hôtel des Cortalets. — Il se dresse à 2 150 m d'altitude au débouché du cirque formé par le Canigou et ses deux contreforts Nord : le pic Joffre et le pic Barbet. Au creux de la combe, un névé subsiste très tard dans la saison.

Laisser la voiture et prendre à l'Ouest du chalet le sentier jalonné de marques blanches et rouges, longeant un étang puis s'élevant sur le versant Est du pic Joffre.

Abandonner ce sentier lorsque celui-ci redescend vers Vernet et continuer la montée à gauche sous la crête. Un sentier en lacet à travers les rochers permet enfin, sans fatigue excessive, l'ascension de la cime.

Pic du Canigou★★★. — Alt. 2 784 m. Une croix et les décombres d'une cabane en pierre utilisée aux 18e et 19e s. pour les observations scientifiques couronnent le sommet. Au Sud, les sonnailles des troupeaux montent du vallon du Cady.

De la table d'orientation le **panorama★★★** est immense, au Nord-Est, à l'Est et au Sud-Est, en direction de la plaine du Roussillon et de la côte méditerranéenne : le Canigou a pu être identifié de N.-D.-de-la-Garde, à 253 km à vol d'oiseau, lorsque la montagne se détache sur le disque du soleil couchant (vers les 10 février et 28 octobre). Le faible écran des Albères, largement dominé, n'empêche pas la vue de porter très loin en Catalogne, le long de la Costa Brava.

Au Nord-Ouest et à l'Ouest se succèdent sur plusieurs plans les lourds chaînons du socle cristallin des Pyrénées Orientales (Madrès, Carlit, etc.), contrastant avec les crêtes calcaires plus tourmentées des Corbières (Bugarach).

Descente du Ras dels Cortalets à Prades par les gorges du Llech — *20 km — environ 1 h 1/2 — schéma p. 81*

La route praticable aussi l'été seulement et par temps sec devient raboteuse dans les gorges du Llech ; parcours en corniche de 10 km.

La route se déploie dans le cirque supérieur de la vallée du Llech boisée de pins de montagne. Au-delà des contreforts du Canigou et des vergers du Bas Conflent, les **vues★★★** deviennent immenses : au Nord, on reconnaît la barrière Sud des Corbières, coupée par l'entaille des gorges de Galamus.

Ras del Prat Cabrera★★. — Alt. 1 739 m. Beau lieu de halte ensoleillé (banc), au-dessus de la sauvage vallée de la Lentilla. Les crêtes sombres de la Serra del Roc Nègre limitent la vue en amont. **Panorama★★** sur la plaine du Roussillon, les Albères, la Méditerranée.

La descente s'effectue à travers les sapins mêlés de hêtres. Après le refuge forestier de la Mouline (alt. 1 183 m — aire de pique-nique), la route se poursuit en terrain plus accidenté. Taillée dans le rocher elle domine bientôt le fond des gorges du Llech de 200 à 300 m. Avant Villerach, le D 24 quitte les gorges et pénètre dans les vergers du Conflent.

Par la N 116 prise à gauche, on arrive à Prades (p. 149).

CAPVERN-LES-BAINS

Carte Michelin n° 🎱🎱 - Sud du pli 9 — 1 055 h. (les Capvernois).

La station hydrominérale est située au fond d'un repli du plateau de Lannemezan qui enferme l'établissement thermal de Hount-Caoute (buvette). La cure, secondée par les traitements balnéaires prodigués à l'établissement de Bouridé, est bienfaisante pour les cas relevant des affections urinaires, rénales et hépato-biliaires.

En dehors du vallon et en vue des avant-monts des Pyrénées — Baronnies (collines du Haut Arros), Arbizon, pic du Midi de Bigorre, Montaigu — dans un site dégagé de promontoire, se développe le quartier résidentiel du **Laca**. *Table d'orientation.*

EXCURSION

Château de Mauvezin. — *4,5 km puis 1 h de visite. Sortir de Capvern par le D 80 et le quartier du Laca. A l'église de Mauvezin, suivre, à droite de celle-ci, la rampe aboutissant à l'esplanade du château.*

Visite du 1er mai au 15 octobre, de 9 h (10 h en mai) à 12 h et de 14 h à 19 h en semaine, ou 19 h 30 les dimanches et jours fériés ; du 15 octobre au 30 avril, les dimanches et jours fériés, de 14 h à 18 h. Entrée : 10 F.

Le château élève son donjon carré (36 m) sur un promontoire des Baronnies. Il fit partie des défenses du comté de Bigorre mais sa grande période se situa à l'époque de Gaston Fébus, lorsque le vicomte de Béarn s'assura de cette position stratégique (1379) fermant, avec Montaner *(p. 174)*, les issues des vallées de Bigorre vers la plaine et surveillant la route de Toulouse à l'océan, détournée vers Bayonne aux temps de la guerre de Cent Ans.

Donjon. — On visite les six salles du donjon, aménagées en musée historique et folklorique par les soins de l'École Gaston-Fébus, société des félibres du Béarn et de la Bigorre.

De la plate-forme du donjon, **panorama★** sur le pays des Baronnies et les sommets des contreforts des Pyrénées : Arbizon, pic du Midi de Bigorre, Montaigu. Remarquer au fond de la vallée de l'Arros les bâtiments de l'ancienne **abbaye cistercienne de l'Escaladieu** dont l'église (1160) fut une nécropole des comtes de Bigorre *(visite de 9 h 30 à 11 h et de 15 h à 17 h en semaine, de 10 h à 11 h et de 14 h à 18 h les dimanches et jours fériés ; fermé en janvier et février)*.

L'intérêt de la visite est complété par le parcours du chemin de ronde *(table d'orientation)*.

En sortant, admirer, au-dessus de la porte, une dalle de marbre, chef-d'œuvre de sculpture héraldique aux armes de Jean Ier de Foix-Béarn (1412-1436) — les trois pals de Foix et Bigorre, les deux vaches « clarinées » du Béarn — portant la devise « Jay belle dame ».

Carte Michelin n° 86 - pli 7 — 44 623 h. (les Carcassonnais).

Carcassonne est le grand centre commercial de l'Aude viticole. C'est aussi une cité fortifiée apparemment figée depuis le Moyen Age. Pour le touriste, la renommée et l'attrait sans pareil de la forteresse, support d'un grand spectacle lors de l'**embrasement★★★** traditionnel du 14 juillet, éclipsent l'animation de la ville qui s'étend à ses pieds.

UN PEU D'HISTOIRE

L'escarpement sur lequel est bâtie la cité de Carcassonne commande les communications entre la Méditerranée et Toulouse. Aussi, dès le 1er s., les Romains établissent à Carcassonne, « cité » de la Narbonnaise, un camp retranché. Les Wisigoths s'en emparent au 5e s. et, à l'abri de l'enceinte, organisent leur conquête (royaume de Toulouse, puis Septimanie). Au 8e s., la forteresse tombe sous la domination franque.

Une fine mouche. — Sur le thème de la conquête franque, les chansons de geste ont brodé leurs variations. La plus typique est celle de dame Carcas : Charlemagne assiège Carcassonne depuis cinq ans déjà, quand Carcas s'avise d'une ruse : elle fait rassembler tout ce qui reste de blé chez les assiégés et l'offre en dernière ration à la dernière truie, qui s'en gave.

Dame Carcas ordonne alors qu'on jette la truie par-dessus les remparts ; la bête, gonflée par son festin, éclate lorsqu'elle touche le sol et le grain se répand de toutes parts. Les Francs, stupéfaits devant un tel gaspillage, en concluent qu'une folle abondance règne encore dans la ville et se déterminent à parlementer. Dame Carcas fait sonner les trompettes ; « Carcas sonne » clament les assiégeants. Tel est pour le Troubadour l'origine du nom de la ville.

Un cœur fier. — Pendant 400 ans Carcassonne reste la capitale d'un comté, puis d'une vicomté sous la suzeraineté des comtes de Toulouse. Elle connaît alors une époque de grande prospérité, interrompue au 13e s. par la croisade des Albigeois *(voir p. 175)*.

Les croisés du Nord, descendus par la vallée du Rhône, pénètrent en Languedoc en juillet 1209, pour châtier l'hérétique. Le comte Raymond VI de Toulouse étant tenu par la pénitence publique à laquelle il vient de se soumettre à St-Gilles-du-Gard *(voir guide Vert Michelin Provence)*, le poids de l'invasion retombe sur son neveu et vassal **Raymond-Roger Trencavel**, vicomte de Carcassonne. Après le sac de Béziers, l'armée conduite par le légat Arnaud-Amaury investit Carcassonne le 1er août. A cette époque la place n'est encore défendue que par une seule enceinte. Malgré l'ardeur de Trencavel – il n'a que 24 ans – la place est réduite à merci au bout de quinze jours par le manque d'eau.

Le Conseil de l'armée investit alors Simon de Montfort de la vicomté de Carcassonne, en lieu et place de Trencavel. L'année n'est pas terminée que celui-ci est trouvé sans vie dans la tour où il était détenu.

La pucelle du Languedoc (13e s.). — En 1240, le fils de Trencavel tente en vain de recouvrer son héritage ; il assiège Carcassonne ; les engins et les mines ébrèchent les murailles, mais une armée royale le force à battre en retraite. Saint Louis fait alors raser entièrement les bourgs formés au pied des remparts. Les habitants expient leur rébellion par sept ans d'exode ; après quoi, ils ont l'autorisation de construire une ville sur l'autre rive de l'Aude. C'est la ville basse actuelle. La Cité est remise en état et renforcée. L'œuvre est continuée par Philippe le Hardi. La place est désormais si bien défendue qu'elle passe pour imprenable.

Décadence et résurrection. — Après l'annexion du Roussillon au traité des Pyrénées, le rôle militaire de Carcassonne se trouve amenuisé : cinquante lieues la séparent de la frontière. Perpignan prend la garde à sa place. Il est même question d'une démolition.

Mais le Romantisme remet le Moyen Age à la mode. Prosper Mérimée, inspecteur général des Monuments historiques, s'intéresse aux ruines dans ses « Notes d'un voyage dans le Midi de la France – 1835 ». Un archéologue local, Cros-Mayrevieille, passe sa vie à plaider en faveur de sa ville. Viollet-le-Duc, envoyé sur place, revient à Paris avec un rapport enthousiaste qui décide la Commission des Monuments historiques à entreprendre, en 1844, la restauration de Carcassonne.

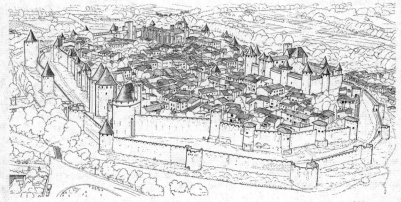

(D'après photo Éd. Estel, Blois)

La Cité de Carcassonne.

■ LA CITÉ★★★

visite : 2 h

La Cité *(1)* de Carcassonne est la plus grande forteresse d'Europe. Elle se compose d'un noyau fortifié, le château Comtal, et d'une double enceinte : l'enceinte extérieure séparée de l'enceinte intérieure par les lices.

Accès à pied. — Laisser la voiture près de l'église St-Gimer. L'accès de la Cité à pied par la porte d'Aude est magnifique. Il offre une belle vue d'ensemble sur la Cité et place immédiatement le touriste dans l'ambiance médiévale.

Accès en auto. — Laisser la voiture sur l'esplanade aménagée hors les murs, en avant de la porte Narbonnaise.

Avant de passer le pont-levis de la porte, on pourra voir, grossièrement sculpté, sur un pilier, à droite, le buste de dame Carcas.

De la porte Narbonnaise gagner le château Comtal en suivant la rue Cros-Mayrevieille (à l'angle de la rue St-Sernin, Vierge du 15e s. dite « N.-D. des Voyageurs »).

La Cité garde une population résidante de 380 habitants, disposant d'une école, d'une banque, etc. ; elle échappe ainsi au sort des villes mortes animées uniquement par le tourisme.

Château Comtal. — A l'origine palais des vicomtes, adossé à l'enceinte gallo-romaine, il fut transformé en citadelle après le rattachement de Carcassonne au domaine royal en 1226. Depuis le règne de Saint Louis un immense fossé et une grande barbacane l'isolent de l'intérieur de la Cité.

Le château est le point de départ de visites de la Cité.

Visite accompagnée. — *Durée : 1 h. Visite du 1er avril au 30 septembre, de 9 h à 12 h et de 14 h à 18 h 30 ; du 1er octobre au 31 mars, de 10 h à 12 h et de 14 h à 17 h. Prix : 9 F. La visite n'a pas lieu les 1er janvier, 1er mai, 14 juillet, 15 août, 1er et 11 novembre, 25 décembre. Renseignements :* ☎ *(68) 25.01.66.*

Elle permet de visiter une partie de l'enceinte intérieure du château et le dépôt lapidaire.

Visite libre. — *Durée : 3/4 h. Après avoir suivi la visite accompagnée, nous conseillons au touriste de faire le tour de la Cité en parcourant les lices.*

Visite de nuit. — *Organisées du 1er juillet à fin septembre. Départ à 21 h 30. Prix : 12 F. Renseignements :* ☎ *(68) 25.04.65.*

Postes de tir

1 - Archères disposées sur 3 ou 4 étages.

2 - Trous « de boulin » pour le montage des hourds.

3 - Hourds montés : plates-formes de charpente permettant de lancer des projectiles en tir vertical.

4 - Meurtrière pratiquée dans un merlon sur deux.

Procédés de construction

5 - Empattement de la maçonnerie : le « fruit » rend le travail de sape plus difficile ; il disperse aussi, par ricochets meurtriers, les projectiles lancés des hourds.

6 - Éperon : la proue fait dévier les projectiles des assaillants ainsi que les coups du bélier.

Tour de Balthazar.

Château comtal.

(D'après photo Perrin)

Musée. — Vestiges lapidaires provenant de la Cité et de la région : lavabo (12e s.) de l'abbaye de Lagrasse *(p. 118)*, calvaire★ de Villanière (fin du 15e s.), stèles funéraires discoïdales du Lauragais, dites « cathares ». Salle d'iconographie de la Cité.

---

(1) Pour plus de détails, voir l'album illustré présenté par F. Grimal (Paris, Caisse Nationale des Monuments Historiques) et R. Descadeillas (Colmar-Ingersheim, éditions S.A.E.P.).

Les fortifications★★★. — On peut les dater ainsi :
- De l'époque gallo-romaine (3e-4e s.), les murs en petit appareil coupés d'assises de briques rétablissant l'horizontalité des lits de maçonnerie.
  Remarquer, lorsque les fondations sont déchaussées, les bases à lits alternés de moellons et de mortier.
- De la période séparant les deux sièges (entre 1209 et 1240) et du règne de Saint Louis, les murailles présentant un moyen appareil, régulier, de pierres grises rectangulaires.
- Du règne de Philippe le Hardi, les pierres d'appareil à bossages.

Enceinte intérieure. — Elle comprend :
- La partie gallo-romaine reprise et renforcée, la plupart du temps en sous-œuvre (ce qui aboutit, par endroit, à inverser la succession des époques), au 13e s. Les tours « wisigothiques » offrent un plan caractéristique : étroites, terminées en abside vers l'extérieur et par un mur plat à l'intérieur elles se prêtaient non seulement à la défense mais aussi à l'aménagement de salles ou magasins superposés.
- Les constructions de Philippe le Hardi comprennent les plus beaux ouvrages de défense (tour du Trésau, châtelet de la porte Narbonnaise, etc.). Les tours sont souvent à éperon.

Enceinte extérieure. — Élevée, pour l'essentiel, entre les deux grands sièges, elle est jalonnée de nombreuses tours en fer à cheval ouvertes à la gorge. Çà et là, des tours complètement fermées formaient des réduits d'où l'on harcelait l'ennemi entré dans la lice.

Basilique St-Nazaire★★. — *Fermée entre 12 h et 14 h.* De l'ancienne église dont les matériaux furent bénits en 1096 par le pape Urbain II ne subsiste que la nef. Le transept et le chevet gothiques (1269-1320) ont remplacé l'abside et les absidioles romanes. La façade Ouest a été modifiée par Viollet-le-Duc : ayant cru, par erreur, que l'église faisait partie d'une enceinte fortifiée « wisigothique », l'architecte s'autorisa à couronner de créneaux ce clocher-mur.

En pénétrant à l'intérieur, on saisit mieux le contraste entre la nef centrale, échantillon d'art roman méridional, simple et sévère sous sa voûte en berceau, et le chevet illuminé par les baies de l'abside et des six chapelles orientées. Cet ensemble, ajouré à l'extrême, constitue, par ses proportions parfaites, la pureté et la légèreté de ses lignes, le goût de sa décoration, une réussite architecturale. Les chapelles latérales ont été ouvertes postérieurement, au Nord et au Sud de la nef romane.

Les **vitraux★★** de St-Nazaire (13e et 14e s.) sont considérés comme les plus intéressants du Midi. De remarquables **statues★★** — elles rappellent celles de Reims et d'Amiens — ornent le pourtour du chœur. Plusieurs tombeaux d'évêques, entre autres celui de Pierre de Roquefort (14e s.), dans la 1re chapelle à gauche, et celui de Guillaume Razouls (13e s.), dans la chapelle du croisillon droit, retiennent l'attention.

■ **LA VILLE BASSE** *Plan dans le guide Michelin France*

Noyau de la ville actuelle, le « bourg » créé par Saint Louis est délimité par les boulevards qui occupent l'emplacement des anciens remparts. Il offre un plan régulier de « ville nouvelle ». Seule l'esplanade de la place Carnot égayée par une fontaine de Neptune (1770) et par les éventaires des maraîchers *(mardi, jeudi et samedi)* rompt la monotonie de ce damier que domine la haute tour claire (15e s.) de l'église St-Vincent.

Musée des Beaux-Arts. — *Entrée : rue de Verdun. Visite de 9 h à 12 h et de 14 h à 18 h. Fermé les dimanches et jours fériés.*
Peintures des 17e s. et 18e s. (maîtres flamands et hollandais) présentées avec raffinement en harmonie avec des porcelaines. La touche régionale est donnée par de grands portraits de Rigaud et de Rivalz et par des scènes de batailles du peintre carcassonnais Jacques Gamelin (1738-1803). Peinture de Chardin : les Apprêts du déjeuner.

Le musée rassemble des souvenirs de la famille Chénier, languedocienne d'adoption : portraits d'André Chénier, de sa mère, dans son costume national grec : le père d'André Chénier remplissait les fonctions de consul à Constantinople et s'y était marié.

Au rez-de-chaussée, une salle est consacrée à des peintures des 18e et 19e s., une autre à des œuvres d'artistes locaux.

Trésor de la cathédrale St-Michel. — *Aménagé dans la salle capitulaire et deux pièces au 1er étage. Visite du 2 mai au 30 juin et du 1er septembre au 31 octobre de 14 h à 17 h. Fermé les dimanches et jours fériés. Entrée : 4 F.*
Nombreuses toiles de Jacques Gamelin ; orfèvrerie liturgique.

CAUTERETS ★
Carte Michelin n° 85 - pli 17 — *Schéma p. 78* — 1 065 h. (les Cauterésiens) — *Lieu de séjour, p. 42* — *Plan dans le guide Michelin France.*

Cauterets, la station thermale la plus enfoncée dans la montagne pyrénéenne, exploite dix sources dont les eaux sulfurées, jaillissant entre 36° et 53°, sont efficaces dans les traitements des maladies respiratoires. Mais il existe d'autres prescriptions spécialisées : suivant la devise « A Cautarès, tout que garech » (A Cauterets, on guérit de tout).

Les sources restent encore la propriété de la très ancienne organisation communautaire de la « vallée de St-Savin » *(voir p. 167).*

Les hautes vallées de Cauterets, Cambasque, Gaube, Marcadau, Lutour, aux gaves écumants, font de la ville une grande base traditionnelle pour un tourisme sportif (Vignemale) ou contemplatif (lac de Gaube, Marcadau), dont l'avenir est assuré grâce à sa situation en bordure de la zone centrale du Parc National des Pyrénées (« porte » du parc).

L'équipement du cirque du Lys, où l'on trouve entre 1 850 m et 2 300 m du soleil et des pentes skiables jusqu'en mai, assure le développement hivernal de Cauterets.

CAUTERETS★

La station. — Le quartier thermal proprement dit, aux rues étroites, presse ses hautes maisons sur la rive droite du gave au pied des Thermes de César.

Après 1870 commença l'urbanisation de la rive gauche. L'Hôtel d'Angleterre (1879-1954), fondé par Alphonse Meillon, l'un de ces « hôteliers-gentilhommes » inséparables de la grande époque du pyrénéisme, donna naguère à ce quartier l'empreinte des palaces.

On trouve là le casino et son esplanade ombragée, centre d'animation de la station.

Cauterets compte un bon nombre de séjournants célèbres : Gaston Phœbus, Marguerite de Navarre, Jeanne d'Albret, la duchesse de Berry, George Sand, Vigny, Chateaubriand.

VALLÉES DE CAUTERETS★★

Val de Jéret★★ ; Pont d'Espagne★★ ; lac de Gaube★★. — 8 km — environ 3 h — schéma ci-dessous.

Sortir par la route de la Raillère, derrière le casino. Dépassant l'établissement thermal de la Raillère, laisser la voiture sur les parkings aménagés après le pont de Benquès.

Cascade de Lutour★★. — Gagner la passerelle lancée au pied de la chute à quatre jets, derniers rebonds du gave de Lutour.

La route remonte le Val de Jéret, très encaissé et boisé, encombré d'énormes rochers, mais embelli par les chutes du Gave.

Cascades★★ de Cerisey, du Pas de l'Ours, de Boussès. — On admire successivement leurs effets variés. Au-delà de la cascade de Boussès, le torrent forme l'« île Sarah Bernhardt » (stationnement possible dans la clairière).

Pont d'Espagne★★. — Parking. Du pont routier vue sur le site rocheux du « rendez-vous des cascades », confluent du gave de Gaube et du gave de Marcadau.

Monument Meillon. — 1/4 h à pied AR. Derrière l'hôtel du Pont d'Espagne quitter la route de voitures pour un chemin cail-

VALLÉES DE CAUTERETS

0   3 km

louteux, à droite, sur lequel se branche aussitôt, encore à droite, le sentier du monument (poteau du P.N.P.). Site tranquille. Échappée à travers les sapins sur la chute principale du Pont d'Espagne et sur le Vignemale.

Lac de Gaube★★. — 1 h 1/2 à pied AR par le sentier balisé GR 10 ; départ immédiatement en aval du Pont d'Espagne.

Le lac (on ne peut pas en faire le tour), but d'une excursion rituelle depuis un siècle et demi de tourisme pyrénéen, occupe un site d'une harmonie sévère, en vue des parois lointaines du massif du Vignemale où se maintiennent des glaciers suspendus. Pour découvrir la Pique Longue du Vignemale, point culminant (3 298 m) de la chaîne frontière entre Atlantique et Méditerranée, suivre la rive gauche, après l'hôtellerie.

Un télésiège partant du Pont d'Espagne peut aussi être utilisé. Service de 9 h à 17 h (interrompu du 10 octobre au 11 novembre ou décembre suivant enneigement). Durée d'un trajet : 10 mn, puis 20 mn à pied. Prix AR : 8,50 F.

Vallée du Marcadau★★. — 7,5 km, puis 5 h à pied AR — schéma ci-dessus. Prendre la route du Pont d'Espagne et laisser la voiture au parking.

Le parcours facile de cette lumineuse vallée, jadis très fréquentée comme voie de transit vers l'Espagne, fait alterner les replats de prairies, où le gave limpide divague sur les cailloutis, et les « verrous ». Au passage de ceux-ci le chemin se fait plus raide à travers les rocs et les bouquets de vieux pins de montagne souvent mutilés.

Le refuge Wallon (alt. 1 866 m), but de l'excursion, s'élève à l'origine d'un cirque pastoral, dont les combes supérieures sont constellées de lacs (promenades d'une journée).

Vallée de Lutour★. — 6 km — schéma ci-dessus. Prendre la route du Pont d'Espagne. Au terme d'une série de lacets, aussitôt avant l'établissement de bains du Bois, tourner à gauche en arrière dans la route forestière de la Fruitière, étroite et en forte rampe.

Après avoir laissé voir, à travers les arbres, les chutes supérieures de Lutour, la route sort de la forêt. Reposant paysage de haute conque pastorale, peuplée de troupeaux et drapée de nappes d'éboulis, mais gardant cependant sa parure de pins jusque vers 2 000 m d'altitude.

Carte Michelin n° 86 - pli 16.

La Cerdagne, « meitat de Franca, meitat d'Espanya » (moitié de France, moitié d'Espagne) occupe le haut bassin du Sègre, affluent de l'Èbre, entre le défilé de St-Martin (alt. 1 000 m environ) et le col de la Perche (alt. 1 579 m).

Exceptionnellement ensoleillée et abritée, cette dépression baignée d'une lumière dorée offre l'image paisible d'un terroir rural de plaine : damier de moissons et de prairies, ruisseaux bordés d'aulnes et de saules.

Des montagnes majestueuses encadrent ce bassin d'effondrement occupé par un lac à l'ère tertiaire : au Nord, côté **soulane**, le massif granitique du Carlit (alt. 2 921 m) ; au Sud le chaînon du Puigmal (alt. 2 910 m), incisé de grands ravins parallèles où se maintiennent les forêts de pins de l'**ombrée**.

Le berceau de l'État catalan. — Après la reconquête, sur les Arabes, du Roussillon et de la Catalogne, la Cerdagne fait figure de petite nation montagnarde, de moins en moins liée à l'administration franque de la Marche d'Espagne. L'un de ses seigneurs, Wilfred le Velu, est investi en 878 des comtés de Barcelone et de Gérone. Au 10e s., ses héritiers, devenus en fait souverains dans leur comté, contrôlent la haute vallée du Sègre, le Capcir, le Conflent, le Fenouillèdes, la haute plaine du Roussillon. Cette dynastie s'éteint en 1117. L'État administré dès lors de Barcelone par les rois d'Aragon de race catalane perd le caractère montagnard qui avait marqué ses origines.

Le souvenir des comtes de Cerdagne survit dans l'histoire religieuse et monumentale : Wilfred le Velu avait fondé les abbayes de Ripoll, de San Juan de las Abadesas et l'évêché de Vich *(guide Vert Michelin Espagne);* au 11e s. le comte Guifred agrandit l'abbaye St-Martin-du-Canigou *(p. 165);* son frère l'abbé Oliva, grand bâtisseur et maître spirituel, fait de Ripoll et de St-Michel-de-Cuxa *(p. 166)* d'incomparables foyers de culture.

De leur passé de « capitale » civile, Corneilla-de-Conflent, Hix, Llivia conservent leur belle église.

La Cerdagne française. — En 1659, le traité des Pyrénées n'avait pas délimité dans les détails la nouvelle frontière franco-espagnole en Cerdagne, l'accord ne s'étant pas fait sur le choix des monts appelés à devenir frontières naturelles. Les experts signent, en 1660, à Llivia, le traité de division de la Cerdagne reconnaissant à l'Espagne la possession du comté, sauf la vallée de Carol et une bande de territoire permettant aux sujets du roi de France une communication entre la vallée de Carol, le Capcir et le Conflent, à concurrence de 33 villages à annexer à la France. Les 33 villages sont choisis parmi les plus proches de la frontière, mais Llivia, considérée comme « ville », échappe à ce décompte et reste à l'Espagne, formant depuis une enclave en territoire français.

Le percement projeté, de tunnels routiers sous le col de Puymorens et, en Espagne, à travers la Sierra del Cadi, replacera un jour la Cerdagne sur un grand axe Paris-Barcelone.

ROUTE DE LA SOULANE★

De Bourg-Madame à Mont-Louis — *29 km — environ 1 h 1/2 — schéma p. 88*

Quitter Bourg-Madame *(p. 89)* par le Nord (N 20).

Dorres. — 154 h. *De Villeneuve-les-Escaldes, 3,5 km par le D 10.* Dans la sombre église *(provisoirement fermée),* on verra *(éclairage pour les retables)* à l'autel latéral de gauche un témoin typique du goût tenace du peuple catalan pour les statuettes parées : une Vierge des Douleurs (« soledat ») ; dans la chapelle de droite, fermée par une grille, impressionnante Vierge noire anguleuse.

En descendant le chemin cimenté, en contrebas de l'hôtel Marty, on atteint *(1/2 h à pied AR)* une source sulfureuse (41°) où les Cerdanais et les estivants viennent pratiquer le thermalisme de plein air.

Angoustrine. — 403 h. *Monter à pied à l'église haute (la clé se trouve à la mairie).* Église romane intéressante pour ses **retables★**, entre autres un retable dédié à saint Martin : remarquer le cavalier de la niche centrale et, sur les panneaux peints, quelques prodiges du saint : sauvetage d'un marin, d'un pendu, etc.

L'horizon s'élargit tandis que la route s'élève en lacet.

Chaos de Targassonne. — Gigantesque amoncellement de blocs granitiques roulés par les glaciers quaternaires. Fantastiques amas rocheux aux formes tourmentées.

Col d'Égat. — Vue sur la chaîne frontière, du Canigou au Puigmal et sur la Sierra del Cadi plus découpée. Sur les pentes rases de la soulane paissent les troupeaux de moutons.

Odeillo. — L'église abrite, en dehors de la saison pastorale, une Vierge à l'Enfant, la Vierge de Font-Roméu, du 12e s.

Le four solaire *(on ne visite pas),* dont le miroir concave reflète le versant de la soulane, a été mis en service en 1969. Étagés à flanc de pente 63 héliostats (miroirs plans orientables) dirigent les rayons solaires sur le miroir parabolique (1 800 m²) fait de 9 500 petites glaces. L'énergie solaire (1 000 kW thermiques) est ainsi concentrée sur un espace de 80 cm de diamètre où la température peut dépasser 3 500°C. L'installation permet le traitement de composés réfractaires et de minerais et des essais de matériaux soumis à des chocs thermiques.

L'agglomération de Font-Romeu devient plus dense et l'on reconnaît, outre l'imposant Grand Hôtel, le monument du Christ-Roi. En avant, par le seuil de la Perche, le Canigou se dessine à l'extrémité du chaînon dominant le versant rive droite de la Têt.

Font-Romeu★★. — *Page 109.*

La route traverse la forêt de pins de Bolquère.

On atteint le plateau de Mont-Louis *(p. 133).* Au carrefour de la N 116 et du D 618 s'élève le volumineux monument d'Emmanuel Brousse, député cerdan.

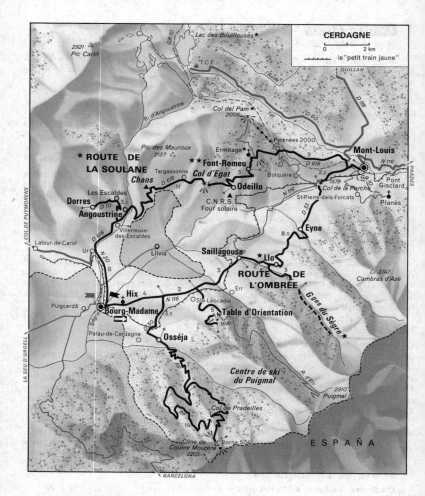

ROUTE DE L'OMBRÉE

De Mont-Louis à Bourg-Madame — *22 km — environ 1 h — schéma ci-dessus*

Au départ de Mont-Louis *(p. 133)*, la N 116, en palier, atteint le large seuil herbeux du col de la Perche faisant communiquer, à 1 579 m d'altitude, les bassins de la Têt (Conflent) et du Sègre (Cerdagne). Au Sud s'élève le Cambras d'Azé, évidé d'un cirque glaciaire très régulier. En progressant dans la haute lande le long de la route d'Eyne le **panorama★** d'ensemble sur la Cerdagne prend de l'ampleur; de gauche à droite on identifie la Sierra del Cadi, relativement dentelée, Puigcerda sur sa butte morainique surgissant du fond du bassin, le massif frontière de l'Andorre (pic de Campcardos), le massif du Carlit.

La route va désormais se rapprocher, plus ou moins, de la sortie des quatre vallées qui échancrent le massif du Puigmal : vallées d'Eyne, de Llo, d'Err, d'Osséja.

Eyne. — 49 h. Joli site de village étagé, dans une conque.

Dans une descente en lacet se découvre le site plus âpre de Llo.

Llo★. — Bourg pittoresque échelonné sur des pentes escarpées à la sortie d'un ravin affluent du Sègre. Une atalaye *(voir p. 27)* domine le paysage. En contrebas, l'**église** romane montre à son portail une voussure médiane décorée de motifs en tête de clou, de têtes d'homme et de spirales.

Gorges du Sègre★. — *De l'église de Llo, 3 km.* Le Sègre s'échappe du massif du Puigmal par des gorges que l'on peut remonter jusqu'au 3ᵉ pont sur le torrent. Au passage on admire un beau rocher, formant aiguille, vu de l'aval.

Saillagouse. — 945 h. L'un des centres de production des célèbres charcuteries cerdanes.

Station du Puigmal. — Centre de sports d'hiver desservi par une route de montagne remontant la vallée d'Err jusqu'à plus de 2 000 m d'altitude.

Table d'orientation de Ste-Léocadie. — *Alt. 1 681 m. 5 km depuis la N 116. Prendre la route de la station du Puigmal : arrivant en lisière de la forêt, aussitôt après un lacet, prendre à droite la route forestière, revêtue. La table se dresse à gauche, à l'entrée du virage, en contrebas.* **Panorama★** sur la Cerdagne, face à la trouée de la vallée de Carol par laquelle apparaît le pic de Fontfrède.

Variante par les routes forestières d'Osséja★ et montée à la crête frontière. — *Aires de pique-nique aménagées. Allongement de parcours : 44 km.*

Osséja. — 1 737 h. (les Osséjanais). *Lieu de séjour, p. 42.* Lieu de cure médicale d'altitude. En amont d'Osséja, suivre la route forestière qui se scinde à la lisière d'un des plus importants massifs de pins de montagne des Pyrénées. Prendre la branche de droite.

Au col de Pradeilles on aboutit, sur la croupe du Puigmal, à la borne 504 (Cime de Coume Mourère, alt. 2 205 m environ). **Vues★** sur la Cerdagne, les montagnes frontières de l'Andorre et, au Sud, les sierras catalanes.

Redescendre à Osséja par la branche de la route forestière non empruntée à la montée.

Hix. — Ancienne résidence des comtes de Cerdagne et capitale commerciale du pays jusqu'au 12ᵉ s., Hix a été ravalée au rang de simple hameau lorsque le roi Alphonse d'Aragon fit transférer la ville sur le site moins vulnérable du « Mont Cerdan » (Puigcerda), en 1177, et surtout après la consécration du quartier des « guinguettes » comme siège de la municipalité en 1815.

La petite église romane *(pour visiter s'adresser à la maison à côté, à droite)* abrite deux œuvres d'art. A droite, l'important retable peint du début du 16ᵉ s., et dédié à saint Martin, incorpore une Vierge assise du 13ᵉ s. A la prédelle se succèdent de gauche à droite : sainte Hélène, la Vierge, le Christ de pitié, saint Jean, saint Jacques le Majeur. Du Christ roman aux cheveux épars se dégage une certaine douceur.

Bourg-Madame. — 1 184 h. Tirant parti de sa situation au point de franchissement du ruisseau frontière de la Rahur, le hameau des Guinguettes d'Hix prospéra à partir du 18ᵉ s. en bénéficiant des bienfaits cumulés de l'industrie, du colportage et de la contrebande. Forts de leurs positions commerciales, les notables obtinrent en 1815 le changement du nom de la localité en celui, plus flatteur, de Bourg-Madame (Madame Royale), par la grâce du duc d'Angoulême rentré en France par cette route.

Le « petit train jaune » :

La visite touristique de la Cerdagne peut être complétée par le parcours de la ligne SNCF à voie étroite Latour de Carol—Villefranche-Vernet-les-Bains desservie par des services réguliers. La section de Mont-Louis à Olette (Haut Conflent) est la plus pittoresque (pont Gisclard, viaduc Séjourné, etc.). Dépliant disponible dans les gares SNCF de la région.

CÉRET ★

Carte Michelin nº 86 - pli 19 – *Schéma p. 155* – 6 189 h. (les Cérétans).

Céret, cité du Vallespir, est, avec ses corridas et ses sardanes, un vivant foyer de la tradition catalane au Nord des Pyrénées. Ses vergers irrigués en font un centre important de primeurs : les cerises y mûrissent dès la mi-avril et sont les premières sur le marché français.

Au début du siècle, un groupe de peintres d'avant-garde, attirés par le sculpteur catalan Manolo (1872-1945), valut à Céret le nom de « Mecque du cubisme ». Le compositeur Déodat de Séverac (1873-1921) fit de la ville son séjour d'élection. Son monument, avec médaillon, par Manolo, se dresse à côté du Syndicat d'Initiative.

L'artisanat d'art s'épanouit de nos jours dans la petite ville.

Le Vieux Céret. — Entre la place de la République et la place de la Liberté, les cours ombragés de gigantesques platanes sont favorables à la flânerie. Des remparts, il reste place de la République une porte fortifiée, la porte de France, et place Pablo Picasso, un vestige restauré de la porte d'Espagne : l'une des arcades encadre un monument à Picasso (1973), la Sardane de la paix, en fer forgé soudé sur inox, d'après un dessin du maître.

Comme plusieurs villes du Roussillon, Céret avait fait appel à Aristide Maillol pour son monument aux morts de 1914-1918 (place de la Liberté).

Musée d'Art Moderne★. — *Visite du 1ᵉʳ juin au 30 septembre de 10 h à 12 h et de 15 h à 19 h (fermé le mardi); le reste de l'année, de 10 h à 12 h et de 14 h à 16 h (fermé le lundi matin, les mardis, jeudis et vendredis). Fermé aussi en novembre et les jours fériés. Entrée : 5 F.*

Il rassemble des œuvres de Matisse, Chagall, Maillol, Dali, Juan Gris, Manolo, Miró. Une salle est consacrée à Picasso. Œuvres d'artistes contemporains: Ben, Viallat, Capdeville, Messager.

Vieux Pont★. — Nullement déprécié par le voisinage du pont routier moderne et du pont ferroviaire, ce « pont du Diable » (14ᵉ s.) à une seule arche de 45 m d'ouverture enjambe le Tech, à 22 m au-dessus de la rivière. Belle vue, d'un côté sur le massif du Canigou et, de l'autre, sur les Albères qui s'abaissent vers le col du Perthus.
Descendre, à pied, vers l'aval, à une scierie, pour admirer le pont.

Clemenceau
(Av. Georges)
Commerce (R. du) _____ 4
Joffre (Bd Mar.) _____ 15
Picasso (Pl. Pablo) _____ 23
St-Férréol (R.)

Aribaud (Av. M.) _____ 3
Cosmonautes (Allées des) _____ 7
Déodat de Séverac (Av.) _____ 9
Évadés de France (R. des) _____ 13
Jardins (R. des) _____ 18
Liberté (Pl. de la) _____ 18
Marceau (R.) _____ 19
Rameil (R.) _____ 24
République (Pl. de la) _____ 25
Résistance (Pl. de la) _____ 28
Tarris (R.) _____ 29
Tilleuls (Av. des) _____ 30
Tilleuls (Pl. des) _____ 33

EXCURSION

Pic de Fontfrède★. – *12 km puis 1/2 h à pied AR – schéma p. 155.* Quitter Céret par la place des Tilleuls (Sud du plan) et la route de Fontfrède montant à travers les châtaigniers. Les échappées se multiplient.

Laissant à gauche la route de las Illas, on atteint le col de Fontfrède (stèle des « Évadés de France » – 1940-1944) puis la fontaine, au terminus de la route (coin de pique-nique). Par un large chemin tournant, monter au sommet du pic (relais de télévision).

Panorama★ sur le Roussillon et le cours sinueux du Tech, jusqu'à la Méditerranée visible de part et d'autre des Albères (baie de Rosas, en Espagne), le Canigou à la triple cime, le rempart des Corbières d'où surgit le pic de Bugarach.

La CHALOSSE

Carte Michelin n° 78 - plis 6, 7, 17.

Pays encore ignoré des foules, la Chalosse insère ses collines dans le grand arc de l'Adour. Malgré l'humble apparence des métairies et des villages, d'aspect encore landais, la région où apparaissent des placages de « sables fauves » fertiles – on les reconnaît dans les tranchées – jouit d'un développement agricole équilibré. C'est un très vieux terroir où l'homme du paléolithique a ébauché des chefs-d'œuvre, comme la « Dame de Brassempouy » *(p. 20),* et où passèrent les pèlerins de Compostelle venant du Limousin.

Hagetmau, dans une situation centrale favorable aux excursions, St-Sever, vieille cité de clercs, point de départ d'une route de balcon (D 32) tracée au-dessus des « barthes » (prairies accompagnant l'Adour), se qualifient comme centres de tourisme.

LES BELVÉDÈRES DE LA CHALOSSE★
De St-Sever à Montfort-en-Chalosse, le long du D 32 – *26 km*

St-Sever. – *Page 167.*

Montaut. – 704 h. L'ancien bourg fortifié allonge sa rue principale aux maisons coquettes sur la crête du dernier pli de terrain de la Chalosse, dominant la plaine de l'Adour et la forêt landaise. La tour de l'église, formant porte de ville, est une reconstruction entreprise après les ravages des bandes de Montgomery *(voir p. 19).* A l'intérieur, remarquer le style différent des deux retables *(minuterie),* celui de droite, du début du 17ᵉ s., à l'architecture strictement rythmée par des lignes perpendiculaires contrastant avec celui de gauche, du 18ᵉ s., d'un baroque plus sinueux et plus naïf.

Entre Montaut et Mugron le D 32 multiplie les vues sur le revers du plateau de Chalosse dont les promontoires s'abaissent vers l'Adour et la « pignada ».

Mugron. – 1 470 h. (les Mugronnais). *Lieu de séjour, p. 42.* Chef-lieu de canton très lié au développement agricole de la Chalosse (cave coopérative, silos). Son port sur l'Adour expédiait, au temps des intendants, les vins de la région jusqu'en Hollande. La mairie, installée au bord du coteau dans une ancienne propriété bourgeoise, offre l'agrément de jardins aménagés à flanc de pente et de **vues★** sur la vallée de l'Adour, ses massifs de peupliers, les toits vieux rose de ses métairies, le pont de pierre.

COLLIOURE ★★

Carte Michelin n° 86 - pli 20 – *Schéma p. 156* – 2 691 h. (les Colliourencs) – *Lieu de séjour, p. 42.*

Collioure est bâtie dans un fort joli **site★★** que dominent les derniers contreforts des Albères.

Les deux petits ports, séparés par le vieux château royal, avec leurs barques aux couleurs vives et leurs filets étendus, fleurant l'anchois, sont très animés et attirent de nombreux peintres. Déjà les premiers « fauves » s'y réunissaient : Derain, Braque, Othon Friesz, Matisse...

Au bord du « lac catalan ». – La Collioure médiévale est avant tout le port de commerce du Roussillon, d'où s'exportent les fameux draps « parés » de Perpignan. C'est l'époque où la marine catalane règne sur la Méditerranée, jusqu'au Levant.

En 1463 l'invasion des troupes de Louis XI *(voir p. 170)* inaugure pour la ville une période troublée. Le château se développe sur l'éperon rocheux séparant le port en deux anses, autour du donjon carré élevé par les rois de Majorque *(p. 152).* Charles-Quint et Philippe II le transforment en une citadelle renforcée par le fort St-Elme et le fort Miradou. Après la paix des Pyrénées Vauban met la dernière main aux défenses : la cité enclose est rasée à partir de 1670 et laisse la place à un vaste glacis. La « Ville » basse devient désormais l'agglomération principale.

■ CURIOSITÉS *visite: 1 h*

Gagner à pied le Vieux port ou « port d'Amont » par le quai de l'Amirauté, le long du « ravin » du Douy, généralement à sec. Longer la plage Boramar.

Église (D). – Elle a été construite en 1691 pour succéder à l'église de la ville haute, rasée. L'antique tour du phare, d'un cachet si particulier, avec son dôme rose, lui sert de clocher.

L'intérieur, sombre, surprend par la richesse de ses neuf **retables★** dorés *(notice explicative à gauche du chœur).* Celui du maître-autel est l'œuvre du Catalan Joseph Sunyer, en 1698, ainsi que le retable de la chapelle du St-Sacrement, à gauche du chœur.

Trésor. — *Visite possible quand un guide est sur place.*

La sacristie abrite un beau meuble-vestiaire d'époque Louis XIII, des peintures des 15e s., une reliquaire du 16e s. et une Vierge du 17e s. qui aurait appartenu à l'église sacrifiée.

Aller jusqu'à l'ancien îlot St-Vincent relié à l'église par deux plages dos à dos. Derrière la petite chapelle, le panorama s'étend sur la côte Vermeille. Une digue mène au phare.

Revenir sur ses pas en passant derrière l'église.

Du pied du château St-Vincent faire une promenade au pied de la falaise, le long du sentier de la Moulade, puis flâner dans le vieux quartier du Mouré aux ruelles escarpées et fleuries. Traverser la passerelle du Douy, au fond du port de plaisance. On contourne alors, en quai, les impressionnantes murailles du château Royal jusqu'à la plage du port d'Avall, dite du Faubourg. Là, non loin des embarcations colorées s'élève l'église désaffectée (B) de l'ancien couvent des Dominicains. Au retour, belle vue sur la cité.

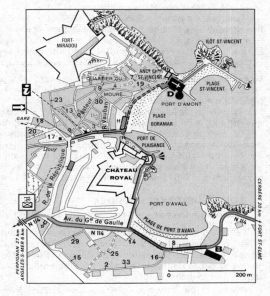

COLLIOURE

Amirauté (quai de l')	3
Démocratie (R. de la)	8
Jaurès (Pl. Jean)	14
Leclerc (Pl. Mar.)	17
St-Vincent (R.)	30
Aire (R. de l')	2
Arago (R. François)	4

Dagobert (R.)	7
Égalité (R. de l')	9
Ferry (R. Jules)	13
Lamartine (R.)	15
La Tour d'Auvergne (R. de)	16
Maillol (Av. Aristide)	18
Mailly (R.)	19
Michelet (R.)	20
Miradoux (Av. du)	23
Rousseau (R. J. J.)	29
Soleil (R. du)	33

Château Royal. — *On peut pénétrer dans certaines salles et monter sur les terrasses à l'occasion d'expositions temporaires, du 23 juin au 30 septembre, de 14 h 30 à 19 h 30. Accès par le parking Ouest, côté Douy.* Vues sur le port, la ville et les Albères.

Le COMMINGES ★★

Cartes Michelin n° 82 - plis 15, 16 et 17, 85 - pli 20 et 86 - plis 1, 2, 3, 11.

Le Comminges, ancienne province historique et ecclésiastique de la Gascogne, à laquelle se rattachaient le Val d'Aran *(guide Vert Michelin Espagne)* et le Couserans *(p. 99)*, se situe au centre de la chaîne pyrénéenne, à mi-chemin entre l'Atlantique et la Méditerranée. La région a pour cadre géographique le bassin de la haute Garonne, entre les cimes de la Maladetta (pic d'Aneto — 3 404 m — point culminant des Pyrénées) et les campagnes molles de l'avant-pays toulousain, jusqu'à Muret.

UN PEU DE GÉOGRAPHIE

Granits et marbres. — Les Pyrénées luchonnaises enrobées de quelques glaciers se dressent en barrière, suivant une ligne de crête jalonnée d'Ouest en Est par les sommets granitiques, tous d'altitude supérieure à 3 000 m, fermant la vallée d'Oô (Spijoles, Gourgs Blancs, Perdiguère) et la vallée du Lys (Crabioules, Maupas). L'échancrure la plus marquée, le port de Vénasque, s'élève encore à 2 448 m.

Les avant-monts calcaires, au Nord du bassin de Marignac et sur le rive droite de la Garonne, culminent au pic de Cagire (alt. 1 912 m), masse sombre dressant, vue de l'avant-pays, un repère très remarquable devant les hautes crêtes luchonnaises. La forêt, surtout des hêtres, se poursuit plus à l'Est dans le massif d'Arbas (pic de Paloumère — alt. 1 608 m) criblé de cavités souterraines et, partant, terrain d'exercice pour les spéléologues *(p. 33)*.

Le bas-pays gascon, longtemps ignoré des visiteurs, a livré depuis un siècle les témoins d'un important habitat paléolithique (Aurignac, gorges de la Save et de la Seygouade près de Montmaurin) et des vestiges de villas gallo-romaines (Montmaurin). Là se termina, avant les premières invasions barbares, au 5e s., la « belle époque » de l'Aquitaine des grands domaines, pourvus en marbres par les carrières de St-Béat.

La Garonne pyrénéenne. — « Garona » est, dans le Val d'Aran, un nom commun à plusieurs torrents. Le plus important, le rio Garona de Ruda, prend sa source à proximité du mont Saboredo (2 830 m) au Sud du col de la Bonaigua. Ce torrent reçoit plusieurs affluents dont le plus connu est le rio Garona de Juéu. Celui-ci naît en pleine forêt au güell de Juéu, résurgence des eaux de fonte glaciaire du versant Nord de la Maladetta étudiée par Norbert Casteret en 1931. *Pour plus de détails, voir le guide Vert Michelin Espagne.*

La Garonne pénètre en France au pont du Roi ; c'est encore un torrent de haute montagne par la pente et par le régime (basses eaux en hiver, hautes eaux en mai-juin). En Comminges, elle se grossit de la Pique, de l'Ourse et de la Neste d'Aure. A Montréjeau, débouchant dans une véritable gouttière qui s'allonge au pied de la chaîne, de la Barthe-de-Neste à Boussens, elle oblique vers l'Est et traverse la « rivière » *(p. 13)* de St-Gaudens. La cluse de Boussens *(p. 111)* marque la sortie définitive des Pyrénées.

Le COMMINGES★★

UN PEU D'HISTOIRE

Une création romaine. − En 76 avant J.-C., le grand Pompée, partant faire campagne en Espagne, annexe la haute vallée de la Garonne et l'intègre à la province romaine de Gaule transalpine. A son retour, en 72 avant J.-C., il fonde «Lugdunum Convenarum», aujourd'hui St-Bertrand-de-Commings *(p. 159)*, et y ramasse des aventuriers, des montagnards et des bergers. La cité se développe rapidement.

Dans les hautes vallées pyrénéennes, la dévotion aux dieux indigènes est intense et fait bon ménage avec le culte des divinités celtiques ou romaines. Les vallées de Larboust et d'Oueil étaient particulièrement marquées par cette ferveur religieuse et la plupart des églises de montagne du Luchonnais montrent encore, encastrés dans leurs murs, des vestiges lapidaires antiques (autels votifs, cippes, auges cinéraires, etc.).

Le comté de Commings. − Sa destinée fut contrariée par une situation inconfortable entre les domaines de la maison de Foix-Béarn et par la configuration d'un territoire constellé d'enclaves, dont celle du Nébouzan (St-Gaudens), également possession de Fébus. Aussi le comté fut-il éclipsé, dans l'histoire, par le prestige des évêchés de Commings (St-Bertrand) et de Couserans (St-Lizier). Le Commings revint à la France en 1454.

Le traité de Corbeil, conclu entre Saint Louis et Jacques Ier en 1258 avait réservé les droits de l'Aragon sur le Val d'Aran. Cette cession se trouva confirmée, de fait, par le traité des Pyrénées (1659). Faute d'un accord sur la délimitation d'un éventuel département montagnard des Pyrénées Centrales, interposé entre les Hautes-Pyrénées et l'Ariège, le pays devint en 1790 l'un des constituants de la Haute-Garonne.

ROUTE DE PEYRESOURDE★

D'Arreau à Luchon − *41 km − environ 2 h 1/2 − schéma ci-dessous*

Le D 618 remonte la vallée de la Neste de Louron d'abord resserrée entre des versants boisés, puis épanouie, au Sud d'Avajan, en un bassin aux nombreux villages, mais aux fonds humides à peu près abandonnés. Fermé au Sud, ce bassin est dominé à gauche par le groupe du pic de Hourgade (alt. 2 964 m), nœud orographique d'où se détachent de fines arêtes encadrant des combes neigeuses.

Génos. − *116 h. 1/4 h à pied AR. Au sommet d'une montée, aussitôt avant le panneau d'entrée, gagner l'église par la rampe, à gauche. Poursuivre, à pied, en contournant le cimetière par la gauche jusqu'à la ruine du château, bien située sur un «verrou» dominant un plan d'eau aménagé pour les distractions nautiques.* **Vue** *sur le fond montagneux de la vallée.*

Faire demi-tour ; au pied du verrou, traverser la Neste de Louron et, par Armenteule et Estarvielle, rejoindre la rampe du port de Peyresourde, tracée en balcon. Après la bifurcation de Mont, belvédère aménagé sur la vallée de Louron.

Par une combe, assombrie sur le versant opposé par la sapinière de Balestas, on atteint le col de Peyresourde (alt. 1 569 m).

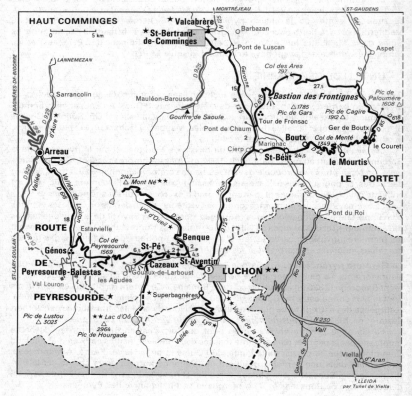

Peyresourde-Balestas. — Alt. 1 600 m environ. Centre de ski jumelé, au point de vue sportif, avec la station des Agudes par un réseau de remontées mécaniques coordonné de part et d'autre de la crête. S'élever un peu sur la croupe dominant l'altiport pour apprécier le **panorama★** : on découvre pour la dernière fois, en venant de l'Ouest, le massif de Néouvielle finement dentelé et ponctué de neige.

La descente du col sur le versant de Luchon révèle une nature riante. Quitter la D 618 pour la route de corniche menant à Gouaux-de-Larboust *(village où l'on fera demi-tour)* afin d'apprécier des **vues★★** sur la vallée d'Oô avec les toits d'ardoise du village d'Oô. La fraîcheur de cette vallée, où foisonnent les frênes et les noyers, s'allie avec bonheur au paysage de haute montagne caractéristique du massif luchonnais : roches sombres (Spijoles, Gourgs Blancs, pic du Portillon d'Oô) enrobées de petits glaciers.

Chapelle St-Pé (ou St-Pierre-de-la-Moraine). — Halte agréable. Les murs de l'édifice et surtout les contreforts incorporent des fragments de monuments funéraires antiques, très frustes.
Comme dans tout le Haut Comminges les manifestations religieuses de l'Antiquité celtique et romaine ont laissé ici de nombreux vestiges.

Cazeaux-de-Larboust. — 62 h. L'église *(pour visiter, s'adresser à M. le curé)* est décorée de peintures murales du 15e s., très retouchées. Face à la porte d'entrée, curieux Jugement dernier : la Vierge presse son sein pour adoucir les douleurs du Christ et calmer sa colère. Le glaive tombe des mains du Divin justicier.

A la sortie de Cazeaux, vue charmante sur l'église et les maisons de Castillon.

St-Aventin. — 149 h. *Laisser la voiture 100 m avant le départ de la rampe de l'église.* L'église est un majestueux monument roman à deux tours méritant un examen extérieur attentif pour les fragments sculptés pris dans les maçonneries : au pilier droit du portail, imposante **Vierge à l'Enfant★** (12es.) ; plus à droite, sur un contrefort, bas-relief représentant l'épisode légendaire de l' « invention » de saint Aventin : un taureau, piétinant furieusement, dégage le corps du martyr enveloppé d'un suaire ; à la jointure du mur de la nef et de l'absidiole Sud, petits monuments funéraires gallo-romains. A l'intérieur *(visite possible en la présence de M. le curé)*, bénitier pré-roman sculpté d'animaux symboliques : agneaux, poissons, colombes ; en face, figuration très grossière d'un Christ en croix, maladroitement rassemblée après cassure.
La grille en fer forgé fermant le chœur est un grand travail de ferronnerie, d'un type plus fréquent en Roussillon que dans ces vallées des Pyrénées centrales.
Parmi les peintures murales du 12e s. qui ont été dégagées, on reconnaît les effigies de saint Saturnin (ou Sernin) et de saint Aventin, de part et d'autre de la fenêtre centrale de l'abside.

Benque-Dessus. — *Du D 618, 2,5 km par la route de la vallée d'Oueil et l'embranchement de Benque (monter à l'église supérieure au terminus de la route).* Peintures murales du 15e s. *Minuterie à la disposition des visiteurs.*

La route, ombragée, poursuit sa descente vers le bassin de Luchon *(p. 126)*.

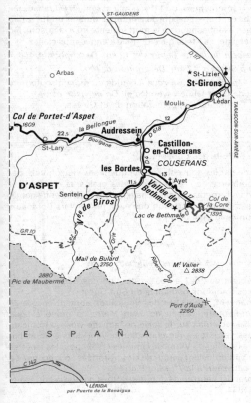

LUCHON ET SA RÉGION★★ — *schéma et description p. 126 à 128*

LE PORTET D'ASPET
De Luchon à St-Girons — *80 km — environ 2 h 1/2 — schéma ci-contre*

L'itinéraire est tracé, pour moitié en Comminges, pour moitié en Couserans (p. 100), de part et d'autre du col de Portet d'Aspet.

Après Luchon *(p. 126)*, la première partie du parcours se déroule dans la vallée de la Pique.

Avant d'arriver à Cierp-Gaud, belle vue, en arrière, sur la chaîne-frontière et, en avant, à droite, sur le massif calcaire du Gars surmonté d'une croix. La Garonne débouche, à droite, dans le large bassin de Marignac.

St-Bertrand-de-Comminges★ ; Valcabrère★. — *Du pont de Chaum (rive gauche), 15 km en continuant à descendre la vallée et en quittant la N 125 pour le D 26 à gauche, après avoir laissé à droite le pont de Luscan. Description p. 159 et 160.*

Passer le pont de Chaum et suivre le D 618. En avant, à droite, apparaissent les ruines de la **tour de Fronsac,** vestige d'une forteresse des comtes de Comminges. La route pénètre dans le joli pays des Frontignes et s'élève sur les flancs du pic de Gars, offrant des vues de plus en plus étendues, au Nord sur la vallée de la Garonne, au Sud sur la vallée de Luchon et son cirque de montagnes.

> **Bastion des Frontignes.** — Du lacet suivant le village d'Antichan, **vue** sur le massif de Luchon et ses petits glaciers. *Table d'orientation.*

La montée se poursuit, régulière, jusqu'au col des Ares (alt. 797 m).

La route remonte ensuite la rive gauche de la vallée du Ger, dans une belle gorge boisée.

> **Variante★★ par St-Béat et le Mourtis.** — *Réduction de parcours de 3 km, mais trajet plus accidenté. Quelques sections très étroites sur le versant Est du col de Menté.*
> Traversant le bassin de Marignac, dominé par les escarpements du pic de Gars, le D 44 dépasse des carrières de marbre et se rapproche du défilé de St-Béat.
>
> **St-Béat.** — 611 h. Cette ancienne place forte, la «clé de la France», comme le rappellent ses armes, commandait le débouché du Val d'Aran vers la Gascogne. Les maisons grises baignées par le torrent se courbent en arc au fond de la gorge. Dans le creux de l'escarpement de la rive droite, la citadelle (14e-15e s.) ne montre plus guère qu'un donjon utilisé comme tour d'horloge.
> Les marbres blanc ou gris de St-Béat, extraits dès l'époque romaine *(voir à Montmaurin p. 134)* furent en faveur au Grand siècle, surtout pour les bassins et statues du parc de Versailles. Ils apparaissent nombreux dans la ville, aux encadrements de portes et de fenêtres.
> St-Béat est la patrie du **maréchal Gallieni** (1849-1916) dont on pourra voir la maison familiale sur la rue de traversée, peu après la poste, du côté opposé à celle-ci, et la statue sur la promenade rive droite de la Garonne, au-delà de l'église.

La route s'élève rapidement au-dessus des toits d'ardoise de Lez.

> **Boutx.** — 213 h. Joli coup d'œil sur les toits tout comprimés du village.

La route décrit des lacets en forêt de résineux et atteint le **col de Menté** (alt. 1 349 m).

> **Le Mourtis.** — Les chalets et résidences, habités surtout à la saison du ski, se disséminent sous une forêt de vieux sapins frangés de lichens, partie d'un vaste ensemble boisé à cheval sur les vallées de la Garonne et du Ger.

Sur le versant Est du col de Menté la route descend dans le vallon resserré du haut Ger, semé de granges et de hameaux perchés, dont les églises montrent un clocher-mur portant trois aiguilles à boules (le Couret, Ger de Boutx). Après Henne-Morte la montée s'accentue.

> **Col de Portet d'Aspet.** — Alt. 1 609 m. Panorama depuis les pentes en face du chalet hôtel : le mont Valier (alt. 2 838 m), au dernier plan, pyramide sombre légèrement inclinée.

A St-Lary commence le parcours de la fraîche Bellongue, foisonnant en frondaisons. Les villages se succèdent au pied des clochers-tour ou de clochers-mur d'une grande distinction.

> **Audressein.** — 132 h. Site agréable au confluent de la Bouigane et du Lez.
> L'église de pèlerinage N.-D.-de-Tramezaygues (du 14e s. pour l'essentiel) est rehaussée d'un campanile ajouré. Le porche central est décoré de peintures murales du 15e s. peu lisibles (ex-votos de personnages ayant échappé à la mort violente ou à la prison). On reconnaît surtout saint Jean-Baptiste, saint Jacques et quatre anges musiciens.
>
> **Vallée de Bethmale★.** — *D'Audressein au lac de Bethmale, 13 km. Description p. 100.*
>
> **Vallée de Biros.** — *D'Audressein à Sentein, 12 km. Description p. 100.*

On laisse à droite le laboratoire de Moulis (C.N.R.S.) voué à l'étude du monde souterrain, dans le domaine de la biologie (étude de la faune cavernicole). *On ne visite pas.*
Les papeteries du Lédar marquent l'entrée de l'agglomération de St-Girons.

CONDOM

Carte Michelin n° 79 - pli 14 — 8 076 h. (les Condomois).

Condom, typiquement gasconne par les souvenirs qu'évoquent ses vieux hôtels, par ses activités partagées entre le commerce de l'Armagnac et des grains, la minoterie et l'industrie du bois, est le chef-lieu d'un arrondissement riche d'églises rurales et de gentilhommières. La Baïse, jadis canalisée pour l'exportation des eaux de vie vers Bordeaux, forme, le long des anciens quais, un beau plan d'eau.

■ **CURIOSITÉS** *visite : 1 h 1/2*

Partir de la place St-Pierre, dominée par le chevet de la cathédrale.

Cathédrale St-Pierre★ (E). — Rebâtie de 1507 à 1531, c'est l'un des derniers grands édifices du Gers construit suivant les traditions gothiques du Sud-Ouest.

Au portail Sud, gothique flamboyant, les niches des voussures abritent encore 24 statuettes : l'agneau de saint Jean-Baptiste, blason de Jean Marre, le grand évêque bâtisseur de Condom (1496-1521), se reconnaît sur le socle de la niche vide du trumeau.

Le vaisseau est illuminé par des verrières à remplage flamboyant dues à un atelier condomois (1858) pour le chœur et à l'Atelier du Vitrail de Limoges (1969) pour les fenêtres Sud de la nef. Les nervures des voûtes s'articulent autour de clés historiées : on reconnaît à la 5e travée les armes de l'évêque bâtisseur, à la 7e, saint Pierre.

La clôture néo-gothique du chœur est peuplée de grandes statues d'anges et de saints exécutés en terre cuite moulée en 1844.

Faire le tour du chœur par la gauche. Au-dessus de la porte de la sacristie, une très belle inscription commémore la consécration de la cathédrale en 1531. La chapelle axiale, dédiée à la Vierge, forme un sanctuaire gothique qui appartenait à l'ancienne cathédrale.

Cloître★ (**H**). – En grande partie refait au 19e s. Le système des voûtes l'apparente étroitement à la cathédrale. Sur la galerie Est se greffe la chapelle Ste-Catherine, transformée en passage public, où l'on retrouve de jolies clés de voûte polychromes.
Pénétrer dans le vestibule du palais de Justice, ancienne chapelle des Évêques.

Chapelle des Évêques (**J**). – Postérieure à la cathédrale, elle est encore de structure gothique. Voir surtout, du jardin de la sous-préfecture (**P** – ancien évêché, du 18e s.), son portail Renaissance surmonté d'une fenêtre décorée de baldaquins et de médaillons.
Par la place Lannelongue, gagner la rue Jules-Ferry : à droite, remarquer les bâtiments mansardés des écuries de l'évêque (ancienne gendarmerie).

Faire demi-tour et prendre la rue Gaichies. Sur la place du Lion d'Or, emprunter la rue Honoré-Cazaubon (n° 1, hôtel Empire ; n° 10, hôtel de Galard à façade Louis XV).

Rue Saint-Exupéry. – Entrer dans la cour du collège Salvandy, ancien collège d'Oratoriens (1724). Tour d'escalier gothique.
A l'extrémité de la rue Saint-Exupéry, tourner à droite pour gagner le «Cours» (avenue Général-de-Gaulle, rue Jean-Jaurès).

Hôtel de Cugnac (**R**). – *36, rue Jean-Jaurès. Visite des chais et de la cuisine.* Noble hôtel du 18e s. à corps central et ailes. Vieil alambic armagnacais.

Hôtel de Riberot (**S**). – *38, rue Jean-Jaurès (école de filles).* Autre hôtel du 18e s., à un seul étage et attique. Curieux petit balcon en étrave.

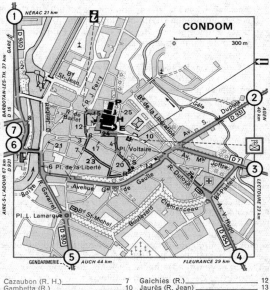

Cazaubon (R. H.)		7	Gaichies (R.)	12
Gambetta (R.)		10	Jaurès (R. Jean)	13
St-Pierre (Pl.)		24	Lannelongue (Pl.)	15
			Lion d'Or (Pl. du)	16
Aquitaine (Av. d')		2	Monnaie (R. de la)	17
Armuriers (R. des)		3	Roquepine (R.)	20
Bonamy (R.)		4	Roques (R.)	21
Buzon (R. et Quai)		6	Saint-Exupéry (R.)	23
Foch (R. du Mar.)		8	Solana (R. P.)	25

Les rues Roquépine et Bonamy ramènent à la cathédrale.

Musée de l'Armagnac (**P**). – *Il est installé dans les dépendances de l'ancien palais des Évêques (maintenant sous-préfecture). Visite de 10 h à 12 h et de 14 h à 18 h (17 h du 16 septembre au 31 mai). Fermé le lundi (et le dimanche hors saison) et le 1er janvier, le jour de l'Ascension, les 14 juillet, 15 août, 1er novembre et 25 décembre. Entrée : 5 F.*

Il groupe de rares matériels utilisés jadis par les vignerons de la région (pressoir pesant 18 tonnes, rouleau à fouler le raisin), un échantillonnage complet d'instruments de tonnellerie et de bouteilles produites par les gentilshommes-verriers gascons, divers alambics dont l'un exécuté comme chef-d'œuvre par un compagnon chaudronnier. Remarquer la carte des anciennes routes d'exportation de l'Armagnac par l'Adour ou par la Garonne.

EXCURSIONS

Abbaye de Flaran★. – *Carte n° 🔢 - pli 4. 8,5 km au Sud par ⑤, puis 1/2 h de visite. Au pied de Valence-sur-Baïse prendre le D 142, à droite. Visite du 1er juin au 31 août, de 9 h à 12 h et de 14 h à 19 h (18 h le reste de l'année). Fermée le mardi. Entrée : 5 F.*

L'abbaye, fondée en 1151 près du confluent de la Baïse et de l'Auloue, a été préservée jusqu'à nos jours. Elle se transforme en centre culturel.

L'**église**, désaffectée, garde dans son plan et ses proportions l'empreinte de la tradition cistercienne : remarquer le contraste entre la nef, de trois travées, voûtée en berceau brisé, et le transept, souche de quatre chapelles orientées. Signe des approches de l'art gothique, des voûtes d'ogives archaïques couvrent la croisée du transept et le bas-côté Nord.

Le cloître, du 14e s., n'a gardé depuis les guerres de Religion qu'une arcature gothique à colonnettes géminées. A l'Est, s'ouvre la salle capitulaire aux belles colonnes de marbre.

La Romieu★. – *536 h. 11 km au Nord-Est par ② et D 41 à droite, puis 3/4 h de visite.*
La cité dresse dans la campagne deux de ses plus belles tours gasconnes.

Collégiale★. – Elle remonte à Arnaud d'Aux (vers 1270-1321), fils d'une famille de la noblesse locale cousinant avec le pape gascon Clément V, premier pontife d'Avignon.

Les motifs décoratifs du **cloître** portent les traces de multiples dégradations. Du cloître, on descend à l'église par un portail ouvert sous un arc à mâchicoulis. Le chœur abrite les tombeaux du cardinal d'Aux et de ses neveux, refaits sous la Restauration.

Tour Est. – *Visite en juillet et août : renseignements au ☎ 28.15.74 ; en mai, juin et septembre, s'annoncer au ☎ 28.04.44.* Plantée hors œuvre, la magnifique tour octogonale est aménagée en salles gothiques superposées. Au rez-de-chaussée, la sacristie a conservé ses peintures murales du 14ᵉ s. : 16 anges occupent les compartiments de la voûte. Par un escalier à vis obscur et pénible (168 marches), on accède à la plate-forme. Vue intéressante sur les combles, la tour-clocher de l'Ouest, la tour du Cardinal, le cloître et la place à « couverts » du village.

Tour du Cardinal. – *Accès au Sud du cloître.* Seul vestige du palais du cardinal d'Aux.

Larressingle ; Montréal ; Fourcès. – *Circuit de 35 km à l'Ouest. Quitter Condom par ⑦, D 15.*

Larressingle. – La minuscule cité fortifiée sommeille depuis les guerres de Religion. Le donjon n'est plus qu'une ruine. L'église romane, aménagée aussi en ouvrage de défense, se réduit à deux chœurs emboîtés.

Montréal. – 1 493 h. Une des premières bastides de Gascogne, pittoresquement élevée sur un promontoire. Détruite à la Révolution, elle a gardé des restes de remparts, une porte fortifiée et les ruines de l'église St-Pierre-de-Genens dont le portail roman est surmonté d'un chrisme des 7ᵉ et 8ᵉ s.

A 2 km au Sud-Ouest, des fouilles ont mis au jour les fondations de l'importante et luxueuse villa gallo-romaine de **Séviac**. De belles mosaïques, déjà découvertes en 1868 puis en 1911, ont été dégagées, des colonnes de marbre, des thermes richement aménagés et aussi maints objets en fer, ivoire, os, des monnaies du 1ᵉʳ au 7ᵉ s., etc.

Le D 29, à la sortie de Montréal, remonte le cours de l'Auzoue.

Fourcès. – 374 h. Bastide anglaise fondée au 13ᵉ s., de plan circulaire original. Les maisons, sur arches de pierre ou de bois, sont groupées autour d'une vaste place ronde.

Regagner Condom par le D 114.

Les CORBIÈRES ★★

Carte Michelin n° 🎟 - plis 7 à 10.

Les Corbières, limitées par le grand coude de l'Aude, la Méditerranée et le sillon du Fenouillèdes forment un glacis des Pyrénées orientales, orienté, au Nord, vers la Montagne Noire, dernier pli du Massif Central.

Dominant de leurs barres rocheuses calcaires (Pic de Bugarach – alt. 1 230 m) la dépression du Fenouillèdes, les Corbières féodales, avec leurs « citadelles du vertige », devenues autant d'étapes sur les circuits cathares ont conquis la notoriété. Au centre du pays, un noyau de sédiments primaires détermine dans le bassin de l'Orbieu un relief enchevêtré et des contrastes de couleurs avivés par la lumière méditerranéenne.

La garrigue épineuse et parfumée constitue la formation végétale dominante ; elle a reculé toutefois devant le vignoble qui a conquis à l'Est de l'Orbieu les bassins et les fonds de vallée marneux disponibles, et, autour de Limoux, les coteaux du bassin délimitée de la « blanquette ». Les caves-coopératives signalent ces Corbières « vineuses ». « Corbières » est aujourd'hui une dénomination s'appliquant à des vins riches en alcool (jusqu'à 14°), fruités et colorés, dont le bouquet rappelle la flore parfumée du terroir.

Les vins de **Fitou**, produits par un terroir privilégié au point de vue sol et climat, sont d'une finesse plus accentuée. Ils bénéficient de l'appellation d'origine.

Le rempart du Languedoc. – Position de repli des Wisigoths refoulés du Haut-Languedoc vers le Sud *(p. 18)*, puis champ de bataille ensanglanté par des combats épiques entre Francs et Sarrasins, les Corbières deviennent sous l'Empire carolingien une « marche » dont les péripéties relèvent surtout de rivalités de vassaux. Mais après l'intégration au domaine royal français en 1229, la prise des châteaux acquis à la cause des Albigeois et la renonciation du roi d'Aragon à ses droits de suzeraineté sur les territoires du Nord de l'Agly en 1258, la frontière entre la France et l'Espagne se stabilise. Les « cinq fils de Carcassonne », Puilaurens, Peyrepertuse, Quéribus, Termes et Aguilar, deviennent pour cinq siècles des garnisons royales faisant face à la menace espagnole. L'annexion du Roussillon leur fera perdre leur rôle militaire.

Les abbayes. – Les Corbières ont attiré les fondations monastiques et toutes leurs dépendances : prieurés, « granges », moulins à blé, hospices, etc. Les Bénédictins étaient fixés à Alet, St-Polycarpe, St-Hilaire et Lagrasse ; les Cisterciens tenaient Fontfroide *(voir le guide Vert Michelin Causses-Cévennes)*, et, leurs sœurs, Rieunette.

La densité des sanctuaires, signalés par les cyprès des cimetières, reste frappante dans un pays aussi dépeuplé. Dans les communes à l'habitat dispersé (les Moulines près Fourtou, Caunette-sur-Lauquet) l'église se dresse, solitaire, au fond d'un vallon.

LES CORBIÈRES OCCIDENTALES★

De Limoux à Lagrasse – *78 km – une demi-journée – schéma p. 98*

Quitter Limoux (p. 121) au Sud-Est par le D 129.

St-Polycarpe. – 175 h. L'église fortifiée *(pour visiter, s'adresser à M. le Maire)*, ancienne abbatiale d'une abbaye bénédictine dissoute en 1771, montre du côté du cimetière son chevet roman dont des bandes lombardes forment la membrure. Sous le maître-autel sont exposées des pièces de l'ancien trésor : chef-reliquaire de saint Polycarpe, chef-reliquaire (tête nue) de saint Benoît, reliquaire de la Sainte-Épine, toutes œuvres du 14ᵉ s. ; tissus du 8ᵉ s. Les deux autels latéraux présentent un décor carolingien sculpté d'entrelacs et de palmettes. Sur les murs et les voûtes, restes de fresques du 14ᵉ s. (restaurées en 1976).

On quitte les vignobles pour les pâturages et les taillis de la haute garrigue.

Au-delà de Valmigère, le **panorama**★ s'ouvre au Sud : derrière la vallée d'Arques où la forêt de Rialsesse se détache sur des ravinements rouges, surgit la crête escarpée du pic de Bugarach et, à l'horizon, le Canigou. Les contrastes de teintes sont superbes par une claire fin de journée d'hiver ou de printemps, lorsque resplendissent les neiges du Canigou.

> **Château d'Arques.** — *Au départ d'Arques, 0,5 km le long de la route de Couiza.*
>
> Ce donjon *(pour visiter demander la clé à la mairie d'Arques)*, réservé à l'habitation dès la fin du 13e s., s'élève à l'intérieur d'une enceinte quadrangulaire ruinée. Bâti en beau grès doré, il est curieux par le dispositif de ses tourelles d'angle montées sur des socles évidés. On visite à l'intérieur deux salles voûtées superposées et la salle haute à pans coupés.

Le D 613, route du col du Paradis, se rapproche de la forêt de Rialsesse plantée il y a un siècle par l'administration. Le passage de la futaie de pins noirs d'Autriche aux couverts de feuillus est nettement visible au cours de la montée, sur le versant opposé de la vallée.

> **Variante par le plateau de Lacamp**★★. — *Allongement de parcours : 2 km. Le chemin du plateau supporte un trafic assez intense : ne pas stationner sur la chaussée.*
>
> *Suivre le D 40. 1 km après la Caunette-Haute, à un col, tourner à gauche dans le chemin de la «forêt» des Corbières occidentales.*
>
> Le plateau de Lacamp forme un môle, de 700 m d'altitude moyenne, projeté vers l'Orbieu. Le chemin court, sur 3 km, près du rebord Sud de ce causse : **vues**★★ immenses sur le bassin de l'Orbieu, le Bugarach et le Canigou, le St-Barthélemy, l'avant-pays du Lauragais, la Montagne Noire.
>
> *Redescendre au col, d'où gagner, par Lairière, le fond des gorges de l'Orbieu, et, en amont, Pont de l'Orbieu.*

Traversant le sillon du Val d'Orbieu à Pont de l'Orbieu, la route s'élève jusqu'à la garrigue du plateau de Mouthoumet.

> **Laroque-de-Fâ.** — Site pittoresque d'éperon fortifié, rafraîchi par le ruisseau du Sou dont on va suivre, de loin, la plongée vers l'Orbieu.

A partir du col de Bedos, le D 40 forme **route de crête**★ entre des ravins boisés. Dans l'échancrure de la gorge inférieure du Sou se découpent, sur leur rocher, les ruines du château de Termes.

> **Château de Termes.** — *Du pont du village, chemin carrossable en forte rampe ; de là 1/2 h à pied AR en gravissant les gradins marquant les enceintes successives.*
>
> Le site de promontoire, défendu par le formidable fossé naturel du Sou (gorges du Terminet), a plus d'intérêt que les ruines croulantes de ce «fils de Carcassonne» qui couvrait 16 000 m² de superficie.
>
> Tenu par Ramon de Termes, hérétique notoire, il ne tomba au pouvoir de Simon de Montfort qu'à l'issue d'un siège de 4 mois, d'août à novembre 1210, le plus dur de la première période de la croisade des Albigeois *(voir p. 175)*. La garnison, exposée au tir de nombreuses machines *(voir p. 28)* et minée par la dysenterie, ne survécut pas à une tentative de sortie générale.
>
> Des abords de la poterne Nord-Ouest *(pentes dangereuses)* et du sommet du roc, vues impressionnantes sur les gorges du Terminet.
>
> **Gorges du Terminet.** — En suivant cette boucle du torrent, avant les deux tunnels, admirer l'allure farouche du château, du côté Nord.

Dans un décor de vignobles, on rejoint la vallée sinueuse de l'Orbieu. Remarquer aussitôt après le confluent la ruine du château de Durfort *(inaccessible)* surgissant des fourrés à l'intérieur d'un méandre encaissé.

La route (D 212 et D 3) suit l'Orbieu jusqu'à Lagrasse *(p. 118)*.

LES CORBIÈRES FÉODALES★★★

De Port-Leucate et Port-Barcarès à Quillan — *156 km — compter une journée —* schéma p. 99

De Port-Leucate à Rivesaltes, suivre la route décrite en sens inverse p. 157.

Perdant de vue la plaine du Roussillon et la Méditerranée la route parvient en vue des crêts très mouvementés et piquants qui encadrent le sillon du Fenouillèdes.

Pas de l'Escale. — Échancrure rocheuse dans les crêtes des Corbières orientales.

La **vue**★ s'étend jusqu'au Canigou et au Puigmal.

Le D 39 s'incline vers le fond du bassin de Tuchan dont le vignoble fait une tache, verte ou mordorée suivant la saison, au pied de l'imposante mais désolée Montagne de Tauch.

> **Tuchan.** — 804 h. Centre de production de vins d'appellation «Fitou».
>
> **Château d'Aguilar.** — *De Tuchan, 2,5 km par la route de Narbonne et un étroit chemin de vignes goudronné partant à droite, aussitôt après une station-service. Du terminus de la route, 1/2 h à pied AR à travers les vignes et les broussailles.* Aguilar, construit sur une petite colline arrondie très vulnérable, fut renforcé au 13e s., sur l'ordre du roi de France, par une enceinte hexagonale flanquée de six tours rondes ouvertes à la gorge. En dehors de l'enceinte subsiste une chapelle romane intacte dans son architecture intérieure, hors une voûte crevée.
>
> Vue agréable sur le vignoble du bassin de Tuchan.

Un défilé du Verdouble encadré d'écailles rocheuses conduit dans le bassin de Padern.

> **Padern.** — Les ruines d'un château des abbés de Lagrasse *(p. 118)* dominent le village et la rivière.

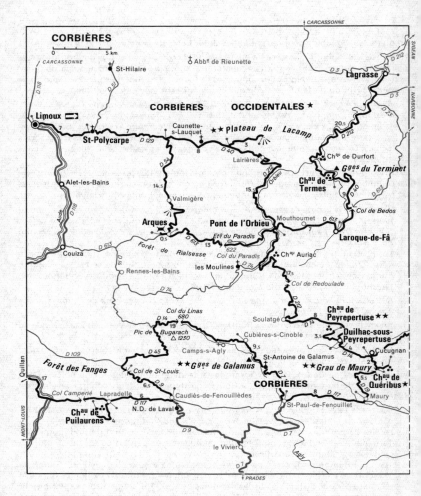

CORBIÈRES

0 _____ 5 km

CARCASSONNE

St-Hilaire

Abbᵉ de Rieunette

CORBIÈRES OCCIDENTALES ★

Limoux

Caunettes-s-Lauquet

★★ plateau de Lacamp

St-Polycarpe

Lairières

Lagrasse

Chᵃᵘ de Durfort

▲ Gᵍᵉˢ du Terminet

Chᵃᵘ de Termes

Col de Bedos

Alet-les-Bains

Valmigère

Arques

Pont de l'Orbieu

Mouthoumet

Laroque-de-Fâ

Couiza

Forêt de Rialsesse

Etᵍ du Paradis

Col du Paradis

les Moulines

Chᵃᵘ Auriac

Rennes-les-Bains

Col de Redoulade

Col du Linas 680

Pic de Bugarach △ 1230

Soulatgé

Chᵃᵘ de Peyrepertuse ★★

Duilhac-sous-Peyrepertuse

Cucugnan

Cubières-s-Cinoble

Camps-s-Agly

St-Antoine de Galamus

★ Gᵍᵉˢ de Galamus

★★ Grau de Maury

Forêt des Fanges

Col de St-Louis

CORBIÈRES

Chᵃᵘ de Quéribus ★

Maury

Col Camperié

Lapradelle

Caudiès-de-Fenouillèdes

St-Paul-de-Fenouillet

Chᵃᵘ de Puilaurens

N.D. de Laval

le Vivier

PRADES

Laisser à droite le village de Cucugnan bien connu pour le sermon de son curé, pièce d'anthologie du folklore d'Oc (version provençale par Roumanille, adaptation française par Alphonse Daudet, version occitane en vers par Achille Mir).

Duilhac-sous-Peyrepertuse. — 97 h. A la sortie Nord du bourg-haut, voir la fontaine communale alimentée par une source d'un débit surprenant pour la région.

Château de Peyrepertuse★★. — *Page 149.*

Pont de l'Orbieu, par le col de Redoulade. — *26 km, au départ de Duilhac.*
Le trajet du col de Grès à Soulatgé fait découvrir la face Nord de Peyrepertuse, côté où les murailles sont les plus continues.
Dans la descente du col de Redoulade vers l'Orbieu, faire halte au cimetière d'Auriac, en contrebas du village agrippé sur un éperon, site d'une ruine de château dominant un précipice.

Revenir de Duilhac à la bifurcation de Cucugnan ; monter au Grau de Maury.

Grau de Maury★★. — Ce petit col offre un admirable **panorama★★**. Les chaînes s'échelonnent en profondeur derrière la crête dentelée qui domine, au Sud, la dépression du Fenouillèdes.

Château de Quéribus★. — *Du Grau de Maury, 1 km par un chemin en forte montée, puis 1 h AR. Visite du 1ᵉʳ avril au 2 novembre, de 9 h 30 à 12 h 30 et de 14 h 30 à 19 h. Entrée : 4 F.*
Pendant la période de fermeture on pourra admirer le site — mais non le panorama lointain — en prenant de la hauteur sur l'éminence, à gauche du parking.

Site★★. — Le site de ce «dé posé sur un doigt» stupéfie. Le château donnait encore asile en 1241 à des diacres cathares. Son siège, en 1255, dernière opération militaire de la croisade des Albigeois, 11 ans après la chute de Montségur, ne semble pas s'être terminé par un assaut en force. Des terrasses, intenables par vent violent, **vue★★** splendide sur la plaine du Roussillon, la Méditerranée, les Albères et le Canigou, les massifs du Puigmal et du Carlit.
On s'attarde, à l'intérieur, dans une haute salle gothique à pilier central. Les singularités de son plan et de son éclairage ont donné lieu, comme à Montségur, à des interprétations liées à un symbolisme solaire.

Au cours de la descente vers Maury, les grands sommets des Pyrénées orientales apparaissent. En arrière, sur son esquille rocheuse, se détache Quéribus.
La montée reprend au-delà de St-Paul-de-Fenouillet : vue sur le chaînon calcaire coupé par la clue de la Fou.

Gorges de Galamus★★. – *Page 109.*

Moulin de Galamus. – *Terrain privé aménagé pour la halte et le pique-nique (demander l'autorisation au meunier).*
Site frais au bord de l'Agly ombragée. Derrière l'ancien moulin, dans la perspective d'eau du canal d'amenée, se découpe le Bugarach.

Le parcours est maintenant consacré au tour du **pic de Bugarach.** Par des vallons relativement frais mais déserts on admire les différentes faces de la montagne aux escarpements tourmentés. La montée au col du Linas à travers la vaste combe du haut Agly est particulièrement imposante. En arrière les ruines de St-Jordy – éperon Ouest de la citadelle de Peyrepertuse – se confondent avec leur socle rocheux.

Col de St-Louis. – Alt. 687 m. Point de départ des promenades dans la forêt des Fanges.

Forêt domaniale des Fanges. – Massif de 1 184 ha connu pour ses sapins de l'Aude *(voir p. 169)* exceptionnels. Promenades possibles en terrain calcaire souvent chaotique sur des sentiers balisés *(fléchage sommaire au départ de la route forestière reliant le col de St-Louis au col Campérié).*

Dans la descente du col de St-Louis à Caudiès-de-Fenouillèdes la route s'enroule « en tourniquet » – la chaussée passe successivement sur et sous le même viaduc – pour redescendre vers le sillon du Fenouillèdes.

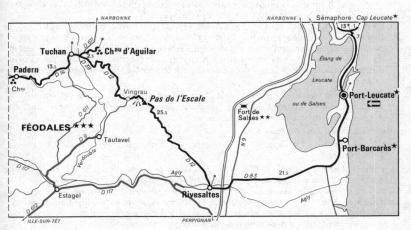

De Lapradelle, gagner Puilaurens par le D 22 ; à 800 m au Sud de ce village, prendre à droite le chemin d'accès au château de Puilaurens.

Château de Puilaurens. – *3/4 h à pied AR.* Ce « château de crête » a conservé sa silhouette à peu près intacte. On remarque de loin son enceinte crénelée à quatre tours et merlons à redans défendant les approches du donjon.
Position la plus avancée du roi de France face au royaume d'Aragon, depuis le traité de Corbeil en 1258, Puilaurens était encore en état de défense au 17e s. Les Espagnols le prirent finalement d'assaut en 1636.
On atteint la porte principale par une rampe en zig-zag coupée de chicanes. Débouchant dans la basse cour, ressortir par une poterne au pied de la tour Est pour gagner un bec rocheux d'où l'on apprécie la force de la position, du côté Nord, inaccessible, et la taille soignée des moellons à bossages.
Au Nord-Est, se dresse le pic de Bugarach ; au Sud, par la vallée de la Boulzane, apparaît le Canigou.

Par le col Campérié, le D 117 passe dans la vallée de l'Aude. *Laisser au Sud la trouée montagnarde de la rivière.*
Par le défilé de Pierre-Lys (p. 55), gagner Quillan (p. 151).

Le COUSERANS

Carte Michelin n° 86 - plis 2, 3, 13.

Étroitement associé au Comminges à l'époque féodale, tout en ayant son propre évêque à St-Lizier, le Couserans « aux 18 vallées » correspond géographiquement au bassin du haut Salat, avec St-Girons pour chef-lieu.

Lacérés par les nombreux affluents du torrent, les terrains sédimentaires relativement tendres de la zone axiale *(voir p. 11)* – schistes en particulier – forment des monts très ramifiés séparés par des amples vallées.

Un ciel calme et lumineux, une végétation fraîche et touffue constituent les attraits de ce pays où les conditions de vie montagnardes précaires engendrent, en l'absence de foyers industriels, la dépopulation rurale.

La chaîne-frontière, connue surtout pour la silhouette du mont Valier (alt. 2 838 m), sommet dont la sombre pyramide entre dans le champ de vision des Toulousains, reste le domaine des excursionnistes courageux (marches d'une dizaine d'heures fréquentes).

Les grottes préhistoriques de la vallée du Volp (Tuc d'Audoubert, Trois Frères), découvertes par le comte Henri Begouen *(voir p. 21),* restent fermées au public.

Le COUSERANS

VALLÉES DE BETHMALE ET DE MASSAT
D'Audressein à Massat — *50 km — environ 2 h — schéma ci-dessous*

L'itinéraire relie par la montagne la vallée du Lez à la vallée de l'Arac, où l'on retrouve la Route des Pyrénées, D 618.

Le col de Core reste généralement obstrué par la neige du 15 décembre au 15 avril.

Se greffant sur la D 618 à hauteur d'Audressein *(p. 94),* la route remonte la vallée du Lez.

Castillon-en-Couserans. — 429 h. (les Castillonnais). *Lieu de séjour, p. 42.*

Les Bordes. — 213 h. A l'entrée du bourg, à hauteur d'une croix, joli coup d'œil sur le plus vieux pont du Couserans et sur l'église romane d'Ourjout.

Vallée de Biros. — *Des Bordes à Sentein, 8,5 km.* La route, pittoresque, remontant la vallée du Lez ouvre, par les vallées affluentes, des perspectives sur les cimes de la chaîne frontière : mont Valier, dans l'enfilade du Riberot ; Mail de Bulard, au fond de la vallée d'Orle. Elle aboutit à **Sentein** (296 h. les Sentenois — *lieu de séjour, p. 42*), base d'excursions en montagne.
L'église est flanquée de deux tours quadrangulaires, reste de l'enceinte fortifiée qui mesurait 200 m de pourtour. Beau clocher à trois étages et flèche.

Vallée de Bethmale★. — Vallée largement ouverte, aux versants bosselés semés de granges et, le long de la route, de villages aux maisons étroitement imbriquées *(ne pas emprunter les déviations d'Arrien, d'Arêt et d'Ayet).*
La vallée était célèbre pour sa population (ne totalisant plus que 300 h. en 1975 pour Bethmale, l'unique commune). Le type physique de Bethmale, réputé pour sa prestance, et les costumes bethmalais, par exemple le costume des hommes dont les vestes de laine écrue à parements multicolores rappelaient certaines tenues paysannes d'apparat, dans les Balkans, n'ont pas cessé d'intriguer les ethnologues et les spécialistes du folklore.

Ayet. — Église *(demander la clé à Mme Yvonne Cau)* bien située en surélévation. On y verra des naïves boiseries du 18e s., en particulier le décor rocaille à claire-voie, en mauvais état, de la chapelle du baptistère.

Laisser la voiture dans un lacet à gauche, à l'entrée de la forêt domaniale de Bethmale.

Lac de Bethmale. — *1/4 h à pied AR.* Étang aux eaux vertes dans un beau décor de hêtres vigoureux et tortus.

Gagnant de l'altitude dans un cirque de pâturages la route atteint le col de la Core (alt. 1 395 m), offrant une dernière vue sur la vallée de Bethmale.
Sur le versant Est du col, le vallon d'Esbints montre un paysage boisé plus solitaire. Au Sud-Ouest, légèrement en arrière, se déroule le chaînon du mont Valier. En fin de descente, les arbres fruitiers et les granges se multiplient à nouveau, tandis que le bassin de confluence d'Oust, centre géographique du haut Salat, se rapproche.

Seix. — 1 009 h. (les Seixois). *Lieu de séjour, p. 42.*

La route traverse le village d'Oust et longe la rive droite du Garbet.

Vic. — Église bien ariégeoise *(demander la clé chez Mme Duran, à 20 m, ou à la maison voisine),* avec son clocher-mur et sa triple abside romane. Sur la placette, du côté du portail, une croix de fer forgé, témoin de l'habileté des ferronniers de l'Ariège, a été érigée comme monument aux morts des guerres mondiales.

La nef et les bas-côtés sont couverts d'un plafond du 16e s. à petits caissons peints *(en cours de restauration),* qui trouvent leur réplique dans les peintures murales de la voûte du chœur.

La vallée du Salat s'encaisse. Après le petit tunnel de Kercabanac, l'itinéraire retrouve la route des Pyrénées et remonte l'Arac dont elle épouse toutes les sinuosités. Peu après Castet, les gorges de la rivière décrivent un méandre très prononcé. La teinte rouge des roches s'allie au vert des arbres et, du côté «soulane», au roux des fougères séchées. Le paysage s'épanouit dans le bassin de Massat.

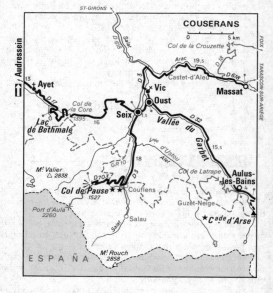

Massat. — 711 h. Petite capitale montagnarde. La façade de l'église au pignon en accolade est flanquée d'un élégant clocher du 15e s., haut de 58 m. Au dernier étage, des gueules de canon décoratives pointent à travers des baies en losange. Au-dessus du portail, belle grille d'imposte en fer forgé.

VALLÉE DU HAUT SALAT★
De Seix au col de Pause — *20 km — environ 1 h 1/2 — schéma p. 100*

La route du haut Salat se termine à Salau (mines de tungstène). Après 10 km d'un parcours très encaissé au bord du torrent, bifurquer, à l'entrée de Couflens, vers le col de Pause (route du port d'Aula). *Route de montagne étroite, tracée sur les versants raides. Chaussée mauvaise et ravinée sur les 3 derniers kilomètres (généralement obstruée par la neige d'octobre à mai).*

La petite route s'élève au-dessus de l'impressionnante vallée forestière d'Angouls. Par l'encoche du Salat apparaissent les sommets monotones du cirque terminal de la vallée, au-dessus de Salau (mont Rouch — alt. 2 858 m). Au-delà du village-balcon de Faup, superbement exposé, pousser jusqu'au col de Pause.

Col de Pause★★. — Alt. 1 527 m. Prendre de la hauteur sur la pente à droite, en direction du pic de Fonta, pour bien découvrir le mont Valier au-delà de la coupure de la vallée d'Estours. **Vue★★** sur les abîmes de la face Est de ce beau sommet et sur les arêtes de son chaînon Nord.

Au-delà du col de Pause, la route du port d'Aula, mauvaise et impressionnante, ne saurait être conseillée aux automobilistes soucieux de ménager leur voiture.

VALLÉE DU GARBET
D'Oust à Aulus-les-Bains — *15 km — environ 1/2 h — schéma p. 100*

La vallée est l'une des plus régulièrement évidées et l'une des mieux orientées du Haut Couserans. Ensoleillée, parsemée de nombreux hameaux gardant parfois des chaumières à pignons à redans, elle était appelée autrefois « Terro Santo » en raison du grand nombre de chapelles et d'oratoires que l'on y recensait.

Aulus-les-Bains. — 182 h. *Lieu de séjour, p. 42.* De son passé de station hydrominérale, Aulus conserve un parc où des buvettes permettent encore les cures de boisson (traitement des calculs biliaires et urinaires, de la goutte et de l'obésité). Sa position est très favorable aux excursions en montagne, dans la fourche des trois vallées supérieures du Garbet (Fouillet, Arse, haut Garbet), embellies de cascades et de lacs.

Cascade d'Arse★. — *4 km au Sud-Est d'Aulus puis 2 h 1/2 à pied AR.*
Continuer à remonter la vallée du Garbet. A 4 km, quitter la voiture à l'origine de la rampe en lacet de la route du col d'Agnes. Traversant le torrent et suivant alors vers l'Ouest, puis le Sud, le chemin balisé GR 10, on parvient au pied de la cascade bondissant de 110 m de hauteur, en trois chutes.

EAUX-BONNES
Carte Michelin n° 85 - pli 16 — *Schéma p. 71* — 421 h. (les Eaux-Bonnais) — *Lieu de séjour, p. 42.*

Cette station thermale, au fond de la vallée boisée du Valentin, offre les bienfaits de ses cures que le grand médecin béarnais Théophile de Bordeu *(voir p. 19)* orienta vers la spécialisation (affections des voies respiratoires). Ses « promenades », tracées au 19e s. sur les dernières pentes boisées du Gourzy, sont un témoin du sens raffiné de la nature et du confort régnant à l'époque. Eaux-Bonnes, à proximité des villages ossalois typiques d'Aas et d'Assouste, constitue avec Gourette *(p. 72)* une base de courses et d'escalades en moyenne montagne calcaire (pic de Ger).

L'esplanade du jardin Darralde, autour duquel des hôtels dressent un décor caractéristique du Second Empire thermal, est le centre des activités locales.

EAUZE
Carte Michelin n° 82 - pli 3 — 4479 h. (les Elusates).

La ville (prononcer éauze), bien massée au pied de son église, est l'une des métropoles de l'« Armagnac ». *Visite de chais : voir p. 34.*

Église. — Fin 15e s.-début 16e s. Exemple type du gothique méridional par son plan : long vaisseau unique flanqué de chapelles ménagées entre les contreforts soulignés par des colonnes en pierre semi-encastrées qui soutiennent l'élan des voûtes, portées à 22 m de hauteur. Remarquer le bel appareil de briques et moellons romains récupérés des ruines de l'ancienne Elusa, cité gallo-romaine aujourd'hui disparue. Quatre fenêtres hautes ont conservé leurs vitraux du 17e s.

LES GUIDES VERTS MICHELIN
Paysages
Monuments
Routes touristiques
Géographie, Économie
Histoire, Art
Itinéraires de visite
Lieux de séjour
Plans de villes et de monuments
La France en 19 guides.

Carte Michelin n° 86 - pli 20 — *Schéma p. 155* — 6 019 h. (les Illibériens).

Ancienne « Illiberis » aux temps des Ibères, Elne doit son nom au souvenir de l'impératrice Hélène, mère de Constantin. A la fin de l'Empire romain, elle était la véritable capitale du Roussillon. Siège épiscopal du 6ᵉ s. à 1602, elle dut à ce privilège de pouvoir hériter du nom de « cité », qui s'appliquait primitivement aux divisions administratives des provinces romaines, alors que Perpignan, sa rivale plus fortunée, ne fut jamais que « la ville ».

Cathédrale Ste-Eulalie. — *Visite : 1 h.* Sa construction remonte au 11ᵉ s. A partir du 14ᵉ s., et jusqu'au milieu du 15ᵉ s., on ouvrit les chapelles du bas-côté Sud dont les voûtes sur croisée d'ogives montrent les trois phases d'évolution de l'art gothique. Le plan primitif prévoyait deux clochers : seul fut réalisé le clocher carré de droite, en pierre ; l'autre, à gauche, est une tour d'époque moderne.

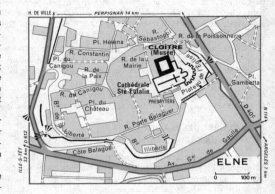

Le chevet est entouré par le soubassement d'un chœur gothique à chapelles rayonnantes, début d'exécution d'un projet abandonné.

De la terrasse, derrière l'église, on aperçoit la Méditerranée.

Intérieur. — *Accès par le cloître.* La table romane de marbre a retrouvé sa place lors du réaménagement « post-conciliaire » du maître-autel. Dans la chapelle à côté du portail Sud, retable peint par un maître catalan du 14ᵉ s. : les apparitions et les miracles de saint Michel ; sous l'orgue, bénitier de marbre cannelé en creux, évidé dans une vasque antique décorée d'une feuille d'acanthe. Dans l'ancienne chapelle du Christ, fresque de la fin du 14ᵉ s.

Cloître★★. — *Pour visiter, entrer côté Sud de la Cathédrale. Ouvert de 9 h à 12 h et de 14 h à 18 h (17 h en hiver). Fermé les mardis (et les dimanches en hiver). Entrée : 4 F.*

La galerie Sud, adossée à la cathédrale, fut élevée au 12ᵉ s. Les trois autres furent bâties du 13ᵉ s. au 14ᵉ s. : le cloître présente ainsi des sculptures romanes et gothiques.

Les chapiteaux des colonnes jumelées qui soutiennent les arcades en plein cintre sont historiés et portent des animaux fantastiques, particulièrement imagés sous les tailloirs des piliers quadrangulaires. Remarquer surtout la galerie Sud, romane, et la galerie Est que ses baldaquins décoratifs, sur les piliers, désignent comme une création gothique. De cette galerie, un escalier à vis monte à une terrasse d'où l'on découvre le cloître dans son ensemble, les tours et les combles de la cathédrale, les Albères à l'horizon.

Musée. — Installé dans une ancienne chapelle *(descente par un escalier au départ de la galerie Est)*, il présente le produit des fouilles pratiquées sur le site archéologique d'Elne (céramiques) et en éclaire la signification grâce à un tableau synoptique des civilisations de l'Antiquité dans l'aire ibérique. Vitrine sur la langue et l'écriture ibères que les érudits ont réussi à « translitérer » mais non encore à traduire.

Reconstitution d'un four métallurgique ibère, précurseur des « fourneaux catalans ».

*Pour circuler en ville, utilisez les plans du **guide Michelin France** :*

— *axes de pénétration ou de contournement*
— *carrefours aménagés, rues nouvelles*
— *parcs de stationnement, sens interdits...*

Une abondante documentation, mise à jour chaque année.

Carte Michelin n° 82 - pli 20 — 752 h. (les Fanjuvéens).

Lieu sacré dès l'époque romaine (le nom de Fanjeaux vient de fanum Jovis (« temple de Jupiter »), le bourg de Fanjeaux érigé sur un éperon offrant un immense **panorama★**, sur la plaine du Lauragais et la Montagne Noire, garde les témoignages des premières prédications de **saint Dominique** en pays cathare.

En juin 1206, Dominique, sous-prieur du chapitre de la cathédrale d'Osma en Vieille-Castille, et son évêque interrompent à Montpellier leur voyage de retour de Rome en Espagne, pour soutenir le zèle de trois légats envoyés par le pape Innocent III pour prêcher contre les Albigeois. En avril 1207 Dominique se fixe au pied de la colline de Fanjeaux, foyer actif du catharisme, fondant à Prouille une communauté de femmes converties, tandis que des frères s'installent dans le bourg perché. Ils y reçoivent de fréquentes visites de leur maître, avant le départ de celui-ci pour Toulouse, où naîtra, en 1215, l'ordre des Frères Prêcheurs.

Maison de saint Dominique. — Lors de ses séjours à Fanjeaux, Dominique s'installait dans la sellerie du château aujourd'hui disparu. La « chambre de saint Dominique » a gardé ses vieilles poutres et une cheminée. Transformée en oratoire en 1948, elle a été dotée de vitraux de Jean Hugo représentant les miracles de la mission du saint. Du jardinet se découvrent, par temps clair, les Pyrénées.

Le Seignadou★. – Du haut de ce promontoire, Dominique vit par trois fois un globe de feu descendre sur le hameau de Prouille. Ce prodige le décida à fonder là sa première communauté, perpétuée par un couvent de dominicaines.

Église. – Fin du 13e s. Le chœur présente un bel ensemble décoratif du 18e s.

La 2e chapelle de gauche abrite une poutre, témoin du « miracle du feu ». Sur la fin d'un jour d'hiver, passé à débattre avec les cathares, Dominique donne à l'un de ses contradicteurs un écrit résumant ses arguments. Rentré chez son hôte le cathare soumet publiquement la feuille à l'ordalie : lancée dans le feu du foyer par trois fois elle reste intacte mais, par trois fois, s'élève jusqu'au plafond laissant sur la poutre des traces de combustion.

Trésor. – *S'annoncer :* ☎ *(68) 24.70.22 (M. le Curé)*. Orfèvrerie liturgique ; bustes-reliquaires de saint Louis d'Anjou, l'un des patrons de l'ordre franciscain (vers 1415), et de saint Gaudéric, protecteur des paysans (1541).

FLEURANCE

Carte Michelin n° 82 - pli 5 – 5 817 h. (les Fleurantins).

Le nom de la ville laisse attendre, dans le contexte gascon, une bastide. Son plan géométrique – un triangle – et le quadrillage régulier de ses rues le confirment.
La ville doit une part de se notoriété à l'action de Maurice Mességué.

Église. – 15e s. Caractéristique du gothique du Midi. Les trois vitraux Renaissance de l'abside, restaurés au 19e s., sont l'œuvre d'Arnaut de Moles *(voir p. 52)*. Le nom de l'artiste apparaît au vitrail de l'Arbre de Jessé, à droite.

Dans une chapelle du collatéral gauche, remarquer la statue de N.-D.-de-Fleurance, du 15e s.

FOIX ★

Carte Michelin n° 86 - plis 4, 5 – *Schéma p. 106* – 10 235 h. (les Fuxéens).

Au débouché de l'ancienne vallée glaciaire de l'Ariège, Foix retient le touriste par son **site★** tourmenté où pointent des sommets aigus et par l'image des trois tours de son château surveillant, de leur roc, le dernier défilé de la rivière à travers les plis du Plantaurel.

La ville ancienne, aux rues étroites, a pour centre, à l'angle des rues de Labistour et des Marchands, le carrefour où coule la petite fontaine en bronze de l'Oie. Elle contraste avec le quartier administratif bâti au 19e s. autour de vastes esplanades que composent les allées de la Villote et le Champ de Mars.

FOIX

Bayle (R.)	B
Delcassé (R. Théophile)	B 4
Marchands (R. des)	B 12
St-James (R.)	A 22
Alsace-Lorraine (Av.)	B 2
Chapeliers (R. des)	A 3
Delpech (R. Lt P.)	A 5
Duthil (Pl.)	B 6
Fauré (Cours G.)	AB 7
Labistour (R. de)	B 8
Lazéma (R.)	A 9
Lérida (Av. de)	A 10
Préfecture (R. de la)	A 14
Rocher (R. du)	A 20
St-Volusien (Pl.)	A 23
Salenques (R. des)	A 24

Pour un bon usage des plans de villes, consultez la légende p. 44.

Château (A). – *Ouvert de 8 h 30 à 12 h et de 14 h à 18 h 30 en été, de 10 h à 12 h et de 14 h à 18 h en hiver. Entrée : 6 F.*

En 1002, le comte de Carcassonne, Roger le Vieux, lègue le château de Foix et des terres à son fils Roger-Bernard qui prend le titre de comte de Foix.

Le château est une solide place forte que Simon de Montfort évite d'affronter en 1211-1217, lors de la croisade des Albigeois. Mais en 1272, le comte de Foix refusant de reconnaître la souveraineté du roi de France, Philippe le Hardi prend en personne la direction d'une expédition contre la ville. A bout d'approvisionnements et impressionné par l'attaque du rocher au pic, le comte capitule.

Après la réunion du Béarn et du comté de Foix en 1290, la ville est pratiquement abandonnée par les comtes.

Au 17e s., le château perd son caractère militaire ; il est transformé en prison jusqu'en 1864 et, de nos jours, il abrite un musée.

La réputation du château tient surtout à son site. Des trois tours, les plus intéressantes sont la tour centrale et la tour ronde qui ont conservé intérieurement des salles voûtées des 14e et 15e s. Ces tours étaient enveloppées de deux enceintes.

De la terrasse entre les tours, ou mieux, du sommet de la tour ronde : **panorama★** sur le site de Foix, la vallée de l'Ariège, le Pain de sucre de Montgaillard.

FOIX★

Musée départemental de l'Ariège (AM). — Le corps de bâtiment reliant la tour centrale à la tour Nord présente deux salles d'arts et traditions populaires ariégeois. Remarquer la hotte d'un mineur du Rancié. La densité du minerai de fer explique ses dimensions minuscules, pour une charge de 50 kg environ.

Dans la tour ronde, trois salles gothiques superposées sont affectées à la Préhistoire, à la période gallo-romaine et au Haut Moyen Age.

La salle de la Préhistoire est centrée sur une vitrine hexagonale classant par ordre chronologique, les témoins des industries reconnues dans les grottes de l'Ariège, du paléolithique moyen à l'âge du bronze. Importants débris de faune (ours des cavernes, rennes, hyènes, mammouth, etc.); moulages d'empreintes humaines des grottes ariégeoises. Les collections des salles supérieures comprennent de précieux travaux en bronze gravé (boucles, fibules), des monnaies gauloises et romaines (1er étage), des armes (épées franques, au 2e étage). Une salle est consacrée au temps des prisons.

(D'après photo B. Josedupont, Jacana)

Chien de montagne des Pyrénées.

Église St-Volusien (B). — 14e-17e s. *En cours de restauration.*

Pont sur l'Arget (A). — Point de vue le plus favorable sur le château.

---

*Chaque année, le **guide Michelin France***
indique (avec adresse, et n° de téléphone)
les réparateurs, concessionnaires, spécialistes du pneu
et les garagistes assurant, la nuit, les réparations courantes...
Tous comptes faits, le guide de l'année, c'est une économie.

FOIX (Pays de) ★★

Cartes Michelin n°s 🎗️ - plis 17, 18 et 🎗️ - plis 3 à 6, 13 à 16.

Le Pays de Foix, qui forma le département de l'Ariège, a pour axe la vallée pyrénéenne de ce grand affluent montagnard de la Garonne.

Ce secteur de la chaîne reste avec le Couserans *(p. 99)* et le Donézan *(p. 54)* l'un des plus riches en traditions, mythes, légendes plus ou moins liés au catharisme.

L'Ariège. — L'Ariège prend naissance aux confins de l'Andorre dans le cirque de Font-Nègre et rejoint la Garonne peu avant Toulouse, après un parcours de 170 km.

Dans son cours supérieur, elle suit un sillon glaciaire qui s'élargit et change de direction à hauteur d'Ax. Les traces de l'ancien glacier sont particulièrement remarquables de part et d'autre de Tarascon. Par le défilé de Labarre, l'Ariège tranche les chaînes calcaires du Plantaurel et, gagnant la plaine de Pamiers que ses alluvions ont constituée, s'évade du domaine pyrénéen.

Un musée minéralogique. — La diversité des affleurements géologiques et des filons minéraux fait du département de l'Ariège un pays minier dont les ressources ont été tantôt exploitées, tantôt abandonnées, suivant les cours des marchés mondiaux. Le fer, la bauxite, le zinc, le manganèse sont relativement répandus, mais, à l'heure actuelle, seules les carrières de talc de Luzenac *(p. 128)* et les mines de tungstène de Salau (production annuelle : 600 t) se classent parmi les industries extractives d'importance nationale.

UN PEU D'HISTOIRE

Le comté de Foix. — Le pays de Foix, partie du duché d'Aquitaine, puis du comté de Carcassonne, a été érigé en comté au 11e s. Lors du traité de Paris (1229) qui met fin à la guerre des Abigeois *(p. 175),* particulièrement cruelle ici, le comte de Foix doit se reconnaître vassal du roi de France. En 1290, la famille de Foix hérite du Béarn et se fixe dans cet État.

Le rattachement à la couronne, par Henri IV, intervient en 1607.

Le comte de Foix, co-suzerain d'Andorre avec l'évêque d'Urgel, a transmis au roi de France ses droits sur cette seigneurie.

Une glorieuse famille. — Gaston Fébus ne fut pas le seul représentant de l'illustre lignée des comtes de Foix.

Gaston IV, fidèle partisan de Charles VII, négocia le traité de 1462 entre le roi d'Aragon et Louis XI. Il reçut en récompense la ville et la seigneurie de Carcassonne.

Catherine de Foix apporta en dot à Jean d'Albret, en 1484, le comté de Foix et la Navarre. Ses États ayant été envahis par le roi d'Espagne, Ferdinand le Catholique, elle en mourut de chagrin en 1517.

Gaston de Foix, le fameux « foudre d'Italie », neveu de Louis XII, reçut le commandement de l'armée royale en Italie. Il gagna la bataille de Ravenne mais y trouva la mort en 1512 à 22 ans, percé de quinze coups de lance. Odet de Foix, son cousin, blessé à ses côtés à Ravenne, survécut à ses blessures et contribua puissamment à la conquête du Milanais (1515).

Métiers d'autrefois. — Des siècles durant, les habitants du Pays de Foix se transmirent de père en fils certains métiers, caractéristiques de leur région.

Les mineurs du Rancié. — Les minerais de fer des Pyrénées, fort appréciés pour leur richesse, furent, très tôt, l'objet d'une extraction active. En 1293, on trouve déjà mentionné dans une charte « le droit pour tous ou chacun de tirer du minerai des mines de fer de la vallée (de Vicdessos), de couper les arbres et charbonner dans les forêts ».

La mine du Rancié, dont la fermeture définitive n'intervint qu'en 1931, était encore exploitée au siècle dernier suivant une formule coopérative archaïque : les habitants de la vallée, inscrits à l'« Office des Mineurs », étaient des associés plus que des salariés. Ils n'avaient le droit d'abattre par jour qu'une quantité déterminée de minerai.

Souvent, le mineur travaillait isolé à l'abattage. Une fois sa hotte remplie, il remontait le minerai à dos jusqu'à l'entrée des galeries et le vendait alors comptant aux muletiers qui assuraient le transport jusqu'à Vicdessos où s'approvisionnaient les maîtres de forges.

En 1833, dans la vallée de l'Ariège, soixante-quatorze forges « catalanes » s'alimentaient encore à cette mine.

Les orpailleurs. — L'Ariège roule de l'or dans ses eaux et, du Moyen Age à la fin du siècle dernier, les « orpailleurs » étaient nombreux à laver les sables à la recherche des précieuses paillettes. C'est en aval de Foix que l'Ariège devient aurifère ; les plus grosses paillettes ont été trouvées entre Varilhes et Pamiers : certaines pesaient jusqu'à 15 g. Ce pactole étant devenu trop capricieux, les orpailleurs professionnels ont disparu.

1 LE VOLESTRE ET LE PLANTAUREL

De Rieux à Tarascon — *83 km — une journée — schéma p. 106*

Au départ de Rieux *(p. 151),* la route s'engage dans la dépression de l'Arize, rivière sourdant, à 1 200 m d'altitude, dans un massif boisé *(voir « Route verte » p. 106).* Elle traverse le Volvestre, pays de coteaux de « terreforts » *(voir p. 12)* entre Garonne et Ariège.

Montesquieu - Volvestre. — 1 969 h. (les Montesquiviens).
Calme ville, rebâtie en brique au 16ᵉ s. et ceinturée de boulevards ombragés. L'église fortifiée du 14ᵉ s. se distingue par sa tour polygonale à 16 pans donnant l'illusion d'une construction ovale.

Montbrun-Bocage. — 386 h. *4 km au départ de Daumazan-sur-Arize.*
Pour visiter l'église, s'adresser à Mme Bouzour, au village. La petite église abrite un vaste ensemble de **peintures murales★** du 16ᵉs., interrompu par une voûte gothique postiche ; on reconnaît dans le chœur, saint Christophe, l'arbre de Jessé, des scènes de la vie de saint Jean-Baptiste ; au côté Nord, des scènes de la Passion et l'Enfer.

A Sabarat, l'Arize débouche à droite du défilé par lequel elle s'échappe des monts du Plantaurel.

Grotte du Mas d'Azil★★. — *Page 130.*

Retrouvant le jour au porche Sud de la grotte, l'Arize coule dans une vallée passagèrement plus ample où l'on remarque, accrochées à la pente comme des nids dans la broussaille, les chapelles du chemin de croix de Raynaude.
Le dernier défilé, aux ombrages agréables, décrit un angle droit et débouche après Durban dans la dépression du Sérou, zone particulièrement riche en percées hydrogéologiques *(voir p. 32).*

La Bastide-de-Sérou. — 941 h. (les Bastidiens). *Lieu de séjour, p. 42.* Dans le noyau ancien du bourg, l'église abrite un Christ rhénan pathétique du 15ᵉ s. — à gauche en entrant — et une Pietà de la fin du 15ᵉ s., dans une chapelle à gauche du chœur.
Sur la place de la halle (les mesures à grains, en pierre, y sont conservées) et dans les petites rues du quartier au Sud de l'église, remarquer plusieurs maisons aux portails datés du 18ᵉ s.

Rivière souterraine de Labouiche★. — *Page 117.*

La route pénètre à Foix par le pont sur l'Arget, offrant une vue privilégiée sur le château et ses trois tours.

Foix★. — *Page 103.*

Dès le départ de Foix, apparaît, en avant, le Pain de Sucre, piton qui domine le village de Montgaillard. Après la bifurcation de la route de Lavelanet, on observe les traces laissées par l'ancien glacier de l'Ariège qui a pu atteindre là une épaisseur de 100 à 400 m. Sur la rive opposée on distingue le rebord de la terrasse de matériaux moraïniques dans laquelle l'Ariège s'est enfoncée d'une cinquantaine de mètres.

Pont du Diable. — *1 km au départ de la N 20, par un passage à niveau suivi d'une descente très rapide au fond de la gorge (trois lacets très serrés). Laisser la voiture sur la rive gauche, après avoir passé le pont.*
Pittoresque ouvrage jeté sur l'Ariège au flot puissant et silencieux. Le ressaut inférieur de l'arche maîtresse atteste au moins une surélévation effectuée au 14ᵉ s. Jeter un coup d'œil sur le dispositif fortifié de la construction, du côté rive gauche (porte et chambre inférieure).

Des bosses rocheuses, sur la rive opposée, accidentent le fond de la vallée, donnant au paysage un aspect désordonné.
L'église romane de **Mercus**, isolée dans son cimetière, est élevée sur un de ces pitons. Le Roc de Soudour (alt. 1 070 m) annonce l'entrée du bassin de Tarascon *(p. 173).*

En fin de parcours remarquer à droite d'importants amas moraïniques semés de blocs erratiques correspondant à l'un des stades de retrait de la langue terminale du glacier : deux de ces blocs sont bien visibles près de la route, à la sortie de Bompas.

② ROUTE VERTE ET ROUTE DE LA CROUZETTE★★

De Foix à Massat — *34 km — environ 2 h 1/2 — schéma ci-dessous*

La route reste généralement obstruée par la neige de la mi-décembre à la mi-juin entre le col des Marrous et le col de la Crouzette ainsi qu'au col des Caougnous.

A la sortie de Foix *(p. 103)*, le D 17, en rampe légère, remonte la **vallée de l'Arget** ou **Barguillère,** région autrefois connue pour sa métallurgie (clouterie). Après la Mouline, la montée s'accentue et, à Burret, la route s'écarte de l'Arget qui prend sa source dans une conque boisée.

Col des Marrous. — Alt. 990 m. Vues étendues sur les vallées de l'Arize au Nord et de l'Arget au Sud.

La montée se poursuit à travers une forêt où dominent les hêtres. A droite, belles échappées sur le Plantaurel et les plaines de Toulouse et de Pamiers. Après le col de Jouels, la route, tracée en corniche sur les pentes supérieures du cirque boisé de Caplong, où naît l'Arize, prend un caractère panoramique. Au second plan surgit la pyramide tronquée du mont Valier (alt. 2 838 m). Le panorama se dégage complètement au col de Péguère (alt. 1 375 m).

Route de la Crouzette★★. — Parcours de crête sur les croupes du massif de l'Arize couvertes de fougères ; la route domine les cirques forestiers des ruisseaux tributaires de l'Arize, au Nord, et la fraîche vallée de Massat, doucement évidée, au Sud.

Sommet de Portel★★. — Alt. 1 485 m. *1/4 h à pied AR.*

A 3,5 km du col de Péguère laisser la voiture au passage d'un col où la route décrit une large boucle ; monter, au Nord-Ouest, sur cette bosse herbeuse jusqu'aux fondations d'un ancien signal. **Panorama★★** sur les sommets du haut Couserans, jusqu'à la chaîne frontière.

De ce dernier col, le vieux chemin prenant à l'intérieur de la boucle de la route descend en quelques minutes à la fontaine du Coulat, joli coin, agréablement situé pour la halte ou le pique-nique.

Poursuivre jusqu'au col de la Crouzette d'où l'on descend à Massat (p. 100) par Biert et la route des Pyrénées.

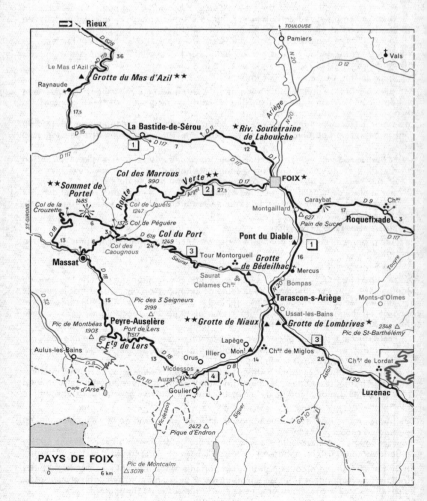

PAYS DE FOIX

③ ROUTE DU COL DE PORT ET VAL D'ARIÈGE★

De Massat à Ax-les-Thermes★ — 65 km — environ 2 h, visite des grottes non comprise — schéma ci-dessous

A l'Est de Massat *(p. 100)*, le bassin supérieur de l'Arac s'épanouit et la route, très sinueuse, en offrant de jolies vues sur le verdoyant pays de Massat puis sur le majestueux massif du mont Valier s'élève vers le col des Caougnous.

En avant s'échancre le col de Port ; à droite, derrière un premier plan mamelonné, apparaît la cime déchiquetée du pic des Trois-Seigneurs.

De nombreux hameaux se succèdent ; la vue sur le mont Valier devient superbe. On atteint bientôt les dernières habitations et la limite supérieure des prairies et des forêts, pour pénétrer dans le domaine des landes de fougères et de genêts. A droite, sur l'autre versant, belle forêt de sapins.

Col de Port. — Alt. 1 249 m. Vues contrastées. Là semble passer la frontière naturelle entre les Pyrénées «vertes», soumises à l'influence atlantique, et les Pyrénées «du soleil», aux paysages plus contrastés.

La descente s'effectue par la vallée de Saurat, ensoleillée et fertile. A la sortie de Saurat se dresse, dans l'axe de la route, la tour Montorgueil. On passe ensuite entre les deux énormes masses rocheuses de Soudour et de Calamès, cette dernière couronnée de ruines.

Grotte de Bédeilhac. — *A 800 m du bourg de Bédeilhac. Visite du 1ᵉʳ juillet au 10 septembre de 10 h à 11 h 30 et de 14 h à 18 h 30 ; en avril, mai, juin et du 10 septembre au 10 octobre à 15 h (et 16 h 30 les dimanches et jours fériés). Fermé le mardi, sauf en saison. Durée : 1 h 1/4. Entrée : 15 F.*

La cavité s'ouvre par un immense porche (36 m de largeur sur 24 m de hauteur) dont l'aménagement en usine souterraine d'aviation avait été entrepris par les Allemands en 1943.

Contournant une énorme concrétion stalagmitique de 120 m de circonférence, on atteint à 800 m de l'entrée la salle terminale. L'étanchéité absolue de la voûte depuis 15 000 ans y a favorisé la conservation de gravures (certaines sur le sol même de la grotte) et peintures d'animaux, rendues plus expressives par l'utilisation du modelé naturel de la roche (grand bison, très beau renne). Ces dessins datent de l'époque magdalénienne *(voir tableau p. 20).*

Tarascon-sur-Ariège. — *Page 173.*

Grotte de Lombrives★. — *Page 121.*

En amont d'Ussat, le val d'Ariège est une ancienne auge glaciaire profonde et régulière, ouverte au pied des escarpements du Sabarthès, criblés de grottes. Ces escarpements s'écartent à l'entrée du bassin des Cabannes, débouché de la vallée de l'Aston. A gauche se dégage le pic de St-Barthélemy (alt. 2 348 m).

Sur les plus proches promontoires se détachent successivement les ruines de l'ermitage de St-Pierre et du château de Lordat. Le contraste entre le versant ensoleillé, où s'étalent cultures et habitations, et le versant d'ombre, couvert de forêts, devient frappant.

Luzenac. — *Page 128.*

La N 20 remonte la rive gauche de l'Ariège. L'église d'Unac au beau clocher roman est campée sur l'autre rive. Avant d'arriver à Ax *(p. 56)*, on aperçoit la Dent d'Orlu.

④ ROUTE DU PORT DE LERS ET DU VICDESSOS

De Massat à Tarascon — 42 km — environ 3 h — schéma p. 106

La route du port de Lers révèle aussi un contraste sensible entre des paysages bocagers «atlantiques» et la nature méditerranéenne, plus âpre.

Quitter Massat (p. 100) par le D 18.
La route s'engage dans des vallons étroits ouverts en terrain schisteux comme le rappelle le matériau sombre des maisons montagnardes.

Peyre Auselère. – A la sortie des bois, après une montée accentuée, dans ce dernier hameau de la vallée aux granges éparses, quitter la voiture pour faire halte au bord des gracieuses chutes du torrent. *Un pont permet de passer sur la rive gauche.*

La route se déploie dans le cirque de Lers, où pâturent chevaux et moutons.

Étang de Lers. – *Pêche. Location de pédalos en été.* Site solitaire au pied du pic de Montbéas, embelli au début de l'automne par la floraison des ajoncs.

La route franchit le port de Lers (alt. 1 517 m) que signale une humble croix de fer «aux outrages» *(voir p. 147)*. Elle redescend, rapidement, la gouttière très inclinée de la vallée de Suc.

Avant d'arriver à Vicdessos, belle vue en avant sur la vallée suspendue de Goulier.

Laissant en arrière Auzat et son usine d'aluminium suivre la profonde et rude vallée du Vicdessos.

A gauche se succèdent les villages balcons d'Orus et d'Illier.

A Laramade s'ouvre, à droite, la vallée de Siguer. Le port de Siguer (alt. 2 396 m) constituait un passage très fréquenté pour les échanges entre la France, l'Andorre et l'Espagne. Il a été emprunté, au cours de la dernière guerre, par de nombreux Français.

En avant, perchées sur un promontoire rocheux, se dressent les ruines claires du château de Miglos, du 14ᵉ s. – site de légende – auquel fait pendant, sur la rive gauche, le village de Lapège.

100 m après la bifurcation de Junac, à gauche, le monument aux morts 1914-1918 est une œuvre de Bourdelle.

Grotte de Niaux★★. – *Page 139.*

Avec les forges de Niaux et surtout l'usine Péchiney de Sabart, faubourg de Tarascon *(p. 173)*, le paysage reprend une touche industrielle.

⑤ LES CHATEAUX CATHARES DE L'ARIÈGE★★

De Foix à Quillan – *78 km – environ 3 h – schéma p. 106 et 107*

L'itinéraire qui traverse l'actif Pays d'Olmes donne l'occasion de guetter les apparitions successives de Montségur – trente kilomètres durant – au cours d'un trajet accidenté sur les contreforts du Plantaurel ou du St-Barthélemy.

Quitter Foix (p. 103) au Sud-Est par ② N 20, puis prendre le D 9 à gauche.

La route s'élève à flanc de montagne en laissant à droite le Pain de Sucre de Montgaillard : virant à l'Ouest, elle vient dominer la dépression évidée entre la dernière ride du Plantaurel et le massif cristallin du St-Barthélemy aux formes puissantes. Dès Caraybat le regard se fixe, au loin, sur le piton de Montségur. En avant se rapproche la muraille rocheuse de Roquefixade couronnée de ruines.

Roquefixade. – Le château, lieu de refuge cathare, ne fut pas pris par les croisés mais saisi en 1272 par Philippe le Hardi en même temps que celui de Foix. Faire halte à l'entrée du village devant une croix. De cet endroit, la **vue★** s'étend, au-delà de la vallée coupée de rideaux de frênes et semée de villages aux toits roses, sur le massif du St-Barthélemy et, vers l'aval, à droite au dernier plan, sur le massif des Trois-Seigneurs. Vers l'amont, au Sud-Est, on reconnaît le rocher de Montségur, avec lequel le château pouvait communiquer par feux.

Passant un seuil, la route descend vers la vallée du Touyre, sillon d'activité industrielle du Pays d'Olmes. Gagner Villeneuve-d'Olmes, centre d'industrie textile, puis Montferrier où se fait déjà sentir la rudesse montagnarde. La montée à Montségur commence aussitôt.

Château de Montségur★. – *Page 135.*

La route s'échappe de la combe de Montségur – en arrière, perspective sur la cime dentelée du pic de Soularac – par une gorge rocheuse, au flanc Est du «pog».

Au-delà du village de Fougax, avant que l'Hers ne s'encaisse en défilé, ne pas manquer, en arrière, une dernière **vue★★**, la plus étonnante, sur Montségur dont le rocher fait figure sur cette face, de véritable piton, devant le massif du St-Barthélemy.

Fontaine intermittente de Fontestorbes. – Débouchant d'une voûte rocheuse dans la vallée de l'Hers, la source de Fontestorbes, résurgence des eaux infiltrées dans les terrains calcaires d'une partie du plateau de Sault, est intéressante par le phénomène d'intermittence qui la caractérise à l'époque des basses eaux (en général de mi-juillet à fin novembre). Le phénomène se déclenche dès que le débit s'abaisse à 1 040 litres/seconde, puis se répète avec régularité toutes les heures au début, pour augmenter par la suite jusqu'à 90 mn. Le débit oscille entre 100 et 1 800 litres/seconde.

Au-delà de Bélesta, la route de Quillan, tracée au pied du rebord boisé du plateau de Sault, offre, du col de la Babourade, une vue lointaine, en avant, sur les Corbières et le vigoureux sommet rocheux du pic de Bugarach (alt. 1 230 m), point culminant du massif.

Puivert. – *Page 150.*

Après Puivert, la traversée de plateaux moins sauvages s'achève par un parcours panoramique au-dessus de la vallée de l'Aude. Après une première échappée au Nord-Ouest, en contrebas, sur la vallée et le Razès *(p. 55)*, la route atteint le col du Portel, début de la descente finale, très sinueuse, vers Quillan *(p. 151)*.

Respectez les foins non coupés,
l'une des rares richesses du montagnard.

FONT-ROMEU ★★

Carte Michelin n° 86 - pli 16 – *Schémas p. 54 et 88* – 3 026 h. (les Romeufontains) – *Lieu de séjour, p. 42.*

Font-Romeu est une création touristique artificielle *(voir p. 19)*, née vers 1920, à 1 800 m d'altitude sur le versant ensoleillé de la Cerdagne française, au-dessus de la limite de l'habitat montagnard. La station occupe un site panoramique, admirable, protégé des vents du Nord, à la lisière d'une forêt de pins.

Son altitude, son insolation, la sécheresse exceptionnelle de son atmosphère l'ont fait choisir dès l'origine comme séjour climatique. Depuis 1968 un lycée climatique et sportif a hérité des imposantes installations « pré-olympiques » (piscine, patinoire artificielle, centre équestre, etc.) construites pour l'entraînement des athlètes appelés à disputer les Jeux de Mexico. L'établissement accueille les « espoirs » français et les jeunes d'âge scolaire handicapés par l'asthme.

Le domaine skiable de Font-Romeu ne culmine qu'à 2 200 m et le compromis entre neige et soleil y est naturellement instable. Toutefois, ces champs de neige comprennent aussi des pistes difficiles exposées au Nord, sur le versant des Bouillouses.

Entre l'agglomération touristique et le lycée, l'ermitage témoigne de l'illustre pèlerinage catalan auquel le lieu dut son nom de « fontaine du Pèlerin » (fount Romeu).

Ermitage★. — Il abrite la « Vierge de l'Invention ». Selon la légende, N.-D.-de-Font-Romeu a été « inventée » (trouvée) par un taureau. La bête restait près d'une fontaine, grattant le sol et poussant des beuglements retentissants. Intrigué et lassé, le bouvier finit par examiner le lieu et découvrit, dans une anfractuosité, une statue de la Vierge.

L'ermitage attire, les jours d' « aplech », une foule considérable. Le 8 septembre, fête « del Baixar » (de la descente), la Madone est portée solennellement à l'église d'Odeillo où elle reste jusqu'au dimanche de la Trinité (« el Pujar »). Elle est ensuite ramenée à la chapelle de l'Ermitage avec la même solennité. Les autres aplechs ont lieu le 3ᵉ dimanche après la Pentecôte (« cantat » des malades) et le 15 août.

La chapelle date des 17ᵉ et 18ᵉ s. La fontaine miraculeuse encastrée dans le mur, à gauche, alimente une piscine située à l'intérieur du bâtiment au pignon dirigé vers la montagne. A l'intérieur de la chapelle *(ouverte du 1ᵉʳ juillet au 8 septembre ; le reste de l'année pendant les offices seulement)*, on verra un magnifique retable de Joseph Sunyer datant de 1707 : la niche centrale abrite la statue de N.-D. de Font-Romeu ou, quand celle-ci est à Odeillo, celle de la Vierge du Camaril ; à la prédelle, trois scènes très fines retracent les épisodes de l'« Invention ».

Prendre, à droite, derrière le maître-autel, l'escalier qui conduit au **camaril**★★, le petit « salon de réception » de la Vierge, aménagement typiquement espagnol, d'une inspiration touchante ; c'est le chef-d'œuvre de Sunyer. L'autel, aux panneaux peints, est surmonté d'un Christ encadré par la Vierge et saint Jean. Deux délicats médaillons, la Présentation au temple et la Fuite en Égypte, ornent les dessus de porte. Aux quatre angles, jolies statues d'anges musiciens.

Calvaire★★. — Alt. 1 857 m. A 300 m de l'ermitage, en direction de Mont-Louis, prendre, à droite un sentier jalonné par les stations d'un chemin de croix. Du calvaire érigé au sommet, le **panorama**★★ est très étendu sur la Cerdagne et les montagnes environnantes.

EXCURSION

Col del Pam★. — Alt. 2 005 m. *5,5 km au Nord par la route des pistes (départ du calvaire), puis 1/4 h à pied AR.*

Du balcon d'orientation aménagé au-dessus de la vallée de la Têt, **vue**★ sur le massif du Carlit, le plateau des Bouillouses, le Capcir (haute vallée de l'Aude), le Canigou.

GALAMUS (Gorges de) ★★

Carte Michelin n° 86 - Sud du pli 8 – *Schéma p. 154.*

La hardiesse de la route taillée dans le rocher, le site de l'ermitage collé à la paroi donnent au passage un caractère fantastique surtout lorsque flamboie le soleil catalan.

La route de Cubières à St-Paul-de-Fenouillet, tracée d'abord au fond des gorges, s'élève ensuite en corniche. Laisser la voiture au « rond-point de l'Ermitage », terre-plein situé avant le tunnel, pour remonter à pied les gorges dans leur partie la plus impressionnante. Admirer la fissure dont les blanches parois sont mouchetées de broussailles.

Ermitage St-Antoine-de-Galamus. — *1/2 h à pied AR.* On y descend soit du rond-point de l'Ermitage, soit de l'aire de stationnement installée à la sortie des gorges (vue sur le Canigou). La construction de l'Ermitage *(restaurant champêtre)* masque la chapelle aménagée dans la pénombre d'une grotte naturelle.

GARAISON (N.-D.-de)

Carte Michelin n° 85 - pli 10 — 10 km au Sud de Castelnau-Magnoac.

Autour d'un sanctuaire de pèlerinage isolé dans un vallon du plateau de Lannemezan, s'est développé à partir du 17e s. un couvent voué à l'évangélisation des campagnes pyrénéennes et, depuis 1847, à l'éducation.

Durant la guerre de 1914-1918, les bâtiments, alors désaffectés, servirent de centre d'internement pour des ressortissants civils allemands. Le Dr Schweitzer en fut l'hôte forcé.

En 1974, le retour dans la chapelle du mobilier dispersé à la Révolution a marqué la fin de sa restauration.

Collège. — L'aile ancienne du couvent, élégant bâtiment Louis XIII à galerie de cloître aux arcades surbaissées, donne sur la cour d'honneur. En retour d'équerre s'allonge la chapelle.

Chapelle. — Le bâtiment du porche, de style classique, s'abrite sous un dôme à lanternon et campanile qui masque le sommet du fronton.

Le portail à bossages ouvre sur un vestibule dont les voûtes basses sont décorées de peintures naïves de 1702 représentant les pèlerinages du passé. Remarquer les Pénitents blancs, bleus, gris ou noirs dans la cagoule de leur confrérie.

Le vaisseau abrite un **mobilier**★ du 17e s., œuvre du sculpteur toulousain Pierre Affre. Autour de la Pietà vénérée, du 16e s., s'ordonnent, dans un cadre de boiseries noires et dorées, 12 statues — prophètes et héroïnes de l'Ancien Testament, parents de la Vierge — accompagnées d'extraits bibliques poétiques. Dans la 1re chapelle de gauche, admirer un Christ du 17e s.

D'importants fragments de peintures murales du 16e s. ont été dégagés : voir en particulier la représentation du site de Garaison vers 1550 (haut des parois Nord et Sud de la nef), les scènes de la vie de sainte Catherine (1re chapelle à droite) et de la vie de saint Jean-Baptiste (2e chapelle à droite). *Projecteur portatif à la disposition des visiteurs.*

En sortant du sanctuaire, on ira voir, au pied du chevet, la fontaine « de la Bergère ».

Monléon-Magnoac. — 955 h. *7 km au Nord par le D 9.* L'église paroissiale conserve des boiseries et des statues provenant de Garaison ; celles des **Évangélistes**, entre les symboles des Vertus théologales et cardinales, sont les plus expressives : saint Jean et saint Matthieu (dans le chœur), saint Marc (à gauche en entrant) et surtout saint Luc (au-dessus des fonts baptismaux), coiffé du bonnet des médecins.

La GARONNE GASCONNE

Cartes Michelin n° 82 - plis 7, 8, 15 à 18 et n° 79 - plis 14 à 17.

Entre la sortie de la montagne, à Montréjeau, et Agen la Garonne roule ses eaux rapides dans une plaine ou dans un couloir alluvial dont les terrasses sont livrées, suivant l'altitude, aux vergers, aux labours et aux bois.

La vallée gagne en intérêt lors de la traversée de la courte « cluse » de Boussens, recoupant les plis des Petites Pyrénées entre St-Martory et Martres-Tolosane, et dans le secteur compris entre les confluents du Tarn et du Lot.

La navigation. — Le trafic de marchandises par barques et radeaux était actif à partir de Boussens, pour le transport des pierres et chaux vers Toulouse, mais la voie d'eau fut utilisée surtout, dès le temps des « coches », vers 1660, et non sans risques d'échouages et naufrages, entre Toulouse et Bordeaux.

Ces services de voyageurs connurent un éphémère regain de trafic avec la mise en service de bateaux à vapeur en 1830.

En 1856, l'ouverture du canal latéral à la Garonne permettant aux barques du canal du Midi de descendre à Bordeaux sans rupture de charge, vint trop tard, en plein essor ferroviaire. L'activité du canal, favorisée de nos jours par l'allongement des écluses et la création de la pente d'eau de Montech *(p. 133)*, devrait s'accroître avec la modernisation en cours du canal du Midi qui portera par étapes le gabarit à 350 t.

La correction du fleuve est restée un souci constant, en particulier dans la section de la Garonne moyenne, où les crues de printemps des grands affluents du Massif Central, surtout le Tarn, atteignent une brutalité catastrophique (inondations de 1930). A défaut d'une régularisation efficace du chenal, le fleuve est en partie dompté par des barrages à destination hydro-électrique et nautique : Palaminy, St-Julien, Carbonne et Malause, ce dernier ayant créé le plan d'eau « de Tarn-et-Garonne » noyant le confluent des deux rivières.

Un placement de père de famille. — Les rideaux de peupliers qui accompagnent le fleuve créent de nobles avenues d'eau embellies de feuillages mordorés dès le printemps (pour les variétés récentes à grand rendement). Les plantations de peupliers sont une des spéculations favorites des riverains de la Garonne. Avant la guerre de 1914, la coutume des pères de famille de la région de St-Gaudens était de planter un hectare de « ramier » (île ou terre basse inondable) à la naissance d'une fille. A vingt ans, l'héritière disposait d'une dot de 20 000 francs.

CLUSE DE BOUSSENS

De St-Martory à Cazères par la montagne – *23 km – environ 1 h*

Cette coupure de la Garonne à travers les «Petites Pyrénées» calcaires, chaînons habités dès la Préhistoire *(voir p. 20),* fut aussi une grande voie de passage et d'invasion. Les **menhirs de Mancioux** *(signalés au départ de la N 125, rive gauche)* conservés par les Romains comme balises, à une bifurcation de la voie romaine de Toulouse à St-Bertrand, et le souvenir laissé dans le martyrologe régional par les raids sarrasins en témoignent.

> **St-Martory.** – 1 133 h. La localité, dont le nom évoque le «martyre» de chrétiens sous les coups des Sarrasins *(voir p. 129),* est resserrée entre la Garonne et la paroi abrupte de l'Escalère.
>
> Le pont, de 1727, s'inscrit dans une perspective monumentale : à l'arc triomphal de la rive droite répond sur la rive gauche, au-delà du carrefour central, une porte de ville traitée dans le même style.
>
> Le barrage élevé à hauteur de l'église dévie une partie des eaux de la Garonne dans le canal «de St-Martory» long de 70 km, ouvert de 1846 à 1877 pour l'irrigation des hautes terrasses sèches de la Garonne, jusqu'aux abords de Toulouse.

De la tête de pont rive droite (croix du 15e s. – l'original se trouve à l'église), prendre le long de la Garonne, vers l'aval, le D 52. La route traverse Mazères. A la sortie du pont sur le Salat suivre à gauche vers Belbèze le D 26 qui s'élève le long de belles propriétés en multipliant les échappées sur la chaîne des Pyrénées.

Ne pas traverser le ruisseau au pied du village de Belbèze, mais tourner à gauche vers Ausseing. Aussitôt après, suivre en tournant à droite l'itinéraire signalé «Table d'orientation».

> **Table d'orientation des carrières de Belbèze.** – *1/4 h à pied AR.* Du parking terminal on monte à vue vers la table érigée sur un versant pierreux de la montagne. **Panorama★** sur la dépression du Salat et les Pyrénées Ariégeoises, sur la droite, le pic du Midi de Bigorre, le pic de Montaigu et les derniers contreforts pyrénéens vers le Pays Basque. Des carrières de Belbèze fut extraite la pierre utilisée dans la construction de plusieurs hôtels et monuments de Toulouse.

Faire demi-tour et monter à Ausseing.

Jusqu'au col marquant le passage de la crête, le D 83 offre, à son tour, des vues très dégagées vers le Sud.

> **Martres-Tolosane.** – *De Mauran, 3 km. Description p. 129.*

Descendre la rive droite de la Garonne par le D 62 vers Couladère, où l'on passe la rivière.

> **Cazères.** – 3 487 h. (les Cazériens). *Lieu de séjour, p. 42.* La ville, ancienne étape de pèlerins et de marchands sur la route de Toulouse aux Pyrénées, tire un agrément nouveau de sa position sur le léger abrupt d'une rive concave de la Garonne, depuis qu'un barrage de l'E.D.F. a rehaussé le·niveau du fleuve (plan d'eau de Cazères, régulièrement empoissonné et livré aux activités nautiques).
>
> L'**église,** des 14e et 15e s., conserve dans la salle des fonts baptismaux, greffée sur la chapelle oblique de la Vierge, à droite, les pièces d'un **trésor** remis en valeur. *Si la grille de la salle des fonts est fermée, s'adresser au presbytère, 28 place de la Mairie.*
>
> Autour de fonts baptismaux (1320) à cuve décagonale – remarquer l'agneau et la croix du diocèse de Rieux – sont présentés des bustes-reliquaires (sainte Quitterie, saint Jacques), des pièces d'orfèvrerie religieuse et des vêtements sacerdotaux, des vitrines de documents ayant trait à l'histoire locale, particulièrement aux confréries et aux pèlerinages.
>
> Vierge à l'Enfant, en bois polychrome, du 13e s., et retables en bois doré et peint, du 17e s.

LA MOYENNE GARONNE

Entre les confluents du Tarn et du Lot, cette portion étranglée de la vallée qui n'excède pas 6 km de largeur, correspond à la traversée des calcaires de l'Agenais. Dernières avancées des «serres» de l'Agenais *(voir le guide Vert Michelin Périgord),* ses coteaux portent des villages bien situés. En contrebas, au-delà des terrains de cultures maraîchères, des vergers de pommiers et de pêchers, le fleuve décrit ses méandres soulignés par un rideau de peupliers.

Auvillar. – 994 h. Rive gauche. Ville close animée jadis par l'industrie de la faïence et la fabrication des plumes d'oie à écrire.

Pénétrer à pied dans la vieille ville par la tour de l'Horloge.

La **place de la Halle★,** triangulaire, est entourée de maisons de briques des 17e et 18e s. à couverts. Au centre se dresse une halle en rotonde, sur colonnes toscanes.

S'avancer jusqu'à l'esplanade, dégagée à l'emplacement de l'ancien château. Vue sur les villages, églises et châteaux de la vallée de la Garonne, entre les coteaux d'Agen et Montech. *Table d'orientation.*

Layrac. – 2 555 h. Rive gauche. *9 km au Sud d'Agen.* De la terrasse de la place du Royal, encadrée, au Nord, par l'église Notre-Dame, du 12e s., et, au Sud, par l'église St-Martin, dont il ne subsiste que le clocher, vue sur la vallée du Gers débouchant dans la plaine de la Garonne.

L'église romane actuelle est une fondation clunisienne dépendant de Moissac. Accolé au Nord-Ouest à des bâtiments conventuels du 18e s., l'édifice doit son caractère au dôme classique de la croisée du transept et à son chevet.

La GARONNE GASCONNE

Du vaisseau émane une impression de puissance : nef unique large de 11,50 m, croisée sous coupole abritant un maître-autel du 18e s. à baldaquin, chœur voûté d'un large cul-de-four.

La dernière restauration, en ramenant le chœur à son ancien niveau, a dégagé un fragment de mosaïque romane : Samson luttant contre le lion.

Clermont-Dessous. — 559 h. Rive droite. *2 km à l'Est de Port-Ste-Marie*. Le village, ranimé par le tourisme grâce à sa jolie situation au-dessus de la plaine de la Garonne est signalé par son église trapue campée parmi les ruines d'un château.

Suivre le circuit jalonné *(1/2 h)* au départ du parc de stationnement pour avoir l'agrément de vues changeantes sur la vallée, ses vergers, et reconnaître au loin Port-Ste-Marie, ancienne ville de mariniers étirée entre l'abrupt du coteau et le fleuve que la N 113 longe de très près.

L'église, ancienne chapelle du château, est un modèle réduit d'architecture romane avec sa nef à travée unique voûtée en berceau, sa coupole sur trompes et son chœur à cul-de-four. *Éclairage et sonorisation : 1 F.*

Pratique de la montagne

Évitez de jeter des pierres du haut des ponts, des sentiers escarpés, des belvédères... : ce geste peut être dangereux pour d'autres touristes, pêcheurs, etc.

GAVARNIE (Vallée de) ★★

Carte Michelin n° 85 - pli 18.

La vallée de Gavarnie et le cirque qui la ferme au Sud ont une réputation mondiale.

Le paysage de la vallée est austère. George Sand, alors baronne Dudevant, écrivait, non sans exagération : « De Luz à Gavarnie, c'est le chaos primitif, c'est l'enfer » et Victor Hugo, traversant le chaos de Coumély, s'écriait : « Noir et hideux sentier »...

Tout au long, les glaciers ont « surcreusé » les bassins de Pragnères, de Gèdre, de Gavarnie ; les eaux ont scié les « verrous » rocheux qui les séparent et créé des « étroits » dont le plus caractéristique est la gorge de St-Sauveur. Sur les replats se juchent les habitations temporaires. Du haut des vallées affluentes, les torrents dévalent en cascades.

Ce paysage incita, au début du 19e s., un jeune dessinateur du cadastre, Sulpice-Guillaume Chevalier (1804-1866), conquis par la beauté des sites et le pittoresque des costumes, à adopter le pseudonyme de « Gavarni » sous lequel il devint célèbre.

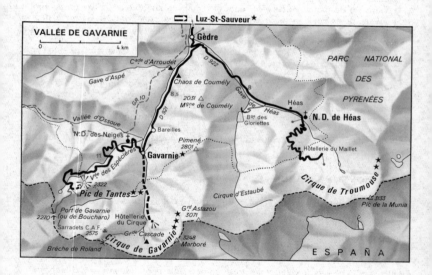

LA VALLÉE ★★

De Luz★ *(p. 129)* **au cirque de Gavarnie** — *20 km, puis 3 h AR — schéma ci-dessus*

Éviter en saison les colonnes de cars d'excursion se formant vers 15 h au pont Napoléon.

Pont Napoléon. — Construit en 1860 sur les ordres de Napoléon III. Par ce pont, d'une seule arche, la route venant de St-Sauveur franchit le gave profondément encaissé entre les parois abruptes de la gorge ; à la sortie, côté rive droite, s'élève une colonne commémorative de marbre surmontée d'un aigle. La vue sur la gorge broussailleuse est impressionnante.

La route, taillée dans le roc, parcourt un défilé. Le hameau de la Sia (pont) apporte un intermède. Bientôt apparaissent les téléphériques de service montés le long des conduites forcées de Pragnères.

Centrale de Pragnères. − *Visite du 1ᵉʳ juillet au 31 août, de 8 h à 11 h 30 et de 14 h à 17 h 30. Fermé le mardi.*

Centrale la plus puissante des Pyrénées, Pragnères «turbine» les eaux collectées dans le massif de Néouvielle, sous 1 250 m de hauteur de chute *(voir schéma p. 15)*, et dans les vallées affluentes de la rive gauche du gave de Pau, sous 900 m de hauteur de chute. Elle est utilisée à pleine puissance aux périodes de pointes d'hiver.

On montre la salle des machines et une maquette de l'aménagement, illustrée par des circuits lumineux.

A droite du Coumély, rayé par une conduite forcée, apparaît en avant le pic pointu de Piméné (alt. 2 801 m), sommet-précurseur du cirque de Gavarnie.

Gèdre. − *Page 114.*

Héas, Cirque de Troumouse★★. − *15 km au départ de Gèdre. Description p. 114.*

La vallée redevient sauvage. A droite, en contre-haut, on aperçoit la vallée suspendue du gave d'Aspé. Le torrent tombe dans la vallée principale en formant la jolie cascade d'Arroudet.

La route traverse un chaos de blocs écroulés, au pied de la montagne de Coumély. Ensuite commence la dernière montée vers les hauteurs de Gavarnie.

A gauche de la Fausse Brèche et de la crête des Sarradets apparaît le gradin supérieur du cirque, avec ses corniches neigeuses, les sommets de la Tour et du Casque du Marboré.

A droite apparaît le hameau de Bareilles, puis, sur le Turon de Holle, au débouché de la vallée d'Ossoue, la monumentale statue de N.-D.-des-Neiges.

Suite de l'excursion vers le cirque : voir ci-dessous.

GAVARNIE★

Carte Michelin n° 🅱🅵 - pli 18 − *Schéma p. 112* − *162 h.* − *Lieu de séjour, p. 42.*

Le village connaît en été un extraordinaire afflux de visiteurs. Il a pu rester, depuis 1864, le terminus de la route carrossable et conserver sa fonction de relais pour l'imposante et disparate cavalerie mobilisée pour l'excursion au cirque. Mais après le reflux des touristes, à la tombée du jour, alors que les chevaux regagnent leurs pâtures, Gavarnie redevient une station de montagne, base d'escalades.

L'équipement en remontées mécaniques de la vallée des Espécières, entre 1 500 m et 2 100 m d'altitude, a enrichi Gavarnie d'un «stade de neige».

Le bourg. − *Laisser la voiture route d'Ossoue, à droite après le pont d'entrée de Gavarnie ou à l'extrémité du village en direction du cirque (nombreux parkings).*

Lieux du souvenir. − Outre les tombes de quelques Pyrénéistes, dans l'enclos supérieur du cimetière, la ferveur commémorative donne à la visite du bourg et de ses environs un aspect de pèlerinage : statue de Russell, médaillon de Béraldi, plaque aux Pyrénéistes morts pour la France, au bord de la route en redescendant vers Luz, tombe du géographe Schrader non loin de l'entrée du cirque, etc. *Lire p. 7 «Le Pyrénéisme».*

Église. − Elle date du 14ᵉ s. C'est une ancienne dépendance d'un prieuré des Hospitaliers de St-Jean-de-Jérusalem, sur le vieux chemin de pèlerinage du port de Boucharo (alt. 2 270 m).

A l'entrée, remarquer trois statues en bois doré, du 17ᵉ s. : Saint Jean-Baptiste, la Vierge, Saint Joseph.

La chapelle du Bon Port, à gauche du maître-autel, montre deux statuettes de pèlerins de Compostelle autour de la statue de N.-D.-du-Bon-Port (14ᵉ s.) : la Vierge tient une gourde de pèlerin.

LE CIRQUE DE GAVARNIE★★★ *2 h 1/2 AR, à pied ou à cheval*

Le cirque de Gavarnie est caractérisé par trois gradins superposés qui correspondent aux assises résistantes des plis couchés empilés ici. Ils sont séparés et mis en valeur par des taches lumineuses de neige qui tranchent sur la couleur ocrée des calcaires.

Le cirque a 3,5 km de développement à sa base et 14 km suivant la ligne de faîte (de l'Astazou, à l'Est, au pic des Sarradets, à l'Ouest). Le niveau moyen du fond est de 1 676 m. L'altitude des sommets dépasse 3 000 m.

Le cirque doit son origine à un «bout du monde» creusé, dès avant la glaciation, dans les assises calcaires de la couverture sédimentaire secondaire *(voir p. 11)*. Comme dans les «reculées» du Jura une résurgence évacuait ici les eaux enfouies dans le massif du Mont Perdu et faisait reculer la tête de la vallée, en sapant son couronnement de falaises. Le glacier de Gavarnie, dont il ne reste plus que des lambeaux sur les corniches supérieures, a achevé de dégager le cirque et a assuré l'évacuation des débris.

Les montures (chevaux ou ânes) sont présentées près des différents parcs de stationnement, du 1ᵉʳ avril au 30 novembre. Location : 50 F.

L'excursion à cheval se termine à l'hôtel du Cirque. La durée de l'arrêt, limitée à une demi-heure, ne permet pas de prolonger la promenade, à pied, au-delà de la Grande Cascade *(3/4 h AR)*.

De l'hôtel, vue splendide sur l'ensemble du cirque, avec ses trois paliers de neige, ses majestueuses murailles à pic curieusement teintées et ses innombrables cascades argentées. La plus importante, la Grande Cascade alimentée par une résurgence des eaux de l'étang Glacé du Mont Perdu (alt. 2 592 m) sur le versant espagnol, fait un bond de 422 m dans le vide. Victor Hugo s'écriait : «C'est une montagne et une muraille tout à la fois ; c'est l'édifice le plus mystérieux du plus mystérieux des architectes ; c'est le colosseum de la nature : c'est Gavarnie».

113

GAVARNIE (Vallée de)★★

PIC DE TANTES★★

11 km, par la route du port de Bouchero.

A la sortie de Gavarnie, vers Luz, prendre à gauche, avant le pont, la route qui, contournant la statue de N.-D.-des-Neiges, quitte la vallée d'Ossoue pour s'engager dans la vallée des Espécières, vouée aux sports d'hiver. Au col de Tantes, quitter la voiture et gravir la croupe, au Nord-Est, jusqu'au sommet arrondi du pic (alt. 2 322 m).

Le **panorama★★** est impressionnant sur les sommets, tout proches, qui couronnent le cirque de Gavarnie (le fond du cirque est invisible). On admire surtout le Marboré, avec la combe du glacier de la Cascade. Plus à l'Ouest, la crête des Sarradets, au 1er plan, masque quelque peu le secteur de la Brèche de Roland, avant la réapparition de la crête frontière au Taillon et aux pics des Gabiétous.

Plus lointains se détachent, au Nord-Ouest, le Vignemale avec son glacier d'Ossoue, immaculé, au Nord l'antenne du pic du Midi de Bigorre, au Nord-Est le massif de Néouvielle.

La route se poursuit en corniche au-dessus de la sauvage vallée de Pouey Aspé. Elle se termine au port de Bouchero (alt. 2 270 m), point de départ du sentier de la **Brèche de Roland** par le refuge de Sarradets, course d'une demi-journée indiquée, uniquement par très beau temps, aux seuls touristes initiés à la marche en haute montagne et chaussés en conséquence.

▐ GÈDRE ▌

Carte Michelin n° 🗙🗙 - pli 18 — *Schéma p. 112* — 393 h. (les Gédrois) — *Lieu de séjour, p. 42.*

Le village, dans son bassin de prairies coupées de rideaux de peupliers, est une halte charmante sur la route de Gavarnie, à l'origine de la vallée de Héas, voie de pénétration vers les cirques de Troumouse et d'Estaubé. En se plaçant devant l'hôtel de la Brèche de Roland, on verra la fameuse coupure du rocher et, plus à droite, la dépression neigeuse de la « Fausse brèche » d'où pointe le rocher du « Doigt ».

EXCURSION

Héas ; cirque de Troumouse★★. — *15 km, par route taxée au-delà du hameau de Héas (6 F pour la voiture et ses passagers), puis 3/4 h à pied AR. La route reste généralement obstruée par la neige de décembre à avril.*
La route remonte la vallée pastorale de Héas dont les pentes gazonnées sont interrompues par une coulée de blocs descendue de la montagne de Coumély puis par un autre chaos dont le plus gros rocher sert de piédestal à la Vierge du Mail d'Arraillé.

Héas. — Élevant son dôme dans le dernier bouquet d'arbres de la vallée, la chapelle *(ouverte de mai à novembre)* de pèlerinage (15 août, 8 septembre, Fête du Rosaire, 1er dimanche d'octobre) fut emportée par une avalanche en 1915 et reconstruite en 1925. Du mobilier de l'ancien sanctuaire, il reste la nef latérale de gauche, des statues, des tableaux, une croix de procession du 18e s., la cloche de 1643, le bénitier... La statue vénérée de N.-D.-de-Héas, mutilée, est replacée dans le chœur.

La route, attaquant le versant Sud de la vallée, offre des vues très intéressantes sur l'ancienne « auge » glaciaire de Héas : remarquer l'épaulement très continu du versant Nord, interrompu au-dessus de la chapelle de Héas par l'encoche d'un torrent descendu d'un bassin de réception en forme d'entonnoir régulier.

Au Sud, en contre-haut, se rapproche un cirque de sommets dont la structure plissée montre une extraordinaire houle de strates claires.

Cirque de Troumouse★★. — Gagner la statue de la Vierge érigée sur un piton formant belvédère (alt. 2 138 m). Le cirque, de dimensions grandioses — il pourrait contenir, dit-on, trois millions de « spectateurs » — présente un fond de prairies légèrement convexe dans son ensemble. Il est fermé par des montagnes dressant un rempart, à peine découpé, de 10 km de développement. L'ensemble culmine au pic de la Munia (alt. 3 133 m) reconnaissable à son vestige de glacier suspendu. A gauche, en contrebas du glacier, on découvre deux petites aiguilles jumelles, les « Deux Sœurs ».

▐ GIMONT ▌

Carte Michelin n° 🗙🗙 - pli 6 — 2 867 h. (les Gimontois).

Bastide de la vallée de la Gimone fondée en 1266, Gimont présente un plan caractéristique en forme de poisson, étroitement adapté au relief d'une colline fuselée. La rue principale en fort dos d'âne qui en marque l'arête traverse la place centrale et passe en droite ligne sous la vieille halle municipale. D'importantes conserveries de foie gras *(on peut visiter, sauf en juillet, la fabrique Comtesse-Dubarry du lundi au vendredi, de 9 h à 11 h et de 14 h à 17 h)* associent la ville à la réputation gastronomique de la Gascogne.

Église. — Exemple de gothique méridional *(voir p. 29)*, la construction est signalée de loin par sa tour de brique.

A l'intérieur, dans la 1re chapelle de gauche, aménagée en trésor, on verra un triptyque Renaissance : la Crucifixion encadrée (les volets ouverts) de la Vierge et de saint Jean. Les revers des volets sont peints aux effigies de Marthe et de Marie-Madeleine, la première mettant en fuite la tarasque, la seconde, richement vêtue et portant le vase de parfum. De chaque côté du maître-autel, remarquer deux sacraires, tours Renaissance à lanternon destinées à conserver les Saintes Espèces et les reliques.

GRAMONT (Château de)

Carte Michelin n° 82 - pli 5 — 14 km à l'Est de Lectoure.

Défendant la vallée de l'Arrats, le château de Gramont masque, derrière un châtelet d'entrée, une aile Renaissance en retour d'angle.

Visite. — *Le château est ouvert de Pâques à la Toussaint de 14 h à 18 h 30 et en outre de 9 h à 12 h du 1er juillet au 15 septembre. Fermé le mardi sauf durant cette dernière période. Prix : 5 F. Sonner à la porte cintrée de gauche, sous la bretèche.*

L'intérêt se concentre sur la porte d'honneur, géminée, ouvrant sur la cour, au Sud, et sur la façade Nord (côté jardin) animée par l'alternance de baies étroites et de fenêtres à croisée ainsi que par le jeu des pilastres et des fines colonnettes cannelées. Du même côté, les deux fenêtres du pavillon en avancée marquent plus de fantaisie, surtout dans le motif de la fenêtre du 2e étage surmonté d'un buste d'homme barbu.

L'intérieur a été remeublé avec une prédilection pour la haute époque. Le charmant oratoire conserve une Vierge romane auvergnate.

GRENADE

Carte Michelin n° 82 - pli 7 — 4 540 h. (les Grenadains).

La bastide, fondée en 1290 par Eustache de Beaumarchais *(voir p. 31)* et l'abbaye de Grandselve, voit prospérer dans ses environs des vergers comptant parmi les plus imposantes plantations réalisées depuis la dernière guerre en pays toulousain.

Église. — Majestueux édifice de l'école gothique toulousaine remarquable par l'ordonnance régulière de ses trois nefs d'égale hauteur et par son clocher de brique haut de 47 m inspiré de l'église des Jacobins *(voir p. 30)*.

EXCURSION

Bouillac. — *16 km au Nord-Ouest par le D 3, route de Beaumont-de-Lomagne que l'on quitte, à 13 km, pour tourner à gauche dans le D 55.*

L'église du village a recueilli le **trésor★** de l'abbaye de Grandselve détruite sous la Révolution. La chapelle latérale de droite a été réaménagée pour la présentation des châsses et reliquaires *(minuterie).*

Les châsses du 13e s. sont en forme d'églises surmontées à la croisée d'un clocher octogonal présentant des ressemblances frappantes avec les clochers gothiques toulousains. Des gemmes et des filigranes décorent les arcatures abritant les personnages.

Le reliquaire de la Sainte Épine affecte la forme d'une tour à 3 étages, abritée sous un dais, dont les fenêtres de cristal protègent des miniatures sur parchemin. Il aurait été offert à l'abbaye par Alphonse de Poitiers.

(D'après photo Ferlin, A.F.I.A.P.)

Reliquaire de la Sainte Épine.

GUÉTHARY ★

Carte n° 85 - pli 2 — *Schéma p. 62* — 968 h. (les Guéthariars) — *Lieu de séjour, p. 42.*

L'ancien port de pêche établi autour d'une crique de la côte basque est devenu une station balnéaire dont les villas, pour la plupart bâties dans un style « labourdin » cossu, se disséminent parmi les parcs. D'une terrasse ménagée au-dessus de la plage la vue se dégage au Nord-Est jusqu'à Biarritz.

L'**église** située au-delà de la N 10, sur la hauteur d'Elizaldia, est l'une des mieux postées de la région. Remarquer un Christ en croix du 17e s., la croix de procession du 15e s., la Pietà du 17e s. et le monument de Mgr Mugabure (1850-1910), enfant du pays devenu le premier archevêque de Tokyo. Au cimetière repose le poète palois P.-J. Toulet (1867-1920).

HAGETMAU

Carte Michelin n° 78 - Est du pli 7 — 4 318 h. (les Hagetmauciens).

D'ambitieux monuments publics (collèges, marché) de style 1950 témoignent de la prospérité d'Hagetmau, centre de collecte pour les grains et les porcs de la Chalosse *(voir p. 90)* et siège de fabriques de chaises.

Crypte de St-Girons. — *Pour visiter, s'adresser à la Maison des Jeunes ou à l'Hospice.* C'est le seul vestige de l'abbaye chargée de la garde des reliques de saint Girons, évangélisateur de la Chalosse au 4e s. La crypte, halte des pèlerins de Compostelle, repose sur quatre colonnes centrales de marbre, qui encadraient le tombeau du saint, et sur huit colonnes engagées dans les murs. Les chapiteaux, du 12e s., représentent la lutte de l'apôtre contre les forces du mal et les dangers de sa mission.

Sur la 2e rangée transversale de colonnes on verra successivement, de droite à gauche, la délivrance de saint Pierre : un ange coupe les liens du captif du bout de sa lance ; la parabole du mauvais riche : sur la face antérieure, le festin ; sur la face de gauche, le mauvais riche étendu, mourant de soif dans les flammes de l'Enfer, implore l'âme de Lazare portée par des anges dans le sein d'Abraham ; des chimères semblent domptées par des personnages arrachant aux monstres le fruit que ceux-ci tiennent dans leur bec.

EXCURSION

Château de Gaujacq. — *17 km à l'Ouest, puis environ 1 h. Visite commentée du 1ᵉʳ juillet au 15 septembre, de 14 h 30 à 18 h 30. Entrée : 10 F. Fermé le jeudi.*

Quitter Hagetmau par la route d'Orthez. A 2,5 km, tourner à droite dans le D 2 que l'on abandonne en vue de St-Cricq pour l'itinéraire D 21 (à gauche) — Brassempouy — D 58 (bifurquer à droite à la sortie de Brassempouy), caractérisé, sur les derniers kilomètres, par un agréable parcours ondulé au-dessus de la dépression de Luy de France.

Le château apparaît derrière un rideau de magnolias.

Le bâtiment en quadrilatère a le charme des « chartreuses » du Bordelais ; il occupe un site élevé, sur la dernière ride méridionale de la Chalosse.

Le 17ᵉ s. se manifeste, à l'extérieur, dans les pavillons centraux au comble aigu et au portail à fronton. La cour intérieure forme cloître avec son jardin et sa galerie.

On visite plusieurs pièces, entre autres la chambre dénommée « du Cardinal » en souvenir de François de Sourdis, archevêque de Bordeaux, de qui Louis XIII et Anne d'Autriche reçurent la bénédiction nuptiale en 1615.

Sortir par le portail opposé à la route, et suivre, à partir des débris d'une porte d'enceinte féodale (du sommet, vue plongeante sur la cour), l'allée d'érables champêtres conduisant à une terrasse aménagée au-dessus de la vallée, face aux Pyrénées, de la Rhune au pic du Midi de Bigorre.

HASPARREN

Carte Michelin n° 85 - pli 3 — *Schéma p. 62* — 5 441 h. (les Hazpandars).

Hasparren, l'une des cités les plus industrielles de l'arrière-pays basque, a pour origine un poste de surveillance romain isolé dans une clairière de défrichement que rappelle le nom basque de la ville : Hazparne (« au cœur des chênes »).

Les forêts ne sont plus qu'un souvenir mais l'industrie de la chaussure est un héritage de l'ancienne activité des tanneries approvisionnées en tanin par les chênes de la région.

Depuis 1977, la Société de Mécanique et d'Électrothermie des Pays de l'Adour s'est implantée au Sud de la ville. Elle est spécialisée dans la fabrication et la commercialisation des pompes à chaleur.

La ville connaît une animation stimulée par des épreuves de pelote et des lâchers de vaches dans les rues.

Francis Jammes (1868-1938) a passé les dix-sept dernières années de sa vie à Hasparren. La maison du patriarche, « Eyhartzia », est visible à la sortie de la ville, dans un virage de la route de Bayonne ; son jardin a été aménagé en parc public.

EXCURSION

Labastide-Clairence. — 844 h. *8 km au Nord-Est par la D 10.*

Cette ancienne bastide, fondée en 1314 par les Béarnais, dans la vallée de la Joyeuse, pour faire pièce à Hastingues, création anglaise *(p. 148),* forme, depuis son établissement, un îlot gascon en pays de langue basque.

La rue montante a déjà, avec ses maisons blanches barrées de rouge, le cachet des villages du labourd.

HENDAYE ★

Carte Michelin n° 85 - pli 1 — *Schéma p. 62* — 10 135 h. (les Hendayais, en basque : les Endaiars) — *Lieu de séjour, p. 42* — *Plan dans le guide Michelin France.*

Ville frontière sur la rive droite de la Bidassoa, Hendaye est formée de trois quartiers : Hendaye-Gare, Hendaye-Ville et Hendaye-Plage. L'estuaire du fleuve, baignant sur la rive opposée les quais de Fontarabie, forme à marée haute un lac tranquille, la baie de Chingoudy.

Hendaye-Plage a le spectacle de la haute mer et se pare d'une végétation magnifique : magnolias, palmiers, tamaris, eucalyptus, mimosas, lauriers ombragent les avenues et les jardins des villas.

Au Nord-Est de la plage, la vue s'arrête aux rochers des Deux Jumeaux, au large de la pointe de Ste-Anne ; à l'opposé, le cap du Figuier (Cabo Higuer) marque l'embouchure de la Bidassoa.

L'île des Faisans. — Située au milieu de la Bidassoa, en aval du pont de Béhobie, l'île des Faisans ou de la Conférence est réduite aujourd'hui à un lambeau de terre boisé, très menacé par le flot. Elle n'évoque plus guère les événements dont elle fut le théâtre.

En 1463, Louis XI y rencontra Henri IV, roi de Castille ; en 1526, François Iᵉʳ, prisonnier en Espagne depuis Pavie y est échangé contre ses deux fils ; en 1615, deux fiancées royales, Elisabeth, sœur de Louis XIII, choisie pour l'Infant d'Espagne, futur Philippe IV, et Anne d'Autriche, sœur de l'Infant, choisie pour Louis XIII, prennent là officiellement contact avec leur nouvelle patrie.

Le traité des Pyrénées fut signé dans cette île en 1659 (stèle commémorative).

Préliminaires nuptiaux. — Au printemps 1660, l'île est le théâtre de préparatifs fiévreux. Vélasquez (qui mourra d'un refroidissement contracté au cours des travaux) décore le pavillon où sera signé le contrat du mariage, prévu par le traité des Pyrénées, de Louis XIV avec Marie-Thérèse, fille de Philippe IV. Chaque délégation désirant rester sur son territoire, le bâtiment est divisé intérieurement par une ligne de démarcation imaginaire. L'heureuse conclusion des formalités (4 au 7 juin) est saluée par deux salves de mousquets.

Traité des limites et vice-royauté semestrielle. — Le traité de 1856 a délimité la frontière entre le département des Pyrénées-Atlantiques et l'Espagne, l'île des Faisans appartenant par indivis à ce dernier pays et à la France. Depuis lors, la Commission internationale des Pyrénées est chargée de régler tous les problèmes frontaliers : c'est ainsi qu'une convention a accordé alternativement aux riverains des deux pays le droit de pêche sur la Bidassoa et dans la baie. De même, depuis 1901, le droit de police et de surveillance est exercé tour à tour pendant six mois par la France (1er août-31 janvier) et l'Espagne (1er février-31 juillet).

Le souvenir de Loti. — Déjà initié au Pays Basque par Mme d'Abbadie, femme du savant explorateur de l'Éthiopie (1810-1897) retiré au château d'Abbadia, sur la route de la corniche basque, Pierre Loti fut appelé, comme commandant du stationnaire le Javelot, à contempler longuement l'estuaire de la Bidassoa et à faire à Hendaye de fréquents séjours (1891-1893, 1896-1898) ; il y mourut le 10 juin 1923 dans une modeste maison basque *(on reconnaît la maison, qui ne se visite pas, à son colombage peint en vert)*.

■ HENDAYE-VILLE

Église St-Vincent. — Grande église de type basque *(voir p. 60)* réaménagée intérieurement. La présentation actuelle — fragments de retable détachés de leur meuble, statues en bois polychromes — permet au visiteur de détailler chaque œuvre.

Entrer par le porche. A droite, un original baptistère a été installé dans une niche à fronton du 17e s. ; un bénitier roman décoré de la croix basque sert de cuve. La première galerie des tribunes supporte un ravissant petit orgue dont le buffet doré est décoré d'une Annonciation. La chapelle du Saint Sacrement, près du sanctuaire, se dispose aux pieds du **grand crucifix★**, œuvre sereine remontant au 13e s.

L'HOPITAL-ST-BLAISE
Carte Michelin n° 85 - pli 5 — 13 km à l'Est de Mauléon-Licharre — *Schéma p. 63* — 74 h.

Ce minuscule village du Pays de Soule, dernière localité basque avant le Béarn, était un lieu d'étape pour les pèlerins se rendant à St-Jacques-de-Compostelle *(voir carte p. 22)*.

Église. — Construction romane très ramassée. L'harmonieuse disposition de ses volumes est déterminée par le plan en croix grecque : les quatre corps contrebutent la tour centrale.

L'intérieur est centré sur la croisée, couverte d'une coupole à 8 pans bandée de nervures croisées en étoile *(minuterie)*. Des arcs polylobés, de part et d'autre du retable et du lavabo, les claires-voies de pierre des fenêtres ajourées de motifs géométriques apportent une note d'étrangeté. Toutes ces particularités font de l'Hôpital-St-Blaise un rare témoin de l'art hispano-mauresque au Nord des Pyrénées.

ISTURITS ET OXOCELHAYA (Grottes de) ★★
Carte Michelin n° 85 - pli 3 — *Schéma p. 62.*

Ces grottes sont situées entre St-Palais et Hasparren. On y accède depuis le village de **St-Esteben**, dont l'église isolée offre un joli coup d'œil. *Prendre vers St-Martin-d'Arberoue et tourner à gauche dans la rampe des grottes.*

Les grottes, superposées, correspondent à deux niveaux, abandonnés, du cours souterrain de l'Arberoue. Elles sont groupées dans une même visite.

Visite du 15 mars au 15 novembre de 9 h à 12 h et de 14 h à 18 h 30 (sans interruption à 12 h du 15 juin au 15 septembre). Entrée : 15 F. Exposition de moulages d'objets et gravures préhistoriques.

Grotte d'Isturits. — C'est par cette grotte qu'on pénètre dans la montagne. Elle a un intérêt surtout scientifique *(voir p. 20)*. Les traces d'occupation de l'homme du paléolithique y ont été relevées du Moustérien au Magdalénien, ce qui constitue une continuité exceptionnelle. Les fouilles ont ramené des baguettes demi-rondes à décor sculpté curviligne et des gravures dont les vitrines du musée présentent des exemples.

Grottes d'Oxocelhaya. — On y descend ensuite pour admirer les salles décorées de concrétions : stalactites, stalagmites, colonnes, disques, draperies translucides, cascade pétrifiée toute scintillante.

LABOUICHE (Rivière souterraine de) ★
Carte Michelin n° 86 - pli 4 — 5 km au Nord-Ouest de Foix — *Schéma p. 106.*

La rivière souterraine de Labouiche a creusé, dans le calcaire du Plantaurel, une galerie souterraine longue de 3 500 m, bien aménagée pour la visite.

Visite. — *De Pâques à la Pentecôte de 14 h à 18 h ; de la Pentecôte au 15 juillet de 9 h à 12 h et de 14 h à 18 h ; du 16 juillet au 31 août de 9 h à 12 h et de 14 h à 19 h ; en septembre de 10 h à 12 h et de 14 h à 18 h ; en octobre ouvert le dimanche seulement. Entrée : 15 F.*

Le voyage sur cette « rivière mystérieuse » enchantera les touristes par le parcours de 2,5 km en barque — deux transbordements sont nécessaires — à 70 m sous terre, dans des galeries hautes ou surbaissées, éclairées ou obscures à dessein. Stalactites et stalagmites, mises en valeur par la couleur noirâtre du calcaire sur lequel elles se détachent, se transforment, au gré de l'imagination, en bêtes et fleurs étranges ou en décor fantastique. Une belle cascade souterraine marque l'extrémité d'une galerie visitable.

LACQ

Carte Michelin n° 85 - pli 6 — 25 km au Nord-Ouest de Pau — 625 h.

En décembre 1951, au cours d'une campagne de forages menée par la Société Nationale des Pétroles d'Aquitaine, la sonde « Lacq 3 » atteignit, à 3 550 m de profondeur, l'un des plus importants gisements de gaz naturel connus alors dans le monde. Les caractéristiques de ce gaz : grande profondeur (3 500 à 5 000 m), pression très élevée (670 kg par cm² à l'origine de l'exploitation), haute température (140 °C), forte teneur en hydrogène sulfuré (15,2 %) et en gaz carbonique (9,6 %) rendirent très mouvementée l'exploitation à ses débuts et nécessitèrent des aciers à tubes hautement résistants à la corrosion.

Le gaz brut est extrait d'une trentaine de puits, répartis sur 90 km².

Avec la mise en exploitation du gisement annexe de Meillon-St-Faust (Sud-Est et Sud-Ouest de Pau), la production, en 1980, a dépassé 7 milliards de m³ de gaz épuré (méthane), transporté par un réseau de 7 000 km de conduites, et, après traitement de l'hydrogène sulfuré, 1 800 000 t de soufre. Dans l'état actuel des connaissances, ce niveau devrait se maintenir jusqu'aux approches de 1985.

La zone industrielle de Lacq offre une image frappante de la souplesse d'utilisation propre aux hydrocarbures gazeux : utilisé pour la chauffe des centrales thermiques (Artix), le méthane figure aussi en tête des formules de fabrication de l'acétylène, du méthanol demandés par la chimie des plastiques ; l'hydrogène que libère sa décomposition est employé dans le cycle de l'ammoniaque (industrie des engrais).

Visite. — Le pavillon d'information du groupe Elf Aquitaine, installé sur la route nationale de Pau à Bayonne, à côté de la station-service Elf, abrite une exposition permanente consacrée aux activités du groupe, particulièrement en Aquitaine.

Le pavillon est ouvert de 8 h à 16 h 30, sauf les samedis, dimanches et jours fériés (tous les jours du 15 juillet au 15 septembre). Avant 15 h 30, les touristes peuvent participer à des visites guidées gratuites (1 h 1/2 environ). Il est recommandé de s'annoncer — (☎ (59) 68-97-22 poste 53-53).

LAGRASSE

Carte Michelin n° 86 - pli 8 — *Schéma p. 98* — 630 h.

Dans sa descente finale vers Lagrasse, le D 212, venant de Fabrézan, offre une vue d'ensemble de l'agglomération, avec ses ponts et l'abbaye.

L'abbaye, l'un des avant-postes de la civilisation carolingienne près de la Marche d'Espagne, richement dotée en domaines, jusqu'en Roussillon et en Catalogne, s'était développée dans un bassin de la vallée de l'Orbieu irriguée par les soins des moines de saint Benoît. Elle doit son aspect majestueux aux travaux défensifs exécutés au 16e s. et aux embellissements du 18e s. Elle communique par deux ponts, dont un pont en dos d'âne du 11e s., avec le bourg, également fortifié, attrayant pour sa place centrale à halle.

■ L'ABBAYE *visite : 3/4 h*

Bâtiments abbatiaux et donjon. — *Occupés par la communauté de la Théophanie. Visite accompagnée du 24 juin au 14 septembre de 9 h à 11 h 30 et de 15 h à 19 h (sauf les matins des dimanches et jours de fêtes religieuses).*

Pénétrer dans la cour d'honneur encadrée de nobles bâtiments du 18e s. construits en un grès jaune flammé de la région, aux tons de marbre.

Grand cloître. — De 1760 ; au centre se dresse un énorme pin parasol.

Traverser l'église, de structure gothique, très restaurée. Dans la nef, à droite, une porte ouvre sur une cour, au pied du donjon. A gauche une abside et deux absidioles subsistent de l'abbatiale pré-romane.

Donjon. — Bien que construit en 1537 comme ouvrage de défense, le donjon (hauteur 40 m), au couronnement octogonal évidé de baies à la manière d'un clocher, s'intègre bien à l'ensemble monastique.

Ancien logis abbatial. — *Visite de 8 h à 12 h et de 16 h à 20 h.*

Il comprend les parties les plus anciennes de l'abbaye, mais a été remanié depuis l'époque des derniers abbés commendataires.

Petit cloître. — Réaménagé de façon charmante mais fantaisiste. Deux galeries plafonnées, reposant sur des colonnes aux chapiteaux romans remployés, supportent un étage sous charpente. Par l'imposante salle voûtée, très sombre, de l'ancien réfectoire et l'« escalier de Charlemagne », monter à l'ancien dortoir, puis, par la porte à gauche, au fond de celui-ci, à la **chapelle de l'Abbé** qui présente un précieux pavement de céramique du 13e s.

LAVAUR

Carte Michelin n° 82 - pli 9 — 8 299 h. (les Vauréens).

Sur la rive gauche de l'Agout, à un carrefour de routes qui le relient à Toulouse, Castres et Montauban, Lavaur conserve dans ses vieux quartiers le charme des petites cités languedociennes.

Lavaur était une place forte défendue par le château du Plo dont subsistent quelques pans de murs soutenant l'esplanade du Plo, au Sud de la ville.

Durant la croisade des Albigeois *(voir p. 175)*, elle fut assiégée par les troupes de Simon de Montfort et se rendit le 3 mai 1211, après deux mois de résistance organisée par Guiraude, dame de la ville, et 80 chevaliers qui avaient épousé la cause cathare. Ils furent pendus, d'autres hérétiques brûlés et dame Guiraude jetée dans un puits que l'on remplit de pierres.

De 1318 à 1790, Lavaur fut le siège d'un évêché.

Cathédrale St-Alain★. – *Visite : 1/2 h.* Le premier édifice, détruit en 1211, fut reconstruit, en brique, en 1254. Sur la façade Sud s'élève, au sommet d'une tour romane au soubassement de pierre, le fameux jacquemart en bois peint qui frappe les heures et les demies. Le mécanisme et la cloche datent de 1523. Une terrasse permet de faire le tour de l'édifice et d'admirer le chevet qui domine l'Agout.

L'intérieur est de style gothique méridional *(voir p. 29)*, avec son imposante nef unique (13e s. et 14e s.) et son abside (fin du 15e s., début du 16e s.) à sept pans, plus basse et plus étroite que la nef. La porte romane par laquelle on accède à la première chapelle de droite est un vestige de l'édifice primitif ; les chapiteaux des colonnettes sont décorés de scènes de l'enfance du Christ. Dans la troisième chapelle, un enfeu flamboyant abrite une Pietà en bois du 18e s. et un lutrin de la même époque.

Dans le chœur, la table d'autel en marbre blanc, du 11e s., provient de l'église Ste-Foy, la plus ancienne de Lavaur. Du côté gauche, un tableau représentant le Christ en croix et saint Jérôme est attribué à Ribera.

Du chœur, admirer les orgues du 16e s. restaurées au 19e s. par Cavaillé-Coll.

Par le côté Ouest de la nef, pénétrer dans le porche situé sous le clocher octogonal. Un portail flamboyant porte au trumeau la statue de saint Alain et, au linteau, l'Adoration des Mages. Il fut endommagé durant les guerres de Religion et pendant la Révolution.

Jardin de l'évêché. – A l'emplacement de l'ancien évêché, il forme une terrasse dominant l'Agout, au Nord de l'église. Ses cèdres séculaires, ses massifs bien taillés en font un lieu de promenade apprécié. Une statue de Las Cases, enfant de Lavaur et compagnon de Napoléon Ier à Ste-Hélène, y a été érigée au 19e s.

Jolie vue sur l'Agout et, à gauche, sur le pont St-Roch (1786).

Église St-François. – Dans la rue principale. Elle était, avant la Révolution, la chapelle du couvent des Cordeliers, installés à Lavaur en 1220 par Sicard VI de Lautrec, baron d'Ambres. Construite en 1328, elle ne manque pas d'élégance.

A droite de l'entrée, belle maison de brique et de bois.

EXCURSION

St-Lieux-les-Lavaur. – *10 km au Nord-Ouest par le D 87 et le D 631 à gauche.*
Cette charmante localité de la vallée de l'Agout est le point de départ de la ligne de chemin de fer touristique du Tarn, promenade en « tortillard » remorqué par d'authentiques locomotives de 1918. *Circulation les dimanches et jours fériés de Pâques à fin octobre, tous les jours du 14 juillet au 31 août. Départs toutes les heures, de 14 h 30 à 17 h 30 ou 18 h 30. Prix : 9 F.*

■ LECTOURE ★

Carte Michelin n° 82 - Nord du pli 5 – 4 403 h. (les Lectourois).

La capitale de la Lomagne s'étire sur un promontoire gardant la vallée du Gers, entre la tour de la cathédrale et les vestiges de l'ancien château des comtes d'Armagnac (englobés dans un hôpital), à l'extrémité de l'éperon. Le site★, remarquable dans le pays gascon pourtant prodigue en bourgs perchés, se dégage favorablement, vu de l'Ouest.

La prise de la ville en 1473 par les troupes de Louis XI a marqué, avec le meurtre du dernier comte Jean V, l'effondrement de la maison d'Armagnac et annoncé l'emprise de l'autorité royale sur la Gascogne (1481).

Le plus illustre des Lectourois. – Né à Lectoure en 1769, **Jean Lannes** s'engage comme simple soldat en 1792, après avoir été apprenti teinturier. Dès le début, il se fait remarquer par son courage et son autorité et devient général trois ans après. Il reçoit le bâton de maréchal de France en 1804, puis le titre de duc de Montebello en 1808.

Mortellement blessé en 1809 à la bataille d'Essling, Napoléon dira de lui : « Je l'ai pris pygmée, je l'ai perdu géant. »

Un Élysée pour archéologues. – Rares sont à Lectoure les coups de pioche et de bulldozer qui ne mettent au jour quelque tesson ou monnaie, hérités de la cité romaine de la vallée ou de l'oppidum gaulois du promontoire, réoccupé après les invasions. Lectoure resta jusqu'au 6e s. un haut-lieu du paganisme. Le culte de Cybèle, la « Grande Mère », y a laissé, inscrits dans la pierre d'autels commémoratifs, des témoignages de rites tauroboliques : le néophyte était aspergé du sang d'un taureau ou d'un bélier, immolé au-dessus de lui.

■ CURIOSITÉS *visite : 1 h*

Pénétrer en ville par la pointe de l'éperon, après avoir longé les remparts du Sud. Traverser l'agglomération et laisser la voiture près de la promenade du Bastion.

Promenade du Bastion. – Sous ses ombrages se dresse la statue du maréchal Lannes. De la terrasse, la vue★ se dégage sur la vallée du Gers en direction d'Auch et, par temps clair, sur les Pyrénées.

Cathédrale. – Mutilée lors du sac de 1473 et des guerres de Religion, elle garde les traces de plusieurs reprises et remaniements. Perte irréparable, sa flèche, élevée en 1500 jusqu'à 90 m de hauteur, fut démolie en 1782 par un évêque lassé de la charge de son entretien.

Intérieurement, les maîtres d'œuvre qui se succédèrent jusqu'au 18e s. ont respecté, dans l'ensemble, la structure et le décor gothiques. La nef unique, séparée du chœur par un fâcheux arc triomphal et flanquée d'étroites chapelles, reste dans les traditions du gothique du Sud-Ouest malgré ses tribunes à balustres (17e s.). Le chœur, par son déambulatoire, rappelle par contre les cathédrales du Nord ; les trois chapelles du chevet éclairées de baies jumelées à remplages flamboyants en sont les parties les plus anciennes (16e s.).

Au Sud de l'église, gagner l'hôtel de ville, ancien évêché.

Musée municipal. — *Visite accompagnée de 9 h à 12 h et de 14 h à 18 h de Pâques à la Toussaint, de 10 h à 12 h et de 14 h à 16 h le reste de l'année. Entrée : 3 F.*

Aménagé dans les caves de l'hôtel de ville, il conserve une célèbre collection de 20 autels taurobolliques — sur les 40 connus en France — découverts en 1540 dans le sous-sol de la cathédrale. La face principale du taurobole porte l'inscription commémorative ; sur les côtés figurent une tête de taureau ou de bélier et divers objets du culte.

On peut suivre dans les salles voisines l'évolution des traditions funéraires depuis l'époque gauloise : puits funéraire gaulois à incinération, dégagé sur place, sarcophages chrétiens de brique puis, à partir du 5e s., de pierre ou de marbre. Remarquable sarcophage en marbre des Pyrénées, décoré de chevrons et de rinceaux de vigne (École de sculpture dite «d'Aquitaine»). Mosaïques gallo-romaines, vases, bronzes, monnaies, etc. En annexe au musée, une salle sert de cadre à des expositions temporaires.

Sortir de l'hôtel de ville par l'ancien jardin de l'Évêché. De la terrasse, dominant un bastion occupé par une piscine magnifiquement située, vue sur la vallée et les Pyrénées.

(D'après photo Barbé, Lectoure)

Musée de Lectoure. — Taurobole.

LESCAR

Carte Michelin n° 85 - pli 6 — 4 938 h. (les Lescariens).

La ville aux rues étroites est devenue un satellite résidentiel de Pau. Son ancienne cathédrale en fait un lieu du souvenir du Vieux Béarn.

Au pied de la colline sur laquelle est bâtie l'actuelle Lescar s'étendait Beneharnum, ville romaine importante. Elle donne son nom au Béarn et en devient la capitale. Vers 850, les Normands la détruisent et Morlaàs passe au rang de métropole béarnaise. Une nouvelle cité, Lescar, se développe sur la colline à partir du 12e s. Son évêque préside les États de Béarn et les rois de Navarre de la race d'Albret choisissent la cathédrale pour abriter leur sépulture.

Cathédrale Notre-Dame★. — *Visite : 1/2 h.* On l'atteint, du fond de la vallée, par une rampe en forte montée pénétrant dans la vieille ville par une porte fortifiée.

L'édifice, commencé par le chœur en 1120, fut saccagé par les Protestants sous le règne de Jeanne d'Albret. D'importantes restaurations aux 17e et 19e s. le sauvèrent de la ruine. Le chevet a conservé la pureté de son architecture romane : se placer dans le cimetière pour apprécier l'ordonnance des absides et en détailler la décoration : fleurons à marguerites de la corniche, modillons pleins de fantaisie.

Entrer dans l'église par le portail Sud, à droite duquel deux inscriptions ont été dégagées. Remarquer surtout l'inscription inférieure, épitaphe de l'évêque constructeur mort en 1141.

Intérieurement, le vaisseau donne une impression d'ampleur. La nef est voûtée en berceau plein cintre, les bas-côtés en berceaux transversaux. Cette disposition, peu courante, assure une meilleure contrebutée de la voûte centrale.

La décoration romane du chœur et du transept — arcature de l'abside, chapiteaux — est remarquable. Les **chapiteaux★** historiés les plus intéressants apparaissent surtout aux piliers Est de la croisée et aux retombées des arcades ouvrant sur les absidioles : on reconnaît des scènes du cycle de Daniel, de la naissance du Christ, le sacrifice d'Abraham, etc. Le sol du chœur est pavé d'une mosaïque du 12e s., représentant des scènes de chasse, avec le pittoresque personnage du petit archer estropié à jambe de bois.

LIMOUX

Carte Michelin n° 86 - pli 7 — *Schémas p. 54 et 99* — 11 713 h. (les Limouxins) — *Plan dans le guide Michelin France.*

Sous-préfecture aux rues étroites et animées, encore en partie enclose à l'intérieur d'une enceinte élevée au 14e s. par crainte des raids anglais, Limoux est une cité languedocienne réputée facétieuse pour son carnaval dont les cortèges mettent un joyeux désordre sous les couverts de la place de la République.

L'Aude, franchie par un «pont Neuf» du 14e s., donne quelque noblesse aux perspectives urbaines.

Dominant la rivière, le chevet et la flèche gothique de l'église St-Martin caractérisent la silhouette monumentale de la ville.

Avec Carcassonne et Lézignan, Limoux constitue l'un des hauts-lieux du «jeu à treize».

La blanquette. — Ce vin pétillant A.O.C., provenant du cépage Mauzac planté dans la région de Limoux, doit son nom au fin duvet blanc couvrant le dessous des feuilles du plant Mauzac. Dès le 16e s., les documents attestent que la blanquette était livrée en «flacons» bouchés. Elle jouit d'une faveur croissante en France et à l'Étranger. *Visite des caves fléchée, en semaine toute l'année et tous les jours en été : de 9 h à 18 h.*

EXCURSION

N.-D.-de-Marceille ; St-Hilaire. — *12 km au Nord, puis 1/2 h de visite. Sortir de Limoux par le D 104.*

N.-D.-de-Marceille. — Église de pèlerinage, reconstruite au 14ᵉ s. dans le style gothique. Prendre du recul sur l'esplanade, en tournant le dos à Limoux, pour voir, dans la perspective de la fontaine de la Vierge. le côté Sud de l'édifice. Vignobles et cyprès conservent au site son caractère languedocien.

A l'intérieur, la Vierge Noire apparaît dans l'unique chapelle latérale de gauche, protégée par une grille Louis XIV. On verra de nombreux et touchants ex-voto dans les absidioles encadrant le chœur. Grands tableaux de peintres carcassonnais.

A mi-pente de la « voie sacrée », rampe empruntée par les pèlerins, un édicule abrite la fontaine miraculeuse. André Chénier enfant *(voir p. 85)* parcourut ce chemin et laissa une description élégiaque de cette promenade.

St-Hilaire. — Siège d'une abbaye bénédictine primitivement dédiée à saint Saturnin *(voir p. 181)* et dissoute en 1748. La tradition attribue aux moines de St-Hilaire la découverte de la montée en mousse de la « blanquette ».

Du pied de l'abside de l'église, prendre une rampe aboutissant au cloître. En forme de trapèze rectangle, ce cloître gothique aux colonnettes géminées soudées au niveau des chapiteaux par un motif en forme de tête d'homme, laisse une impression de gracilité.

Du cloître on passe dans l'église romane *(fermée entre 12 h et 14 h)*, très remaniée, pour y voir surtout, dans la chapelle orientée de droite, l'« ossuaire de saint Sernin ». Ce sarcophage à l'antique, exécuté au 12ᵉ s. par le maître de Cabestany en Roussillon, illustre sur trois faces la vie et le martyre du fondateur de l'église de Toulouse vers le milieu du 3ᵉ s. C'était le maître-autel de l'église abbatiale.

LOMBEZ

Carte Michelin n° 82 - Nord du pli 16 — 1 301 h. (les Lombéziens).

Lombez garde de son passé de ville épiscopale une cathédrale de briques, dont la tour octogonale domine la molle vallée de la Save.

Cathédrale. — *Visite: 1/2 h. Minuterie à droite en entrant.* Par les rues sinueuses du vieux quartier, gagner une placette avec halle, au pied de l'église, flanquée de ce côté par l'ancien évêché (1781).

La tour, partie la plus ancienne de l'édifice, dresse ses 5 étages en retrait les uns sur les autres. Un badigeon lui enlève fâcheusement son cachet toulousain.

Avant de pénétrer dans l'église, remarquer à droite du portail une plaque rappelant le séjour de Pétrarque à Lombez en 1330. Le poète faisait partie de la compagnie amenée avec lui par le Romain Jacques Colonna, deuxième évêque du lieu.

Le vaisseau (fin 14ᵉ s. - début 15ᵉ s.), de style gothique toulousain, est flanqué d'une seule nef latérale, au Nord. Les chapelles abritent des sépultures d'évêques.

Trésor. — Il est installé dans la chambre inférieure de la cour dont une cuve baptismale de plomb, du 12ᵉ s., marque le centre. Les vitrines présentent des pièces d'orfèvrerie religieuse, entre autres le bras-reliquaire de saint Majan (1697), une croix processionnelle en cristal de roche et une statue de saint Jacques, polychrome. *Minuterie.*

En quittant la salle du Trésor, voir, au côté opposé, derrière une clôture de bois, une autre collection comprenant des ornements sacerdotaux anciens, une statuette de la Vierge à la Pomme en bois polychrome, du 14ᵉ s., et une Pietà en bois doré.

Au bas de la nef latérale, un magnifique Christ gisant du 15ᵉ s. est un fragment d'un Saint-Sépulcre.

Vue sur la cathédrale. — Laisser la voiture aussitôt avant le pont sur la Save, côté ville, et prendre, face à la mairie, un passage sur un canal, s'ouvrant par une grille. Suivant au plus près quelques maisonnettes, puis une allée du parc, abandonné, de l'évêché, on atteint la rive d'un étang. Bientôt se dégage l'ensemble du monument, dont le côté Nord montre une imposante disposition de contreforts reliés par des arcs supportant le chemin de ronde, rappel de l'architecture des églises fortifiées du Sud-Ouest.

LOMBRIVES (Grotte de) ★

Carte Michelin n° 86 - Sud des plis 4 et 5 — *Schéma p. 106.*

Accès. — *Depuis la N 20, au Sud de Tarascon-sur-Ariège.*

Visite. — *La grotte est ouverte les dimanches et jours fériés de Pâques à la Toussaint à 10 h 30, 14 h 30, 15 h 45 et 17 h ; tous les jours du 20 juin au 15 septembre de 10 h à 19 h ; durée : 1 h 1/2 environ. Prix : 16 F.*

La caverne, connue depuis le 16ᵉ s., est curieuse par l'immensité de ses salles et par les histoires horrifiques qui s'y rattachent.

Par une galerie basse de 200 m en forme de carène renversée, on accède à la **cathédrale**, cavité d'une centaine de mètres de hauteur sous voûte où, selon la tradition, la dernière communauté de réfugiés cathares périt, emmurée, en 1328. Les parois sont couvertes d'inscriptions et de milliers de graffitis, témoignages de la longue occupation de cette grotte par les hommes à travers les âges. Un escalier donne accès aux galeries supérieures encore riches en concrétions « vivantes » ; on remarquera en particulier le « mammouth ».

Carte Michelin n° 85 - plis 17, 18 — *Schéma p. 78* — 18 096 h. (les Lourdais).

Lourdes, ville religieuse de notoriété universelle, prend tout son caractère pendant les mois d'été, à la saison des pèlerinages. Les amples cérémonies, les processions, les malades que soulève une ardente espérance, lui donnent son climat spirituel.

LE PÈLERINAGE

Bernadette Soubirous (1844-1879). — Les Soubirous, anciens meuniers, sont fort pauvres et élèvent avec peine leur quatre enfants. Bernadette, l'aînée, vit à Bartrès *(p. 123)*.

En janvier 1858 — elle a 14 ans — sa mère, soucieuse de la voir se préparer à sa première communion, la fait revenir à Lourdes : Bernadette vit avec ses parents dans le « cachot » ; elle suit le catéchisme paroissial et fréquente l'école des Sœurs de la Charité. Le 11 février, un jeudi, jour de congé, l'écolière ramasse du bois le long du gave près du rocher de Massabielle, en compagnie de l'une de ses sœurs et d'une voisine. C'est alors la première apparition dans la grotte. Dix-huit fois, la belle « Dame » apparaîtra à Bernadette *(1)*.

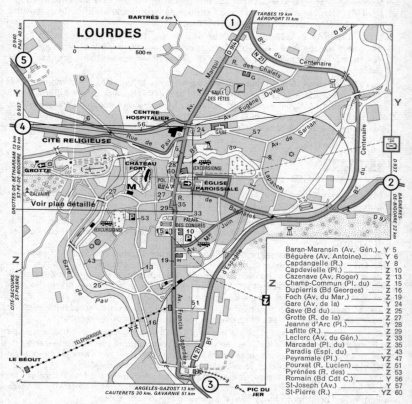

Baran-Maransin (Av. Gén.)	Y	5
Béguère (Av. Antoine)	Y	6
Capdangelle (R.)	Y	8
Capdevielle (Pl.)	Z	10
Cazenave (Av. Roger)	Z	13
Champ-Commun (Pl. du)	Z	15
Dupierris (Bd Georges)	Z	16
Foch (Av. du Mar.)	Z	19
Gare (Av. de la)	Y	24
Gave (Bd du)	Z	25
Grotte (R. de la)	Z	27
Jeanne d'Arc (Pl.)	Y	28
Lafitte (R.)	Z	29
Leclerc (Av. du Gén.)	Z	33
Marcadal (Pl. du)	Z	35
Paradis (Espl. du)	Z	43
Peyramale (Pl.)	YZ	
Pourxet (R. Lucien)	Z	51
Pyrénées (R. des)	Z	53
Romain (Bd Cdt C.)	Y	56
St-Joseph (Av.)	Y	57
St-Pierre (R.)	YZ	60

La grotte de Massabielle. — A cette époque, le rocher de Massabielle est d'un accès peu facile ; mais une foule, chaque jour plus nombreuse, où croyants et incrédules se mêlent, se presse autour de la grotte. Au cours de la neuvième apparition, Bernadette, devant les spectateurs stupéfiés, gratte le sol de ses doigts ; un mince filet d'eau jaillit.

En 1862, l'évêché décide qu'un sanctuaire sera édifié aux abords de la grotte. La première procession a lieu en 1864, à l'occasion de la bénédiction de la statue de N.-D. de Lourdes qui est placée dans la niche des apparitions.

En 1866, Bernadette entre, comme novice, au couvent de St-Gildard, à Nevers, maison-mère de la congrégation des Sœurs de la Charité. L'année suivante, elle prend le voile sous le nom de sœur Marie-Bernarde. Elle a été béatifiée en 1925 et canonisée en 1933.

Le plus grand pèlerinage du monde. — Aux premiers pèlerinages paroissiaux et diocésains, vient s'ajouter, en 1873, le Pèlerinage National organisé de Paris par les Pères Assomptionnistes. En 1874, le second « National » comprend 14 malades. Dès lors la place faite aux malades caractérise l'accueil de Lourdes (près de 70 000 malades sur plus de 4 250 000 visiteurs recensés en 1978). L'audace des initiatives prises dans ce domaine est illustrée par l'organisation, en 1963, du 1er pèlerinage de poliomyélitiques (en 1978 : 5 000 polios et grands handicapés moteurs).

Depuis les fêtes du Centenaire, en 1958, et le Concile Vatican II l'animation des pèlerinages, tout en sauvegardant les grandes manifestations traditionnelles telles que la procession du Saint-Sacrement et la procession aux flambeaux, fait une place à de nouvelles initiatives en matière d'accueil, de rencontres, etc. La grotte a été dépouillée de ses accessoires et la basilique du Rosaire, renommée pour son acoustique et ses orgues, peut maintenant être utilisée pour des manifestations musicales.

---

(1) Pour plus de détails, lire les ouvrages de l'abbé René Laurentin (Paris, Lethielleux).

LE DOMAINE DE LA GROTTE *Tenue correcte requise.*

Deux allées se développant sur 130 m et débouchant sur l'esplanade du Rosaire se prêtent aux grandes manifestations religieuses. Une statue de la Vierge couronnée se dresse à l'entrée de l'esplanade.

Sanctuaires et lieux de prière. — La **basilique du Rosaire** (A) inaugurée et bénie en 1889, de style romano-byzantin, occupe, entre les deux rampes de l'hémicycle, le niveau inférieur. D'une superficie de 2 000 m², elle peut recevoir 2 000 à 2 500 personnes. Les mosaïques des chapelles intérieures représentent les Mystères du Rosaire.

À l'étage intermédiaire, entre la basilique du Rosaire et la basilique supérieure, la **crypte** (A), réservée pendant la journée à la prière silencieuse, avait été ouverte dès 1886. Bernadette assista à sa consécration le 19 mai de cette année.

Svelte et blanche la **basilique supérieure** (A) néo-gothique, dédiée à l'Immaculée Conception, a été inaugurée en 1871. Elle comprend une seule nef divisée en cinq travées égales et compte 21 autels. De nombreux ex-voto la décorent et les ogives des chapelles portent en inscription les paroles que la Vierge adressa à Bernadette.

Le long du gave, sous la basilique supérieure, se trouve la **grotte miraculeuse** où eurent lieu les apparitions (A) ; une Vierge en marbre de Carrare en marque l'emplacement ; à côté, les fontaines et, en aval, les piscines où se baignent les pèlerins. Deux ponts enjambent le torrent et permettent d'accéder à la prairie de la rive droite aménagée pour les grandes cérémonies.

La **basilique souterraine St-Pie X** (B), consacrée à l'occasion du centenaire des apparitions, le 25 mars 1958, est aménagée sous l'esplanade, en bordure de l'allée Sud. Cet immense vaisseau en amande, mesurant, suivant ses plus grandes dimensions, 201 m et 81 m, peut abriter 20 000 pèlerins — la population sédentaire de Lourdes y tiendrait à l'aise. C'est l'un des plus vastes sanctuaires du monde (il couvre une superficie qui dépasse 12 000 m²). Seule la technique du béton précontraint a permis de lancer des voûtes aussi surbaissées sans appui intermédiaire.

Le **chemin du Calvaire** (A) s'amorce à droite de la grotte : il est bordé de 14 stations composées de groupes monumentaux en fonte et aboutit aux croix du calvaire et aux grottes Ste-Madeleine et N.-D.-des-Douleurs aménagées dans la caverne naturelle du mont des Espélugues.

Pavillon Notre-Dame (B). — *Visite de 9 h à 11 h 45 et de 14 h 30 à 18 h (17 h 30, et fermé le mardi, du 10 octobre à Pâques).*

Au rez-de-chaussée, le **musée** « Bernadette et le message de Notre-Dame » présente des souvenirs de Bernadette et des documents iconographiques sur le lieu des 18 apparitions et sur l'histoire du pèlerinage (remarquer les différentes effigies de la Vierge soumises à l'appréciation de Bernadette).

Au sous-sol *(entrer de préférence au revers du bâtiment),* un **musée d'art sacré du gemmail** *(ouvert en saison seulement)* illustre, sur le thème du sens du sacré à travers les âges, les ressources nouvelles offertes à l'expression artistique par cette technique (juxtaposition et superposition de particules de verres colorés éclairés de l'intérieur par une source lumineuse artificielle).

Une galerie annexe s'ouvre, chaque année impaire, au lauréat de la « Biennale internationale du gemmail d'Art sacré », à qui est remise la distinction de Peintre de la Lumière, ou à une exposition pastorale.

LIEUX DU SOUVENIR

Cachot (C). — *15 r. des Petits-Fossés. Visite des Rameaux au 15 décembre de 9 h 30 à 12 h et de 14 h à 19 h ; le reste de l'année, de 14 h 30 à 17 h 30.*

« Logement » (une seule pièce dans une misérable maison) de la famille Soubirous à l'époque des apparitions.

Centre hospitalier (C). — *Suivre sous la colonnade le jalonnement « Visite chapelle ». Visite de 9 h à 12 h et de 14 h à 19 h.*

Ancien hospice où Bernadette suivait l'école des Sœurs à l'époque des apparitions avant d'y être admise comme pensionnaire, de 1860 à 1866. Dans le parloir, souvenirs personnels et photographies de Bernadette ; dans la petite chapelle attenante, sa pèlerine de communiante et son prie-Dieu.

Moulin de Boly (C). — *R. Bernadette Soubirous. Visite de 9 h à 12 h et de 14 h à 19 h.*

C'est dans cet ancien moulin, apporté en dot par sa mère, que naquit Bernadette le 7 janvier 1844.

Église paroissiale (C). — Elle fut construite à partir de 1876, par Mgr Peyramale, curé de Lourdes au temps des apparitions. Parmi les témoins du précédent sanctuaire, détruit en 1908, figurent les fonts sur lesquels fut baptisée, le 9 janvier 1844, Marie-Bernarde Soubirous.

Bartrès. — *4 km, au Nord.* Bernadette y fut mise en nourrice chez Marie Aravant-Lagües. Elle revint ensuite, occasionnellement, dans le village rendre quelques menus services. Son souvenir est conservé dans la **maison Lagües**, reconstruite après un incendie (belle maison à entrée charretière en contrebas de l'église, à droite), où l'on voit quelques meubles paysans de l'époque, réunis dans l'ancienne cuisine.

Sur le chemin du retour, quitter la voiture près d'un oratoire à Ste-Bernadette et monter à pied, sous les châtaigniers, jusqu'à la **Bergerie** où la jeune fille rentrait son troupeau dans les années 1857-1858.

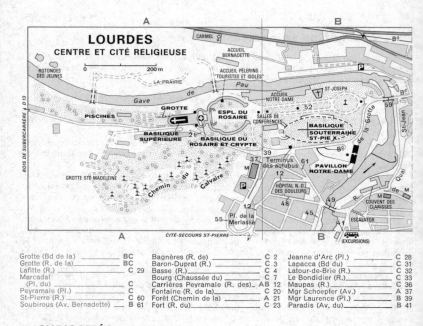

LOURDES
CENTRE ET CITÉ RELIGIEUSE

■ CURIOSITÉS *visite : 4 h*

Château fort★ (C). – *Accès par l'ascenseur, par l'escalier des Sarrasins (131 marches) ou par la rampe du Fort. Visite du 25 juin au 30 septembre de 9 h à 11 h et de 14 h à 18 h ; du 16 septembre au 24 juin de 9 h à 11 h et de 14 h à 17 h. Entrée : 10 F.*

Il est juché sur le dernier «verrou» de l'ancienne vallée glaciaire du Lavedan ; le lobe terminal du glacier, épais de 400 m, s'épanouissait à l'emplacement de Lourdes. La forteresse, gardant le débouché des ports des Pyrénées centrales et imposant la présence féodale aux montagnards turbulents du Lavedan *(p. 76),* survécut comme prison d'État aux 17ᵉ et 18ᵉ s.

Elle abrite depuis 1922 un **musée pyrénéen★**, aménagé à l'initiative du T.C.F., riche surtout de mobilier rural, de collections d'objets relevant de l'ethnographie des Pyrénées centrales et du pyrénéisme.

Suivre les flèches.

En intermède de la visite des premières salles on atteint l'ouvrage Sud où une **table d'orientation** permet d'identifier les proches montagnes du Lavedan.

Parmi les présentations d'artisanat, remarquer les vitrines de céramiques (magnifique service de 110 pièces de Samadet – *p. 45*), de tissus «de Barèges» fort en vogue au 19ᵉ s. L'ancienne chapelle du château contient les autels et les statues en bois polychrome du 18ᵉ s. qui ornaient l'ancienne église paroissiale de Lourdes.

En montant, en plein air, la dernière rampe agrémentée d'un jardinet, on pénètre dans la **salle d'honneur du Pyrénéisme★** présentant de nombreux documents et objets (carnets de courses, piolets, instruments de géodésiens). Remarquer le tableau donnant une brève chronologie de la conquête des cimes pyrénéennes.

Chaque année *(de juin à octobre)* le musée sert de cadre à des expositions réunissant d'importantes collections historiques ou ethnologiques régionales.

Redescendre de préférence à pied, par la rampe du Fort, côté gave.

Pic du Jer★★ (Z). – Alt. 948 m. *Environ 1 h, dont 12 mn AR de funiculaire (gare de départ Sud du plan). Celui-ci fonctionne, du 14 juillet au 10 octobre, de 9 h à 12 h et de 13 h 30 à 19 h ; le reste de l'année, de 8 h 30 à 12 h et de 13 h 30 à 18 h 30. Fréquence : toutes les 1/2 h. Prix : 17 F.*

De la station supérieure, 10 minutes de marche facile conduisent au sommet d'où l'on découvre un beau **panorama★★** sur les Pyrénées centrales.

On peut prolonger agréablement la promenade (1/2 h AR) en abandonnant le chemin goudronné de l'observatoire dans le 1ᵉʳ lacet à droite (sens de la descente) pour suivre l'étroit sentier aboutissant au piton Sud de la montagne. Vue sur le confluent des vallées d'Argelès et de Castelloubon.

Le Béout★ (Z). – Alt. 791 m. *Environ 1 h 1/2 dont 8 mn AR de téléphérique (gare de départ au Sud du plan). Le téléphérique fonctionne du 15 mars au 15 novembre, de 9 h à 12 h et de 14 h à 18 h (du 14 juillet au 15 septembre, de 8 h 30 à 12 h 30 et de 13 h 30 à 18 h 30, sans interruption à midi en cas d'affluence). Fréquence : toutes les 20 mn. Prix AR : 21 F.*

De la station supérieure, beau **panorama★** sur Lourdes, le pic du Jer, le pic de Montaigu, la vallée d'Argelès, les vallées de Bat-Surguère et de Castelloubon.

Poursuivre la montée le long de la crête semée de blocs erratiques – preuve de la puissance de l'ancien glacier du Lavedan (le Béout était submergé) – et gagner le point culminant. On découvre alors le pic du Midi de Bigorre, le lac de Lourdes et, du côté de la haute chaîne, le pic Long (massif de Néouvielle, *carte p. 137*), point culminant des Pyrénées en territoire français (alt. 3 192 m), le «Cylindre» du Marboré, le Mont Perdu.

En contrebas de la station du téléphérique s'ouvre un **gouffre** de 82 m de profondeur accessible, par le fond, grâce à un tunnel artificiel. On y a découvert des ossements humains et de l'outillage préhistorique. *Visite accompagnée du 1ᵉʳ juillet au 15 septembre de 9 h à 11 h 30 et de 14 h à 17 h 30 ; du 15 mars au 30 juin et du 16 septembre au 15 novembre de 9 h 30 à 11 h et de 14 h 30 à 16 h 30. Entrée : 8 F.*

EXCURSIONS

St-Pé-de-Bigorre et les grottes de Bétharram★★. — *16 km à l'Ouest — plus 1 h 1/2 de visite — schéma p. 71. Quitter Lourdes par ④, D 937.*

St-Pé-de-Bigorre. — 2 035 h. *Lieu de séjour, p. 42.* La ville, recherchée comme base de plein air, a pour une origine une abbaye dédiée à saint Pierre (d'où son nom gascon de « Pé »). L'église, dont l'abside ronde apparaît dans la perspective de la place centrale à arcades, ferme le quadrilatère des bâtiments de l'abbaye. Cette ancienne abbatiale romane, réalisation des Clunisiens sur la route de Compostelle, était le plus beau et le plus vaste monument religieux des Pyrénées. Elle subit du fait des guerres de Religion et du tremblement de terre de 1661 des dégâts irrémédiables.

Le sanctuaire Ouest comprenait un transept et une tour de croisée. Il n'en subsiste qu'une petite aile sous la tour, à décoration romane (baptistère actuel, à gauche de l'entrée). On vénère dans l'église une statue de N.-D.-des-Miracles, du 14ᵉ s.

3,5 km au-delà de St-Pé, tourner à gauche : traverser le chemin de fer et le gave.

Grottes de Bétharram★★. — *Page 73.*

Sanctuaires de Bétharram. — *Page 73.*

Lac de Lourdes. — *3,5 km à l'Ouest. Sortir par ⑤ du plan, D 940, et prendre à gauche, après une chapelle, le chemin menant au bord du lac.*

Situé à 421 m d'altitude, profond de 11 m, ce petit lac d'origine glaciaire offre les attraits des sports nautiques *(barque, pédalo)* et de la pêche. De ses rives, points de vue étendus sur les premiers chaînons calcaires et forestiers.

Une piste carrossable permet de faire le tour du lac.

Bois de Subercarrère. — *5 km à l'Ouest par le D 13 (route longeant la basilique supérieure — voir plan), que l'on quitte pour la route de la forêt communale de Lourdes.*

Sous-bois lumineux (érables, chênes, hêtres) aménagés pour la halte et le pique-nique.

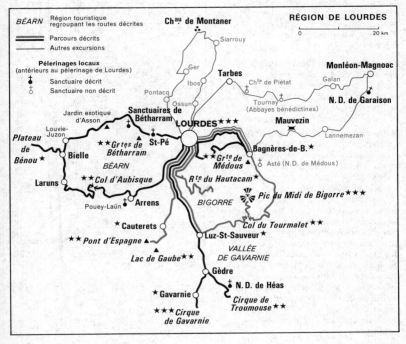

RÉGION DE LOURDES

Carte Michelin n° 85 - pli 20 — *Schémas p. 92 et 127* — 3 627 h. (les Luchonnais) — *Lieu de séjour, p. 42.*

Dans un site épanoui, à mi-parcours de la Route des Pyrénées, Luchon, ou Bagnères-de-Luchon, ville de cure la plus animée de la chaîne, attire aussi de nombreux touristes qui y trouvent, outre les distractions nombreuses, un choix varié de promenades, d'excursions et d'ascensions.

L'hiver, Luchon sert de ville de résidence pour les skieurs attirés par les champs de neige de Superbagnères, annexe d'altitude de la station, et par les pistes plus lointaines des Agudes, de Peyresourde ou du Mourtis.

Les bains d'Ilixo. — A l'époque gallo-romaine, la vallée de l'One, pays des Onesii, est célèbre pour ses eaux. Ilixo, dieu tutélaire, protège des bains si magnifiques qu'ils sont considérés comme « les premiers après ceux de Naples » (inscription en latin sur l'établissement thermal). Une voie romaine relie les thermes à Lugdunum Convenarum (St-Bertrand-de-Comminges).

Des fouilles ont permis de retrouver la trace de trois vastes piscines revêtues de marbre, avec circulation d'air chaud et de vapeur.

Le Grand Intendant. — En 1759, l'intendant de la généralité de Gascogne, Béarn et Navarre, Antoine Mégret, **baron d'Etigny**, qui réside à Auch, vient à Luchon pour la première fois et décide de redonner à la ville thermale son lustre d'antan. Dès 1762, une route carrossable relie la ville à Montréjeau : la belle avenue qui porte aujourd'hui son nom est ouverte et plantée de tilleuls. Les plantations doivent être gardées militairement, car les habitants se montrent hostiles aux innovations. Le baron remplace la piscine commune rudimentaire par neuf auges de bois à deux places, recouvertes d'un couvercle mobile comportant un trou pour la tête, mais le déshabillage se fait encore en plein air à l'abri d'une planche. Il a, le premier, l'idée d'attacher un médecin à la station.

Il s'agit de lancer la station. D'Etigny persuade le gouverneur de la province, le maréchal de Richelieu, de faire une cure. Le duc se montre enchanté ; les fouilles romaines le ravissent ; il vante les charmes de la station à Versailles et revient pour une seconde cure. La fortune de Luchon est faite ; la mort prématurée d'Etigny, en 1767, n'interrompt pas son essor.

La cure. — Près de 80 sources sont captées dans la montagne de Superbagnères. Elles sourdent à une température de 18° à 66° et permettent de conjuguer les effets du soufre (eaux sulfurées sodiques) et de la radio-activité, pour le traitement des affections des voies respiratoires. Aussi les curistes illustres se sont-ils longtemps recrutés parmi les chanteurs, comédiens, avocats ou prédicateurs. D'un essor plus récent, le traitement des affections rhumatismales et la rééducation fonctionnelle associent les bains et douches aux applications de boues et au séjour en radio-vaporarium.

Les eaux de Luchon sont riches en **barégine**, colonies d'algues et de bactéries vivant uniquement en eau sulfureuse. Cultivés, puis empâtés dans une argile neutre, ces substances et organismes constituent la boue thermale, propre aux applications locales.

Les émanations sulfurées et radio-actives sont prodiguées dans le radio-vaporarium, étuves creusées en galerie sous roche, où règne une température de 38 à 48°. *En dehors de la saison thermale (durant les week-ends et les vacances scolaires) ces galeries restent ouvertes comme saunas publics.* Le radio-vaporarium est inclus dans le plus luxueux **établissement thermal** de la station. *Visite (durée : 1 h) organisée à 14 h les mercredis, jeudis et vendredis. S'adresser au guichet, dans le hall du vaporarium.*

La station. — Les **allées d'Etigny** (Y 10), avenue d'accès aux thermes, constituent le grand axe d'animation. Au n° 18, l'hôtel du 18ᵉ s. où fut reçu le duc de Richelieu abrite le Syndicat d'Initiative et le musée du Pays de Luchon.

Musée du Pays de Luchon (Y M). — *Visite de 8 h 30 à 12 h et de 14 h à 18 h. Fermé les samedis, dimanches et jours fériés et du 1ᵉʳ novembre au 5 décembre. Entrée : 2 F.*

Au rez-de-chaussée, « plan Lézat » (1854) : relief à 1/10 000 des montagnes de Luchon. Les étages sont consacrés au souvenir des hôtes illustres, des grands Pyrénéistes *(voir p. 7)* et à de curieuses pièces du domaine des arts et traditions populaires : cires de deuil (mèches artistement torsadées dont la flamme symbolisait un défunt, lors des enterrements et des services), cabane de berger. Des cippes et des autels gallo-romains attestent l'ancienneté du thermalisme à Luchon.

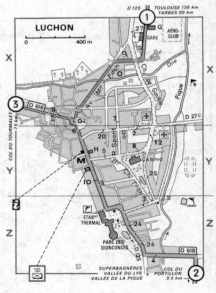

Carnot (Av.)	Y 6	Colomic (R.)	X 7
Dr-Germès (R. du)	X 9	Dardenne (Bd)	Y 8
Étigny (Allées d')	Y 10	Fontan (Bd. A.)	Y 12
		Lamartine (R.)	Y 20
Alexandre-Dumas (Av.)	Y 2	Quinconces	
Bains (Allées des)	Z 3	(Cours des)	Z 24
Barrau (Av. J.)	Z 4	Rostand (Bd E.)	Y 25
Boularan (R. Jean)	Y 5	Toulouse (Av. de)	X 27

RÉGION DE LUCHON

Vallée de la Pique★★. — *11 km au Sud. Sortir de Luchon par le D 125 — schéma ci-dessous.*

La route remonte la vallée de la Pique, au milieu de prairies puis de splendides forêts. Laissant à droite la route de la vallée du Lys, poursuivre la montée à travers de beaux bois de hêtres. A hauteur d'une grange isolée, on aperçoit, en contrebas, la maison forestière de Jouéu (laboratoire de l'Université de Toulouse spécialisé dans les études de botanique forestière et pastorale au milieu de ses conifères ; un cirque de montagnes se dégage. Hêtres et sapins se mêlent dans la forêt de Charruga.

Par suite de glissements de terrain, les 2 derniers kilomètres sont à effectuer à pied.

On atteint l'Hospice de France (alt. 1 385 m). La majesté du site pastoral, la forêt, les cascades voisines sont autant d'invites à la promenade.

Les marcheurs entraînés monteront au **port de Vénasque** (alt. 2 448 m) par le chemin muletier, en quittant l'Hospice de France de très bonne heure. Des premières pentes du versant espagnol *(4 h 1/2 à pied AR)* ou mieux encore du **pic de Sauvegarde** (alt. 2 738 m — *6 h à pied AR),* vue superbe sur tout le massif de la Maladetta.

Lac d'Oô★★. — *14 km au Sud-Ouest — environ 2 h 1/2. Sortir de Luchon par ③, D 618, route du port de Peyresourde décrite en sens inverse p. 93 — schéma ci-dessous.*

A Castillon, bifurquer à gauche dans le D 76, route de la vallée d'Oô, qui longe la base de la vaste moraine sur laquelle sont juchés les villages de Cazeaux et Garin. Au fond de la vallée, maintenant orientée plein Sud, on aperçoit le glacier du Seil de la Baque. La route longe la Neste d'Oô et traverse de belles prairies. Elle atteint un ancien bassin lacustre dominé par des escarpements rocheux où s'accrochent buissons et sapins. Le site est austère.

La route carrossable se termine aux Granges d'Astau (alt. 1 139 m). Le torrent qui dévale à droite des granges forme une cascade, « la chevelure de Madeleine » — l'imagination populaire a comparé les fils d'argent de la cascade à la chevelure de la belle pénitente.

Lac d'Oô★★. — Alt. 1 504 m. *Sentier balisé GR 10 — 2 h à pied AR.* Le lac d'Oô est situé dans un cadre magnifique : au fond, le torrent issu du lac d'Espingo forme une cascade haute de 275 m. Le lac (38 ha — 67 m de profondeur maximum) alimente la centrale hydro-électrique d'Oô. *Les prélèvements peuvent provoquer une baisse sensible du plan d'eau (voir avertissement p. 8).*

Vallée du Lys★ ; Superbagnères★. — *32 km au Sud — environ 2 h 1/2 — schéma ci-dessous.*

Le nom exact de la vallée est « Bat de Lys ». *Le D 46 part de la route de l'Hospice de France à 5,5 km de Luchon.*

2 km après le 2ᵉ pont de Ravi, dans un alignement, quitter la voiture.

Gouffre Richard. — Du pied d'un pylône de transport de force, à gauche, vue sur une puissante chute du Lys, s'abattant dans une cuve rocheuse.

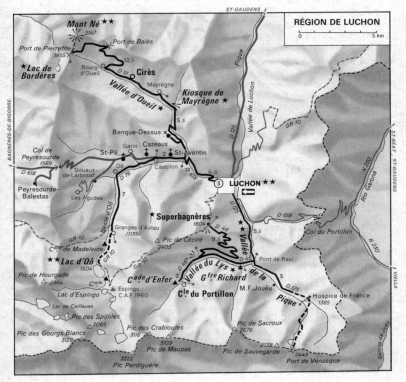

LUCHON★★

Au-delà de la bifurcation de Superbagnères, la route s'infléchit vers le Sud. Un **panorama★** se dégage sur quelque «3 000» du cirque supérieur de la vallée. *Laisser la voiture au parking gratuit du Restaurant «Les Délices du Lys».*

Centrale du Portillon. — Ses deux groupes travaillent sous une hauteur de chute maximale de 1 419 m, dénivellation qui fit sensation à l'époque (1941). *On ne visite pas.*

Cascade d'Enfer. — Dernier bond du ruisseau d'Enfer.

Faire demi-tour et prendre la route de Superbagnères tracée sous les hêtres.

Superbagnères★. — Alt. 1 804 m. Au-dessus de la limite de la forêt, Superbagnères est avant tout un centre de ski. De la table d'orientation du T.C.F., érigée au Sud de l'hôtel, **panorama★★** sur les Pyrénées luchonnaises. A l'arrière-plan se déploient les glaciers de la Maladetta.

Vallée d'Oueil★ ; Mont Né★★ ; lac de Bordères★. — *22 km au Nord-Ouest — environ 3 h — schéma p. 127. Sortir de Luchon par ③, D 618, que l'on quitte après la chapelle commémorative du martyre de saint Aventin pour tourner à droite.*

A 2 km de cette bifurcation se détache, à gauche, la route menant à l'église de Benque-Dessus *(p. 93).*

La basse vallée d'Oueil plaît pour son charme pastoral et ses villages groupés.

Kiosque de Mayrègne. — *Accès libre à la terrasse du café (table d'orientation du T.C.F.).* **Panorama★** sur la haute chaîne frontière, du massif sombre de Venasque aux crêtes enrobées de glaciers du cirque supérieur du Portillon d'Oô. Au dernier plan, entre le pic de Sacroux et le pic de Sauvegarde, apparaît le massif de la Maladetta, avec le pic d'Aneto, point culminant des Pyrénées (alt. 3 404 m).

Cirès. — 21 h. Village pittoresque, avec ses maisons tassées en amphithéâtre au pied de l'église isolée sur son promontoire. Les maisons montrent, comme dans toute la vallée, des pignons en lattis fermant les hauts greniers à foin.

A l'entrée de Bourg-d'Oueil, s'engager dans la route du port de Balès qui s'élève dans les pâturages. Le massif de la Maladetta émerge à l'horizon. Laissant à droite la bretelle du port de Balès, poursuivre à flanc de montagne jusqu'au port de Pierrefitte (alt. 1 855 m).

Mont Né★★. — Alt. 2 147 m. *1 h 1/2 à pied AR en gravissant la large crête herbeuse qui domine le port de Pierrefitte, au Nord.* **Panorama★★** sur la Maladetta, le Posets (le second pic des Pyrénées — 3 371 m — également en Espagne), la crête frontière et ses glaciers ; plus à l'Ouest, jusqu'au Mont Perdu au Marboré et, du côté de l'avant-pays, jusqu'au pic du Midi de Bigorre.

Lac de Bordères★. — *1 h à pied AR.* Du port de Pierrefitte, passant sur le versant de la vallée boisée de Bareilles, rameau affluent de la vallée d'Aure, descendre sur la gauche sans trop perdre de la hauteur. On aperçoit bientôt le lac de Bordères, dans son cirque gazonné.

LUZENAC

Carte Michelin n° **86** - Nord du pli 15 — *Schéma p. 56* — 848 h.

Depuis la fin du 19ᵉ s., Luzenac doit son renom à son gisement de talc. De la carrière de Trimouns, s'ouvrant en pleine montagne dans le massif du St-Barthélemy entre 1 700 et 1 850 m d'altitude, le talc brut est descendu par bennes à l'usine de la vallée où a lieu le séchage, le broyage et le conditionnement.

Montée à Trimouns★★. — *Circuit de 39 km — environ 3 h. L'accès à la carrière n'est autorisé qu'en semaine, de 14 h à 16 h pendant la période d'extraction (du 10 mai au 20 octobre). Se procurer une autorisation aux bureaux de la S.A. des Talcs de Luzenac (ne pas s'adresser à l'usine), sur la N 20 à la sortie de Luzenac, à gauche, dans la direction d'Ax. Hors de la période d'extraction la route privée de Trimouns est interdite.*

Quitter Luzenac par le pont sur l'Ariège et le D2, route de Caussou.

Unac. — Église romane fièrement campée au-dessus de la vallée. A l'intérieur, les deux gros chapiteaux flanquant l'entrée du chœur sont d'un travail vigoureusement fouillé.

Continuer par le D 2, **route des Corniches** (vues plongeantes sur la vallée de l'Ariège), puis tourner à gauche, vers Lordat.

Château de Lordat. — *Montée déconseillée par temps de pluie. Gagner la placette de l'église puis, au-delà, par des rues étroites en descente, le parking aménagé à l'origine du sentier du château.*
Le château fort, l'un des plus disputés du comté de Foix, ne présente guère que des vestiges informes, mais sa position bien détachée en fait un **belvédère★** sur le Sabarthès *(p. 173)*, le sillon de l'Ariège vers Ax et la chaîne frontière, du côté de l'Andorre.

Revenir au carrefour de la route des Corniches où prendre, tout droit, la route de Trimouns.

Carrière de Trimouns★. — *Quitter la voiture au parking «Visiteurs». Visite selon les conditions ci-dessus. Cependant, en juillet et août suivre les guides (prix : 5 F), ou le jalonnement fléché en dehors de cette période, pour gagner le gradin inférieur de la découverte, en laissant à gauche en contrebas l'excavation dans le talc.*
Ce gisement est un des plus importants exploités dans le monde. **Vues★** étonnantes sur le large filon blanc de talc. Les hommes sont, pour la plupart, affectés au tri manuel des diverses qualités de talc. **Panorama★★** sur les montagnes de la haute Ariège.

Redescendre au bourg de Lordat d'où l'on regagne directement Luzenac par Vernaux.

Vernaux. — 47 h. La route contourne en contrebas du village l'église isolée, édifice roman menu mais très soigneusement construit en tuf.

Carte Michelin n° 🎃 - pli 18 – *Schéma p. 78* – 1 040 h. (les Luzéens) – *Lieux de séjour, p. 42.*

Luz et St-Sauveur se font face de part et d'autre de la coupure du gave de Pau.

Le souvenir napoléonien. — D'un naturel jadis farouche – les ruines du château Ste-Marie repris aux Anglais en témoignent depuis l'an 1404 – les habitants de la vallée ne ménagèrent pas leur reconnaissance à LLMM impériales Napoléon III et Eugénie en échange de la manne de bienfaits répandue sur la vallée : le tour du bassin de Luz, du pont de la Reine (Hortense) au pont Napoléon par la chapelle de Solférino (qui se prête à une cérémonie commémorant la fondation de la Croix-Rouge) prend l'allure d'un « circuit Napoléon III ».

Luz ★. — Dans son bassin lumineux, la petite capitale du **«Pays Toy»** *(1)*, canton montagnard longtemps isolé du bas-pays par le mauvais passage des Échelles de Barèges *(p. 77)*, surprend par son animation et par son équipement touristique. Les 18e et 19e s. y ont laissé un certain nombre de maisons distinguées, blanches sous leur toit d'ardoise, avec corniches, linteaux sculptés et balcons de fer forgé.

Église fortifiée ★. – *Illustration p. 27.* Improprement dite « des Templiers », elle a été bâtie à la fin du 12e s. et fortifiée au 14e s. par les Hospitaliers de St-Jean-de-Jérusalem avec un chemin de ronde, une enceinte crénelée enserrant un vieux cimetière et deux tours carrées.

Son portail présente un Christ en majesté entouré des Évangélistes ; à l'intérieur : boiseries du 18e s., musée d'art religieux, dans la chapelle N.-D.-de-la-Pitié, et musée d'objets locaux, dans la tour de « l'Arsenal ».

St-Sauveur. — Les indications gynécologiques de ses cures ont fait donner à St-Sauveur le titre de « station des dames ».

L'unique rue, en corniche au-dessus du gave, est dédiée successivement à la duchesse de Berry, grande animatrice de la saison 1828, et à l'impératrice Eugénie dont les séjours, surtout celui de 1859, apportèrent à la station la consécration.

Carte Michelin n° 🎃 - pli 16 – 4 km au Nord-Est de Boussens – 1 909 h. (les Martrais).

La cité s'ordonne autour d'un anneau de boulevards cernant le quartier d'où pointe le clocher gothique de l'église. Elle s'élève sur le territoire de l'ancien domaine gallo-romain de **Chiragan** dont la villa, fouillée au 19e s., avait livré près de 300 statues et bustes, déposés au musée St-Raymond de Toulouse.

Quelques ateliers maintiennent encore à Martres la tradition de la faïence d'art.

Le « dimanche tolosan » *(voir p. 25)* voit chaque année se dérouler une reconstitution historique avec simulacre de combat entre Sarrasins et Chrétiens. Ce jour-là, Martres célèbre son héros et patron martyr, saint Vidian. Il semble que les Musulmans n'aient passé que trois ans en Aquitaine au début du 8e s. et le preux Vidian pourrait bien n'être qu'une réincarnation de Vivien, neveu de Charlemagne, célèbre par la chanson de geste de Guillaume d'Orange que diffusaient les troubadours et les pèlerins.

Église St-Vidian. — Élevé à l'emplacement d'une basilique funéraire elle-même fondée sur une nécropole paléo-chrétienne, l'édifice actuel remonte au 14e s. Outre les sarcophages – les deux plus beaux sont à l'intérieur – on remarque dans la nef, à gauche, la chapelle St-Vidian qui s'ouvre sous l'ancien portail de l'église romane. Les reliques du martyr sont disposées dans un monument de pierre de style flamboyant.

EXCURSION

Alan ; Aurignac. — *14 km au Nord-Ouest – environ 2 h. Prendre le D 10 au Nord.*

Alan. — 228 h. *Pour visiter l'ancien palais des évêques de Comminges, entrer à gauche de la Grand-Place, par un portail en fer forgé surmonté d'une mitre. Prix : 5 F.*
La bastide d'Alan, fondée en 1270, devint une des résidences préférées des évêques de St-Bertrand-de-Comminges. Les vestiges de leur château sont entrés depuis 1912 dans la chronique par les déboires de la **« vache d'Alan »** ★, grand motif sculpté en haut-relief au tympan d'une porte de style gothique flamboyant ouvrant sur une tourelle d'escalier. La vache, mutilée, porte au cou les armes de l'évêque Jean-Baptiste de Foix-Grailly (1466-1501), auteur de ces embellissements. Elle manqua d'être exilée deux fois et ne dut sa sauvegarde qu'à l'opposition farouche de la population puis au sauvetage du palais en ruines, à partir de 1969.

Continuer à suivre le D 10 puis le D 3, vers Aurignac.

Aurignac. — Page 55.

Alan. – Le portail de la Vache.

(1) Pour plus de détails, lire : Randonnées insolites en Lavedan et Pays Toy, par M. Noblet (Rodez, Subervie).

MAS-D'AZIL (Grotte du) ★★

Carte Michelin n° 86 - pli 4 — *Schéma p. 106.*

C'est une des curiosités naturelles les plus intéressantes de l'Ariège et une station préhistorique célèbre dans le monde scientifique.

Le produit des fouilles, représentant plus de trente millénaires de préhistoire (40 000 ans à 8 000 ans avant J.-C.), est exposé dans la grotte et au bourg du Mas-d'Azil.

Grotte. – *Visite (durée: 3/4 h): du 1er avril au 30 septembre, de 10 h à 12 h et de 14 h à 18 h (fermé le matin, en semaine, du 1er avril au 30 juin). Entrée: 10 F.*

Creusée par l'Arize sous un chaînon du Plantaurel, cette grotte est un tunnel long de 420 m et d'une largeur moyenne de 50 m. En amont, l'arche d'entrée est magnifique (65 m de haut); en aval, l'ouverture, surbaissée (7 à 8 m), est forée dans un rocher à pic d'une hauteur de 140 m. La route utilise ce passage, côtoyant le torrent dont les eaux sapent les parois calcaires, elle s'enfonce sous une voûte majestueuse, étayée au centre par un énorme pilier rocheux.

Avant de percer la montagne, l'Arize la contournait: l'origine de cette vallée sèche, coudée en méandre vers l'Est, est bien reconnaissable à hauteur du village de Rieubach.

Collections préhistoriques. – Les 4 étages de galeries fouillées se développent sur 2 km dans un calcaire très pur dont l'homogénéité empêche les infiltrations et la propagation de l'humidité. On visite d'abord la salle du Temple, lieu de refuge protestant dont Richelieu fit sauter le plafond intermédiaire à la suite du siège infructueux de 1625. Des vitrines présentent ensuite des pièces remontant aux époques magdalénienne (grattoirs, burins, aiguilles, moulage de la célèbre tête de cheval hennissant) et azilienne (harpons, galets coloriés).

Dans la salle Mandement apparaissent, enrobés dans les déblais, des vestiges de faune (mammouth et surtout ours) amoncelés en ossuaire sans doute par des crues souterraines.

Musée de la préhistoire. – *Visite du 1er juillet au 30 septembre de 10 h à 12 h et de 14 h à 18 h; du 1er avril au 30 juin fermé le matin en semaine; en mars, octobre et novembre, visite les dimanches et jours fériés seulement. Entrée: 6 F.*

Collections d'époque magdalénienne et surtout le célèbre «faon aux oiseaux».

MAULÉON-LICHARRE

Carte Michelin n° 85 - plis 4, 5 — *Schéma p. 63* — 4 488 h.

Mauléon, autrefois ville forte dont le capitaine-châtelain était gouverneur du «Païs de Soule», est bâtie sur la rive droite du Saison (gave de Mauléon), au pied d'une colline où s'élèvent les ruines du château. Le quartier de Licharre sur la rive gauche s'étend à proximité d'un beau domaine agricole. La ville neuve se lotit vers l'aval.

La fabrication des espadrilles, sandales, brodequins, bottes, sabots en caoutchouc occupe à Mauléon 2 000 ouvriers. L'utilisation du caoutchouc dans la chaussure a favorisé la production de moulages aux applications industrielles diverses.

Château d'Andurain. – *Visite du 1er juillet au 15 septembre de 11 h à 12 h 30 et de 15 h à 18 h; fermé le matin des dimanches et jours fériés. Entrée: 10 F.*

Cet édifice à décor Renaissance fut construit vers 1600 par un membre d'une illustre famille souletine, Arnaud Ier de Maÿtie, évêque d'Oloron. Ses combles sont couverts de bardeaux de châtaignier. Belles cheminées sculptées, in-folios anciens.

MAZÈRES (Église de)

Carte Michelin n° 82 - Sud des plis 2, 3 — 4 km à l'Est de Castelnau-Rivière-Basse.

Au carrefour d'accès Nord de Castelnau-Rivière-Basse, sur le D 935, prendre, à l'opposé de la rampe du bourg, un chemin traversant sous voûte un corps de bâtiment.

L'église fortifiée romane *(demander la clé à M. Dufaur, ferme voisine)* présente en façade un clocher-pignon flanqué d'échauguettes sur contreforts.

A l'intérieur, l'arcature décorative ornant le chœur a conservé des chapiteaux romans: Daniel dans la fosse aux lions, le Christ bénissant entre deux anges; aux retombées de l'arc triomphal: Adoration des Mages, Visitation. A l'opposé, dans la salle sous clocher, la châsse en marbre de sainte Libérate (1342), en qui la croyance populaire voyait la sœur de sainte Quitterie d'Aire *(voir p. 45)*, est dressée sur un piédestal formant «confession»: en rampant sous le monument, le pèlerin se mettait «sous» la protection des reliques.

MÉDOUS (Grotte de) ★★

Carte Michelin n° 85 - Nord-Est du pli 18 — *Schéma p. 78.*

Près d'une source vauclusienne alimentant les bassins du parc du château de Médous, aux portes de Bagnères-de-Bigorre, trois spéléologues locaux découvrent, en 1948, dans une galerie peu profonde, un «trou souffleur» qui leur révèle l'existence d'une caverne toute proche. Ils creusent, à cet endroit, la paroi rocheuse, se glissent dans la «chatière» et débouchent dans des galeries aux magnifiques concrétions.

Visite du 1er avril au 15 octobre, de 8 h 30 à 11 h 30 et de 14 h à 17 h 30 (18 h du 1er juillet au 15 septembre). Durée: 1 h. Entrée: 14 F.

La grotte, sur un parcours de 1 km, présente maintes stalactites et stalagmites et de larges coulées de calcite (carbonate de chaux) aux formes capricieuses évoquant des cascades, des grandes orgues, des draperies, etc. La visite comprend un parcours de 250 m en barque, sur l'Adour souterraine, formée par des eaux de l'Adour perdues dans une «goule» sur la rive droite de la rivière à Campan et ressortant à l'air libre dans le parc du château. Dans celui-ci, qui contient des arbres rares, magnifique châtaignier haut de 32 m. De son fût, parfaitement droit, la première branche se détache à 22 m du sol.

Carte Michelin n° **85** - pli 18 — *Schéma p. 78.*

Le pic du Midi de Bigorre, dont la silhouette, nettement détachée de la chaîne, est familière aux Gascons, doit à ses facilités d'accès, à son panorama, à ses installations scientifiques une renommée déjà ancienne que le tourisme a consacrée.

Accès. — *Du col du Tourmalet, 5,5 km, puis 1 h 1/2 AR. La route, réglementée (stationnement et dépassement interdits) et à péage (voiture et conducteur : 14 F, passager : 10,50 F, piéton : 3 F), est ouverte, en général, du 10 juillet au 25 septembre mais le téléphérique reliant les Laquets au sommet ne fonctionne qu'en pleine saison (avis affiché au poste de péage). Tracée en corniche sur les flancs Ouest du pic du Tourmalet et du pic Costallat, la route, non revêtue, est impressionnante. La pente est de 7,3 % jusqu'à Sencours, de 8 % dans les virages, de 12 % à la fin du parcours.*

La route du Tourmalet aux **Laquets** est l'une des plus élevées d'Europe (les Laquets : 2 650 m). Au fur et à mesure qu'on s'élève, la vue se dégage sur le pic d'Arbizon, le massif de Néouvielle, celui du Vignemale et les sommets de Gavarnie.

Des Laquets *(hôtellerie),* on accède au sommet par le téléphérique *(du 15 juillet au 15 septembre, de 8 h à 19 h — durée du trajet : 2 mn ; prix AR : 11 F)* ou à pied par une piste tracée en lacets dans la pierraille.

Le sommet. — Le pic du Midi a été arasé à la cote 2 865 pour permettre l'aménagement d'un émetteur de télévision, qui couvre de ses émissions tout le Sud-Ouest de la France. On découvre le **panorama★★★** le plus extraordinaire que l'on puisse avoir sur la chaîne pyrénéenne. Comme l'a dit le comte Russell *(voir p. 7),* il y a là des matinées « à donner aux saints la nostalgie de la terre ». Le massif de Néouvielle se présente au Sud comme un extraordinaire musée du relief glaciaire.

Table d'orientation à proximité de la station d'arrivée du téléphérique.

Sur une autre terrasse est construit l'Observatoire et l'Institut de physique du Globe du pic du Midi. C'est une des stations scientifiques d'altitude les plus importantes du monde. Fondé sur l'initiative du général de Nansouty et de l'ingénieur Vaussenat, il a été remis à l'État en 1882 et rattaché à l'Université de Toulouse en 1903. Une centaine de chercheurs, techniciens et employés travaillent au sommet.

Visite de quelques installations (durée : 1/2 h) en juillet, août et septembre, de 9 h à 18 h. Entrée : 5 F.

MIRANDE

Carte Michelin n° **82** - Nord du pli 14 — 4 150 h. (les Mirandais).

Mirande offre l'image d'une bastide restée très vivante. Depuis sa fondation par Eustache de Beaumarchais en 1281, elle a gardé la régularité de son plan *(voir p. 31)* avec ses îlots d'habitation d'environ 50 m de côté et sa place à couverts (place d'Astarac) marquant le centre du damier.

Église. — Du début du 15e s. Le pittoresque clocher à tourelles pouvait servir de réduit de défense. Des baies gothiques dont le fenestrage s'enrichit d'étage en étage l'ajourent. Ce clocher s'appuie à l'Ouest sur un avant-porche voûté d'ogives livrant passage à la rue, l'ensemble étant contrebuté par deux énormes arcs.

A l'intérieur, le vaisseau gothique languedocien a été surélevé au 19e s.

EXCURSIONS

Puntous de Laguian★★. — *20 km au Sud-Ouest. Quitter Mirande par la route de Tarbes.* La N 21, passant dans la vallée de l'Osse, longe le **lac réservoir de Miélan** soutenant le débit de la maigre rivière.

Au sommet de la rampe suivant Laguian, tourner à droite et gagner le mât-belvédère.

Le **panorama★★** s'étend, par temps clair, sur 150 km de front pyrénéen ; le pic du Midi de Bigorre, à 54 km, se reconnaît à son émetteur de télévision.

Reprendre la voiture. Poursuivre sur 200 m le parcours du chemin de crête : tourner à gauche pour rejoindre la N 21 que l'on prend à gauche, à la montée.

Aussitôt à droite s'élève la table d'orientation des Puntous de Laguian (alt. 320 m).

Bassoues et Marciac. — *Circuit de 66 km — environ 2 h 1/2. Quitter Mirande par le D 137, au Nord. A Montesquiou, prendre à gauche le D 943.*

  Bassoues. — 512 h. La petite bastide est annoncée par son **donjon★** du 14e s.
  Laisser la voiture près de la halle, curieusement traversée par la route, et demander la clé du donjon (3 F) à M. Maupomé qui demeure au pied du donjon. Lampe de poche utile (escalier obscur de 197 marches).

(D'après photo Bernard Biraben)

Donjon de Bassoues.

Les raffinements de la construction et des aménagements intérieurs, dus à Arnaud Aubert, archevêque d'Auch, contrastent avec la dégradation du logis fortifié que flanque l'ouvrage au Sud-Est.

Le rez-de-chaussée, aveugle et non habitable, servait de resserre. Monter à la salle du 1er étage, voûtée d'ogives (armes d'Arnaud Aubert à la clé). De là, par l'escalier à vis, gagner la salle du 2e étage voûtée aussi d'ogives — remarquer encore l'effigie de l'évêque à la clé — qui allie l'élégance décorative au confort : cheminée frappée d'écussons, évier ménagé dans le mur sous une arcature, niches pouvant servir d'armoires. De la plate-forme supérieure où des échauguettes rondes sont disposées entre la terrasse et le sommet des contreforts, vue sur les Pyrénées.

1 km au-delà de Bassoues prendre la direction de Plaisance.

Croisant la route de la Ténarèze *(p. 174),* le D 946 s'abaisse, en un **parcours de crête ★** long de 12 km, vers le fond de la dépression de la «Rivière Basse» *(généralités p. 13)* drainée par l'Arros. Par la trouée de l'Adour la vue se porte à nouveau jusqu'aux Pyrénées.

Au terme de la descente, tourner à gauche dans le D 3 longeant le lac artificiel de Marciac. La route atteint bientôt la localité de **Marciac,** bastide fondée à la fin du 13e s., dont l'immense place centrale est entourée de «couverts».

Prendre la direction d'Auch en suivant le pittoresque D 943, au-dessus de la vallée du Boues. Au sommet de la rampe, tourner à droite, vers Mirande, dans le D 159 — parcours de crête de 2 km en vue des Pyrénées. Le donjon de Bassoues réapparaît au Nord, par échappées.

MIREPOIX

Carte n° 86 - pli 5 — *Schéma p. 107* — 3 857 h. (les Mirapiciens) — *Lieu de séjour, p. 42.*

Le nom de cette ancienne bastide, créée en 1279, est lié à celui de la famille de Lévis, depuis la croisade des Albigeois *(voir p. 175).* La branche de Lévis-Mirepoix remonte en effet à Guy Ier de Lévis, lieutenant de Simon de Montfort promu «maréchal de la Foi».

Place principale ★ (place Général-Leclerc). — Entourée de maisons (fin 13e s.-15e s.) dont le premier étage s'avance sur des «couverts» en charpente, elle offre avec son jardin public, ses magasins vieillots et ses cafés un lieu de détente plaisant, surtout le soir. Aux angles Nord-Ouest et Nord-Est, observer la disposition caractéristique des «cornières» : les couverts se rejoignent et ne laissent aux voies de desserte qu'un interstice.

Cathédrale. — L'ordonnance de l'édifice ne laisse pas soupçonner la longue histoire de ses chantiers : commencée en 1343, l'église ne reçut ses voûtes d'ogives qu'en 1865. L'élégante flèche gothique fut commencée en 1506, l'année même de la consécration.

Entrer par le portail Nord. Le vaisseau (début du 16e s.), flanqué de chapelles engagées entre les contreforts intérieurs suivant la tradition du gothique du Midi *(voir p. 29),* est le plus large (31,60 m) de ceux jamais construits pour une église gothique française.

MOIRAX

Carte Michelin n° 79 - pli 15 — 10 km au Sud d'Agen — 476 h.

La silhouette très allongée de l'église romane de Moirax est rehaussée d'un clocheton de pierre conique et d'un campanile de façade.

Église. — Remarquer les chapiteaux des piliers de la croisée du transept : à gauche, Daniel et les lions ; à droite, le Péché originel. Précédant le chœur, une travée droite d'une élégante élévation, représente, avec sa coupole tronconique, la partie la plus originale de l'édifice.

À la sortie Nord du village en direction d'Agen, avant le cimetière, suivre à droite un chemin revêtu pour bien découvrir le chevet de l'église et son étagement de toitures.

La MONGIE ★

Carte Michelin n° 85 - Est du pli 18 — *Schéma p. 79* — *Lieu de séjour, p. 42.*

Cette **station de sports d'hiver** jouit à 1 800 m d'altitude d'un site de cirque et d'un enneigement persistant de décembre à fin avril. À l'agglomération d'hôtels et de chalets succède, le long de la route du Tourmalet, l'ensemble résidentiel de «la Mongie-Tourmalet». Reliée au domaine skiable de Barèges par les remontées mécaniques du col du Tourmalet, elle est la station la plus spécialisée des Pyrénées. Sa situation proche du massif de Néouvielle favorise, en dehors des pistes, le ski de randonnée (liaison La Mongie-St-Lary, ascensions guidées, etc.).

Le Taoulet ★★. — Alt. 2 341 m. *Le téléphérique fonctionne de décembre à fin avril de 9 h à 17 h. Prix AR : 18 F.*

Ce contrefort du pic du Midi de Bigorre offre des **vues ★★** rapprochées, au Sud, sur le massif de Néouvielle et l'Arbizon. Au Nord-Est se creuse la vallée de Campan.

Circulation en montagne

*Les petites routes étroites, en cul-de-sac,
desservant les fonds de vallées pyrénéennes risquent d'être
très encombrées en saison les samedis et les dimanches,
surtout à la période de la chasse.*

MONTECH (Pente d'eau de) ★
Carte Michelin n° **79** - Sud du pli 17.

Le procédé de la « pente d'eau », appliqué pour la première fois dans le monde en 1974 sur le canal latéral à la Garonne, permet d'éviter les éclusages le long de biefs en escalier.

Elle n'est ouverte qu'à la navigation de commerce. 321 péniches ont emprunté la pente d'eau de Montech en 1981.

La pente d'eau. — *Accès signalé au départ du D 928, route de Montauban à Auch, dans la traversée de Montech.*

L'innovation du procédé Jean Aubert réside dans le déplacement du bateau dans un bief mobile, suivant la pente régulière (3 % sur 443 m de longueur) d'une rigole. L'impulsion est donnée par deux automotrices sur pneus, enjambant la fosse de cette rigole et y refoulant une tranche d'eau navigable, sous la poussée d'un « masque » étanche.

A l'entrée, le bateau passe sous le masque en position relevée et s'engage jusqu'à l'extrémité de la cuvette navigable, à l'amorce de la rigole.

Le masque s'abaisse : le bateau est isolé dans un « coin d'eau ». L'engin démarre alors et pousse le masque ; le bateau flottant dans un bief qui s'élève le long de la rigole. Le coin d'eau se rapproche de la porte maintenant le niveau du bief en amont. Lorsque les niveaux coïncident, la porte se rabat d'elle-même et le bateau reprend sa navigation. L'opération dure 6 minutes. *La descente s'effectue en inversant les manœuvres.*

MONTGEARD
Carte Michelin n° **82** - plis 18, 19 — 256 h. — 2,5 km au Sud de Nailloux.

Le village rose, petite bastide soignée et fleurie, se distingue des bourgs installés sur les coteaux du Lauragais du Sud, par maints témoignages de la piété populaire (oratoires, statues) et, surtout, par sa pseudo-église fortifiée de briques.

Église. — Elle fut achevée en 1561 par la construction d'une énorme tour carrée de façade à gargouilles et faux mâchicoulis, que couronne depuis le siècle dernier un mur-clocher.

Le porche extérieur Renaissance montre une voûte de briques compartimentée, aux clés ornées de médaillons de pierre à personnages. En passant dans la travée sous la tour, remarquer le pavement de galets de rivière aux motifs décoratifs, revêtement de sol souvent employé dans l'avant-pays pyrénéen. Le vaisseau est couvert de voûtes d'ogives à liernes et tiercerons. On y verra surtout quatre albâtres du 16ᵉ s. : l'Assomption, sainte Catherine, le couronnement de la Vierge et le Trône mystique.

MONT-LOUIS
Carte Michelin n° **86** - pli 16 — *Schémas p. 54 et 88* — 438 h.

Bâtie à 1 600 m d'altitude sur un tertre commandant le seuil de la Perche et les vallées de la Cerdagne, du Capcir et du Conflent, Mont-Louis est une ancienne place forte créée par Vauban en 1679 pour défendre la nouvelle frontière du traité des Pyrénées *(voir p. 116)*. L'austère cité honore la mémoire du général Dagobert (terrasse de l'église), maître dans l'art de la guerre en montagne, qui, en 1793, aux heures sombres de l'invasion du Roussillon *(voir p. 154)* chassa les Espagnols de Cerdagne, et celle du général Gilles (1904-1961).

Le long des glacis Sud des remparts et bastions, s'offrent des points de vue sur le seuil de la Perche et le Cambras d'Aze.

Puits des Forçats. — Dans l'enceinte de la citadelle (1681). *Demander au Corps de garde l'autorisation de visiter (de 9 h à 12 h et de 14 h à 17 h) ; un planton accompagne.* Une salle voûtée abrite le bassin de réception et la roue qu'actionnaient des forçats (système de l'écureuil) et qui alimentait la citadelle en eau. Le puits est profond de 28 m.

Four solaire. — *S'adresser au S.I.* Les 3 500 facettes de son miroir concave concentrent le rayonnement solaire en son foyer où peuvent être obtenues des températures de 6 000°.

EXCURSIONS

Planès. — 29 h. *6,5 km au Sud par la route de la Cabanasse et St-Pierre-dels-Forcats. Laisser la voiture devant la mairie-école de Planès et prendre, à droite, le chemin de l'église.*

Des abords de l'église, qu'entoure un petit cimetière, belle **vue** sur le massif du Carlit.

L'**église** ★ *(demander la clé à M. Alliès, à l'entrée du village à gauche)* est curieuse par son plan en polygone étoilé aux branches alternativement anguleuses et émoussées en absidioles semi-circulaires. La coupole centrale repose sur trois demi-coupoles.

On a beaucoup épilogué sur l'origine de ce monument, d'une structure très rare dans l'Occident médiéval, que la tradition locale a attribué aux Sarrasins : dans le pays, on aurait appelé l'église « la mezquita » (la mosquée). Il s'agit, sans doute, d'un édifice roman inspiré par le symbole de la Trinité.

Lac des Bouillouses★. — *14 km au Nord-Ouest — environ 1 h. Quitter Mont-Louis par la route de Quillan ; 300 m après un pont sur la Têt, tourner à gauche dans le D 60.*

Au bout de 8 km le chemin quitte le fond du sillon boisé de la Têt pour s'élever sur le verrou marquant le gradin inférieur du plateau des Bouillouses. Un barrage a transformé le lac (alt. 2 017 m) en un réservoir de 17,5 millions de m³. Cette réserve d'eau permet d'alimenter les canaux d'irrigation et les usines hydro-électriques de la vallée de la Têt.

Le plateau très raboté des Bouillouses, au paysage nu, est parsemé, outre le lac principal, d'une vingtaine de petits lacs et étangs, d'origine glaciaire d'altitude supérieure à 2 000 m, compris dans l'amphithéâtre délimité par le pic Carlit, le pic Péric et les pics d'Aude. *Pêche réglementée, s'adresser à l'Office de Tourisme de Font-Romeu.*

Carte Michelin n° 82 - pli 15 — 10 km au Sud de Boulogne-sur-Gesse — *Schéma ci-dessous* — 191 h.

La région des coteaux de Gascogne drainée par la haute Save offre des points de vue sur les Pyrénées. Mais, avec sa villa gallo-romaine, Montmaurin présente surtout un intérêt archéologique.

Villa gallo-romaine. — *Visite de 9 h à 12 h et de 15 h à 20 h du 1er avril au 30 septembre, de 9 h à 12 h et de 14 h à 17 h le reste de l'année. Fermé les mardis et mercredis. Durée : 1 h. Entrée : 5 F, valable pour le musée.*

Les héritiers d'un certain Nepotianus — de ce nom dériverait celui de la région du Nébouzan — disposaient à Montmaurin d'un terroir de quelque 7 000 ha. La première «villa rustica» (1er s.) concentrait les bâtiments ruraux autour de leur résidence, comme dans nos grands domaines agricoles de plaine.

Cette demeure fit place, au 4e s., à un palais de marbre, clos sur lui-même et éloigné des bâtiments agricoles dispersés dans les terres. Le délassement du propriétaire et l'accueil des hôtes inspirèrent les aménagements de cette «villa urbana», dotée de jardins, de portiques et nymphée. Le confort y était assuré par des thermes et par la circulation d'air chaud sous le dallage.

La consommation, régulière, d'huîtres atteste du raffinement épicurien de cette vie aux champs.

La villa gallo-romaine dégagée comprenait 200 pièces réparties autour de trois cours en enfilade, agrémentées de péristyles et de pergolas. A gauche de la cour centrale les salles exposées au Nord-Ouest et pour partie chauffables constituaient sans doute, à proximité des cuisines, des salles à manger près des jardins. En fin de perspective, au Nord-Est, l'ensemble s'achevait sur des appartements d'été surélevés aux terrasses étagées. Du côté des communs, s'élevaient les thermes.

Descendre la vallée de la Save sur 1 km, puis traverser la rivière.

Château de Lespugue. — Descendre droit à travers la belle chênaie du vallon et, remontant directement à travers bois le versant opposé, gagner la ruine, au bord d'un à pic des gorges de la Save.

Reprendre la voiture et descendre jusqu'à la Save. Aussitôt avant le pont, tourner à gauche.

Gorges de la Save. — La rivière, en s'encaissant, a mordu ici dans les plis calcaires qui prolongent les Petites Pyrénées. Plusieurs abris sous roche, fouillés de 1912 à 1922 par le comte et la comtesse de Saint-Périer, ont mis au jour du matériel magdalénien et azilien, en particulier la statuette de la «Vénus de Lespugue» (dont l'original se trouve au musée de l'Homme à Paris).

La Hillère. — A la sortie de la gorge, une chapelle, où est exposée une grande mosaïque constantinienne, polychrome

(pour la voir, demander la clé au gardien de la villa gallo-romaine), se dresse dans un cimetière, à gauche. En contrebas de la route, les fouilles ont mis au jour une «cité thermale» du 4e s. associée à un lieu de culte des eaux.

Remonter au bourg de Montmaurin.

Musée. — *Aménagé au rez-de-chaussée de la mairie. Mêmes conditions de visite que pour la villa gallo-romaine.*

Il comprend deux salles, l'une est consacrée aux fouilles préhistoriques et aux équipes de chercheurs qui illustrèrent la région, l'autre à la civilisation gallo-romaine : une maquette de la villa, des découvertes faites sur le site de celle-ci, surtout un buste d'adolescent, retiendront l'attention.

Table d'orientation. — *A 800 m au Nord.* **Panorama★** très étendu mais lointain, des Pyrénées ariégeoises au pic du Midi de Bigorre et au pic de Ger. La trouée de la Garonne laisse découvrir le massif de la Maladetta et la partie glaciaire des montagnes frontières de Luchon.

Carte Michelin n° 85 - pli 20 — 3 750 h. (les Montréjeaulais).

Bâtie sur une terrasse dominant le confluent de la Neste et de la Garonne, cette ancienne bastide (prononcer Monréjeau) fut fondée en 1272. Elle prend tout son caractère le lundi, jour de marché.

Sa position d'observatoire a justifié l'aménagement de belles esplanades ou avenues panoramiques : place de Verdun (halle et jardin public), boulevard de Lassus tracé en corniche. **Vues★** sur les Pyrénées luchonnaises, au-delà des monts boisés de la Barousse.

EXCURSIONS

Grottes de Gargas. — *5 km, puis 3/4 h de visite. Sortir de Montréjeau au Sud-Ouest vers Mazères et Aventignan où l'on prend à gauche.*

Visites guidées du 15 juin au 15 septembre, de 10 h à 12 h (11 h 30 le dimanche) et de 14 h à 19 h ; du 16 septembre au 14 juin, les mercredis, samedis, dimanches et jours fériés de 15 h à 18 h (17 h 30 le dimanche). Entrée : 8 F.

Cette grotte, comprenant deux étages de galeries visitables, a été habitée par les hommes de l'Aurignacien *(voir p. 20)*. Leur originalité est due surtout aux empreintes de mains aux phalanges incomplètes, probablement mutilées — on en a compté plus de 200 — qui couvrent les parois. Ces peintures pourraient se rattacher à un rituel de magie ou d'initiation.

St-Plancard. — *Carte Michelin n° 82 — pli 15 — 16 km — environ 1 h. Sortir de Montréjeau par la route de Toulouse ; à 3 km bifurquer à gauche dans le D 633.*

Pour visiter la chapelle St-Jean s'adresser à Mme Angla, épicerie « L'Épargne » dans la rue qui rejoint la place de l'Église à la place de la Mairie.

La chapelle romane St-Jean-des-Vignes (début du 11e s.), édifiée à l'emplacement d'un sanctuaire gallo-romain, a livré des stèles, autels votifs et monuments funéraires. Son décor peint, peu distinct *(interrupteur face à l'entrée)*, date de la fin du 11e s.

Dans l'abside principale trône à gauche le Christ en gloire entouré des Évangélistes. Au centre défilent les Mages. A droite se superposent la Crucifixion et l'Ascension.

Le décor de l'absidiole Sud montre au cul-de-four le Christ trônant dans une mandorle en forme de 8 soutenue par quatre anges très expressifs ; les parois sont consacrées à la mission de saint Jean-Baptiste ; à droite de l'entrée, le péché originel.

Quelques faits historiques

Le tableau p. 18 et 19 évoque
les principaux événements de l'histoire de la région.

MONTSÉGUR (Château de) ★

Carte Michelin n° 86 - pli 5 — 12 km au Sud de Lavelanet — *Schéma p. 107.*

La silhouette du « pog » (rocher) de Montségur évoque l'holocauste de l'Église cathare, dernier épisode marquant de la croisade des Albigeois, et l'effacement politique du Midi languedocien devant la puissance capétienne.

1204-1244. — Construit en 1204, Montségur abrite une centaine d'hommes sous le commandement de Pierre-Roger de Bellissen-Mirepoix, et, hors ses murs, une communauté de réfugiés avec son évêque, ses diacres, ses parfaits et ses parfaites. Le prestige du lieu, les pèlerinages qu'il attire portent ombrage à l'Église et à la Royauté.

Lorsque, en 1242, Blanche de Castille et le clergé apprennent le massacre des membres du tribunal de l'Inquisition, à Avignonet *(p. 56)*, par une troupe descendue de Montségur, le destin de la citadelle est scellé. L'investissement est confié au sénéchal de Carcassonne et à l'archevêque de Narbonne. Le siège commence en juillet 1243.

Profitant des longues nuits d'hiver, des patrouilles de montagnards escaladent la falaise et, tournant la forteresse par l'Est, prennent pied sur le plateau supérieur. Un gros trébuchet *(p. 28)*, monté par pièces détachées, crible le château de boulets taillés dans une carrière ouverte sur la montagne même. Pierre de Mirepoix offre alors de rendre la place et obtient la vie sauve pour la garnison. Une trève est conclue pour la période du 1er au 15 mars 1244. Les cathares, restés en dehors de la convention, ne mettent pas à profit ce répit pour tenter d'échapper au bourreau par le reniement ou par la fuite. Le matin du 16 mars, au nombre de 207, ils descendent de la montagne et montent sur le gigantesque bûcher du « Camp des Cremats ». L'assurance des martyrs, le mystère entourant la mise en lieu sûr de leur « trésor » *(voir p. 173)* passionnent encore les érudits, les tenants de la tradition occitanienne et de sectes se reconnaissant dans la philosophie du catharisme.

Château ★. — *Laisser la voiture le long du D 9. 1 h 1/2 AR par un sentier escarpé et rocailleux.* Avant de s'élancer à l'assaut du Pog, le sentier passe à proximité de la stèle élevée en 1960 « aux martyrs du pur amour chrétien » *(un rassemblement commémoratif a lieu chaque année ; renseignements auprès de M. Costes, 09300 Montségur).*

Montségur occupe un **site ★★** dominant des à pics de plusieurs centaines de mètres et offre un **panorama** remarquable sur les rides du Plantaurel, la coupure de la vallée de l'Aude et le massif du St-Barthélemy.

La forteresse, de plan pentagonal, épouse le contour de la plate-forme du sommet. L'absence de tours de flanquement et de dispositifs défensifs féodaux a permis de la présenter comme un temple.

Par l'ancienne citerne on atteint la chapelle (que l'on gagnait autrefois par un escalier intérieur descendant du donjon) ; deux meurtrières y reçoivent le soleil levant du solstice d'été.

La grande salle des Chevaliers s'appuye au donjon carré ; un escalier *(attention au vertige)* permet de gagner le haut de son rempart.

Musée de Montségur. — *Dans le village, à côté de l'école. Visite du 1er juillet au 30 septembre de 9 h à 12 h et de 14 h à 19 h ; le reste de l'année sur demande à M. Briole, en haut du village. Entrée : 3 F.*

Une salle rassemble le produit des campagnes de fouilles depuis 1956 : important mobilier du 13e s. et de l'outillage qui permet de faire remonter au néolithique l'occupation du « pog ».

MORLANNE

Carte Michelin n° 🔟🔘 - Nord du pli 6 — 338 h.

Le village est bâti sur une colline dominant la rive droite du Luy de Béarn.

Château. — *Visite du 1ᵉʳ mars au 30 octobre de 14 h 30 à 18 h 30, le reste de l'année de 14 h 30 à 16 h 30. Entrée : 10 F.*

Le petit château de briques faisait partie du groupe de forteresses languedociennes (*voir p. 27*) élevées à la fin du 14ᵉ s. par Gaston Fébus pour garantir la souveraineté du Béarn. A l'abri d'une enceinte polygonale dominée par un donjon crénelé, le logis seigneurial, restauré et remeublé à partir de 1971 par M. et Mme Ritter, charme par ses aménagements raffinés.

Les ensembles mobiliers les plus harmonieux ont été réalisés au 1ᵉʳ étage : chambre Consulat et Empire avec ses deux lits d'acajou ; chambre Louis XVI, tendue d'une soierie bouton d'or à bouquets ; bureau-bibliothèque où un secrétaire marqué de l'inscription « Le Roi — La Nation — La Loi » évoque la monarchie constitutionnelle (1791). Au 2ᵉ étage, chambre Louis XVI et galerie de tableaux modernes.

Parmi les tableaux exposés, remarquer une vue de Venise de Canaletto, une tête de vieillard de Fragonard, et également ceux qui illustrent la « douceur de vivre » : la Liseuse (Colson), l'Heureuse famille (Lépicié), la Visite à la nourrice (Boilly)...

MOURENX

Carte Michelin n° 🔟🔘 - plis 5, 6 — 9 469 h. (les Mourenxois).

La cité, sortie de terre entre 1957 et 1960, offre quelque 3 000 logements aux techniciens de la zone industrielle de Lacq, à l'écart des usines. Par son ordonnance d'immeubles-tours, cette réalisation d'urbanisme moderne offre un spectacle insolite au milieu des coteaux béarnais.

Belvédère. — Du parc de stationnement de la discothèque « le Club », vue sur la zone industrielle : de gauche à droite l'usine de Lacq S.N.E.A. avec ses torchères et son stockage de soufre, la centrale E.D.F. d'Artix alimentée au gaz, l'usine d'aluminium Péchiney de Noguères dont les fours sont installés sous de longues halles basses.

Gagner la **table d'orientation** installée en contrebas de la discothèque. Le panorama sur les Pyrénées centrales, du pic du Midi de Bigorre au pic d'Anie, offre, plein Sud, une vue sur la vallée d'Aspe.

MURET

Carte Michelin n° 🔟🔟 - pli 17 — 15 382 h. (les Muretains).

Commingeoise du 12ᵉ s. jusqu'à la Révolution, Muret accueillait les « États » de la province, jouant ainsi le rôle d'une capitale administrative. Elle nargua quelque peu les capitouls de Toulouse, jusqu'à la destruction, en 1623, de son château élevé au confluent de la Louge et de la Garonne. A la vieille ville, comprimée entre les quais des deux rivières, s'adjoignent maintenant des quartiers neufs construits sur la plaine.

Le **jardin Clément Ader**, à cheval sur la Louge, forme lien entre les deux cités. Il est consacré aux pionniers de l'aviation et, en premier lieu, au souvenir d'Ader (1841-1925). Une grande statue d'Icare s'essayant au vol, par Landowski, commémore le premier envol d'un « plus lourd que l'air », le 9 octobre 1890.

12 septembre 1213. — On a peine à imaginer aujourd'hui Muret comme la place forte investie d'où sortirent ce jour-là les trois corps de bataille des croisés de Simon de Montfort, à la rencontre des milices urbaines et de la chevalerie languedocienne, commandées par Raymond VI de Toulouse et coalisées avec les troupes de Pierre II d'Aragon. La bataille de Muret a ruiné en quelques heures les espérances du Languedoc fidèle. Follement aventuré, le roi d'Aragon fut tué dès le premier choc et les troupes de Raymond VI, soudain privées de la couverture de la cavalerie, furent balayées de la plaine, « comme le vent fait de la poussière à la surface du sol ».

Deux monuments commémoratifs de la bataille (inscriptions en langue d'Oc) ont été élevés au bord de la route de Seysses (D 12), à 1 km du passage à niveau de sortie, au Nord.

Église St-Jacques. — *Entrer par le côté droit (passage s'ouvrant rue St-Jacques).*

La chapelle du Rosaire (12ᵉ s.), s'ouvrant sur le bas-côté gauche présente des voûtes de brique enrichies de belles clés. Saint Dominique se serait retiré là en prières, le matin de la bataille.

NAVARRENX

Carte Michelin n° 🔟🔘 - pli 5 — 1 169 h. (les Navarrais) — *Lieu de séjour, p. 42.*

Ancienne position stratégique au carrefour d'une des voies de Compostelle (*carte p. 22*) et de l'ancienne grand-route de la rive droite du gave d'Oloron, Navarrenx constitue une bastide (1316) ceinte de fortifications postérieures au Moyen Age. Henri d'Albret, roi de Navarre, fit élever vers 1540 son enceinte bastionnée — guère plus d'un siècle avant les premiers travaux de Vauban. Dès 1569, lors de la campagne menée contre Jeanne d'Albret (*voir p. 68*) par les troupes catholiques de Charles IX, la place était en état de soutenir le feu des assiégeants.

La **porte St-Antoine**, défendant la tête du pont du gave, au Nord-Ouest, reste l'élément le mieux conservé de ce système fortifié. De son couronnement, vue agréable sur le gave et le pont.

On pêche à Navarrenx la truite et le saumon, de février à août. Lors des championnats de pêche au saumon, les curieux se pressent le long du « pool » du gave d'Oloron, en aval de la digue (remarquer l'échelle à saumons).

Carte Michelin n° 🎿 - pli 18.

Le massif granitique de Néouvielle attire les promeneurs par sa centaine de lacs et par la pureté de son ciel. Il culmine à 3 192 m au pic Long et montre de nombreux exemples de relief glaciaire.

Les eaux du Néouvielle tributaires de la Neste d'Aure servent depuis 1850 à soutenir le débit des rivières des Coteaux de Gascogne *(voir p. 12)*. L'exploitation de ce château d'eau s'est poursuivie de nos jours pour la production hydro-électrique.

De Fabian au col d'Aubert − *15 km − environ 3 h 1/2 − schéma ci-dessous*

Il est conseillé de faire cette excursion au début de l'été, dès que la route (généralement fermée d'octobre à juin) et le sentier du col d'Aubert sont déneigés, pour admirer les cascades et les lacs en hautes eaux.

Sur l'ancienne route construite par l'E.D.F. pour le chantier de Cap-de-Long s'amorce, à Orédon, la future «route des Lacs» actuellement limitée au lac d'Aubert.

En remontant la vallée de la Neste de Couplan, la route escalade un verrou glaciaire par les lacets «des Edelweiss».

Barrage de Cap-de-Long★. − *De l'embranchement d'Orédon, 3,5 km par route étroite pouvant paraître impressionnante.* L'ouvrage, d'une hauteur maximum de 100 m, a créé une retenue de 67 millions de m³, pièce maîtresse de l'aménagement hydro-électrique de Pragnères *(voir la carte p. 17)*. Le lac artificiel (alt. 2 160 m), aux rives inaccessibles, souvent pris par la glace jusqu'en mai, forme fjord au pied des murailles de Néouvielle.

La Route des Lacs donne l'impression de plonger vers le lac d'Orédon, franchit le vieux barrage en terre pour remonter ensuite vers les lacs d'Aumar et d'Aubert.

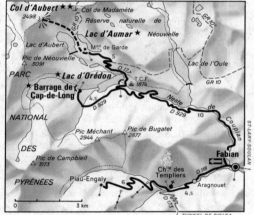

Lac d'Orédon★. − Alt. 1 849 m. Le lac de barrage occupe un bassin aux versants d'éboulis masqués par les sapinières. Il constitue une base de tourisme en montagne (chalet-hôtel du T.C.F.).
La coupure de la vallée est obturée en amont par le mur du barrage de Cap-de-Long.

S'élevant à travers les sapins la route atteint une vaste cuvette piquetée de pins de montagne parfois centenaires et dominée par les arêtes tranchantes du pic de Néouvielle.

Quitter la voiture sur le parking aménagé au terminus de la route, près du lac d'Aubert, et poursuivre l'excursion à pied en revenant en arrière pour rejoindre le sentier balisé GR 10.

Lac d'Aumar★. − Alt. 2 192 m. Paisible lac alimentant le lac d'Aubert, cerné de gazons où poussent quelques pins.

Au bout du lac − on découvre alors le sommet principal du pic de Néouvielle (alt. 3 091 m) avec son petit glacier − laisser à droite le GR 10 ; monter vers le col d'Aubert par une piste non balisée recoupant la plate-forme de la future route des Lacs, puis s'élevant à travers les éboulis *(le tracé est alors jalonné par des petits amoncellements de pierres)*. En fin de montée on retrouve le sentier dont la trace, à flanc de montagne, est très visible.

Col d'Aubert★★. − Alt. 2 498 m. Il fait communiquer le bassin des lacs d'Aubert et d'Aumar avec la combe désolée d'Escoubous sur le versant de Barèges. **Vue★★** harmonieuse sur les lacs étagés d'Aumar, d'Aubert et le plan d'eau inférieur des Laquettes, au pied du pic de Néouvielle. Loin au Sud-Est, ensemble glaciaire de la Maladetta.

De Fabian à Piau-Engaly − *11 km − environ 1 h − schéma ci-dessus*

Au départ de Fabian, la route qui remonte la Neste de la Géla traverse les différents hameaux d'**Aragnouet** (160 h. − *Lieu de séjour p. 42*). A droite en contrebas apparaît le clocher-mur (12ᵉ s.) de la chapelle des Templiers *(demander la clé à l'Office de Tourisme de Fabian)* ; ce sanctuaire réaménagé abrite deux statues anciennes.

Laissant à gauche la route transpyrénéenne du tunnel de Bielsa, poursuivre jusqu'à **Piau-Engaly**. Ce centre de ski est aménagé dans un **site★** d'une sévérité impressionnante face aux escarpements du pic de Bugatet et du pic Méchant.

Routes forestières, pastorales, syndicales.

Ces routes établies pour un trafic local exigent, en montagne, une prudence soutenue : signalisation rudimentaire, chutes de pierres, bétail stationnant sur la chaussée, convois de bois, absence de protections du côté de l'escarpement.
Elles sont déconseillées aux caravanes.

NÉRAC

Carte Michelin n° **79** - pli 14 – 7 644 h. (les Néracais) – *Plan dans le guide Michelin France.*

Pimpante, Nérac tient son rôle de capitale de l'**Albret**, pays de transition entre les Landes et les Coteaux de Gascogne. Après avoir été le siège de la cour lettrée de la reine de Navarre, Marguerite d'Angoulême, qui y conçut l'Heptaméron et y donna asile à l'humaniste Lefèvre d'Etaples (1445-1536), précurseur de la Réforme, Nérac devint, avec Pau, la résidence d'Antoine de Bourbon et de Jeanne d'Albret, parents du futur Henri IV. Le Béarnais fait de Nérac une citadelle huguenote et la principale base de ces expéditions tant guerrières qu'amoureuses, dirigées contre les places catholiques, qui constituent ce qu'on a appelé la « guerre des Amoureux».

La ville ancienne comprend le quartier du château et, sur la rive droite, le Petit Nérac. La ville moderne, bâtie au 19ᵉ s., dont les larges percées s'ordonnent parallèlement à l'allée d'Albret, évoque le souvenir du président Fallières qui fut longtemps maire de Nérac, avant de résider à l'Élysée, et celui de l'amiral Darlan (Nérac 1881 - Alger 1942).

Pont Neuf. — Il enjambe la Baïse (prononcer Béïse) à grande hauteur. Vue en aval sur les quais d'un port qui fut actif au 19ᵉ s. lorsque intervint la canalisation de la rivière sur le vieux pont et sur d'antiques demeures ; en amont verdoient les frondaisons de la Garenne.

Promenade de la Garenne. — Plantée de chênes et d'ormes centenaires, elle s'étire le long de la Baïse, sur 2 km environ. Antoine de Bourbon la créa sur l'emplacement d'une ancienne villa romaine.

On rencontre à gauche du chemin une niche abritant une mosaïque romaine, la fontaine de Fleurette, la fontaine des Marguerites érigée en souvenir de Marguerite d'Angoulême, le théâtre de verdure, la fontaine du Dauphin datant de 1602. Sur l'autre rive, on aperçoit le pavillon des Bains du Roi, sur plan octogonal. *Faire alors demi-tour.*

Château. — *Visite de 9 h à 11 h et de 14 h à 17 h. Fermé le lundi et les 1ᵉʳ janvier, 1ᵉʳ mai, 1ᵉʳ novembre et 25 décembre. Entrée : 4 F.*

De ce gracieux édifice Renaissance terminé sous Jeanne d'Albret, il ne reste qu'une aile sur les quatre qui délimitaient la cour et une tourelle d'escalier. L'aile rescapée présente au Sud une galerie d'un dessin élégant, en léger encorbellement, aux arcades en anse de panier et graciles colonnes torsadées.

Un **musée** présente des collections gallo-romaines et un émouvant portrait de Marie Bashkirtseff par elle-même. Belles salles voûtées au rez-de-chaussée : oratoire de Jeanne d'Albret, salle du Conseil, salle des Gardes. Cette dernière, à voûte plate avec ogives entre-croisées, ornées de belles clefs, possède une curieuse cheminée à triple foyer.

Pont Vieux. — Gothique, il est construit en dos d'âne sur des arches en tiers-point et à becs. Vues sur les bâtisses vermoulues du quartier des tanneries en amont, sur le barrage et l'écluse abandonnée en aval.

EXCURSIONS

Le Néracais. — *Circuit de 33 km au Nord-Ouest – environ 1 h 1⁄2. Quitter Nérac par* ①.

Lavardac. — 2 532 h. La petite ville, établie sur la terrasse dominant la Baïse, grossie de la Gélise quelques centaines de mètres en amont, fut, avant l'éphémère canalisation de la rivière, le port d'embarquement des barriques d'Armagnac amenées par chars du Condomois. L'industrie du liège s'y emploie, en partie, à la production des bouchons pour la pêche.

Au Nord de la place centrale de Lavardac, tourner à gauche (D 642) ; traverser la Baïse.

Vianne. — 1 144 h. Ancienne bastide fondée en 1284. Ranimée de nos jours par une verrerie, Vianne a conservé presque intacte son enceinte fortifiée rectangulaire. Près de la porte Nord, l'église, défendue par un massif clocher carré avec chambre forte, et l'ancien cimetière, planté de cyprès, composent un tableau attachant.

Prendre la route qui monte vers Xaintrailles.

Xaintrailles. — 342 h. Le bourg s'étire sur l'échine d'une colline isolée commandant des vues immenses, d'un côté sur la vallée de la Garonne et Port-Ste-Marie, de l'autre sur la forêt des Landes. Le château du 12ᵉ s. a été reconstruit au 15ᵉ s. par Jean Poton de Xaintrailles, compagnon de Jeanne d'Arc.

Poursuivre vers Lausseignan et Barbaste. Le moulin de Barbaste apparaît du pont routier sur la Gélise.

Barbaste. — 1 433 h. Le **moulin de Henri IV**, ainsi nommé parce que le Vert Galant, qui y entretenait une garnison, aimait à s'en intituler « le meunier », dresse, depuis la guerre de Cent Ans, sur la rive droite de la Gélise, ses quatre tours carrées de hauteur inégale : leur constructeur les aurait fait élever après la naissance de chacune de ses filles. Le vieux pont roman, à dix arches, que défendait l'ouvrage subsiste.

Le D 930 ramène à Nérac.

Le Brulhois. — *Circuit de 54 km à l'Est – environ 2 h 1⁄2. Quitter Nérac au Sud-Est par le D 131.* La route, fortement ondulée, offre de belles vues sur le Brulhois, au Nord, et sur la forêt landaise, à l'Ouest. *Au pied de la colline de Lamontjoie, prendre à gauche vers Agen.* Le bourg de Laplume forme bientôt cimier sur une crête, dans un site très dégagé et venté. De nombreux moulins à vent tournaient jadis sur ces hauteurs.

Aubiac. — 468 h. L'église romane fait corps avec le village qu'elle semble défendre. A l'intérieur, le chœur tréflé est éclairé par une tour-lanterne élevée sur la travée carrée faisant office de croisée du transept. Observer à l'étage des baies de cette tour une frise de billettes prolongeant le motif du tailloir des chapiteaux et une frise de palmettes marquant le soubassement des demi-colonnes engagées.

Estillac. — 897 h. Le château, masqué par les arbres, surveille la plaine de la Garonne agenaise du haut du dernier ressaut des collines du Brulhois. **Blaise de Monluc** (vers 1500-1577) s'y installa vers 1550. Nommé lieutenant du roi en Guyenne, en 1563, il surveillait les menées huguenotes et dictait ses «Commentaires».

Demander au propriétaire l'autorisation de faire le tour du château. Trois cyprès signalent le gisant de Monluc exposé aux intempéries (Monluc ne repose pas à Estillac).

Regagner Nérac par Roquefort et la route directe.

NIAUX (Grotte de) ★★

Carte Michelin n° 🔳🔳 - Sud du pli 4 — *Schéma p. 106.*

Cette grotte de la vallée de Vicdessos *(p. 107)* est célèbre pour ses dessins préhistoriques encore remarquablement conservés.

Accès par une route qui s'élève au départ du village de Niaux. Nombre de visiteurs limités à 20 par groupe. Nous conseillons de retenir une place dans un groupe en téléphonant 48 h à l'avance au (61) 05.88.37.

Visite du 1er juillet au 30 septembre de 8 h 30 à 11 h 30 et de 13 h 30 à 17 h 15; du 1er octobre au 30 juin à 11 h, 15 h et 16 h 30. Durée: 3/4 h. Entrée: 15 F en saison, 12 F le reste de l'année.

Cette grotte s'ouvre à mi-hauteur de la montagne, sous un porche immense au pied des falaises. Elle se compose de salles très vastes et hautes et de longs couloirs qui conduisent à 800 m de l'entrée à une sorte de rotonde naturelle appelée le «Salon noir» dont les parois sont décorées de dessins de bisons vus de profil.

(D'après photo Jean Dieuzaide)

Cheval peint (grotte de Niaux).

Les dessins, exécutés avec un mélange de graisse de bison et d'oxyde de manganèse, non rehaussés de couleurs, sont d'une pureté de trait étonnante. Ils marquent l'apogée de l'art magdalénien *(voir p. 20).* Quelques coulées de calcite recouvrent certains traits et authentifient leur ancienneté.

Pour trouver la description d'une ville ou d'une curiosité isolée, consultez l'index alphabétique à la fin du volume.

OLORON-STE-MARIE ★

Carte Michelin n° 🔳🔳 - plis 5, 6 — *Schémas p. 63 et 70* — 13 138 h. (les Oloronais).

Au confluent du gave d'Aspe et du gave d'Ossau, Oloron est née d'un poste romain sur la colline de l'actuel quartier Ste-Croix, rendu au 11e s. à son rôle militaire par les vicomtes de Béarn. Le bourg de Ste-Marie, épiscopal et rural, se développe au Moyen Age sur les terrains plats de la rive gauche du gave d'Aspe.

Église Ste-Marie (B). — *Visite : 1/2 h.* Cette ancienne cathédrale date du 13e s., sauf le chœur à cinq chapelles rayonnantes reconstruit au 14e s. à la suite d'un incendie.

Portail ★★. — Le clocher-porche abrite un portail roman qui a été épargné par les invasions et les guerres religieuses. Cela tient à la dureté du marbre pyrénéen dont il est fait. Avec les siècles, la pierre a pris le poli de l'ivoire.

Gaston IV «le Croisé» (1090-1131), vicomte de Béarn, héros de la Première croisade et de la Reconquête (de l'Espagne), le fit élever en rentrant de Terre sainte pour glorifier la prise de Jérusalem rendue possible par les tours roulantes *(voir p. 28)* dont il avait magistralement dirigé la manœuvre.

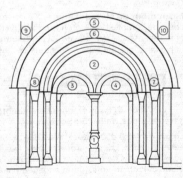

1) Deux Sarrasins enchaînés (allusion aux Arabes que Gaston IV trouva installés dans le pays à son retour de Terre sainte, et qu'il chassa).

2) Descente de croix.

3 et 4) Lions symbolisant l'Église persécutée (à gauche) et triomphante (à droite).

5) Voussure consacrée au Ciel. Les 24 vieillards de l'Apocalypse, portant des vases de parfum à très long col, jouent de la viole ou du rebec — violon à trois cordes dont usaient les ménestrels — et adorent l'Agneau divin portant la Croix. Le Mal est représenté par la tête d'un dragon. C'est la traduction littérale, en sculpture, de la vision de saint Jean, dans l'Apocalypse.

6) Voussure consacrée à la Terre. C'est toute la vie paysanne de l'époque que l'artiste a représentée : chasse au sanglier, pêche et fumage du saumon — on pêchait alors à Oloron de 1 000 à 1 500 saumons par jour —, fabrication du fromage, préparation du jambon, travail de la vigne.

7) Statue équestre de Gaston IV.

8) Monstre dévorant un homme.

9 et 10) Sentinelles constantiniennes rappelant les gardes que l'empereur Constantin avait placés à la porte des basiliques chrétiennes pour les protéger.

Intérieur. — *Minuteries pour certaines œuvres d'art.* Dans la 1ʳᵉ colonne, à gauche en entrant, est incrusté un curieux bénitier des lépreux, du 12ᵉ s. A l'entrée du chœur la lampe du sanctuaire et un lutrin du 16ᵉ s. sont sculptés dans un seul tronc d'arbre.

En outre, retiendront l'attention, la chaire datant de 1523, le buffet d'orgue couvert de feuilles d'or et une Assomption attribuée à Murillo *(au-dessus de la 1ʳᵉ grande arcade à gauche près de la tribune d'orgue).*

Quartier Ste-Croix. — L'ancien quartier du château vicomtal occupe une situation avancée entre les deux gaves.

Église Ste-Croix (B K). — Sa tour massive d'allure militaire — un vestige de chemin de ronde subsiste sur sa souche à l'Est — et son dôme lui donnent un aspect rude. Intérieurement l'originalité de cet édifice roman réside surtout dans la coupole de la croisée du transept montée sur des nervures en étoile (13ᵉ s.), dispositif d'origine hispano-mauresque.

Près de l'église Ste-Croix subsistent deux maisons sur «couverts» ; en contrebas, rue Dalmais (B), se dresse la construction plus noble de la tour de la Grède (B E), à baies géminées. Le trafic de la grand-route d'Espagne, passant jadis par l'actuelle rue d'Aspe, animait les boutiques et les cabarets de ces rues désertées.

OLORON-STE-MARIE

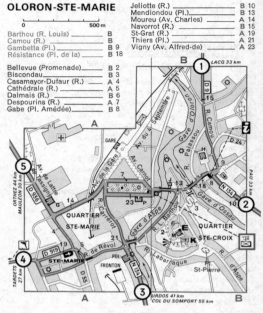

Barthou (R. Louis)	B
Camou (R.)	B
Gambetta (Pl.)	B 9
Résistance (Pl. de la)	B 18
Bellevue (Promenade)	B 2
Biscondau	B 3
Casamayor-Dufaur (R.)	A 4
Cathédrale (R.)	A 5
Dalmais (R.)	B 6
Despourins (R.)	A 7
Gabe (Pl. Amédée)	B 8
Jeliotte (R.)	B 10
Mendiondou (Pl.)	B 13
Moureu (Av. Charles)	A 14
Navorrot (R.)	B 15
St-Grat (R.)	A 19
Thiers (Pl.)	A 21
Vigny (Av. Alfred-de)	A 23

Promenade Bellevue (B). — A l'Ouest de l'église, descendre à la terrasse dominant le gave d'Aspe et le quartier Ste-Marie ; suivre à droite la promenade Bellevue tracée sur les anciens remparts : **vue** d'enfilade sur la vallée d'Aspe et ses montagnes.

ORTHEZ

Carte n° 78 - pli 8 — 10 968 h. (les Orthéziens) — *Plan dans le guide Michelin France.*

Ancienne capitale du Béarn avant Pau, Orthez est une active cité cernée de lotissements clairs. Gaston VII Moncade, vicomte de Béarn, est à l'origine de son développement au 13ᵉ s. Après l'union du comté de Foix et du Béarn *(voir p. 67),* Gaston Fébus y tint une cour brillante dont le chroniqueur Froissart, reçu en 1388 et 1389 au château, a relaté les fastes.

La ville comtale. — Au temps de Gaston VII et de Fébus, Orthez ne s'ordonnait pas parallèlement au gave, comme à l'époque moderne, mais suivant la perpendiculaire Vieux Pont — château de Moncade. Aussi l'empreinte du passé subsiste-t-elle dans les rues Bourg-Vieux, de l'Horloge et Moncade, bordées de dignes demeures à portails parfois sculptés.

Vieux Pont★. — 13ᵉ s. Défendu par une tour percée d'une porte, il couvrait l'entrée de la ville. Primitivement, une seconde porte fortifiée complétait, au Midi, la défense. La tour remplit encore son office en 1814, lors de la lutte contre Wellington. Du pont, jolie vue sur le gave dont un affleurement de roches calcaires étrangle le lit.

Tour Moncade. — Elle subsiste de la grandiose forteresse des 13ᵉ et 14ᵉ s. construite par Gaston VII.

Monument du Général Foy. — *3,5 km au Nord par* ⑥. Souvenir de la bataille d'Orthez au cours de laquelle Wellington triompha de l'armée Soult et, en particulier, de la résistance du général Foy, «héros citoyen». Le monument occupe un site agréable : belles fermes béarnaises aux grands toits à plusieurs pentes, vues lointaines vers les Pyrénées.

OSSAU (Le Haut) ★★

Carte Michelin n° 85 - plis 16, 17.

La vallée d'Ossau se divise en amont des Eaux-Chaudes en trois branches : vallée du gave de Bious, vallée du Soussouéou, vallée du gave de Brousset.

Le pic du Midi d'Ossau. — Alt. 2 884 m. Sa cime en forme de croc, identifiable dès l'arrivée à Pau, tranche, par sa hardiesse, avec le style des crêtes pyrénéennes généralement découpées avec plus de finesse que de vigueur. Elle est constituée d'un culot d'andésite, vestige d'une cheminée volcanique dégagée par l'érosion.

Le tour du pic au départ de Bious-Artigues, randonnée à la portée du marcheur très entraîné (balisée comme variante du sentier de Grande Randonnée GR 10), pourra être coupé par une nuit au refuge CAF de Pombie. *Ce refuge est souvent complet du 15 juin au 15 octobre — se renseigner au préalable : ☎ (59) 05-31-78.*

Sur les contreforts Est prospère un peuplement d'un millier d'isards.

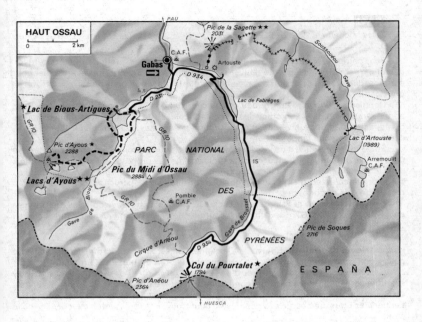

De Gabas à Bious-Artigues★. — *4,5 km, puis 3/4 h à pied* − *schéma ci-dessus.*

Gabas. − *Lieu de séjour p. 42.* Village de montagne, au creux du bassin de réception des torrents descendus du Pic du Midi d'Ossau, où se prépare du fromage de brebis à pâte pressée. La chapelle, du 9ᵉ s., aux voûtes portées par de gros piliers demi-cylindriques et par d'épais doubleaux croisés, a fait l'objet d'une décoration moderne.

La route, en forte montée, aboutit au barrage qui a noyé l'« artigue » de Bious.

Lac de Bious-Artigues★. − A proximité des digues du barrage (rive gauche) ,les **vues★** se dégagent sur le pic du Midi d'Ossau dont les parois émergeant de la forêt passent au coucher du soleil par toutes les nuances des rouges et des violacés et sur le pic d'Ayous.

Lacs d'Ayous★★. − *Montée : 2 h 1/2, descente : 1 h 1/2 (dénivellation : 560 m).* Suivre les pancartes du Parc National et le balisage rouge-blanc du GR 10. Du refuge, vue★★★ grandiose sur le pic du Midi se reflétant dans le lac du Miey.

De Gabas au lac d'Artouste★. − *Compter 4 h* − *schéma ci-dessus.* Cette excursion combine le téléphérique de la Sagette et le chemin de fer du lac d'Artouste.

Le téléphérique et le chemin de fer fonctionnent généralement du 15 juin au 15 septembre − *se renseigner à Gabas, ⚏ (59) 05.33.03 ou, hors saison, à Laruns, ⚏ (59) 05.34.78.* En hiver, le téléphérique et un court tronçon du chemin de fer desservent les pistes d'Artouste.

Montée en téléphérique à la Sagette. − *Le téléphérique fonctionne tous les 1/4 h, de 8 h à 20 h. Prix AR : 14 F.* De la station supérieure (alt. 1 940 m), la **vue★★**, plongeant sur l'ancienne vallée glaciaire du gave de Brousset, noyée en partie par la retenue de Fabrèges, ne se détache guère de la silhouette du pic du Midi. Monter jusqu'à la table d'orientation du **pic de la Sagette★★***(1/2 h à pied AR).*

De la Sagette au lac d'Artouste. − *Billet combiné AR téléphérique et chemin de fer : 38 F.* Le petit train serpente à flanc de montagne, sur un **parcours★★** de 10 km, à 1 900 m d'altitude. Il offre des vues plongeantes sur la vallée du Soussouéou, 500 m en contrebas. Du terminus *(arrêt limité à 1 h 30),* un sentier *(1 h AR)* mène au **lac d'Artouste.** Un barrage a rehaussé le plan d'eau du lac (alt. 1 989 m), qui baigne les pentes granitiques d'un cirque dont les sommets approchent les 3 000 m.

De Gabas au col du Pourtalet. − *15 km* − *schéma ci-dessus.* La route longe les centrales de Fabrèges et d'Artouste, puis s'élève pour arriver au niveau de la retenue de Fabrèges. En avant se dégagent les flancs du pic de Soques montrant une structure géologique tourmentée. La route escalade un verrou et débouche dans le cirque d'Anéou.

Col du Pourtalet. − Alt. 1 794 m. *Le col du Pourtalet reste généralement obstrué par la neige de novembre à juin.* **Vue★** sur l'immense cirque pastoral d'Anéou, tout pointillé de moutons en été, et sur le pic du Midi d'Ossau.

PAMIERS

Carte Michelin nº 🎟🎟 - pli 5 − *Schéma p. 106* − 15 159 h. (les Appaméens).

Située en lisière d'une plaine fertile, Pamiers est la ville la plus importante de l'Ariège.

D'origine très ancienne, évêché depuis 1296, elle possède des édifices religieux intéressants. Le touriste devra voir la vieille tour en ruines des Cordeliers, l'église N.-D.-du-Camp qui présente une façade monumentale en brique et une seule et large nef; la cathédrale St-Antonin dont le beau clocher octogonal repose sur une assise fortifiée.

La promenade du Castella (buste du compositeur Gabriel Fauré, né à Pamiers en 1845), dessinée sur l'emplacement d'un ancien château, offre un joli coup d'œil sur les Pyrénées.

Carte Michelin n° 🎱🖐 - plis 6, 7 — *Schéma p. 71* — 85 860 h. (les Palois) — *Lieu de séjour, p. 42.*

Pau, patrie de Henri IV, ville la mieux située et la plus élégante de la bordure pyrénéenne, n'est plus la villégiature d'hiver si prisée des Anglo-Saxons au siècle dernier pour son air sédatif mais les retraités apprécient toujours la grande stabilité de son climat « mol et qui cicatrise ».

Depuis la découverte du gaz de Lacq, la cité, jusqu'alors confinée dans ses fonctions administratives et dans son office de marché agricole, se transforme en capitale régionale dotée, en 1970, d'une Université et disposant de possibilités d'extension faciles, au Nord, sur les terrains de la lande du Pont-Long.

Étape toute indiquée d'un voyage aux Pyrénées, pour les souvenirs du bon roi Henri et de la famille d'Albret, pour son panorama sur la chaîne, Pau propose un programme de choix dans le domaine des courses hippiques *(voir p. 16)* et des sports *(voir p. 26)* introduits au 19ᵉ s. par la colonie britannique. Comme centre militaire d'instruction parachutiste, Pau rassemble une importante garnison.

Le **circuit automobile de Pau** présente la caractéristique d'être tracé dans les rues mêmes de la ville. Long de 2,76 km seulement, il soumet pilotes et mécaniques à de rudes efforts.

UN PEU D'HISTOIRE

La quatrième capitale du Béarn. — A l'origine, Pau est un poste fortifié défendu par une palissade (« pau » en langue d'Oc), commandant d'abord un gué, puis un pont.

Gaston Fébus *(voir p. 67)* dote Pau d'une enceinte et jette les bases du château actuel. Il y séjourne souvent. Ses successeurs continuent son œuvre et, en 1450, Pau devient capitale du Béarn, après Lescar, Morlaàs et Orthez. Modeste capitale à vrai dire : les jours où se tiennent les États, une partie des députés ne peut trouver de logis et doit coucher à la belle étoile.

En 1527, Henri d'Albret, roi de Navarre, seigneur souverain du Béarn, comte de Foix et de Bigorre, épouse Marguerite d'Angoulême, sœur du roi François Iᵉʳ. La « Marguerite des Marguerites » transforme le château dans le goût de la Renaissance, crée de somptueux jardins où sont jouées des pastorales de sa composition.

Naissance de Henri IV. — **Jeanne d'Albret**, fille de Marguerite, mariée à Antoine de Bourbon (descendant d'un des fils de Saint Louis, ce qui mettra leur fils, le futur Henri IV, en mesure de recueillir l'héritage des Valois quand cette branche s'éteindra avec Henri III), n'a rien d'une femmelette. Bien que portant le futur Henri IV, elle accompagne son mari qui se bat en Picardie contre Charles Quint.

Quand le terme approche, elle revient à Pau pour que l'enfant y naisse. Dix-neuf jours de carrosse, et sur quels chemins !

Arrivée le 3 décembre 1553, elle accouche le 13. Comme le lui a recommandé Henri d'Albret, elle chante en béarnais pendant les douleurs afin que l'enfant ne soit « ni pleureux, ni rechigné ». Selon la tradition, dès que Henri est né, le grand-père d'Albret lui frotte les lèvres avec une gousse d'ail et les mouille d'un peu de vin de Jurançon. Avant de placer l'enfant dans l'écaille de tortue qui lui servira de berceau, il le montre à la foule, s'écriant : « Voici le lion enfanté par la brebis de Navarre », répondant ainsi au trait insolent qui avait accueilli autrefois la naissance de Jeanne : « Miracle ! la vache (motif héraldique du Béarn) a enfanté une brebis ».

Austérité, galanterie, paperasserie. — Henri de Navarre passe sa « jeunesse paysanne » *(lire p. 68 : Lou nouste Henric)* au château de Coarraze près de Pau, puis est envoyé étudier à Paris.

C'est Jeanne d'Albret, convertie au protestantisme, qui, pendant ce temps, maintient les Palois sous une férule austère. Finie l'aimable fantaisie du règne précédent. Plus de fêtes brillantes, plus d'arbres de mai, plus de danses ni de jeux. Les églises sont transformées en temples, les sculp-

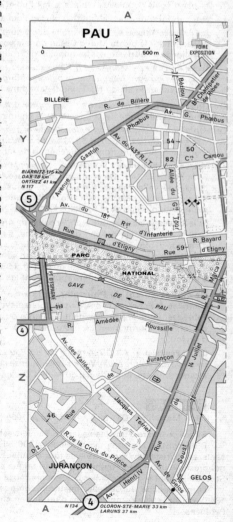

tures brisées, les prêtres emprisonnés ou pendus, les catholiques traqués. Après la mort de Jeanne d'Albret, c'est la sœur d'Henri, Catherine, qui devient régente du Béarn, pendant que son frère fait campagne. Elle poursuit l'aménagement du château et en embellit les jardins. Le Béarnais ne revient qu'en 1579.

Alors pendant huit ans, c'est **Corisande,** comtesse de Guiche, qui règne sur le cœur et l'esprit du roi de Navarre, mari désabusé de Marguerite de Valois, la «reine Margot». Il trouve près de Corisande, avec la tendresse, des conseils précieux et une aide sans limite. Elle engage ses domaines, ses bijoux, pour payer les troupes du prétendant. L'amitié survit à l'amour et, jusqu'à sa mort, Henri entretiendra avec la comtesse une confiante correspondance.

La déclaration de 1589, par laquelle Henri IV se proclame «roi de France et de Navarre», laissait prévoir, à plus ou moins brève échéance, la réunion du Béarn à la France. En 1620, les 19 et 20 octobre, Louis XIII fait son entrée à Pau et rétablit solennellement le culte catholique dans sa ville. Le Parlement de Navarre est créé.

La basoche tient désormais le haut du pavé et vaut à Pau d'être appelée «la ville des gratte-papier».

De nombreux couvents s'édifient pour combattre la religion réformée dont les racines sont encore vivaces. Une Université vient s'y ajouter, mais Pau est toujours une petite ville qui n'a pas encore 8 000 habitants à la veille de la Révolution.

Une découverte anglaise. – Dès la Monarchie de juillet, Pau compte des résidents anglais, dont certains anciens officiers attachés au pays pour y avoir combattu en 1814. Ce n'est toutefois qu'en 1842 qu'un médecin écossais, le docteur Alexander Taylor (1802-1879) préconise la cure hivernale à Pau, par un ouvrage rapidement traduit dans la plupart des langues européennes. Le succès en est éclatant auprès des valétudinaires.

La colonie donne une impulsion décisive au sport : steeple-chase (1841) – le parcours de Pont-Long est l'un des plus redoutables d'Europe après Liverpool – golf (1856 – premier terrain du continent), chasse au renard (1842), encore pratiquée aujourd'hui.

Cependant, lorsque la reine Victoria choisit Biarritz, en 1889, pour un séjour d'un mois, le déclin de Pau, villégiature internationale d'hiver, est amorcé.

■ **PRINCIPALES CURIOSITÉS** *visite : 2 h*

Boulevard des Pyrénées★★★ (BCZ). – C'est sur l'initiative de Napoléon Ier que la place Royale fut prolongée en véritable terrasse au-dessus de la vallée : le boulevard des Pyrénées était né. De cette belle promenade, on a, sur la chaîne, une **vue★★★** que maints écrivains ont décrite avec lyrisme.

Le panorama, au-delà des coteaux de Gelos et de Jurançon, s'étend du pic du Midi de Bigorre au pic d'Anie. Le pic du Midi d'Ossau se détache parfaitement. Par temps clair, surtout le matin et le soir, le spectacle est d'une grande beauté.

Château★ (BZ). – Dominant le gave, le château de Gaston Fébus a perdu tout caractère militaire, malgré son donjon carré de brique caractéristique des constructions de Sicard de Lordat *(voir p. 27)*. Transformé en palais Renaissance par Marguerite d'Angoulême (façades sur cour, grand escalier), il prit son aspect actuel au 19e s. avec les agencements exécutés sous Louis-Philippe et Napoléon III, l'aménagement d'un portique d'honneur, etc.

Musée national. – *Visite du 16 avril au 15 octobre, de 9 h à 11 h 45 et de 14 h à 17 h 45 ; du 16 octobre au 15 avril, de 9 h 30 à 11 h 45 et de 14 h à 16 h 45. Entrée : 7 F.*

Le château abrite une centaine de tapisseries des Gobelins et des Flandres et présente surtout une importante section iconographique consacrée à Henri IV et aux siens. Les appartements du 1er étage, remis en état, ont conservé leur décor royal et impérial. Dans la chambre où naquit Henri IV, on montre l'écaille de tortue qui lui servit de berceau.

Une importante documentation tirée des réserves du château fait l'objet d'une exposition temporaire renouvelée chaque été.

Au 3e étage de l'aile Sud, musée Béarnais *(voir p. 144)*.

Les jardins en terrasse entourant le château communiquent par des passerelles avec les massifs ombragés du **parc National.**

■ **AUTRES CURIOSITÉS**

Parc Beaumont★ (CZ). – À l'extrémité du boulevard des Pyrénées, on pourra parcourir ce très joli parc riche en arbres de toutes essences et agrémenté d'un lac.

Musée des Beaux-Arts★ (CY). – *Visite de 10 h à 12 h et de 14 h à 18 h. Fermé le mardi.*

Écoles italienne, flamande, hollandaise, espagnole, française, du 17e au 20e s.

La note régionale y est donnée par l'œuvre, romantique, d'Eugène Devéria (1805-1865), mort à Pau – scènes et paysages pyrénéens, Naissance de Henri IV – et des œuvres contemporaines (les usines de Lacq, par Desnoyer).

Le musée fut enrichi, peu après sa création, du «Bureau du coton à la Nouvelle-Orléans», de Degas (1873). Beau cabinet de numismatique (monnaies de Navarre et de France frappées à Pau).

Musée Béarnais. – *Au 3e étage du château. Visite de 9 h 30 à 12 h 30 et de 14 h 30 à 18 h 30 (ou 17 h 30 hors saison). Fermé les 1er janvier et 1er mai. Entrée : 3 F.*

Arts et traditions populaires (sonnailles, jougs, herrade, caractéristique récipient à eau local). Évocation de Béarnais illustres : Henri IV, le maréchal Bosquet, Louis Barthou... Ethnographie, architecture locale, costumes, folklore, mobilier, milieu naturel (oiseaux, ours, vautours).

Musée Bernadotte (BY). – *8, rue Tran. Visite (sauf le lundi) de 10 h à 12 h et de 14 h à 18 h.*

Il est installé dans la maison natale du maréchal de France devenu en 1818 roi de Suède en titre sous le nom de Charles XIV-Jean.

On visite le logement natal, au 2e étage (vieille cuisine béarnaise), et les salons du 1er étage consacrés aux fastes dynastiques.

PERPIGNAN ★★

Carte Michelin n° 86 - pli 19 – *Schéma p. 155* – 107 971 h. (les Perpignanais).

Ancienne capitale des comtes de Roussillon et des rois de Majorque, Perpignan, poste avancé de la civilisation catalane au Nord des Pyrénées, doit son expansion à l'exportation des fruits, primeurs et vins de la plaine ou des coteaux.

Débordant des remparts de Vauban à partir de 1906, la cité s'est développée à distance prudente de la Têt. L'administration, le négoce, le développement universitaire garantissent la rapide croissance de la ville, qui ne comptait que 39 000 habitants avant 1914.

La seconde ville de Catalogne. – Après la disparition du royaume de Majorque *(voir p. 152)*, le Roussillon et la Cerdagne sont intégrés au principat de Catalogne qui, aux 14e et 15e s., constitue, au sein de l'État aragonais, une sorte de fédération autonome. Les «Corts» catalanes siègent à Barcelone, tête de la fédération ; mais Perpignan vient immédiatement après en importance. Entre les deux versants pyrénéens se crée une communauté commerciale, linguistique et culturelle.

Lorsque Louis XI occupe le Roussillon, Perpignan garde la nostalgie de l'autonomie catalane ; la révolte couve.

Le roi d'Aragon rentre dans la ville en 1473. Après un régime de neutralité établi par le traité de Perpignan, les hostilités reprennent entre la France et l'Aragon. Malgré la famine, les Perpignanais résistent désespérément (longtemps, ils ont gardé le surnom de «mangeurs de rats»). Ils ne capitulent que sur l'ordre du roi d'Aragon qui décerne à la ville le titre de «Fidelissima» (très fidèle).

En 1493, le Roussillon, cédé par Charles VIII, revient à l'Espagne unifiée par le mariage d'Isabelle de Castille et de Ferdinand d'Aragon. Mais les temps ont changé : l'autonomie n'est plus qu'un souvenir.

Le dernier siège de Perpignan. — En 1640, les Catalans se révoltent contre le gouvernement de Madrid. Richelieu saisit l'occasion : des négociations commencent entre Barcelone et la France. Un traité d'alliance est signé et, en 1641, Louis XIII devient comte de Barcelone.

Une garnison espagnole tenant Perpignan, le siège est décidé. Louis XIII, en personne, vient sous les murs de la ville avec l'élite de l'armée française (le cardinal, malade, s'est arrêté à Narbonne). Siège peu glorieux au demeurant : «Perpignan, étroitement bloqué, se prit, pour ainsi dire, en jouant au maillet et aux boules». Sa population meurt de faim ; la garnison espagnole, elle aussi en piètre état, capitule le 9 septembre 1642, avec les honneurs de la guerre.

Richelieu, près de mourir, éprouve «une indicible joye». Cinq-Mars et de Thou venant d'être exécutés, il écrit au roi : «Sire, vos armes sont dans Perpignan et vos ennemis sont morts».

Le traité des Pyrénées *(voir p. 116)* ratifiera la réunion du Roussillon à la couronne. Perpignan est définitivement française.

■ PRINCIPALES CURIOSITÉS *visite : 3 h*

Le Castillet★ (CY). — Ce monument, emblème de Perpignan, domine la place de la Victoire de ses créneaux et de ses mâchicoulis ; remarquer ses fenêtres à grilles de fer forgé. A l'ouvrage de brique, commencé en 1368, fut accolée en 1483 une porte de ville dédiée à Notre-Dame. Le Castillet, au temps de Louis XI, protégeait contre l'ennemi du dehors et tenait en respect une ville souvent frondeuse.

Sauvé de la destruction, lors de la démolition de l'enceinte, le Castillet abrite la **Casa Pairal**, musée catalan des arts et traditions populaires : meubles, outillage, art religieux, costumes, belle croix aux Outrages. *Visite du musée de 9 h à 11 h 30 et de 14 h à 17 h 30 (fermé les dimanches et jours fériés du 15 septembre au 15 juillet). Entrée : 2 F.*

Du haut de la tourelle qui domine l'ouvrage (142 marches), **vue** sur les monuments de la ville et le Canigou.

Place de la Loge (CY). — La place (Vénus, de Maillol) et la rue de la Loge, pavée de marbre rose et réservée aux piétons, constituent le centre d'animation touristique de la ville.

De juin à septembre, on danse la sardane 2 fois par semaine sur cette place ; se renseigner à la maison du Tourisme.

Loge de Mer★ (CY). — Ce bel édifice, construit en 1397, remanié et agrandi au 16ᵉ s., était le siège d'un véritable tribunal de commerce. Cette juridiction arbitrait les contestations relatives au négoce maritime.

La Bourse était installée au rez-de-chaussée. La girouette, en forme de navire, à l'angle du bâtiment, est le symbole de l'activité maritime des commerçants du Roussillon.

Hôtel de Ville★ (CY H). — Grilles du 18ᵉ s. Dans la cour à arcades, bronze de Maillol : la Méditerranée. Sur la façade du bâtiment se détachent trois bras de bronze symbolisant les catégories de la population appelées à élire les cinq consuls. A l'intérieur, la salle des Mariages a un beau plafond à caissons du 15ᵉ s.

Palais de la Députation (CY E). — Du 15ᵉ s., il abritait au temps des rois d'Aragon la commission permanente ou «députation» représentant les «corts» catalanes. Remarquer les énormes claveaux du portail, typiquement aragonais, le bel appareil de la façade toute en pierre de taille et les baies reposant sur des colonnettes de pierre très fluettes.

Face au palais de la Députation, faire une incursion dans la petite rue des Fabriques d'En Nabot (CY) , jadis en plein quartier des **« parayres »** (apprêteurs d'étoffes qui formaient aux 13ᵉ et 14ᵉ s. la première corporation de Perpignan). Au n° 2 se trouve la **maison Julia** (CY L), l'un des rares hôtels particuliers bien conservés de Perpignan qui présente un patio à galeries gothiques du 14ᵉ s.

Cathédrale St-Jean★ (CY). — L'église principale commencée en 1324 par Sanche, deuxième roi de Majorque, a été consacrée seulement en 1509.

Par le passage à gauche, on peut s'approcher de l'ancien sanctuaire de St-Jean-le-Vieux. Un portail roman en marbre, dont le pendentif central est orné d'un Christ à l'expression mâle et sévère, subsiste.

La façade rectangulaire de la basilique est faite d'assises alternées de galets et de briques. Elle est flanquée, à droite, d'une tour carrée dont le beau campanile de fer forgé (18ᵉ s.) abrite un bourdon du 15ᵉ s.

La nef unique est imposante ; elle repose sur de robustes contreforts intérieurs séparant les chapelles. Ce qui caractérise St-Jean ce sont ses riches retables des 16ᵉ et 17ᵉ s. *(la plupart peuvent être éclairés — minuteries ; certains font l'objet d'un commentaire enregistré)* parmi lesquels il faut distinguer celui du maître-autel et ceux des chapelles de gauche.

Dans la niche centrale du maître-autel, statue de saint Jean-Baptiste, patron de la cité : l'effigie du saint et la draperie «d'or à quatre pals (bandes) de gueules» (armes de l'Aragon et de la Catalogne royale) illustrent les armes de Perpignan.

A l'entrée du croisillon gauche, tombeau (17ᵉ s.) en marbre blanc et noir de l'évêque Louis de Montmort.

Sous le buffet d'orgue, un passage donne accès à la chapelle romane N.-D.-dels-Correchs et, par-là, au bas-côté droit de St-Jean-le-Vieux. Là, a été déposé un gisant du roi Sanche, offert par la ville de Palma en 1971.

En sortant de la cathédrale par le portail latéral droit, on verra dans la chapelle hors œuvre (CY N) le **dévôt Christ★**, œuvre poignante, en bois sculpté, vraisemblablement rhénane, du début du 14ᵉ s.

Palais des rois de Majorque★ (CZ). – *Visite de 9 h 30 à 12 h et de 14 h à 18 h. Fermé les mardis. Entrée : 5 F. Expositions permanentes : «l'Art ancien en Roussillon» et «Connaissance du Roussillon».*

Depuis l'occupation française, sous Louis XI, et surtout depuis les travaux de fortification entrepris par Charles Quint et Philippe II, le palais est enclavé dans les casernes et les bastions. Il retrouve peu à peu son caractère.

Par une rampe voûtée on atteint la cour d'honneur carrée ajourée de deux étages

(D'après photo Arch. Phot., Paris)

Palais des Rois de Majorque.

de galeries à l'Ouest et à l'Est. Devant soi, on admire l'aile dominée par le donjon-chapelle Ste-Croix, aux deux sanctuaires superposés construits au début du 14ᵉ s. par Jacques II de Majorque, dans le style gothique flamboyant.

La chapelle basse au pavement de céramique verte montre des traces de polychromie gothique – fausses fenêtres, décoration des trompes d'angle – et une belle Vierge à l'Enfant du 15ᵉ s.

La chapelle haute, plus élancée, abrite un beau Christ catalan sur l'autel et présente le même jeu architectural des trompes d'angles.

Au 1ᵉʳ étage de l'aile Sud, grande salle de Majorque, avec cheminée à trois foyers.

■ AUTRES CURIOSITÉS

Promenade des Platanes (CX). – Rafraîchie par des fontaines. Les allées latérales sont agrémentées de mimosas et de palmiers.

Église St-Jacques (DY). – *Pour visiter, s'adresser au gardien du jardin de La Miranda.* Sanctuaire élevé au 14ᵉ s. dans un ancien quartier de jardiniers et de gitans, au sommet des remparts. Sous le porche Sud, grande croix aux Outrages.

Dans l'absidiole de droite trouvent place plusieurs œuvres d'art : Christ du 14ᵉ s., statue de saint Jacques du 15ᵉ s. placée au-dessus d'une cuve baptismale toujours alimentée en eau vive, grand retable des Tisserands (fin 15ᵉ s.) consacré aux scènes de la vie de la Vierge.

Prolongeant la nef, à l'Ouest, une vaste chapelle ajoutée au 18ᵉ s. était réservée à la confrérie de la Sanch (du précieux «Sang»). Depuis 1416, cette confrérie de pénitents, qui assistaient les condamnés à mort, se formait en procession solennelle le Jeudi saint, en transportant ses «misteris» *(voir p. 50 à Arles-sur-Tech)* au chant des cantiques. La procession se déroule maintenant le jour du Vendredi saint *(voir p. 25).*

La Miranda (DY). – Petit jardin public aménagé sur les anciens bastions, derrière l'église St-Jacques, en favorisant dans la mesure du possible les plantes de la garrigue, les arbres et arbustes indigènes ou acclimatés dans la région (grenadiers, oliviers, aloès, etc.).

Musée Hyacinthe Rigaud (CY). – *Visite de 9 h 30 à 12 h et de 14 h à 18 h. Fermé les mardis et jours fériés.*

Primitifs catalans et œuvres d'H. Rigaud (17ᵉ s.). Art contemporain, Maillol, Dufy.

Sant Vicens. – *Accès par l'avenue Guynemer et l'avenue Jean-Mermoz (Est du plan - D 22).*

Centre d'artisanat d'art *(visite de 9 h à 11 h 45 et de 14 h à 18 h 45)* : fabrication de céramiques d'après des dessins de Jean Lurçat, Jean Picart le Doux... ; exposition-vente de céramistes roussillonnais. Beaux jardins.

PERPIGNAN

EXCURSIONS

Cabestany. – *4 km par D 22 à l'Est du plan.*
Contre un pilier, à l'intérieur de l'église, est déposé le célèbre **tympan** ★ roman représentant la dormition de la Vierge, son Assomption et l'envoi de sa ceinture à saint Thomas.

Thuir. – *13 km au Sud-Ouest par ⑤, D 612 – environ 1 h 1/2.*

Toulouges. – 2 868 h. Au flanc Sud et au chevet de l'église deux plaques et une stèle rappellent le souvenir du synode de 1027 et du concile de 1064-1066 instituant et développant l'une des plus fameuses «trêves de Dieu» de l'Occident. A l'extérieur de l'abside, est dressée une croix des Impropères ou des Outrages, croix de mission (1782) présentant les instruments de la Passion.

Thuir. – 6 023 h. (les Thurinois). Active «capitale de l'Aspre» connue surtout pour ses caves de «Byrrh» *(visite du 1ᵉʳ mars au 31 octobre de 8 h 30 à 11 h 45 et de 14 h 30 à 17 h 45; fermé les dimanches, les 1ᵉʳ Mai et 7 octobre).*

Le «Cellier des Aspres» offre, d'autre part, une documentation sur les vins locaux et sur le développement de l'artisanat dans les villages voisins.

Par le D 48, on peut joindre le pittoresque village de Castelnou (p. 156).

(D'après photo Léo Pélissier)

Croix des Outrages

Alsace-Lorraine (R. d')	CY 2	Louis-Blanc (R.)	CY 34	Bartissol (R. E.)		CY 7
Arago (Pl.)	BY 3	Marchands (R. des)	CY 35	Batelo (Quai F.)		CX 8
Argenterie (R. de l')	CY 5	Mirabeau (R.)	CY 37	Carnot (Quai Sadi)		CY 20
Barre (R. de la)	CY 6	Péri (Pl. Gabriel)	BY 39	Castillet (Pl. du)		CY 22
Clemenceau (Bd)	BY	Théâtre (R. du)	CY 46	Côte des Carmes (R.)		DY 23
				Fabrique d'en Nabot		CY 24
				Fontaine-Neuve (R.)		DY 25
				Gambetta (Pl.)		CY 27
				Grande-la-Monnaie (R.)		CY 28
				Lattre-de-T. (Quai de)		BY 32
				Loge (R. et pl. de la)		CY 33
				Mermoz (Av. J.)		DZ 36
				Porte-de-l'Assaut (R.)		BY 40
				Remparts-la-Réal (R.)		CYZ 42
				Résistance (Pl. de la)		CY 43
				Rigaud (Pl.)		CY 44
				St-Jean (R.)		CX 48
				Variétés (Pl. des)		BCY 49
				Vauban (Quai)		CY 45
				Victoire (Pl. de la)		CY 50

Le PERTHUS

Carte Michelin n° 86 - pli 19 — *Schéma p. 154* — 699 h.

Depuis le passage d'Annibal (218 avant J.-C.), le Perthus n'a cessé de connaître le flux et le reflux des hordes, des armées, des réfugiés, des touristes enfin. Le bourg a succédé au 19ᵉ s. à une simple agglomération de cabanes de douaniers. Jusqu'à l'ouverture de l'autoroute (1976) des millions de touristes ont «circulé» chaque année dans sa rue dont la chaussée sépare, sur 200 m, les territoires français et espagnol.

L'importance stratégique de ce col très déprimé (alt. 290 m) des Albères fut reconnue primordiale après le traité des Pyrénées. Vauban ferma le passage en reconstruisant, de 1667 à 1688 un ouvrage de grande puissance, le fort de Bellegarde. *Désaffecté, il peut être visité en s'adressant à la mairie.*

EXCURSION

Col de l'Ouillat★ ; pic des 3 Termes★★. — *14 km — environ 1 h 1|2 — schéma p. 154.*
A l'entrée Nord du Perthus, quitter la route de France pour le D 71, route de St-Martind'Albère.
D'abord ombragée de châtaigniers, la route s'attarde un instant sur le replat cultivé de St-Martin (magnifiques chênes). La vue se dégage sur le Canigou et le versant Sud des Albères ; au Nord, la montagne St-Christophe dessine un profil humain regardant le ciel.

Col de l'Ouillat★. — Lieu de halte en lisière de la forêt domaniale de pins laricio de Laroque-des-Albères, dans un site frais.

Passant dans la zone du hêtre puis du pin, la route débouche au pied d'un pointement rocheux, le pic des 3 Termes.

Pic des 3 Termes★★. — Alt. 1 129 m. **Panorama★★** sur les crêtes et les ravins des Albères, la plaine du Roussillon et son chapelet d'étangs côtiers, les coupures du Conflent et du Vallespir ; du côté de l'Espagne vue sur la Costa Brava, au-delà du cap de Creus, jusqu'à la courbe de la baie de Rosas.

Si l'on redescend vers le Boulou, il est inutile de passer à nouveau au col du Perthus : 1 km après la bifurcation d'accès à St-Martin-d'Albère, prendre à droite la route de St-Jean, assombrie par des couverts de chênes-lièges, pour rejoindre la N 9.

PEYREHORADE

Carte Michelin n° 78 - Sud des plis 17, 7 — 3 066 h. (les Peyrehoradais).

Peyrehorade, chef-lieu du Pays d'Orthe — excroissance méridionale du département des Landes particulièrement intéressante du point de vue archéologique *(voir à Sorde-l'Abbaye p. 171)* — s'est établie au confluent des Gaves «Réunis» (de Pau et d'Oloron), prêts à se jeter dans l'Adour. Les yachts tendent à remplacer le long de ses quais les gabares de jadis. Il faut voir la ville le mercredi, lorsque le marché envahit la longue place centrale.

EXCURSION

Bidache, Hastingues. — *Circuit de 28 km — environ 2 h 1|2. Quitter Peyrehorade par le pont sur le gave et le D 19. Aussitôt avant la montée, tourner à droite.*

Abbaye d'Arthous. — *Page 51.*

Faire demi-tour ; poursuivre, le long du D 19 qui traverse la vallée de la Bidouze au pied des ruines du château de Gramont.

Bidache. — *Page 75.*

Prendre le D 936, route de Bayonne qui s'élève dans le paysage très ouvert des premières collines basques. En vue de Bardos, faire halte sur un terre-plein, à gauche : **vue★★** sur les Pyrénées Basques jusqu'au pic d'Anie, premier sommet (alt. 2 504 m) de la haute chaîne.

A Bardos, tourner à droite dans le D 253. La **route★**, très bien tracée dans la lande fleurie d'ajoncs au printemps, à proximité de la ligne de crête, offre des vues constantes sur la coulée de l'Adour, jusqu'à l'agglomération de Bayonne.

Guiche. — On remarque, au-dessus de l'entrée du cimetière, une amusante construction sur piles dite maison du Fauconnier (ancienne mairie).

Descendre à l'ancien port sur la Bidouze. Le D 253 ramène à la rive des Gaves Réunis.

Hastingues. — 408 h. La minuscule bastide tire son nom du sénéchal du roi d'Angleterre, John Hastings, qui la fonda en 1289 sur ordre d'Édouard Iᵉʳ Plantagenêt, duc d'Aquitaine, en paréage *(voir p. 31)* avec l'abbé d'Arthous.
La ville haute, installée sur un promontoire dominant les barthes (prairies basses) d'Arthous, n'a gardé qu'une porte fortifiée, isolée au Sud-Ouest. Faire halte sur la charmante place de l'église, ombragée par les cyprès de l'ancien cimetière.

Retour à Peyrehorade par le D 23.

Actualisée en permanence,
la **carte Michelin au 200 000°** *bannit l'inconnu de votre route.*

- *évolution et aménagement du réseau routier ;*
- *caractéristiques (largeur, tracé, profil, revêtement) de toutes les routes,*
  de l'autoroute au sentier ;
- *bornes téléphoniques de secours...*

Équipez votre voiture de **cartes Michelin** *à jour.*

PEYREPERTUSE (Château de) ★★

Carte Michelin n° 86 - pli 8 — 7 km au Nord-Ouest de Cucugnan — *Schéma p. 98.*

Ce château de crête des Corbières, l'un des «cinq fils de Carcassonne», découpe, sur son éperon en forme de nef de pierre, une silhouette dont la hardiesse n'apparaît bien que des abords de Rouffiac, au Nord.

Montée aux ruines. — *De Duilhac, 3,5 km par route étroite, puis 1 h à pied AR.* La route, signalée à l'entrée Sud de Duilhac, se rapproche de la muraille Sud de l'éperon. Sur cette face, la forteresse ne présente guère que des débris déchiquetés ou perforés, se confondant avec la roche.
De l'aire de stationnement, suivre, en passant sur la face Nord, un sentier aboutissant à la porte d'entrée.

VISITE *environ 1 h — entrée : 5 F, de mi-février à fin septembre, de 10 h à 19 h.*

Peyrepertuse comprend deux ouvrages distincts, ancrés à la proue (Est) et à la poupe (Ouest) de l'éperon, mesurant 300 m dans sa plus grande longueur. Le château haut du roc St-Jordy (alt. 796 m) domine d'une soixantaine de mètres le château bas. L'un et l'autre ne furent jamais accessibles aux chevaux, ni même aux mulets.

Château bas. — C'est le château féodal à proprement parler, rendu semble-t-il sans combat en 1240 entre les mains du sénéchal de Carcassonne, représentant de Louis IX, après l'échec du deuxième siège de Carcassonne *(voir p. 83).* Il occupe le promontoire effilé en proue.

Donjon. — Entrer par la porte haute. Le donjon vieux, noyau du château, forme un quadrilatère dont on ne voit, de la cour, que la face flanquée d'une tour ronde (citerne). L'ouvrage fut complété aux 12e et 13e s. par une chapelle fortifiée (mur de gauche) soudée au premier réduit par des courtines fermant les petits côtés de la cour.

Cour basse. — L'enceinte épouse l'éperon triangulaire. Elle n'est complète que du côté Nord, montrant sur cette face une forte courtine, à deux tours ouvertes à la gorge c'est-à-dire sur mur vers l'intérieur de la place.
Les défenses Sud se réduisaient à un simple parapet, reconstitué : vue sur Duilhac.
En revenant sur ses pas, admirer le front Est du donjon complètement remodelé au 13e s., avec ses tours demi-rondes, reliées par une courtine crénelée.
Ressortir de la cour et traverser l'esplanade Ouest vers le roc St-Jordy. Au bord du précipice, un poste de guet isolé offre, par un trou béant, une vue sur Quéribus.

Escalier St-Louis. — Impressionnant escalier taillé dans le roc, dangereux par vent violent.

Château haut (ou château St-Jordy). — Cette citadelle d'État construite au point culminant de la montagne après la réunion du Languedoc au domaine royal conserve de hautes murailles en grand appareil, moins intéressantes toutefois que leur site aérien.
Gagner, à gauche, en revenant vers l'Est, le promontoire le plus avancé, site de l'ancienne chapelle, dominant le château bas. Vue ★★ sur l'ouvrage, dans son site panoramique : bassin du Verdouble, château de Quéribus, Méditerranée à l'horizon.

PRADES

Carte Michelin n° 86 - plis 17, 18 — *Schéma p. 154* — 6 866 h. (les Pradéens).

Prades, bâtie au pied du Canigou, au milieu des vergers fut, depuis 1950, la ville d'élection de Pablo Casals (1876-1973). Les concerts du festival ont lieu à St-Michel-de-Cuxa *(p. 166).*
Dans le quartier ancien avoisinant l'église, les bordures de trottoirs, les caniveaux et les pierres de seuil sont fréquemment taillés dans le marbre rose du Conflent.

Église St-Pierre. — Elle est flanquée d'un clocher roman. Le retable du maître-autel, œuvre du sculpteur catalan Sunyer (1699), est dédié à saint Pierre *(minuterie).* Dans le croisillon gauche, un Christ «noir» du 16e s. est plus proche de la sensibilité moderne.

EXCURSIONS

Marcevol. — *Circuit de 35 km — environ 2 h — schéma p. 154.* Suivre le D 619, route de Molitg, jusqu'à Catllar où l'on bifurque à droite dans le D 24.

Eus. — 330 h. Très beau **village ★** étagé dont les maisons dévalent la soulane parmi les blocs de granit et les genêts, entre la grande église supérieure bâtie au 18e s. et la chapelle romane St-Vincent gardant le cimetière au fond de la vallée.
Laisser la voiture à l'entrée de la ville haute. On fera quelques pas dans les ruines de la cité fortifiée, autour de l'église. Par les brèches des murailles, belles échappées sur le Canigou et la plaine du Conflent.
Poursuivre le parcours le long du D 35 en laissant à droite le pont de Marquixanes.

Marcevol. — Minuscule village de bergers et de viticulteurs. En contrebas, un ancien prieuré des chanoines du St-Sépulcre isolé sur un tertre gazonné dominant le Conflent, face au Canigou, montre un portail et une fenêtre romane en marbre rose et blanc. Les vantaux ont conservé leurs peintures à décor de volutes, motif typique de la ferronnerie romane en Conflent et en Vallespir. Le prieuré abrite l'association du Monastir de Marcevol. Fondée en 1972, elle organise tout au long de l'année des stages et des rencontres. *Pour tous renseignements, téléphoner au (68) 96-54-03 ou 96-21-85 .*
5 km au-delà de Marcevol, prendre à droite le D 13 qui, par une gorge granitique fleurie de cistes au début de l'été, ramène à la vallée de la Têt. *Rentrer de Vinça à Prades par la N 116.*

PRADES

Molitg-les-Bains ; Mosset. — *24 km au Nord, par le D 619 et le D 14 — environ 1 h — schéma p. 154.*

Molitg-les-Bains. — 164 h. L'établissement thermal est installé dans le ravin boisé de la Castellane, site encaissé agrémenté de plantations, de sentiers et d'un plan d'eau. On y soigne principalement les affections de la peau et des voies respiratoires.

Mosset. — 294 h. L'ancien village fortifié allongé sur une croupe semble barrer la vallée.

PRATS-DE-MOLLO-LA-PRESTE ★

Carte Michelin n° 🎴 - plis 17, 18 — *Schéma p. 154* — 1 198 h. (les Pratéens) — *Lieu de séjour, p. 42.*

L'Administration accole aujourd'hui au nom de Prats-de-Mollo celui de **la Preste**, station hydrominérale (alt. 1 130 m) distante de 8 km et traitant la colibacillose.

Prats-de-Mollo est bâtie dans la vallée épanouie du haut Tech dominée par les pentes rases du massif du Costabonne et du Canigou. Elle allie le cachet d'une ville close renforcée par Vauban au charme d'une cité catalane de montagne particulièrement enjouée.

■ CURIOSITÉS *visite : 1 h*

Ville basse. — *Passer la porte de France.* De la place d'Armes monter les degrés de la rue de la Croix-de-Mission, dominée par une croix des Outrages.

Église. — Une église romane, dont il subsiste le clocher crénelé, précéda le bâtiment actuel, de structure gothique, qui date du 17e s. Portail à pentures enroulées, dans le style du 13e s. Un curieux ex-voto est fiché dans le mur à droite : c'est une côte de baleine mesurant plus de 2 m.

Dans la chapelle qui fait face à la porte est placée la statue de N.-D.-du-Coral, copie de celle du 13e s. vénérée dans l'ancien sanctuaire de bergers du même nom situé en montagne. Le retable baroque du maître-autel représente la vie et le martyre des saintes Juste et Rufine, patronnes de la ville.

Longer le côté Sud de l'église et contourner le chevet par un chemin de ronde fortifié.

Sortir de l'enceinte et s'élever d'une centaine de mètres en direction du fort Lagarde (17e s. — *on ne visite pas*). En se retournant, joli coup d'œil sur les parties hautes de l'église.

Revenir au portail de l'église et prendre à droite. En vue de l'hospice descendre les marches à gauche et suivre la rue longeant, en contrebas, le jardin de l'hospice. La vue sur la ville haute et la chaîne frontière est jolie ; on remarque la tour de Mir et le pic de Costabonne, au fond de la vallée. Traverser le torrent sur un pont fortifié immédiatement en aval du vieux pont en dos d'âne de la Guilhème. On pénètre dans la ville haute.

Ville haute ★ (Ville d'amoun). — Place del Rey, où se dresse la maison du Génie militaire, s'élevait l'une des résidences des comtes de Besalù, ayant régné, au 12e s., sur l'une des pièces de la mosaïque des comtés catalans. Au départ de la rue des Marchands, monter à droite un escalier orné de sculptures. Du sommet, vue sur l'église dominant la ville basse.

Longer le mur d'enceinte et sortir de la ville par une porte (moderne) pour y rentrer par la suivante (bretèche) « du Verger ». On arrive à un carrefour dominé par la « maison des rois d'Aragon » formant proue. Une ruelle en descente mène enfin à la porte de sortie. Passer la porte d'Espagne ; de la passerelle sur le Tech, vue sur le front Sud de la ville.

PUIVERT

Carte Michelin n° 🎴 - pli 6 — *Schémas p. 54 et 107* — 551 h. (les Puivertains).

Le bassin de Puivert, dont le fond de prairies surprend dans le paysage très mouvementé et boisé des confins du Pays de Sault, était encore immergé au Moyen Age. Le lac se vida subitement en 1279, dévastant les villes de Chalabre et de Mirepoix.

Château. — *Du hameau de Camp-Ferrier, sur la route de Quillan, 500 m par un mauvais chemin, puis 1/2 h de visite.* Pris d'assaut par les Croisés en 1210, il fut donné par Simon de Montfort au seigneur de Bruyères-le-Châtel (près d'Arpajon), dont les descendants firent dès lors souche dans la région. Les constructions visibles remontent aux 13e et 14e s.

Dans la salle haute du donjon, voûtée à l'époque gothique, on reconnaît huit représentations de musiciens. La cornemuse, le tambourin, la viole, la luthée, la harpe, le psaltérion, le rebec évoquent l'éclat de la vie seigneuriale à Puivert au temps des troubadours.

Avec ce guide,
*utilisez les **cartes Michelin à 1/200 000** indiquées sur le schéma p. 3.*
Les références communes faciliteront votre voyage.

150

Carte Michelin n° 86 - plis 15, 16 — *Schéma p. 57.*

La route du Puymorens établit une liaison directe, mais parfois précaire en hiver, entre Toulouse, le Pays de Foix, la Cerdagne et la Catalogne.

D'Ax-les-Thermes à Bourg-Madame — *55 km — environ 2 h*

Sur le versant Ariège, de l'Hospitalet au col, la circulation peut être interrompue par la neige durant plusieurs jours. De décembre à avril, ne pas s'engager — surtout de nuit — sur la route du col, entre l'Hospitalet et Porté-Puymorens, sans s'être renseigné auprès d'un centre d'Information routière habilité ou du Service de l'Équipement à Font-Romeu.

Quitter Ax (p. 56) par la N 20, au Sud.

La N 20 remonte la haute vallée de l'Ariège, encadrée de superbes forêts. Elle pénètre dans les gorges de Mérens où s'élève la station inférieure du téléphérique du Saquet. Remarquer les ouvrages d'art de la ligne transpyrénéenne, l'une des plus élevées d'Europe.

Mérens-les-Vals. — 157 h. Le village s'est reconstitué le long de la route après l'incendie de Mérens-d'en-Haut, allumé par les Miquelets (irréguliers espagnols craints depuis le 16e s.) en 1811, au cours de la guerre napoléonienne d'Espagne.

La race chevaline de Mérens, de petite taille, à robe noire uniforme, a pour souche l'une des plus antiques races européennes. Elle est encore préservée dans sa pureté, à l'initiative du haras de Tarbes.

Centrale de Mérens. — Alt. 1 100 m. *Commentaire enregistré.* Cette usine automatique constitue le palier intermédiaire de l'aménagement du même nom, rendu possible par la surélévation de l'étang de Lanoux *(voir p. 17).* Ce captage, dérivant dans le bassin de la Garonne des eaux tributaires du Sègre (bassin de l'Ebre) a donné lieu à un accord avec l'Espagne, compensant la perte d'eau subie.

Une table d'orientation permet d'identifier les sommets du fond de la vallée.

A travers un paysage dépouillé, la route atteint l'Hospitalet, dernier village de la vallée de l'Ariège, à 1 436 m d'altitude. Au-delà, la «soulane» de la rive gauche de l'Ariège appartient à l'Andorre, mais est louée chaque année aux communes de Mérens et de l'Hospitalet.

Col de Puymorens. — Alt. 1 915 m. Les champs de neige sont desservis par la route, dégagée au moins sur le versant Sud, ou par les remontées de Porté-Puymorens.

Après un pont sur un couloir d'avalanche, jolie vue sur Porté-Puymorens, la vallée de Carol et le verrou glaciaire surmonté des ruines rousses de la tour Cerdane. La route plonge vers la vallée de Font-Vive, dominée par les pics de Col Rouge et les premiers escarpements du pic Carlit (alt. 2 921 m).

Au-delà de Porté, la route pénètre dans le défilé de «la Faou». Jolie vue à gauche sur le hameau de Carol et sur les deux tours en ruines qui se dressent derrière le viaduc. Le parcours encaissé se termine aux abords d'Enveitg. La Cerdagne s'épanouit.

Avant Bourg-Madame *(p. 89),* on voit à gauche le Grand Hôtel de Font-Romeu ; en avant, la «ville» de Llivia, enclave espagnole *(p. 87).* Sur sa butte se hausse Puigcerda.

Pour un bon usage des plans de villes, consultez la légende p. 44.

Carte Michelin n° 86 - pli 7 — *Schéma p. 54* — 5 142 h. (les Quillanais).

A l'entrée du défilé de Pierre-Lys, Quillan constitue un des meilleurs centres d'excursions pour toute la région forestière des avant-monts pyrénéens. *Voir p. 169 le circuit conseillé en forêt de Comus et de la Plaine.*

La passion du rugby, qui remonte à la dernière période faste de la chapellerie, entre les deux guerres, sous le mécénat de Jean Bourrel, imprègne toujours la population.

La ville tire son animation de son activité manufacturière dans les secteurs des panneaux lamifiés et des matières plastiques, et de sa fabrique de meubles de jardin.

Sur l'esplanade de la gare, original petit monument à l'abbé Armand *(p. 55).*

Carte Michelin n° 82 - pli 17 — 1 243 h. (les Rivois) — *Lieu de séjour, p 42.*

La ville a gardé intact le charme de son site, à l'intérieur d'une boucle de l'Arize, et de son vieux quartier de clercs dominé par l'une des plus jolies tours de brique toulousaines.

Elle dut son rang de cité épiscopale aux attaches aquitaines du pape Jean XXII, originaire de Cahors, qui en 1317 démembra le vaste diocèse de Toulouse et celui de Pamiers en créant les évêchés de Rieux, Montauban, Lombez, St-Papoul, Mirepoix, Alet et Lavaur.

Cathédrale★. — Prendre d'abord du recul en traversant le pont sur l'Arize, vers le calvaire du monument aux morts, pour avoir une **vue★** du monument dans son ensemble. On a devant soi le chevet plat, fortifié, de la première église du 13e s., assise sur les maçonneries de l'ancien château fort, baignant dans la rivière. A droite se projette le vaisseau transversal du chœur des Évêques. La tour-clocher octogonale, rehaussée de ses trois étages ajourés, du 17e s., dans le style toulousain, se dresse à l'arrière-plan.

Par le grand portail gothique, mutilé, pénétrer dans la nef principale (14e s.).

Chœur des Évêques. — Construite au 17e s. pour le chapitre, cette chapelle est meublée de stalles de noyer inspirées de la cathédrale de Toulouse. Le maître-autel aux marbres polychromes — admirer le marbre jaune — lui donne son cachet «grand-siècle».

Sacristie des Chanoines. — *Visite le dimanche après les offices (vers 11 h) ou bien se renseigner à la Mairie (face à l'église).*

La salle conserve le **trésor★** de Rieux. La grande armoire, du 14e s., avec ferrures d'époque, renferme divers bustes-reliquaires et la châsse en bois de saint Cizi (1672), patron de l'ancien diocèse. Dans la petite armoire apparaît l'impressionnant buste-reliquaire de saint Cizi, en argent repoussé sur âme de bois, travail d'un orfèvre toulousain. Le soldat-martyr, mort sous les coups des Sarrasins lors des incursions arabes du 8e s. *(voir p. 129),* est présenté sous les traits d'un guerrier antique.

Ancien palais épiscopal. — Établissement médical. *On ne visite pas.*

On peut pénétrer dans la cour d'honneur pour admirer la légèreté de la tour de la cathédrale.

Autres dépendances. — Devant la cathédrale subsistent des maisons à colombage (15e et 16e s.) et, plus austère, l'ancien séminaire, devenu hôtel de ville.

Le ROUSSILLON ★★

Carte Michelin n° **86** - plis 16 à 20.

Le Roussillon historique qui, avec la Cerdagne française, constitue le département des Pyrénées-Orientales, doit son unité à la langue et à la civilisation catalane.

Isolé des pays languedociens par le rempart des Corbières, du fossé de l'Ampurdan par les Albères, le Roussillon, au sens strict du terme, est la plaine correspondant au grand effondrement oriental de la chaîne pyrénéenne *(carte p. 11).*

Les différences qu'on relève localement dans le paysage sont surtout dues à la variété des cultures. On observera le contraste entre les **Aspres**, terrasses caillouteuses et sèches, domaine traditionnel des arbres fruitiers et, depuis une date récente, de la vigne, le **Regatiù** aux terres irriguées, comparables aux huertas espagnoles, et la **Salanque**, plaine littorale humide formée par les alluvions de l'Agly et de la Têt, accumulées sur plusieurs centaines de mètres d'épaisseur.

Le Canigou s'élève d'un seul élan au-dessus de la plaine à près de 2 800 m d'altitude.

UN PEU D'HISTOIRE ET DE GÉOGRAPHIE

Une province romaine. — Au 2e s. avant J.-C., le Roussillon fait partie de la Narbonnaise, grande province romaine qui se scinde ultérieurement en deux parties. La voie Domitienne, reliant l'Italie à l'Espagne, franchit la Têt un peu en aval de Perpignan et passe les Albères au col du Perthus. La province doit en assurer l'entretien.

Les vestiges romains sont peu nombreux dans ce Roussillon, balayé par les invasions des Wisigoths puis des Arabes, enjeu d'une lutte séculaire entre la France et l'Espagne.

La sculpture romane en Roussillon. — Les sculptures des églises roussillonnaises, telles celles du célèbre linteau de St-Genis-des-Fontaines, illustrent l'évolution d'un art monumental qui se dégage peu à peu des influences orientales transmises par les ivoires, l'enluminure, l'orfèvrerie. Dans les bâtiments romans, toute l'ornementation est concentrée sur le portail, la fenêtre de façade et éventuellement le cloître. Sur les beaux chapiteaux de marbre, on retrouve, adapté à l'architecture avec un art admirable, un répertoire de motifs végétaux et animaux emprunté aux artisans d'Orient, fabricants d'étoffes précieuses ou sculpteurs de coffrets.

Le touriste observateur qui aura visité les différents sanctuaires du Roussillon sera frappé par le caractère de série de certaines décorations. On peut expliquer cette similitude : au 12e s., époque de construction du grand cloître de St-Michel-de-Cuxa, les équipes de marbriers travaillé à proximité des carrières, laissant à des artisans moins qualifiés le soin d'appareiller, sur place, chapiteaux, claveaux, fragments de frises etc. Ces sculpteurs restaient en quelque sorte prisonniers de leur répertoire : feuillages stylisés, animaux réels ou fantastiques tels que lions, griffons, aigles, etc.

Le royaume de Majorque (1276-1344). — Arraché à la domination arabe par Pépin le Bref au 8e s., le Roussillon est érigé en comté dépendant du comte de Barcelone et légué au roi d'Aragon Alphonse II par le dernier comte héréditaire en 1172.

Au 13e s., le roi d'Aragon Jacques Ier, qui vient d'enlever les îles Baléares aux musulmans, partage son royaume entre ses deux fils : l'aîné, Pierre, reçoit la couronne d'Aragon et les provinces continentales de la péninsule (Catalogne, Aragon, Valence) ; le cadet, Jacques,

(D'après photo Léo Pélissier)

Collioure.

devient «roi de Majorque», avec pour héritage un État indéfendable, mi-insulaire, mi-continental (Baléares, Roussillon, Cerdagne, Montpellier) et Perpignan pour capitale. Cette lignée ne comptera que trois rois mais ces souverains auront marqué Perpignan de leur empreinte, dotant la ville du palais qui porte le nom de leur dynastie.

Une province convoitée. — En 1463, Louis XI vient secourir l'Aragon contre les Catalans révoltés *(voir p. 146)*. Il se paie en mettant la main sur le Roussillon.

Charles VIII, qui recherche l'amitié espagnole afin d'avoir les mains libres en Italie, restitue la province aux rois catholiques Ferdinand et Isabelle. Bientôt, cependant, les Français s'aperçoivent qu'ils ont fait un marché de dupes. Deux fois, ils tentent de reconquérir Perpignan ; mais les Espagnols, considérant la ville comme la clé de l'Espagne, en ont fait une des plus fortes places d'Europe : les assauts échouent.

Richelieu, qui mène la politique des frontières naturelles, ne peut se résoudre à cet abandon. Quand la Catalogne se révolte contre le gouvernement espagnol, à l'inverse de Louis XI, il soutient Barcelone et profite de cette occasion pour entrer en campagne. Après la chute de Perpignan et de Salses, le Roussillon est occupé en entier.

En 1659, le traité des Pyrénées ratifie sa réunion à la France. La province donnera à la cour de Louis XIV son grand portraitiste : Rigaud. Vauban complète et modernise les défenses de Perpignan.

Pendant la période révolutionnaire, l'armée des Pyrénées-Orientales mène une lutte sans merci contre les Espagnols. Trois généraux, trahis par la fortune des armes, sont guillotinés ; mais Dagobert *(voir p. 133, à Mont-Louis),* Dugommier et Auguereau apportent la victoire.

Richesses du Roussillon. — De tout temps, le Roussillon s'est spécialisé dans l'horticulture et l'arboriculture. En dépit des vents impétueux *(voir p. 8)*, il jouit d'un climat très doux. Les gelées, fort rares, n'empêchent pas la culture des légumes au cours de l'hiver.

L'essor de la viticulture remonte au 19ᵉ s.

L'irrigation. — Sans canaux d'irrigation, certaines régions des Pyrénées-Orientales deviendraient désertiques.

L'eau, dérivée des principales rivières, est répartie dans des canaux secondaires appelés «agouilles». Chaque agouille est surveillée par un «vannier» assermenté qui veille à l'application du règlement. Chaque propriétaire a son jour d'arrosage ; le temps d'irrigation est en rapport avec la superficie du jardin. L'eau coule entre les billons sur lesquels sont plantés les légumes.

Primeurs et fruits. — Déjà, au 18ᵉ s., Perpignan était fière de ses 81 ha de jardins. Actuellement, vergers du Roussillon et cultures légumières associées couvrent 15 100 ha. Depuis le développement du transport des denrées périssables à longue distance, leurs produits alimentent un important marché étranger et métropolitain. L'industrie locale des conserves de légumes et de fruits est en nette régression.

Naguère, le paysage rural roussillonnais était marqué par l'association de l'arboriculture et de l'horticulture, les rangées de pêchers ou d'abricotiers alternant avec les lignes de salades.

Actuellement, la tendance est à une distinction plus nette de chaque domaine. Les serres, abris et tunnels en plastique, en très forte extension, permettent, d'autre part, d'élargir le calendrier de la production maraîchère (tomates primeurs, laitues d'hiver).

Pour les fruits, la production la plus typique est celle des abricots, associés habituellement à la vigne. Moins frileux que le pêcher, l'abricotier prospère jusqu'à une altitude de 600 m. Les abricots de primeur mûrissent au début de juin. Le «Rouge du Roussillon», le fruit roussillonnais par excellence, est en pleine production courant juillet.

Les pêchers (pêches et nectarines) bénéficient de conditions idéales de sol et de climat dans le Bas-Conflent. En plein développement, ils dominent largement la production fruitière locale.

Les cerisiers sont la parure des vergers de Céret, qui produisent les fruits de primeur les plus précoces du marché français (vers le 20 avril).

Les fonds de vallée de moyenne montagne — Vallespir, région de Vernet-les-Bains — se prêtent à la culture des pommiers et des poiriers.

Les marchés de gros les plus actifs se tiennent à Perpignan, Elne et Ille-sur-Têt.

Le vignoble. — Le vignoble du Roussillon se caractérise par ses vins doux naturels de qualité, ses «Appellations d'origine contrôlées, Côtes du Roussillon et Côtes du Roussillon Village», ainsi que par ses vins de pays assez corsés.

Les vins doux naturels représentent l'essentiel de la production française de cette catégorie. Quatre cépages nobles : Grenache, Macabéo, Malvoisie et Muscat, exclusivement utilisés, donnent à ces vins leur chaleur et leur bouquet.

La température, l'exposition privilégiée permettent d'atteindre une maturité parfaite et une richesse naturelle en sucre très élevée. Les crus les plus fameux sont le **Banyuls**, le **Maury**, le **Muscat de Rivesaltes**, le **Rivesaltes**. Le vignoble couvre les coteaux de l'Agly, le glacis caillouteux des «Aspres» et borde la Côte Vermeille. Cette dernière région est la plus typique.

A la production des vins naturels s'est juxtaposée une industrie vinicole : apéritifs (Thuir), vermouths, liqueurs. Une distillerie importante existe à côté de Perpignan.

En ce qui concerne les Appellations d'origine contrôlées, l'encépagement permet une très large gamme de vins de coteaux, des vins blancs «verts» ou rosés aux rouges capiteux. Les **Côtes du Roussillon** sont produits sur les marnes et les schistes brûlés de soleil du versant méridional des Corbières, ainsi que sur les terrasses sèches des Aspres, jusqu'aux Albères.

La pêche maritime. — Les ports de la Côte Vermeille, longtemps spécialisés dans la pêche du poisson bleu (sardines, anchois notamment), ont vu leur production décroître régulièrement, surtout en sardines.

Par ailleurs la pêche au thon rouge attire une grande partie de la flotille méditerranéenne, principalement en automne. La pêche se pratique au moyen d'une senne, filet tournant et coulissant.

Le ROUSSILLON★★

La pêche de la sardine et de l'anchois dite **« au lamparo »** utilise ce procédé, complété par l'emploi de lampes puissantes qui, la nuit, concentrent le poisson autour du foyer lumineux. Une petite embarcation, appelée « bateau-feu », porte les lampes et le groupe électrogène.

La pêche au chalut se pratique enfin toute l'année au départ des principaux ports du quartier de Port-Vendres. La production en poissons de fond varie entre 1 500 et 1 900 t par an.

Des ateliers de salaison et de semi-conserves d'anchois sont installés principalement à Collioure et à Port-Vendres.

La production des parcs à huîtres et à moules de l'étang de Leucate, incomparablement moindre que celle de l'étang de Thau, reste stationnaire (600 t environ).

LE LITTORAL

Au Sud du pilier calcaire du cap Leucate, la côte du golfe du Lion aligne 40 kilomètres de côte basse puis les découpures rocheuses de la Côte Vermeille.

L'aménagement de nouvelles « unités touristiques » sur les plages accentue le contraste entre la côte sableuse et la côte rocheuse, dont les stations, installées au fond de baies étroites, restent marquées par leur vocation antique de petites cités maritimes.

LA CÔTE AMÉNAGÉE, AU NORD DU ROUSSILLON

L'aménagement touristique du littoral Languedoc-Roussillon, placé en 1963 sous la responsabilité de l'État, s'est traduit sur le terrain, à partir de 1968, par le remodelage du cordon littoral de l'étang de Leucate. Scrapers, bulldozers et dragues ont affouillé et remblayé cette frange côtière déserte, y créant l'assise des deux stations nouvelles, Port-Leucate et Port-Barcarès. Comme sur la côte du Languedoc *(voir le guide Vert Michelin Causses-Cévennes)* ces travaux ont été précédés par la construction d'une voie littorale rapide. Une campagne de « démoustication » et de plantations, un réseau d'adductions d'eau ont ensuite ouvert la voie aux constructeurs, promoteurs et animateurs.

Port-Leucate★ et Port-Barcarès★. – *Lieux de séjour, p. 42.* Les urbanistes disposaient ici de 750 ha. Ils ont cherché à répondre à la recherche contemporaine de bains de nature et de loisirs actifs, ainsi qu'aux développements du tourisme social, concurremment avec l'équipement hôtelier conventionnel. La structure urbaine fait une large place aux habitations groupées en essaims. Encore inachevée, elle traduit dès maintenant l'abandon du « front de mer » : les accès à la plage se font par des voies en impasse.

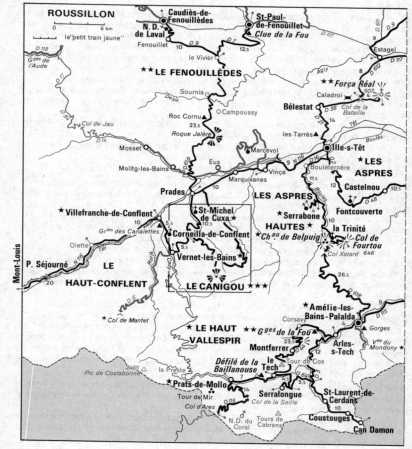

Les couchers de soleil ont quelque chose d'hellénique, lorsque, derrière les eaux plombées de l'étang de Leucate, les montagnes des Corbières se teintent de mauve.

Le nouvel ensemble portuaire de Port-Leucate et de Port-Barcarès constitue la plus vaste base de navigation de plaisance de la côte française de la Méditerranée *(voir tableau p. 41)*. Un boulevard nautique d'une dizaine de kilomètres, indépendant de la mer et de l'étang de Leucate, forme un plan d'eau sans clapotis d'où se détachent les canaux secondaires « résidentiels » desservant les marinas. *Curiosités de Port-Barcarès : voir p. 157.*

LA CÔTE DES PERPIGNANAIS – *Équipement nautique : voir tableau p. 41.*

Les trois stations de Canet-Plage, St-Cyprien et Argelès-Plage, animées de longue date par les « baigneurs » de la région ont été comprises dans le schéma d'aménagement du littoral. Les innovations y ont porté sur une meilleure ouverture à la navigation.

Canet-Plage. – 5 130 h. (les Canétois). *Lieu de séjour, p. 42.* La station classique des Perpignanais doit son animation intense à de nombreux clubs sportifs et aux programmes de son casino. Port de plaisance actif.

St-Cyprien★. – 3 012 h. (les Cyprianais). *Lieu de séjour, p. 42.* Station remodelée. L'animation est passée surtout dans le quartier du nouveau port, où l'urbaniste a trouvé un terrain vierge pour élever ses immeubles de 5 à 10 étages. L'extension raisonnable de ce port de plaisance et de pêche rend encore possible sa « visite », à pied, le long des quais.

Argelès-Plage. – 5 100 h. (les Argelèsiens). *Lieu de séjour, p. 42.* Une soixantaine de terrains aménagés et de villages de toile, dans un rayon de 3 km, en font la capitale européenne du camping. Argelès-Plage marque le joint entre la côte basse du Roussillon (plage Nord, plage des Pins) et les premières criques rocheuses de la Côte Vermeille (le Racou). L'immédiat arrière-pays a gardé ses jardins irrigués, ses vergers où prospèrent à l'abri des Albères les arbres fruitiers les plus délicats, les micocouliers, les eucalyptus, etc. En été, 200 000 à 300 000 séjournants donnent à la station une animation inoubliable.

LA CÔTE VERMEILLE★★

D'Argelès-Plage à Cerbère. *– 26 km – environ 2 h – schéma p. 156*

Après Argelès la route s'élève sur les premiers contreforts des Albères. Elle ne cessera désormais d'en recouper les éperons, à la racine des caps baignés par la Méditerranée.

Collioure★★. *– Page 90.*

Port-Vendres. – 5 757 h. Port-Vendres, le port de Vénus, né autour d'une anse où les galères trouvaient abri, s'est développé sous l'impulsion de Vauban à partir de 1679, comme port militaire et place fortifiée. Du vieux port l'animation passa au 19e s. dans le bassin Castellane. Le trafic de voyageurs avec l'Algérie a cessé mais la plaisance a pris son essor dans ce bassin et la flotille de pêche est la plus active de la côte roussillonnaise (près de 1 400 tonnes de « poisson bleu » en 1980). *Départ des « lamparos » de l'anse Gerbal ou du vieux port à 21 h.*

Cap Béar. – *3,5 km.* Partir de la nouvelle gare maritime et, à hauteur de l'hôtel « les Tamarins », prendre, à droite, une route de corniche très étroite et sinueuse (croisements difficiles en dehors de quelques garages). Du sémaphore, on découvre la côte, du Cap Leucate au Cap Creus.

Après Port-Vendres, on a, à gauche, une bonne vue d'ensemble du port. A droite, au loin, la tour Madeloc se dresse fièrement.

Banyuls. – *Page 58.*

La vue sur la haute mer devient admirable.

Les itinéraires de visite des Corbières (carte p.98), de la Vallée de l'Aude (carte p.54) et de la Cerdagne (carte p.88) proposent aux séjournants de la côte du Roussillon d'autres promenades dans l'arrière-pays.
Des excursions plus lointaines peuvent être étudiées à l'aide de la carte des Principales curiosités p.4 à 7.

Le ROUSSILLON★★

Cap Réderis★★. — Au point culminant de la route, faire quelques pas en direction du cap pour avoir une vue mieux dégagée. Magnifique **panorama★★** s'étendant sur les côtes du Languedoc et de Catalogne, jusqu'au cap de Creus.

Jusqu'à Cerbère, la corniche se déroule parmi les vignes, découvrant toujours un vaste paysage marin.

Variante★★ de retour, entre Banyuls et Collioure, par les crêtes et le balcon de Madeloc. — *Allongement de parcours : 11 km — route de montagne étroite, sans protections.*

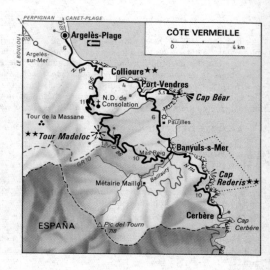

CÔTE VERMEILLE

0   4 km

La route quittant le vallon de la Baillaury après le passage sous le chemin de fer dessert d'abord le moderne cellier de vieillissement du G.I.C.B. dit cave Templers, puis la cave souterraine du Mas Reig *(visite et dégustation, voir p. 58)* aménagée dans le plus ancien domaine vigneron du terroir de Banyuls.

Les **vues★★** se dégagent sur la côte Vermeille au-delà de vallons déserts surveillés par d'anciens forts se confondant avec la roche rousse.

A 8 km du début de la montée prendre à gauche le difficile chemin de la tour Madeloc (pentes à 23 % — croisement et virages dangereux).

Tour Madeloc. — *1/4 h à pied AR.* Ancienne tour à signaux qui, avec la tour de la Massane, à l'Ouest, faisait partie d'un réseau de guet aux temps de la souveraineté aragonaise et majorquine.

Panorama★★ sur les Albères, la côte Vermeille et le Roussillon.

Poursuivre le parcours de la route des crêtes en laissant à droite les routes descendant vers Port-Vendres. Les chênes-lièges se multiplient.

Au terme d'une descente en lacet se détache à droite, dans un carrefour multiple, le chemin d'accès à N.-D.-de-Consolation, ermitage célèbre en Roussillon. La descente se termine dans le vignoble de Collioure.

LES ASPRES★

De St-Cyprien-Plage à Ille-sur-Têt. — *48 km — environ 4 h — schéma p. 154 et 155.*

Quittant St-Cyprien *(p. 155)* le D 40, puis le D 612 traversent des vergers d'abricotiers et de pêchers.

Elne. — *Page 102.*

Thuir. — *Page 147.*

La route s'élève sur les coteaux de l'Aspre. Soudain, à la sortie d'un vallon, la **vue★** embrasse le village médiéval de Castelnou, le Canigou s'élevant au dernier plan.

Castelnou. — 159 h. Siège de l'administration militaire des comtes de Besalù *(voir p. 150)* au Nord des Pyrénées, le village fortifié se masse au pied du château féodal, remanié au 19ᵉ s. Quelques artistes et artisans concourent à son animation.

Les pentes de garrigue s'éraillent et la vue devient imposante, au Sud, sur le Roussillon, les Albères et la mer.

Église de Fontcouverte. — Église isolée dans un cimetière ombragé d'un gros chêne vert. Beau **site★** solitaire dominant la plaine.

Aussitôt après l'église, au bord de la route d'Ille, on peut faire halte sous les châtaigniers.

D'Ille-sur-Têt à Port-Leucate. — *69 km — environ 3 h — schéma p. 154 et 155.*

Traverser la Têt. Perdant de vue l'imposante église d'Ille, silhouette typique du Conflent *(p. 157)*, la route se replie dans un vallon dominé par des «demoiselles coiffées» en formation, les **Tarrès.** Le D 21 atteint Bélesta par une gorge taillée dans le granit.

Bélesta. — 262 h. Village remarquablement groupé sur un nez rocheux surgissant des vignes.

Prendre la direction du col de la Bataille. Le château de Caladroi apparaît bientôt au milieu d'un parc planté d'essences exotiques.

Par un agréable tracé de crête entre les vallées de la Têt et de l'Agly on atteint le col puis, de là, l'ermitage de Força Real.

Ermitage de Força Real. — Le sommet (alt. 507 m), formant bastion avancé au-dessus du Roussillon est occupé par une chapelle et une station de télécommunications.
Panorama★★ grandiose sur la plaine, la côte du cap Leucate au cap Béar, les Albères. Au Nord-Ouest, les deux crocs du Bugarach et le rocher de Quéribus pointent parmi les crêtes des Corbières méridionales.

Remarquer le contraste entre la vallée de la Têt, au damier de cultures maraîchères souligné par des rideaux d'arbres, et la vallée de l'Agly où le vignoble a gagné uniformément les versants.

Redescendre au col et, de là, à Estagel, patrie de François Arago *(voir p. 24)*.

Tautavel. — 776 h. *9 km au Nord d'Estagel.* Dans la grotte de la Caune de l'Arago, M. H. de Lumley a exhumé, en juillet 1971, le plus ancien crâne humain connu à ce jour en Europe. Cette pièce capitale pour l'histoire des origines de l'homme remonte à 450 000 ans.

Un musée de préhistoire, édifié sur une hauteur, au Nord du village *(visite de 10 h à 12 h et de 14 h à 18 h ; fermé les mardis et jours fériés sauf en juillet et août ; entrée : 5 F)*, présente les grandes étapes de l'aventure humaine (les rameaux de l'espèce humaine, la chronologie des outillages et de l'industrie) et surtout les découvertes effectuées sur place (reconstitution des sols tels qu'ils apparaissent aux chercheurs, moulage du crâne de l'Homme de Tautavel).

Le long du D 117, route de retour vers Perpignan, remarquer, à droite et en arrière, peu avant l'entrée de Cases-de-Pène, l'ermitage perché de N.-D.-de-Pène : le petit pignon blanc de la chapelle se distingue difficilement de son socle de falaises grisâtres entamées par une grande carrière.

Rivesaltes. — 6 754 h. L'une des capitales viticoles du Roussillon. Ville natale du maréchal Joffre *(p. 24)* dont la statue équestre est érigée sur l'allée-promenade dédiée au grand soldat.

Port-Barcarès ★. — *Lieu de séjour, p. 42.* Le « Lydia », paquebot volontairement ensablé en 1967, constitue la grande attraction de la nouvelle façade maritime du Roussillon. *On visite les ponts de 10 h à 18 h.* Remarquer le parc de la station, agréable lieu de promenade, exigeant des arrosages constants et des écrans de protections contre les embruns salins.

Port-Leucate ★. — *Généralités p. 154.*

Cap Leucate ★. — De Port-Leucate, on peut accéder au sémaphore du Cap.

Sémaphore du Cap. — *13 km au Nord, puis 1 h 1/2 à pied AR. Quitter la voie rapide des plages pour gagner la Franqui, par Leucate et l'intérieur des terres.*
C'est à la Franqui que l'écrivain Henri de Monfreid (1879-1974) aimait à se retirer.
Le sentier de corniche du sémaphore prolonge la rue haute de la station.
Du belvédère, le **panorama ★** embrasse la côte, du Languedoc aux Albères.

LE HAUT-CONFLENT

D'Ille-sur-Têt à Mont-Louis par Vernet-les-Bains. — *71 km — environ 4 h — schéma p. 154.*

La route, tracée en corniche entre Olette et Mont-Louis, connaît, en fin de semaine, une circulation intense.

Après Ille-sur-Têt, la N 116 remonte le Bas-Conflent, encore couvert de vergers, et se rapproche du barrage de Vinça (1977), aménagement destiné à l'irrigation, à la régularisation des crues d'automne de la Têt et à la constitution de réserves d'eau potable. Les bourgs fortifiés se succèdent : Vinça, Marquixanes en particulier, groupés autour d'églises dont les combles se découpent en ligne brisée au pied de clochers dotés au 17ᵉ s. d'un couronnement de tourelles décoratives. Plus loin, **vue ★** sur le village d'Eus *(p. 149)*, accroché à un éperon du versant opposé.

Prades. — Page 149.

Abbaye St-Michel-de-Cuxa ★. — Page 166.

La montée s'accentue, dans la vallée de Taurinya, avec de belles échappées sur la tour de St-Michel-de-Cuxa et Prades.
Après Fillols, dans la descente du col d'Eusèbe, le D 27, encadré de chênes puis de pommiers, procure de très jolies vues sur la vallée du Cady.

Vernet-les-Bains ★. — Page 186.

La route, ombragée de platanes, s'abaisse dans la vallée épanouie du Cady, domaine des vergers de pommiers et de poiriers. Le torrent s'épanche sur un lit caillouteux.

Corneilla-de-Conflent. — 365 h. Corneilla, dernière résidence des comtes de Cerdagne et de Conflent *(voir p. 87)* possède une intéressante **église ★** romane. *Visite de 16 h 30 à 18 h.*
Flanquée d'un clocher carré en moellons roussis, la courte façade est percée d'un portail de marbre à six colonnes du 12ᵉ s. Au tympan sculpté, Vierge en gloire encadrée de deux anges.
Les trois fenêtres du chevet, sous une bande en dent d'engrenage, sont embellies de colonnettes, de chapiteaux à décor floral ou animal, richement sculptés, et voussures comprimés dans les embrasures. L'ensemble, appareillé comme un jeu de construction, laisse une impression de minutie naïve. Le chœur conserve deux **Vierges** assises romanes. La plus majestueuse, à gauche du maître-autel, N.-D.-de-Corneilla, est une œuvre caractéristique de l'École catalane du 12ᵉ s. Dans une absidiole du transept Sud, une autre Vierge à l'Enfant, du 14ᵉ s. serait l'effigie vénérée au Moyen Age dans la chapelle de la Crèche à Cuxa.

Villefranche-de-Conflent ★. — Page 187.

Tout au long du sillon de la Têt (Haut-Conflent), l'attention est maintenant attirée par les ouvrages d'art de la voie ferrée Villefranche — Bourg-Madame, parcourue par le pittoresque « petit train jaune » *(voir p. 89)*.

Le ROUSSILLON★★

Après Olette, la vigne et les derniers agaves disparaissent. Laissant à gauche l'étroite vallée de la rivière de Mantet, la route pénètre dans le défilé des Graüs. La vallée devient rectiligne et sauvage.

Pont Séjourné. — Viaduc élégant et robuste dédié à son constructeur, l'ingénieur Paul Séjourné (1851-1939).

Sur le versant exposé au Nord, au milieu des cultures en terrasse, s'étagent les hameaux de St-Thomas et de Prats-Balaguer. La route, plus sinueuse, s'élève au-dessus de la coupure de la Têt maintenant livrée uniquement aux bois sombres.

Pont Gisclard. — Ce pont ferroviaire suspendu, d'une hardiesse remarquable, porte le nom de son créateur, officier du génie, tué accidentellement au cours des essais (monument en bordure de la route).

Les sinuosités de la route permettent d'apercevoir en fin de montée les hauts sommets de la rive droite de la Têt : Cambras d'Aze, pic de Gallinas et pic Redoun, sommets aux lignes calmes encadrant la courbe pure du col Mitja, le Canigou au dernier plan.

En avant apparaît le couvert d'arbres qui masque la forteresse de Mont-Louis *(p. 133)*.

LE CANIGOU★★★ — *schéma et description p. 81.*

LE FENOUILLÈDES★★

De Caudiès (ou de St-Paul-de-Fenouillet) à Prades. — *45 ou 47 km — environ 2 h 1/2 — schéma p. 154.*

Entre les Corbières méridionales et le Conflent, le Fenouillèdes, glacis Sud du Langue-doc (1), fut rattaché en 1790 au département des Pyrénées-Orientales. Géographiquement, le Fenouillèdes associe le sillon évidé entre le col Campérié et Estagel — partie vivante du pays, vouée aux vignobles de Maury et des «Côtes du Roussillon» — à un massif cristallin plus rude, devenant désertique entre Sournia et Prades. De profonds défrichements témoignent toutefois, là aussi, de la progression de la vigne dans les garrigues de chênes verts et d'épineux.

Au départ de Caudiès

Si l'on veut pénétrer dans l'église N.-D.-de-Laval, s'adresser à la mairie.

N.-D.-de-Laval. — Ancien ermitage. L'église gothique dresse sur une esplanade plantée d'oliviers son vaisseau au toit rose flanqué d'une tour à couronnement octogonal et toiture de briques en éteignoir. Y accéder de préférence, du côté de Caudiès, par la vieille rampe. Aux pieds de la rampe, la porte inférieure forme oratoire abritant une statue de la Sainte Parenté, du 15ᵉ s. ; la porte supérieure dédiée à Notre-Dame «de Donne-Pain» (Vierge à l'Enfant, également du 15ᵉ s.) montre des colonnes et chapiteaux romans réemployés.

A l'intérieur *(ouvert de 16 h à 19 h en juillet, de 9 h à 21 h en août)*, un charmant **retable**★ de 1428, haut en couleur, représente des scènes de la vie de la Vierge.

De jolies vues sur l'ermitage N.-D.-de-Laval et, à l'horizon, sur le cimier du Bugarach se succèdent au cours de la montée vers Fenouillet, village dominé par deux ruines, qui a donné son nom à la région.

Par le col del Mas, rejoindre au Vivier la route venant de St-Paul. *Suite de la description ci-dessous.*

Au départ de St-Paul-de-Fenouillet

Clue de la Fou. — Cluse forée par l'Agly. Franchir la rivière ; un violent courant d'air souffle en permanence.

Le D 7, s'écartant de la rivière, domine en corniche la vallée où progresse la vigne. Dans un virage à droite on découvre, en arrière, une partie du sillon du Fenouillèdes viticole avec à l'arrière-plan l'aiguille rocheuse du château de Quéribus. On remarque à gauche sous différents angles le gros dos rocailleux de la Serre de Verges. En avant surgit le Canigou.

Peu avant le Vivier : jonction avec le D 9 venant de Caudiès (voir ci-dessus).

En atteignant Prats-de-Sournia la vue se développe sur les Corbières, au Nord, et sur la Méditerranée visible, en deux pans, par la trouée du bas-Agly.

Après Sournia, le D 619, remontant du fond de la vallée de la Désix, débouche sur le plateau de Campoussy. Le **panorama**★★★ sur la mer, la plaine du Roussillon, les Corbières ne cesse de prendre de l'ampleur tandis que l'on parcourt une lande parsemée de gros blocs granitiques. Le plus curieux de ceux-ci, le roc Cornu, au bord de la route, évoque une tête de volatile monstrueux.

La route atteint son point culminant (991 m) en franchissant le chaînon de Roque Jalère, site d'une station de télécommunications. Dès lors la **descente**★★ finale s'effectue en vue du Canigou dont on détaille, sous lumière rasante, en fin d'après-midi, les lignes brutales et la face ravinée.

Après une maison cantonnière, le Haut-Conflent se présente d'enfilade, au-delà du défilé de Villefranche. Légèrement à droite de Prades *(p. 149)* pointe la tour de St-Michel-de-Cuxa.

_____

(1) *Certains noms de localités le rappellent. Ainsi «Latour-de-France» (de telles précisions sur l'appartenance à une province révèlent souvent l'approche d'une ancienne frontière).*

LES ASPRES HAUTES★

D'Ille-sur-Têt à Amélie-les-Bains. — *48 km — environ 2 h — schéma p. 154*

Quitter Ille-sur-Têt par le D 2 au Sud.

Bouleternère marque l'entrée dans les Aspres Hautes, au sortir des vergers du Conflent. Le D 618 s'enfonce dans les garrigues, le long du Boulès.

Prieuré de Serrabone★. — *A 4 km du D 618. Description p. 170.*

Col de Fourtou. — Alt. 646 m. Vue en arrière sur le Bugarach, point culminant des Corbières (alt. 1 230 m), en avant sur les monts frontière du Vallespir : Roc de France et, plus à droite, Pilon de Belmatx, à l'arête dentelée. A droite apparaît le Canigou.

Chapelle de la Trinité. — Église romane s'ouvrant par une porte à pentures à volutes *(voir p. 159)*. A l'intérieur *(minuterie)*, Christ habillé du 12ᵉ s. et, parmi les retables, un retable baroque de la Trinité, curieux par la représentation du Saint-Esprit sous l'aspect d'un adolescent, à côté des figurations du Christ, adulte, et du Père Éternel, vieillard.

Château de Belpuig. — *De la Trinité, 1/2 h à pied AR à travers la lande.* Ruines sombres très bien situées sur un piton commandant un vaste **panorama★** : Canigou, Albères, Côte du Roussillon et du Languedoc, Corbières (pic de Bugarach).

Après le col Xatard, la route en descente vers Amélie *(p. 46)* contourne le bassin supérieur de l'Ample, sur des pentes où foisonnent les chênes verts et les châtaigniers.

LE VALLESPIR★

D'Amélie-les-Bains à Prats de Mollo et à Argelès-Plage. — *description p. 184 et 185*

ST-BERTRAND-DE-COMMINGES ★

Carte Michelin n° 🎙 - pli 20 — *Schéma p. 92* — 251 h.

Sur une colline isolée, à l'entrée de la vallée montagnarde de la Garonne, le bourg se dresse dans un **site★** ceinturé de remparts et dominé par une imposante cathédrale visible de loin avec son clocher-porche protégé par un hourd. Ses trésors d'art, les témoins de ses 2 000 ans d'histoire en font une étape importante dans les Pyrénées.

Le souvenir d'Hérode. — Lugdunum Convenarum, capitale de la tribu des « Convenae » *(voir p. 92)*, aurait compté jusqu'à 60 000 habitants au 1ᵉʳ s. de notre ère. L'historien juif Flavius Josèphe la donne, à cette époque, comme le lieu d'exil d'Hérode Antipas, tétrarque de Galilée, et de sa femme Hérodiade, auteurs du meurtre de saint Jean-Baptiste. Les fouilles ont dégagé, au pied de la colline, un forum et des monuments publics.

Les deux Bertrand. — Durant le haut Moyen Age, toute vie reste absente de la colline. Mais, vers 1120, l'évêque de Comminges, Bertrand de l'Isle-Jourdain, futur saint Bertrand, appréciant l'admirable situation de l'acropole dévastée par les Burgondes, fait déblayer les ruines et élever une cathédrale. Pour la desservir, il établit un chapitre de chanoines. Le branle est donné ; les fidèles et les pèlerins accourent ; la petite ville reçoit le nom de celui qui l'a ressuscitée.

A la fin du 13ᵉ s., l'église élevée par saint Bertrand devient trop petite. Bertrand de Got, le futur Clément V, premier pape d'Avignon, poursuit l'œuvre ; l'agrandissement de la cathédrale est terminé par ses successeurs en 1352.

ST-BERTRAND-DE-COMMINGES

■ **CURIOSITÉS** *visite : 2 h*

Gagner la porte Majou, qu'empruntait l'ancienne voie romaine menant à la citadelle.

Cathédrale Ste-Marie-de-Comminges★. — *Visite de 9 h à 12 h (11 h les dimanches) et de 14 h à 17 h, 18 h ou 19 h selon la saison. Entrée : 5 F.*

La cathédrale comprend une partie romane : la façade, le porche, la 1ʳᵉ travée sous clocher. Le portail montre au tympan une Adoration des Mages et l'évêque saint Bertrand. Le reste de l'édifice est gothique.

Cloître★★. — A la paix spirituelle qui se dégage du cadre architectural s'ajoute la poésie du beau paysage de montagnes qu'on aperçoit par les arcades. Une des galeries est, en effet, ouverte sur l'extérieur, disposition extrêmement rare. Trois galeries sont romanes. La quatrième, contre l'église, a été refaite aux 15ᵉ et 16ᵉ s. ; elle contient des sarcophages. Les chapiteaux du cloître sont remarquables (entrelacs, feuillages, scènes bibliques, etc.). Au centre de la galerie (à droite en entrant), célèbre pilier des quatre Évangélistes.

Trésor ★. — Installé au-dessus de la galerie Nord du cloître. Dans la chapelle surélevée (A), deux tapisseries de Tournai du 16ᵉ s. ; dans les anciennes salles capitulaires (B, C), chape de la Vierge et chape de la Passion, splendide travail de broderie liturgique dite anglaise, offertes par Bertrand de Got à l'occasion de la translation des reliques de saint Bertrand (1309), ornements épiscopaux (mitre) et hampe de la crosse de saint Bertrand en « corne d'alicorne » (dent de narval).

Chœur des chanoines. — Les splendides **boiseries ★★** commandées par l'évêque Jean de Mauléon à des sculpteurs toulousains et inaugurées par lui en 1535 comprennent le jubé, la clôture du chœur, le retable du maître-autel (1) (enlaidi par un badigeon), le trône épiscopal et soixante-six stalles. Ces bois sculptés qui content l'histoire de la Rédemption, forment un petit monde où se donnent libre cours la piété, la malice, la satire. On y sent le bouillonnement de la Renaissance.

Mausolée de saint Bertrand (2). — Édicule de pierre en forme de châsse (15ᵉ s.).

Chapelle de la Vierge. — Tombeau d'Hugues de Châtillon (3) qui termina la cathédrale au 14ᵉ s. Les voûtes à liernes et tiercerons dénotent en effet la fin du gothique.

Nef paroissiale. — Au revers du jubé les fidèles disposaient d'un espace réduit, mais riche en mobilier : orgues du 16ᵉ s. (récitals en saison), chaire

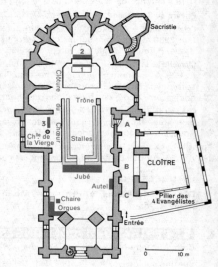

(16ᵉ s.), autel paroissial (1621) décoré d'un beau devant d'autel en cuir de Cordoue.

Galerie du Trophée. — *Entrée : 2 F.*

Dans une petite chapelle ont été rassemblées des statues qui faisaient partie d'un trophée impérial découvert à St-Bertrand : empereur, captifs et captives barbares. Ces œuvres ont été taillées dans le marbre de St-Béat par des sculpteurs grecs au 1ᵉʳ s.

La chapelle communique avec un dépôt lapidaire : bornes milliaires, sarcophage de la chrétienne Émilienne (6ᵉ s.), nombreux moulages d'inscriptions, etc.

Après la visite descendre à la porte Cabirole : remarquer au passage des maisons (B) des 15ᵉ et 16ᵉ s. De la barbacane, jolie vue sur la campagne. *Suivre le rempart au Sud, et regagner le parking par la porte Lyrisson, une ruelle à gauche et le jardin du musée.*

EXCURSIONS

Valcabrère ★. — *95 h. 2 km au Nord-Est par le D 26 et, sur la place de l'église paroissiale du village, le chemin de droite, vers l'église St-Just. Visite pendant les vacances scolaires de 10 h 30 à 12 h et de 14 h à 17 h et du 1ᵉʳ mai au 30 octobre, de 9 h à 12 h et de 14 h à 19 h. Entrée : 3,50 F.*

La **basilique St-Just ★,** entourée de son cimetière de campagne aux beaux cyprès, forme un tableau d'une grâce incomparable. L'édifice, bâti aux 11ᵉ et 12ᵉ s., en bonne part avec des matériaux d'origine antique, est dédié à saint Just et saint Pastor, deux jeunes frères mis à mort en Espagne pendant la persécution de Dioclétien.

Pénétrer dans le cimetière. Remarquer de part et d'autre du portail Ouest, un chrisme et une belle inscription funéraire du 4ᵉ s., puis le portail latéral (12ᵉ s.) de l'église, pour ses quatre statues-

(D'après photo Perrin)

Basilique St-Just.

colonnes. Les chapiteaux qui les surmontent évoquent les deux martyrs, saint Just et saint Pastor, puis saint Étienne. Le quatrième personnage, une femme présentant une croix, serait sainte Hélène. Mais ce qui fait l'originalité de l'église, c'est le « relief en creux » de son chevet évidé de niches triangulaires encadrant un réduit central, rare exemple d'architecture romane où toute la fantaisie se projette à l'extérieur.

Gouffre de Saoule. — *11 km au Sud par le D 26 vers Sarp, puis le D 925 à droite.*

La vallée de l'Ourse frappe par la multitude de villages lilliputiens semés sur ses pentes. *Franchir le pont à Mauléon pour longer l'Ourse de Ferrère et laisser la voiture près du sentier qui mène au gouffre.* Pont naturel sur le torrent, dans un site ombragé *(belvédère).*

Carte Michelin n° 🎴 - pli 1 — 12 943 h. (les Saint-Gaudinois) — *Plan dans le guide Michelin France.*

Ancienne capitale du Nébouzan, St-Gaudens occupe une terrasse sur le rebord d'un plateau dominant la première « rivière » de la Garonne, sortie des Grandes Pyrénées.

Grand marché *(chaque jeudi)* de veaux blancs du Comminges, St-Gaudens est devenue résidentielle avec l'arrivée, en 1940, dans la région des techniciens employés à la prospection du gisement de gaz naturel de St-Marcet.

L'usine de la Cellulose d'Aquitaine, installée dans la plaine, complète l'apport de la grande industrie à l'économie régionale.

Les belvédères★. — Le boulevard Jean-Bepmale prolongé, au Sud-Ouest, par le boulevard des Pyrénées crée une voie panoramique de 2 km.

Monument des Trois Maréchaux. — Dédié aux trois maréchaux de France d'origine pyrénéenne : Foch, dont la maison paternelle est devenue la mairie de Valentine (2 km au Sud-Ouest), Galliéni *(voir p. 94),* Joffre, né à Rivesaltes. A côté du monument, table d'orientation donnant les silhouettes de la chaîne, des Pyrénées ariégeoises au massif de la Maladetta.

Musée municipal. — *Dans les locaux du S.I. Visite de 10 h à 12 h et de 16 h à 18 h. Fermé les dimanches et jours fériés. Entrée : 3 F.*

Une salle d'archéologie offre une introduction à la visite du Comminges préhistorique et antique (reproductions de « Vénus » préhistoriques). Voir surtout la salle de la vie locale : souvenirs des maréchaux, souvenirs de la vie sociale du 19ᵉ s. stimulée par de nombreuses associations. Admirer une collection de la monumentale « Description de l'Égypte », rédigée et illustrée par le corps de savants et d'artistes ayant accompagné Bonaparte dans son expédition d'Égypte.

Le sous-sol, réservé au folklore, fait une place aux céramiques de la région : Martres-Tolosane, Valentine (beau bleu profond). Présentation des anciens métiers et reconstitution d'un intérieur rural commingeois.

EXCURSION

Valentine. — 1 038 h. *2 km au Sud-Ouest par ④, route de Luchon. A la sortie du village, tourner à droite le long du château d'eau.* Le chemin traverse un champ de fouilles archéologiques. On verra tout d'abord les ruines d'une **villa gallo-romaine** ayant appartenu à Nymfius, gouverneur de la province d'Aquitaine au 4ᵉ s.

Derrière un bâtiment de façade, une cour d'honneur longue de 52 m, qui était entourée d'un portique, donne accès à une vaste piscine en hémicycle — alors alimentée (canalisations visibles) par les eaux thermales captées au village voisin. Plusieurs des colonnes de marbre gris qui la cernaient ont été redressées. Au-delà, on reconnaît la salle de réception, carrée avec absides d'angle ; les appartements s'ordonnaient autour d'une cour à péristyle de 33 m de côté. Remarquer, à droite du chemin, une grande salle chauffée par hypocauste à conduits rayonnants (2 foyers).

A 50 m au Sud-Ouest de la villa s'étendent les restes d'**édifices religieux.** On reconnaît le tracé d'un temple de même époque. Au fond, à l'angle gauche, remarquer les murets d'une chapelle paléo-chrétienne à abside carrée, qui fut aménagée à partir du mausolée de Nymfius. D'autres bâtiments postérieurs ont été mis au jour. De nombreuses tombes attestent la présence de nécropoles sur les lieux, entre le 4ᵉ et le 13ᵉ s.

Au village, face à la mairie, un **dépôt de fouilles** expose les découvertes, ainsi qu'une grande maquette de reconstitution de la villa. *Pour visiter, s'adresser à M. Dupuy (☎ 89.65.33) ou à la mairie.*

Carte Michelin n° 🎴 - pli 2 — *Schéma p. 62* — 12 056 h. (les Luziens, en basque : les Donibandars) — *Lieu de séjour, p 42.*

Élégante station balnéaire de création récente, St-Jean-de-Luz ne possède qu'une maison antérieure au grand incendie allumé par les Espagnols en 1558 et son front de mer présente un caractère résolument moderne.

St-Jean-de-Luz, la plus basque des villes situées au Nord de la frontière, offre toutes les distractions d'une grande plage jointes au charme d'une communauté très vivante et à la vie d'un port de pêche sentant la saumure.

Le mariage de Louis XIV. — Prévu par le traité des Pyrénées *(voir p. 116),* le mariage du roi avec l'infante d'Espagne est retardé par la passion que le roi éprouve pour Marie Mancini, nièce de Mazarin. Mais le cardinal exile la jeune fille et le roi cède à la raison d'État.

Accompagné de sa suite, il arrive à St-Jean-de-Luz le 8 mai 1660.

Le 9 juin au matin, le roi, logé à la maison Lohobiague, rejoint la maison de l'infante. Entre les Suisses qui font la haie, le cortège s'ébranle en direction de l'église. Derrière deux compagnies de gentilshommes, le cardinal Mazarin, en costume somptueux, ouvre la marche, suivi par Louis XIV, en habit noir orné de dentelles. A quelques pas derrière, Marie-Thérèse, en robe tissée d'argent et manteau de velours violet, la couronne d'or sur la tête, précède Monsieur, frère du roi, et l'imposante Anne d'Autriche. Toute la cour vient derrière.

Le service, célébré par Mgr d'Olce, évêque de Bayonne, dure jusqu'à 3 h. La porte par laquelle sort le couple royal est murée après la cérémonie.

Le cortège regagne la maison de l'infante. Du balcon, le roi et Mazarin jettent à la foule des médailles commémoratives. Puis, les jeunes époux soupent à la maison Lohobiague en présence de la cour. Une étiquette rigoureuse les conduit jusqu'au lit nuptial dont la reine-mère ferme les rideaux en donnant la bénédiction traditionnelle.

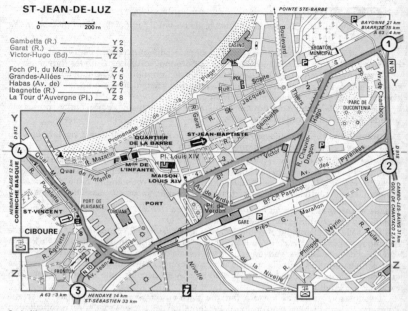

ST-JEAN-DE-LUZ

0 _____ 200 m

Gambetta (R.) _____ Y 2
Garat (R.) _____ Z 3
Victor-Hugo (Bd) _____ YZ

Foch (Pl. du Mar.) _____ Z 4
Grandes-Allées _____ Y 5
Habas (Av. de) _____ Z 6
Ibagnette (R.) _____ YZ 7
La Tour d'Auvergne (Pl.) ____ Z 8

Corbeille de noce. — La jeune reine a reçu des présents dignes des Mille et une nuits. Le roi a offert six parures complètes de diamants et de pierres précieuses ; Monsieur, douze garnitures de robes en pierreries. Le cadeau du richissime Mazarin est princier : douze cent mille livres de diamants et de perles, un grand service de table en or massif et deux calèches d'apparat tirées l'une par six chevaux de Russie, l'autre par six chevaux des Indes, dont les robes sont assorties aux couleurs des voitures.

Marie-Thérèse sera, pour Louis XIV, une épouse douce et digne. Quand elle mourra, le roi dira : «C'est le premier chagrin qu'elle me cause».

De la baleine au thon. — Dès le 11e s., St-Jean-de-Luz, comme Biarritz, consacrait son activité à la pêche à la baleine. Au début du 17e s., les Hollandais et les Anglais, initiés à la pêche par les harponneurs basques, interdisent l'accès des rivages arctiques aux bateaux luziens. Le capitaine Sopite trouve alors le moyen de fondre le lard à bord du navire même. Trois tonneaux de graisse produisent un tonneau d'huile plus facile à transporter. Un seul bateau, rendu ainsi autonome, peut rapporter la dépouille de sept baleines.

Les baleiniers s'accommodent des conditions précaires d'embarquement et de débarquement sur rade : il n'est pas question de franchir la «barre» de la Nivelle, ni d'entrer dans l'estuaire où la rivière divague, à basse mer, dans les marais qu'évoque le nom basque de la ville : Donibane-Lohizun — «St-Jean-des-Marais».

La paix d'Utrecht en 1713 consacre la perte de Terre-Neuve, où pullulent les morues dont la pêche est pratiquée depuis le 15e s. L'armement luzien et les chantiers navals installés le long de la Nivelle paraissent alors gravement

(D'après photo Perrin)

St-Jean-de-Luz. — Le port.

touchés. Mais, comme à Bayonne, les navires transformés en corsaires (voir p. 65) ramènent la richesse.

Depuis l'introduction de la pêche à l'appât vivant, St-Jean-de-Luz est devenu le premier port thonier de France (en 1980 : 10 850 t si l'on ajoute au poisson frais débarqué les prises des thoniers luziens, destinées à la congélation, au large de Dakar) et le premier port anchoitier avec des pêches journalières de 300 à 400 t. Il peut fournir du travail toute l'année aux conserveries de la côte Basque.

■ **CURIOSITÉS** *visite : 2 h*

Le port. — Il occupe le fond de la seule rade qui échancre la côte landaise entre Arcachon et la Bidassoa, à l'embouchure de la Nivelle, entre les pointes de Ste Barbe et de Socoa. Protégé par des digues puissantes et le brise lames de l'Artha, il compte près de 700 pêcheurs. Des quais, beaux coups d'œil sur les bateaux, les demeures anciennes et la Rhune.

Maison Louis XIV (Z). – *Visite du 1ᵉʳ juillet au 31 août de 10 h 30 à 12 h 30 et de 15 h 30 à 18 h 30 ; en juin et en septembre de 10 h à 12 h et de 15 h à 18 h et fermé le dimanche matin. Entrée : 8 F.*

Construite par l'armateur Lohobiague en 1643, c'est une demeure noble dont la façade côté ville se distingue par ses tourelles d'angle en encorbellement.

A l'intérieur, le caractère vieux-basque est donné surtout par l'escalier à volées droites, travail robuste de charpentiers de marine : comme pour tous les planchers anciens des pièces d'habitation, les lattes sont fixées par de gros clous apparents, qui interdisent le rabotage et le ponçage. Du palier du 2ᵉ étage une passerelle intérieure conduit aux appartements où la veuve de Lohobiague reçut Louis XIV en 1660. En passant dans la galerie à arcades orientées vers le Midi, on découvre le panorama des Pyrénées basques.

La cuisine séduit par ses dimensions et sa cheminée. Dans la salle à manger aux lambris verts, table de marbre Directoire et cadeau de l'hôte royal à la maîtresse de maison : un service de trois pièces en vermeil décoré d'émaux niellés.

Maison de l'infante★ (Z). – Elle appartenait à la riche famille Haraneder. Gracieux bâtiment de l'époque Louis XIII, construit de briques et de pierres avec des galeries à l'italienne donnant sur le port. L'infante y logea en compagnie de la reine-mère.

Église St-Jean-Baptiste★★ (Y). – C'est la plus grande et la plus célèbre des églises basques. A l'époque du mariage de Louis XIV l'édifice, du 15ᵉ s., était en cours d'agrandissement.

Extérieurement elle est d'une architecture très sobre, presque sévère avec ses hautes murailles percées de maigres ouvertures, sa tour massive sous laquelle se glisse un passage voûté. Un bel escalier à rampe de fer forgé donne accès aux galeries. A droite du portail d'entrée, sur le flanc droit, remarquer la porte qui fut murée après le mariage royal.

Intérieur. – L'intérieur, somptueux, fait un contraste saisissant avec l'extérieur ; pour l'essentiel, il date du 17ᵉ s.

Trois étages de galeries de chêne (cinq au mur du fond) encadrent la nef unique que couvre une remarquable voûte en carène lambrissée. Le chœur très surélevé, clos par une belle grille de fer forgé, porte un **retable★** (vers 1670) resplendissant d'or *(minuterie à droite)*. Entre les colonnes et les entablements qui l'ordonnent en 3 registres, des niches abritent des statues

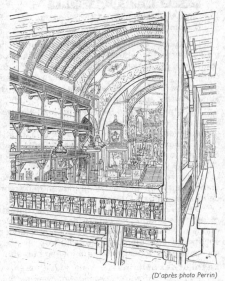

(D'après photo Perrin)

Église St-Jean-Baptiste.

d'anges, des saints populaires locaux, d'apôtres (St Laurent et son gril) ; au 3ᵉ étage Vierge de l'Assomption en costume de cour et Dieu le Père dans sa gloire.

Remarquer en outre la chaire (17ᵉ s.) supportée par des griffons ; en face, un beau banc d'œuvre ; le buffet d'orgues ; dans l'embrasure de la porte murée, la statue parée de N.-D.-des-Douleurs et, à côté, une petite Vierge de Rosaire en tenue de cérémonie.

Quartier de la Barre (YZ). – Domaine des armateurs au 17ᵉ s., la langue de terre isolant la rade du port fut réduite des deux-tiers par le raz-de-marée qui, en 1749, anéantit 200 maisons de la ville. Elle conserve quelques demeures distinguées.

Partir de la place Louis XIV et suivre la rue Mazarin. Voir surtout la maison St-Martin (Z **F**) : du sommet de la digue on en découvre mieux les combles et la tour-belvédère d'où le maître surveillait les mouvements des bateaux. Par la rue Ibagnette et le quai revenir à la place Louis XIV en longeant la belle façade de la maison de l'infante.

CIBOURE (Z) – 6 373 h. (les Ziburutars) – *Plan p. 161.*

Ciboure (en basque « Zubiburu » : tête de pont) fait face à St-Jean-de-Luz, sur la rive gauche de la Nivelle. En fait, les deux ports ne forment qu'une seule agglomération.

Sur le quai Maurice-Ravel, la maison natale du compositeur, au nᵒ 12 (Z **B**), est une des silhouettes familières du port. La rue Pocalette mêle les maisons labourdines à pans de bois (maison de 1589 à encorbellements, au coin de la rue Agorette) et de hautes demeures de pierre plus nobles, comme le nᵒ 12, au chevet de l'église.

Église St-Vincent (Z). – 16ᵉ s. Elle présente un clocher de charpente à deux étages de lanternons de bois en retrait. Elle est accessible, latéralement, par un beau parvis dallé au milieu duquel est plantée une croix de pierre de 1760.

EXCURSIONS

Socoa. – *3 km à l'Ouest, par ④ du plan. Laisser la voiture sur le port et poursuivre (3/4 h à pied AR)* vers la jetée. De la naissance de la digue, vue sur la baie et la ville.

L'entrée de la baie de St-Jean-de-Luz était défendue autrefois par le fort de Socoa *(on ne visite pas)*, construit sous Henri IV et remanié par Vauban.

Au retour, monter directement, à pied, du quai au phare, puis au sémaphore ; **vue★★** au Sud-Ouest sur la côte basque, du cap du Figuier jusqu'à Biarritz. Au premier plan les falaises plongent en oblique leurs roches feuilletées vigoureusement attaquées par le flot.

La corniche basque★★. – *Circuit de 28 km – environ 1 h. Quitter St-Jean par ④ D 912.* La route se rapproche des falaises de Socoa et offre des **vues★★** sur l'océan.

Hendaye★. – *Page 116.*

Sortir d'Hendaye par Béhobie et prendre la N 10 vers St-Jean-de-Luz.

Urrugne. – 4 768 h. L'église dont le vaisseau peu ajouré garde à l'extérieur une allure militaire s'adosse à un clocher-porche du 16ᵉ s. où l'on remarque un cadran solaire.

Prendre sur la grand-place d'Urrugne le chemin en montée de N.-D.-de-Socorri.

N.-D.-de-Socorri. – Joli **site★** de chapelle de pèlerinage, dans l'enclos ombragé d'un ancien cimetière, en vue du paysage mamelonné que dominent l'éperon de la Rhune et, à l'horizon, le Jaïzkibel et les Trois Couronnes.

Retour à St-Jean-de-Luz par la N 10.

ST-JEAN-PIED-DE-PORT ★

Carte Michelin n° 🆂🆂 - pli 3 – *Schéma p. 62* – 1 887 h. (les Saint-Jeannais, en basque : les Doniandars) – *Lieu de séjour, p. 42.*

L'ancienne capitale de la Basse-Navarre, chef-lieu du « Pays de Cize », groupe ses maisons en grès rouge dans un chaud bassin arrosé par les Nives, au pied d'une éminence couronnée par l'ancienne citadelle. La ville haute située sur la rive droite de la Nive, est ceinte de remparts du 15ᵉ s. datant de la domination navarraise. La citadelle et, sur la rive gauche, les fortifications défendant la route d'Espagne, postérieures au traité des Pyrénées, appartiennent au système de Vauban.

Le nom de St-Jean-Pied-de-Port rappelle que la ville constituait la dernière étape des voyageurs avant la montée au port de Roncevaux (ou d'Ibañeta). Outre-monts, le monastère de Roncevaux entretenait depuis le 12ᵉ s. la tradition de l'hospitalité chrétienne et le souvenir du preux Roland, tombé sous les coups des montagnards vascons – transposés en Sarrasins dans la célèbre chanson de geste – lors de l'écrasement de l'arrière-garde de l'armée de Charlemagne en l'an 778.

La coquille et le bourdon. – Aux siècles de foi du Moyen Age, St-Jean-Pied-de-Port, dernière étape avant l'Espagne, est un grand centre de regroupement de jacquets *(voir p. 22)* venus de tous les coins d'Europe.

Dès qu'un pieux cortège est signalé, la ville est en émoi : les cloches sonnent, les prêtres récitent des prières ; les enfants escortent les pèlerins vêtus du manteau gris, le bâton à la main ; les habitants, sur le pas de leur porte, tendent des provisions. Le cortège s'éloigne en chantant des répons. Ceux qui sont trop las peuvent faire halte rue de la Citadelle où le monastère de Roncevaux leur a ménagé un abri.

Le trajet des pèlerins★. – *Visite : 1 h. Laisser la voiture près de la porte de France ; suivre les remparts et prendre l'escalier pour gagner la porte St-Jacques par laquelle les pèlerins pénétraient dans la ville.*

Rue de la Citadelle. – En descente vers la Nive, elle est bordée de maisons en grès rouge des 16ᵉ et 17ᵉ s. ayant gardé tout leur cachet avec leurs portails arrondis et leurs linteaux droits sculptés.

Église N.-Dame (B). – Gothique. Beaux piliers de grès.

Rue de l'Église. – Elle mène à la porte de Navarre. On y observe l'ancien hôpital (M) occupé par une librairie et un musée moderne de la Pelote et la maison Jassu (D), ancêtres paternels de St François-Xavier (1506-1552).

Revenir à l'église, passer sous la voûte du clocher et franchir la Nive.

Vieux pont. – Belle vue sur l'église qui fait partie des remparts et les vieilles maisons au bord de l'eau.

Rue d'Espagne. – Elle s'élève vers la porte d'Espagne par où les pèlerins quittaient la ville ; et comme au temps du pèlerinage elle est très commerçante.

Citadelle. – *On ne visite pas. Accès de l'église ou de la porte St Jacques.*

Du bastion formant belvédère face à l'entrée du fort, on découvre tout le bassin de St-Jean et ses pimpants villages.

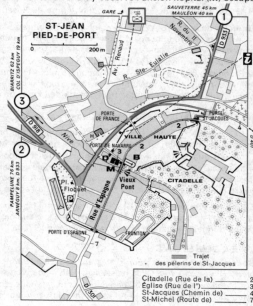

ST-JEAN
PIED-DE-PORT
0   200 m

Citadelle (Rue de la)	2
Église (Rue de l')	3
St-Jacques (Chemin de)	4
St-Michel (Route de)	7

Trajet
des pèlerins de St-Jacques

ST-LARY-SOULAN ★

Carte Michelin n° 🗺 - pli 19 — *Schéma p. 79* — 710 h. (les Saint-Laryens) — *Lieu de séjour, p. 42.*

St-Lary est située sur l'artère transpyrénéenne ouverte en 1976 par la percée du tunnel de Bielsa. La station s'est développée dès 1950 en exploitant pour le ski les ressauts Ouest de la vallée d'Aure. Son ensoleillement et son animation lui donnent beaucoup de caractère.

On ne « chausse » pas à St-Lary mais dans la station haute du Plat d'Adet (alt. 1 680 m), reliée à la vallée par un téléphérique ou par une route de montagne desservant au passage les annexes d'altitude d'Espiaube (alt. 1 600 m) et de la Cabane (alt. 1 632 m).

Durant les vacances d'été, St-Lary devient une base de tourisme en montagne pour le massif de Néouvielle *(p. 137)* et les vallées du bassin supérieur de la Neste d'Aure : vallées de Rioumajou, de Moudang, de Géla, de Badet.

ST-LIZIER ★

Carte Michelin n° 🗺 - pli 3 — 2 km au Nord de St-Girons — *Schéma p. 93* — 1 769 h.

Ancienne capitale religieuse du Couserans *(p. 99)* St-Lizier occupe un site agréable sur une colline qui domine le Salat. Elle présente la particularité d'avoir eu deux cathédrales, dotées chacune d'un chapitre : la cathédrale St-Lizier et, sur la hauteur, à l'intérieur de l'ancienne enceinte romaine, la cathédrale de la Sède ou du Siège *(on ne visite pas).*

Cathédrale St-Lizier. — C'est un édifice roman de la fin du 11ᵉ s. Le clocher octogonal, du 14ᵉ s., en brique, est de type toulousain. L'abside passe du plan pentagonal — remarquer dans la souche de la construction de nombreux matériaux de remploi (débris de pilastres cannelés ayant appartenu à des monuments romains) — au plan demi-circulaire.

Sur la place s'ouvre le portail (15ᵉ s.). L'intérieur présente un plan très irrégulier, avec chœur roman désaxé. La nef fut voûtée au 15ᵉ s. Dans le chœur, des fresques romanes *(minuterie à gauche du chœur)* présentent, en bas à droite, une scène de la Visitation.

Cloître ★. — 12ᵉ s. L'étage supérieur de ce joli cloître a été élevé au 16ᵉ s. Les arcades inférieures reposent sur des colonnes de marbre, alternativement simples et géminées aux chapiteaux décorés d'entrelacs, de personnages grimaçants, d'animaux, de feuillages.

Trésor. — Buste-reliquaire en argent (16ᵉ s.) ; crosse en ivoire (12ᵉ s.) ; objets liturgiques, etc.

ST-MARTIN-DU-CANIGOU ★★

Carte Michelin n° 🗺 - pli 17 — 2,5 km au Sud de Vernet-les-Bains — *Schéma p. 81.*

Ce nid d'aigle constitue la promenade classique de Vernet-les-Bains.

Accès. — *1 h 1|2 à pied AR. Gagner Casteil et quitter la voiture au village. Monter à l'église au-delà de laquelle on trouve le chemin revêtu, en lacet, montant à l'abbaye. On peut se faire transporter en jeep depuis Vernet : ☏ 05.51.14.*

Visite de 9 h à 12 h et de 14 h à 19 h du 1ᵉʳ juillet au 15 octobre ; de 10 h à 12 h et de 14 h à 17 h le reste de l'année. Entrée : 5 F. S'adresser au pavillon d'accueil.

Abbaye. — L'abbaye, construite sur un rocher à pic, à 1 094 m d'altitude, dans un **site ★★** escarpé, se développe à partir du 11ᵉ s., comme fondation monastique. Abandonnée à la Révolution, elle fut restaurée de 1902 à 1932 par Mgr de Carsalade du Pont, évêque de Perpignan, et agrandie de 1952 à 1972.

Du cloître, ne subsistaient plus au début du siècle que trois galeries aux frustes arcades en plein cintre. La restauration a reconstitué une galerie Sud, ouvrant sur le ravin, en réutilisant des chapiteaux de marbre provenant d'un étage supérieur disparu.

L'église inférieure (10ᵉ s.), dédiée à « N.-D.-sous-Terre » suivant une antique tradition chrétienne, forme crypte par rapport à l'église haute (11ᵉ s.). Celle-ci, juxtaposant trois nefs voûtées de berceaux parallèles, laisse encore une profonde impression d'archaïsme avec ses chapiteaux grossiers, sculptés en simple méplat. Une statue de saint Gaudérique rappelle que, à la suite d'un larcin de reliques, l'abbaye devint un grand lieu de rassemblement des paysans catalans. Un chapiteau provenant de l'ancien cloître a été réemployé comme socle du maître-autel. On y reconnaît deux scènes de la vie de saint Martin.

Sur le côté Nord du chœur s'élève un clocher terminé par une plate-forme crénelée.

Près de l'église, deux tombes sont creusées dans le roc : celle du fondateur, le comte Guifred de Cerdagne, creusée de sa propre main, et celle de l'une de ses femmes.

Prendre de la hauteur au-dessus de l'abbaye pour avoir la **vue ★★** reproduite ci-contre.

St-Martin-du-Canigou.

ST-MICHEL-DE-CUXA (Abbaye) ★

Carte Michelin n° 86 - plis 17, 18 — 3 km au Sud de Prades — *Schéma p. 81.*

L'élégante tour crénelée de St-Michel-de-Cuxa surgit dans la fraîcheur d'un vallon descendu du Canigou. Après bien des péripéties funestes, l'abbaye a repris son rôle de foyer de culture catalane au Nord des Pyrénées. Chaque été s'y succèdent des «Journées romanes» et les concerts du festival de Prades.

Aux approches de l'an mil, l'abbaye de Cuxa, fondée grâce à la protection des comtes de Cerdagne-Conflent, sous le patronage de saint Michel, sort de l'obscurité sous l'impulsion de l'abbé Garin. Grand voyageur et homme d'action, Garin correspond avec Gerbert, l'homme le plus savant de son siècle qui devint pape sous le nom de Sylvestre II. Le doge de Venise, Pierre Orseolo, se retire dans l'abbaye en compagnie de saint Romuald, fondateur de l'ordre des Camaldules, et y meurt en odeur de sainteté.

Au 11ᵉ s., l'abbé Oliva, membre de la famille comtale, préside au développement des grands monastères catalans, Montserrat, Ripoll et St-Michel. Il agrandit le chœur de l'église abbatiale qu'il dote d'un déambulatoire carré, ouvre de nouvelles chapelles, fait élever les deux clochers dans le style dit lombard et ouvrir la chapelle souterraine de la Crèche. Il envoie quelques-uns de ses moines s'installer à St-Martin-du-Canigou *(p. 165)*.

Après une longue période de décadence, l'abbaye est abandonnée et vendue par lots à la Révolution : les œuvres d'art disparaissent, les galeries du cloître sont éparpillées.

En 1913, le sculpteur américain Georges Grey Barnard parvient à retrouver et à acheter un peu plus de la moitié des chapiteaux primitifs. Ils sont acquis en 1925 par le Metropolitan Museum de New York qui entreprend la reconstitution du cloître en y ajoutant des éléments nouveaux sculptés dans le même marbre des Pyrénées. Depuis 1938 le cloître de Cuxa s'élève au milieu d'un parc, sur les hauteurs dominant la vallée de l'Hudson.

Dès 1952 sont entrepris, à Cuxa cette fois, des travaux considérables : restauration de l'église abbatiale et remise en place d'une partie des galeries du cloître à l'aide d'autres éléments récupérés. Depuis 1965, l'abbaye est occupée par des bénédictins dépendant de Montserrat.

VISITE *environ 1/2 h*

Contourner d'abord les bâtiments pour voir le beau **clocher** ★ roman, à quatre étages de baies jumelées, surmontées d'oculi et de créneaux. *Illustration p. 29.*

Visite accompagnée de juin à octobre, de 9 h 30 à 11 h et de 14 h 30 à 17 h. Entrée : 5 F.

Cloître ★. — On a pu rassembler là les arcades et chapiteaux qui se trouvaient à Prades ou chez des particuliers. Les arcades de la galerie appuyée contre l'église ainsi que celles d'une grande partie de la galerie Ouest et l'amorce de la galerie Est ont été remontées, reconstituant ainsi près de la moitié du cloître. La sculpture des chapiteaux (12ᵉ s.) est caractérisée par l'absence de thème religieux *(voir p. 152)*.

Église abbatiale. — On pénètre dans l'église par un portail reconstitué à partir d'une arcade, reste d'une tribune montée au 12ᵉ s. vers le fond de la nef, comme à Serrabone — lieu où ce type de construction a heureusement survécu.

Les autres éléments subsistants de la tribune, rendus en 1976 par le musée des Cloîtres, seront présentés dans l'ancienne salle capitulaire (ouverture prévue d'un musée lapidaire).

Le vaisseau est l'un des très rares spécimens de l'art préroman en France, caractérisé ici par l'arc en fer à cheval dit «wisigothique» qu'on peut voir dans la partie du transept dégagée des constructions postérieures. La nef centrale a retrouvé sa couverture en charpente ; les voûtes d'ogives du chœur remontent au 14ᵉ s. Greffée sur le déambulatoire carré, une chapelle axiale Renaissance a fait disparaître l'absidiole centrale du 11ᵉ s.

Chapelle de la Crèche. — Au centre d'un sanctuaire souterrain, échappé, depuis le 11ᵉ s., aux destructions et aux remaniements, cette chapelle circulaire est couverte d'une voûte soutenue par un unique pilier central. Elle était réservée au culte marial.

ST-PALAIS

Carte Michelin n° 85 - pli 4 — *Schéma p. 63* — 2 260 h. (les Saint-Palaisiens) — *Lieu de séjour, p. 42.*

Dans la Basse-Navarre des collines et des rivières calmes, St-Palais justifie son appartenance au monde basque surtout par ses traditions : galas de pelote, festival de la force basque *(voir p. 25)*, etc.

Les ponts, gués, chapelles, tronçons d'antiques chemins pavés rencontrés aux environs évoquent le passage des pèlerins de Compostelle *(carte p. 22)*.

EXCURSIONS

Harambels. — *9 km au Sud. Sortir de St-Palais par le D 302. Dans la descente suivant le passage d'un dos de terrain, à l'endroit où la route revient dominer la vallée de la Bidouze, quitter la voiture à un carrefour multiple de chemins. Prendre le premier à gauche.*

Stèle de Gibraltar. — Le monument, surmonté d'une stèle discoïdale ancienne *(voir p. 60)*, donne l'orientation des chemins de Compostelle passant par le Mont St-Sauveur.

1,5 km au-delà du village d'Uhart-Mixe, tourner à droite vers Harambels.

Harambels. — Le hameau, isolé au milieu des chênes, était une halte sur le chemin de Compostelle. Une communauté de «donats» y assurait l'hébergement des pèlerins. La chapelle St-Nicolas signalait l'étape aux voyageurs arrivés de St-Palais par les hauteurs, au Nord-Est (à l'opposé de l'accès actuel). Passer le portail roman à chrisme (11ᵉ s.).

L'intérieur *(en demander la clé à la ferme voisine)*, entretenu par les descendants des quatre «maisons» auxquelles l'édifice fut adjugé sous la Révolution, a conservé une décoration de lambris peints. Le retable (15e-16e s.), œuvre de menuisiers du lieu, est dédié à saint Nicolas. A droite, Saint Jacques en bois doré (15e s.).

(D'après photo Perrin)

Iholdy.

Iholdy. — 525 h. *17 km au Sud-Ouest par le D 8.*

L'église, de style régional, avec sa grande galerie extérieure en bois, et le fronton, accolé, forment un bel ensemble.

ST-SAVIN

Carte Michelin n° 🅱🅵 - pli 17 — *Schéma p. 78* — 327 h (les Saint-Savinois).

St-Savin, qui fut un des plus grands centres religieux du Pays de Bigorre, est aujourd'hui une halte intéressante sur la route de Cauterets ou de Luz.

La **terrasse** qui borde la place principale offre une belle vue sur l'ample vallée d'Argelès, fermée en amont par le pic de Viscos (alt. 2 241 m). A l'arrière-plan, à gauche, se profile le pic Long (alt. 3 192 m). Toute proche pointe la chapelle de Piétat.

Église. — *Visite: 1/2 h.* Elle appartenait à une abbaye bénédictine. Ses abbés, seigneurs de la «vallée de St Savin» *(p. 76)*, présidèrent à la mise en exploitation des sources de Cauterets. L'édifice, des 11e et 12e s., a été fortifié au 14e s.; un chemin de ronde intérieur, encore intact, abritait les défenseurs. Le clocher-lanterne recouvre une tour du 14e s. Un beau portail roman orne la façade. Sur le tympan, le Christ, entouré des Évangélistes, est revêtu d'ornements sacerdotaux, représentation extrêmement rare.

A l'intérieur, on voit un petit bénitier roman à cariatides (12e s.) dit «des cagots» *(p. 60)*. Un buffet d'orgues (16e s.) porte des masques dont les yeux et la bouche s'animaient lorsque les orgues jouaient. A côté, beau Christ en bois, œuvre espagnole des 13e et 14e s.

Musée. — *Visite de Pâques au 30 septembre de 10 h à 12 h et de 15 h 30 à 18 h 30; fermé le dimanche matin, le lundi et pendant les offices. Entrée: 3 F.*

Il occupe l'ancienne salle capitulaire. Des chapiteaux provenant de l'ancien cloître, des Vierges romanes et une châsse, en cuivre argenté, du 14e s. sont à voir spécialement.

ST-SEVER

Carte Michelin n° 🅷🅶 - Sud-Est du pli 6 — 4 797 h.

St-Sever (prononcer: Sevé), «cap de Gascogne», occupe, sur le rebord du plateau de Chalosse *(p. 90)* dominant l'Adour, une position dominante en vue des immensités landaises. Sa situation économique est exactement inverse: la ville tourne le dos aux Landes et regarde vers le Béarn.

Promenade de Morlanne. — Du belvédère, la vue se porte sur l'Adour en contrebas et sur l'immense «mer de pins». La statue du général Lamarque (1770-1832), tribun notoire de l'Opposition, à la fin de la Restauration, se dresse au centre du jardin public.

Église. — Ancienne abbatiale romane, connue pour son chœur à 6 absidioles de profondeur décroissante (plan dit bénédictin). La façade et la nef ont été restaurées aux 17e et 19e s.

A l'intérieur, l'originalité du chœur s'est trouvée un peu atténuée par le réaménagement des absides au 17e s. Les bras du transept se terminent par une tribune reposant sur une seule colonne et développant, à l'étage, une arcature purement décorative.

Les colonnes de marbre du chœur et du transept proviennent du palais des gouverneurs romains de Morlanne.

Les **chapiteaux★** sont remarquables, ainsi:
- les chapiteaux à «feuilles d'eau» (début du 11e s.) ou à décor de lions: voir l'énorme chapiteau à feuilles d'eau, entre la 1re et la 2e absidiole de gauche, le chapiteau à quatre grands lions de la colonne supportant la tribune du transept droit.
- les chapiteaux historiés, au revers de la façade: le banquet chez Hérode et la décollation de saint Jean-Baptiste; personnages enchevêtrés symbolisant la prédominance du Nouveau Testament sur l'Ancien.

Longer extérieurement l'église par la gauche. Prendre du recul sur la place de Verdun pour voir de belles ferronneries à son chevet. Le chœur couvert d'un dôme à lanternon apparaît flanqué au Nord par les absidioles romanes aux amusants modillons (voir aussi ceux de l'absidiole Sud).

Rue du Général-Lamarque. — Elle conserve quelques hôtels: à droite les numéros 26, 20, 18, 8, 6; à gauche, l'ancienne maison du général (n° 11), flanquée de deux pavillons et s'ouvrant par un portail néo-classique, l'ancien couvent des Jacobins avec son cloître en brique rose du 17e s., sa chapelle, son réfectoire, son musée lapidaire, et le n° 21.

EXCURSION

Audignon. — 289 h. *5,5 km au Sud par le D 21.* L'église, insérée dans une boucle du Laudon, se retranche dans un cimetière d'allure fortifiée. Le chevet roman, dont la corniche est soutenue par des modillons bien conservés et par les chapiteaux de deux contreforts-colonnes (le pélican, Daniel dans la fosse aux lions), contraste avec le clocher-porche gothique. A l'intérieur, le chœur montre un retable de pierre polychrome, du 14e s., dont les fines arcatures en mitre abritent des vestiges de peintures.

SALIES-DE-BÉARN

Carte Michelin n° 🎇 - pli 8 — 5 601 h. (les Salisiens) — *Lieu de séjour, p. 42* — *Plan dans le guide Michelin France.*

Le Saleys s'attarde dans la ville en reflétant dans ses miroirs d'eau, de part et d'autre du pont de la Lune, des maisons à galeries du 17e s. qui, avec leurs toits bruns aux lignes faîtières incurvées, représentent le style régional béarnais. Le ruisseau sépare la vieille ville, tassée autour de l'irrégulière place du Bayàa, de la cité thermale du sel où règne le style néo-mauresque et où se pratique le traitement des affections gynécologiques et infantiles, la consolidation des fractures, etc. Sur la route de Bayonne, les installations sportives du parc de Mosqueros ont renouvelé l'équipement de la station.

EXCURSION

Château de Laàs ; Sauveterre-de-Béarn★. — *Circuit de 34 km — environ 3 h. Sortir de Salies au Sud-Est par la rue St-Martin et suivre le D 30.*
La petite route, tracée sur les crêtes, révèle des vues lointaines, par la trouée du gave de Mauléon, jusqu'aux Pyrénées, et dessert des fermes encapuchonnées à la mode béarnaise.

Atteignant à Narp la vallée du gave d'Oloron, tourner à droite vers Sauveterre.

Château de Laàs. — *Visite du 1er juillet au 30 septembre de 10 h à 12 h et de 15 h à 18 h ; du 1er mars au 30 juin, les samedis et dimanches seulement. Entrée : 10 F.*
Les collections léguées au T.C.F. par les derniers propriétaires, M. et Mme Serbat, en font un véritable musée. En rassemblant le **mobilier★**, les objets d'art et les tableaux de famille provenant de trois résidences familiales, ceux-ci constituèrent un musée d'art décoratif, évoquant l'art de vivre dans le Hainaut au 18e s.
Les chambres et salons furent ornés de boiseries Louis XVI — remarquer la décoration « aux fables de la Fontaine » de la chambre de Mme Serbat — de tapisseries, de toiles peintes (salon de musique) mettant en valeur des tableaux de l'École du Nord (Watteau de Lille). L'histoire anecdotique n'est pas oubliée avec la chambre du 1er étage évoquant les lendemains de Waterloo : lit de Napoléon à Maubert-Fontaine (19 juin 1815).

Sauveterre-de-Béarn★. — *Page 170.*

Retour à Salies par le D 933.

SALSES (Fort de) ★★

Carte Michelin n° 🎇 - pli 9 — 16 km au Nord de Perpignan.

Le fort de Salses, élevé sur la route romaine de Narbonne en Espagne, appelée « voie Domitienne », à l'endroit stratégique où les eaux de l'étang viennent presque baigner les pentes des Corbières, est un spécimen unique en France de l'architecture militaire espagnole en pleine période d'adaptation aux exigences de l'artillerie.
Émergeant des vignes, cette forteresse à demi-enterrée, sauvée de la démolition par une décourageante épaisseur de maçonnerie, surprend par ses dimensions. La couleur des briques, cuites au soleil, s'allie harmonieusement à la teinte dorée des pierres. D'importants travaux ont redonné au fort l'aspect qu'il présentait au 18e s.

Le passage d'Annibal. — En 218 avant J.-C., Annibal s'apprête à traverser la Gaule pour envahir l'Italie. Reprenant la route suivie par Hercule, selon la légende, il doit franchir le Perthus, puis le pas de Salses qui fait communiquer le Roussillon avec les plaines du Bas-Languedoc. En toute hâte, Rome envoie, en ambassade, cinq vénérables sénateurs pour demander aux tribus gauloises de s'opposer au passage des Carthaginois. Un grand tumulte s'élève dans l'assemblée « tant le peuple trouve d'extravagance et d'impudence à ce qu'on lui proposât d'attirer la guerre sur son propre territoire pour qu'elle ne passât point en Italie ». Annibal se présente « comme hôte » et conclut un traité à Elne. Une clause précise que si les habitants ont à se plaindre de ses soldats, chaque grief sera jugé par lui ou ses lieutenants. En revanche, si les Carthaginois ont des différends avec la population, le litige sera jugé par les femmes des indigènes.
Les Romains gardent un souvenir amer de cet épisode. Quand ils occupent la Gaule, ils fondent un camp à Salses et le relient, par une voie carrossable, au Perthus.

Une forteresse espagnole. — Après la restitution du Roussillon à l'Espagne *(voir p. 152)*, Ferdinand d'Aragon masse des troupes dans la province et, en 1497, fait construire en un temps record, par son ingénieur Ramirez, ce fort qui pouvait abriter une garnison de 1 500 hommes.
Lorsque Richelieu entreprend la reconquête du Roussillon, Salses est l'enjeu d'une lutte implacable. Les Français enlèvent le fort en juillet 1639, mais le reperdent en janvier 1640. Finalement, on décide de donner un assaut combiné par terre et par mer : Maillé-Brézé dirige la flotte. Le gouverneur de Salses, apprenant la chute de Perpignan, se résout alors à demander à son tour les honneurs de la guerre. A la fin du mois de septembre 162, la garnison reprend le chemin de l'Espagne.

En 1691, Vauban fait effectuer quelques travaux d'amélioration et raser des superstructures plus décoratives qu'utiles à la défense; mais la ligne fortifiée est désormais assujettie à la nouvelle frontière «naturelle» des Pyrénées et le rôle militaire de Salses est terminé.

Accès. — *On atteint le fort depuis les parkings aménagés à l'entrée Nord de Salses (N 9); ou à partir de l'aire de repos de l'autoroute «la Catalane» de Salses.*

VISITE *environ 1 h*

Visite accompagnée de 9 h à 11 h et de 14 h à 17 h du 1ᵉʳ avril au 30 septembre, de 10 h à 11 h et de 14 h à 16 h du 1ᵉʳ octobre au 31 mars. Durée : 3/4 h. Fermé le mardi (le mercredi hors saison) et les 1ᵉʳ janvier, 1ᵉʳ mai, 1ᵉʳ et 11 novembre, 25 décembre. Entrée : 7 F.

La forteresse, de plan rectangulaire, s'ordonne autour d'une cour centrale, ancienne place d'armes, à laquelle on accède par un châtelet, une demi-lune et trois pont-levis.

Les bâtiments d'enceinte servaient de caserne, écuries (100 chevaux) ou casemates ; ils abritaient, en cas de siège, d'importants services d'intendance (boulangerie, étable). L'épaisseur du mur d'enceinte atteint 6 m. Une imposante salle voûtée à l'épreuve du feu et des bombes occupe le logis du lieutenant du Roi.

On débouche ensuite dans le réduit du donjon, isolé de la cour centrale par une muraille à éperon.

Le donjon est divisé en 5 étages alternativement plafonnés et voûtés. Destiné au logement du gouverneur, il servit de poudrière au 19ᵉ s. Des couloirs en chicane, pris sous le tir de guetteurs comme dans les grands bunkers de la Deuxième Guerre mondiale, des pont-levis piétonniers en constituaient les ultimes défenses.

En fin de visite, on circule sur les parties hautes de l'enceinte, au Sud. Les courtines présentent une crête arrondie, dispositif rare destiné à faire ricocher les boulets et à décourager l'escalade. Les tours étaient aménagées en plate-forme d'artillerie.

SARRANCE

Carte Michelin n° **86** - Nord-Ouest du pli 16 — *Schéma p. 70* — 224 h.

Sarrance, village comprimé le long d'une boucle du gave d'Aspe, est un centre de pèlerinage béarnais, honoré jadis d'illustres visites: Louis XI (1461) et Marguerite de Navarre qui y écrivit une partie de son «Heptaméron».

Église. — Reconstruite en 1609, elle présente un gracieux clocher-porche octogonal à pans concaves, d'une inspiration très baroque, surmonté d'un lanternon. Dans une chapelle latérale, des panneaux de bois naïvement sculptés au 15ᵉ s., rappellent la découverte de la statue miraculeuse de N.-D.-de-Sarrance. Dans les bas-côtés, six autres panneaux représentent différents ermites et patriarches du Désert.

Cloître. — Le cloître de l'ancien couvent (17ᵉ s.) s'abrite sous quatorze petits combles transversaux, couverts d'ardoises.

SAULT (Pays de) ★

Carte Michelin n° **86** - pli 6 — *Schéma p. 107.*

Ce haut plateau venteux, à 1 000 m d'altitude moyenne, constitue le dernier bastion des Pyrénées calcaires à l'Est du pic de St-Barthélemy. Les escarpements qui le limitent du côté de la plaine, les gorges qui l'entaillent lui donnent un caractère âpre, accentué par la rudesse du climat. La forêt constitue la richesse et le principal attrait de la région.

Le sapin de l'Aude. — Cette essence, bien adaptée au sol calcaire et au climat sévère du pays, fait la noblesse des forêts de Comus, de la Plaine, de la Bunague, de Comefroide, de Picaussel et de Callong.

FORÊTS DE COMUS ET DE LA PLAINE★★

Circuit au départ de Belcaire — *68 km — environ 4 h*

Cet itinéraire emprunte un tronçon impressionnant de la **route du Sapin de l'Aude**.

Quitter Belcaire (463 h. *Lieu de séjour, p. 42*) par la route d'Ax-les-Thermes qui s'élève jusqu'au col des 7 Frères, puis gagner le bassin supérieur de l'Hers, où malgré la rudesse du climat les versants étaient naguère cultivés en terrasses. Par la vallée sèche de l'Hers, rétrécie en entonnoir, dépasser Comus pour gagner les Gorges de la Frau.

Gorges de la Frau★. — *1 h 1/2 à pied AR.* Laisser la voiture au point de départ d'une large route forestière remontant un vallon affluent et descendre la vieille route, jadis fréquentée par les charrois de bois et les troupeaux transhumants. On longe le pied de parois calcaires virant du gris au jaunâtre. Après 3/4 h de marche faire 1/2 tour à l'endroit où la vallée dessine un brusque coude.

Revenir à Comus et prendre à gauche. La route s'élevant rapidement pénètre dans la forêt de sapins. Au col de la Gargante suivre, en avant et à droite, la route en montée signalée «belvédère à 600 m». Laisser la voiture au sommet de la rampe.

Belvédère du Pas de l'Ours★★. — *1/4 h à pied AR.* Du belvédère, vue grandiose sur l'entaille de la Frau ; 700 m plus bas, le piton de Montségur, la montagne de la Tabe ; en arrière on distingue très haut les déblais blancs de Trimouns *(p. 128).*

Revenir au col de la Gargante et prendre en arrière et à droite vers la Bunague.

Pas de l'Ours★. — Passage en haute corniche rocheuse au-dessus des gorges de la Frau.

SAULT (Pays de)★

La route décrit un large virage à gauche en descente. *Laisser la voiture dans un coude à droite, au pied des abreuvoirs de Langarail.*

Pâturage de Langarail ★. – *3/4 h à pied AR.* Site pastoral. Suivre la direction donnée par la piste caillouteuse jusqu'aux bombements d'où la **vue**★ se dégage au Nord, au-delà de la forêt de Belesta jusqu'aux avant-monts de la chaîne vers le Lauragais.

Poursuivre la route forestière vers la Bunague où l'on prend à droite. Puis prendre à gauche le D 613 qui court sur le plateau de Sault. A hauteur de Belvis, prendre à droite pour gagner la vallée du Rebenty que l'on descendra à gauche.

Défilé de Joucou. – Série de tunnels et de surplombs.

Joucou. – Village bien situé dans un élargissement de la vallée, développé autour d'une ancienne abbaye.

Marsa. – *6 km en aval de Joucou.* Village dominé par le curieux clocher-mur ajouré de son église romane.

Faire demi-tour. Remonter les **Gorges du Rebenty.** En amont du défilé de Joucou la route se glisse sous les impressionnants surplombs des **défilés d'Able.**

Après **Niort** (église à clocher-mur ; aiguilles rocheuses émergeant des bois) prendre à droite pour regagner le col des 7 Frères et Belcaire.

La Fajolle. – *5,5 km en amont de Niort.* Typique village de montagne pyrénéen. Les imposantes provisions de bois témoignent de la rigueur des hivers.

SAUVETERRE-DE-BÉARN ★

Carte Michelin n° 78 - pli 8 – 1 668 h. (les Sauveterriens).

Le bourg est bâti dans un **site**★ de terrasse, au-dessus du gave d'Oloron.

Le jugement de Dieu. – En 1170, Sancie, veuve de Gaston V de Béarn, accusée d'avoir fait mourir l'enfant né après la mort de son époux, est soumise au jugement de Dieu.

Sur l'ordre du roi de Navarre, son frère, elle est jetée dans le gave, pieds et poings liés, du haut du pont fortifié *(voir ci-dessous)*. Le courant l'ayant rejetée saine et sauve sur la rive, elle est reconnue innocente et rétablie dans ses droits.

Un marché avantageux. – Près de Sauveterre, à la limite des territoires sous souveraineté française, navarraise et béarnaise, se déroule l'entrevue du 12 avril 1462 entre Louis XI, Jean II d'Aragon (et de Navarre) et Gaston de Foix-Béarn. Moyennant 300 000 écus d'or gagés sur les deux comtés du Roussillon et de la Cerdagne, le roi de France met 700 « lances » (unité de combat de 6 hommes à cheval, plus les gens de pied) à la disposition du roi d'Aragon pour réduire la rebellion catalane. Le traité fut signé le 9 mai 1462 à Bayonne mais la somme prévue n'ayant pas été versée, Louis XI mit la main sur les deux provinces en cause.

Terrasses de l'église et de la mairie. – Vue plongeante sur le gave, le vieux pont, l'île boisée, la tour de Montréal, le clocher roman de l'église ; au loin se profilent les Pyrénées.

Vieux pont (« de la Légende »). – Il subsiste du pont une arche avec une porte fortifiée du 12e s. **Vue**★★ sur le gave, les fortifications, l'église et la superbe tour de Montréal.

SERRABONE (Prieuré de) ★

Carte Michelin n° 86 - pli 18 – *Schéma p. 154.*

Ce prieuré, maintenant désert, est isolé dans le paysage austère des hautes Aspres du Roussillon. La richesse de son décor contraste avec l'architecture rude de l'église romane (nef du 11e s., chœur, transept et galeries du 12e s.) construite en schiste sombre.

Visite de 9 h 30 à 12 h et de 14 h à 18 h. Visite commentée à 16 h tous les jours de mai à septembre, les mercredis, samedis et dimanches seulement d'octobre à avril. Fermé le mardi. Durée : 1/2 h environ. Entrée : 5 F.

En pénétrant dans l'église on est frappé par la décoration de la **tribune**★★. Elle repose sur six croisées d'ogives retombant sur des colonnes de marbre rose. La partie la plus remarquable est la décoration des archivoltes, sculptées en méplat et en creux dans le marbre. Les dix colonnes et les deux piliers rectangulaires sont ornés de chapiteaux représentant, de façon stylisée, des animaux affrontés (lions, aigles) et des motifs floraux.

Dans le bras droit du transept, une porte donne accès à la **galerie Sud**★, ouvrant sur le ravin, qui servait de promenoir aux chanoines. Les sculptures des chapiteaux rappellent les thèmes, d'influence orientale, habituels aux sculpteurs romans du Roussillon *(voir p. 152).*

(D'après photo Zodiaque)

Serrabone. – La tribune.

SIMORRE

Carte Michelin n° 82 - Nord-Est du pli 15 — 806 h.

Le bourg garde de son passé une église de briques résolument «féodalisée» par Viollet-le-Duc et des «mirandes» — larges ouvertures ou galeries sous comble — typiques de l'architecture régionale du Toulousain.

Église★. – *Visite : 1/2 h.* L'édifice gothique dresse une tour octogonale percée de baies en mitre, à l'intérieur d'une couronne de contreforts à clochetons reliés par des murs crénelés. A l'exception de la travée en pierre ajoutée au 15e s., à l'Ouest, l'ensemble ne présente pas de détail discordant. Viollet-le-Duc a-t-il rendu au monument sa pureté en rabaissant les toitures, en arasant le couronnement du clocher et de la tour-lanterne, en crénelant les murs disponibles ou a-t-il au contraire fait œuvre de théoricien ? Le débat divise les archéologues.

Intérieurement, le chœur est illuminé par des verrières des 14e s. (baie supérieure) et 15e s. (baies inférieures). On comparera le sujet de la verrière (16e s.) de saint Cérats, dans le croisillon droit du transept, avec la statue en pierre (15e s.) du même saint, évangélisateur de la région, à l'entrée du croisillon gauche.

Sacristie. – *Pour visiter, s'adresser au presbytère.*

On y admire des peintures murales du 15e s., l'olifant de saint Cérats, cor d'ivoire de 0,50 m, et une Pietà en bois polychrome du début du 16e s.

SORDE-L'ABBAYE

Carte Michelin n° 78 - plis 7, 8 — 4 km au Sud-Ouest de Peyrehorade — 616 h.

Sur une route de migrations des Landes aux Pyrénées, parcourue dès l'époque néolithique et ranimée au Moyen Age par les pèlerins de Saint-Jacques-de- Compostelle *(cartes p. 21 et 22)*, Sorde doit son intérêt aux vestiges de son abbaye, bordant l'un des plus jolis plans d'eau du gave d'Oloron. On apprécie le site dans son ensemble, des abords de la petite centrale électrique.

Église. – L'absidiole Sud, du 11e s., est la partie la plus ancienne de l'église qui est remarquable, extérieurement, par son aspect composite — le transept doté au Sud d'un pignon gothique a l'allure d'une seconde église, transversale — et par les beaux tons roses des pierres du chevet.

A l'intérieur, derrière le maître-autel, vaste mosaïque du 11e s. : le décor du panneau central, oiseaux et scènes de chasse, rappelle certains motifs de l'art hispano-arabe du Moyen Age.

Logis des Abbés. – *Passage signalé au chevet de l'église. S'adresser à la porte de la tourelle.*

Le bâtiment, flanqué d'une tour d'escalier polygonale, fut construit sur les ruines de thermes romains des 3e et 4e s. D'une galerie d'observation intérieure, la vue plonge sur les restes du système hypocauste et sur de très importants fragments de mosaïques.

Monastère bénédictin. – *Pour visiter, s'adresser au gardien.*

Des autres bâtiments abbatiaux détruits pendant les guerres de Religion, restaurés au 18e s. ne subsistent que des pans de murs envahis par la végétation. De la terrasse et de la galerie, belle vue sur le gave d'Oloron.

SOULE (Haute) ★★

Carte Michelin n° 85 - plis 4, 5, 14, 15 — *Schéma p. 63.*

Le Saison ou gave de Mauléon (en basque «Uhaïtz-Handi» : grand torrent) forme l'axe du Pays de Soule, l'une des sept provinces basques. Sa vallée, la seule des Pyrénées atlantiques à avoir connu la glaciation dans sa partie supérieure, se divise, en amont de Licq-Athérey, en deux rameaux parcourus par le gave de Larrau et l'Uhaïtxa. Les affluents montagnards de ces torrents, affouillant la couverture calcaire qui masque la zone axiale de la chaîne à l'Ouest du pic d'Anie ont creusé d'impressionnantes fissures.

La Haute-Soule est séparée du bassin de St-Jean-Pied-de-Port par les massifs d'Iraty et des Arbailles *(p. 172)* formant écran par leur relief difficile et la densité de leur couverture forestière.

Des oiseaux dorés. – L'une des particularités de l'économie régionale réside, comme dans les «pays» voisins (Cize, Baïgorry, Ostabaret), dans l'importance de la propriété collective, la plupart des pacages et des forêts de montagne étant gérés par des syndicats de communes. La Commission syndicale du Pays de Soule groupe 43 communes, pour 15 392 ha.

Près de 20 000 brebis, 3 000 vaches, 500 chevaux montent à l'estive chaque année, sous la garde de bergers installés dans des cabanes, les «cayolars».

La location des postes de chasse à la palombe est devenue pour les divers syndicats du Pays Basque un complément appréciable de ressources, car les trois grands axes de migration de ces oiseaux convergent du Poitou, du Massif Central et de la bordure Nord des Pyrénées vers les passages de Haute-Soule.

Sites et curiosités

Ahusquy. – De ce lieu de rassemblement de bergers basques, établi dans un **site★★** panoramique, subsiste une auberge (rénovée). En s'élevant à pied sur 1 km, le long d'une piste, on pourra aller «déguster» l'excellente source d'Ahusquy (derrière un abreuvoir nettement visible sur la pente) qui, jadis, justifiait des cures de boisson très suivies (affection des reins et de la vessie).

SOULE (Haute)★★

Aphanize (Col d'). — Dans les pacages autour du col errent librement les chevaux. Les pâturages servent de lieux d'estive pour de nombreux troupeaux. 1 km à l'Est du col, la **vue★★** devient immense, du pic des Escaliers, immédiatement au Sud, au pic de Ger, à l'horizon au Sud-Est, en passant par le pic d'Orhy, le pic d'Anie, le massif de Sesques (entre Aspe et Ossau).

Arbailles (Forêt des)★★. — La forêt des Arbailles s'étend sur les hautes surfaces (1 265 m au pic de Behorléguy) d'un bastion calcaire bien détaché entre les sillons du Saison, du Laurhibar et de la Bidouze. A cette hêtraie, masquant un sol rocheux chaotique criblé de gouffres, succède, au Sud, une zone pastorale s'achevant en à pic face à la frontière.

Bargargui (Col)★. — **Vue★** à l'Est sur les montagnes de Haute-Soule et les hautes Pyrénées d'Aspe et d'Ossau. Proche sur la droite, la lourde masse du pic d'Orhy, plus loin les élégants sommets calcaires du massif du pic d'Anie derrière lequel se profile le pic du Midi d'Ossau. Sous les couverts de la forêt s'échelonnent les différents centres du village touristique d'Iraty.

(D'après photo M. Fraudreau, Agence Top)

Cheval pottok.

Burdincurutcheta (Col). — *Faire halte*
1 km en contrebas au Nord du col, à l'endroit où la route se rapproche d'une crête rocailleuse. Prendre pied sur l'arête : vue sur les contreforts, tout lacérés, du massif frontière, séparés par des vallons déserts ; au loin s'épanouit le bassin de St-Jean-Pied-de-Port, centre du Pays de Cize.

Erroymendi (Col d')★. — Alt. 1 362 m. *De Larrau, 7,5 km par la route du port de Larrau (généralement obstruée par la neige de novembre à juin).* Vaste **panorama★** de montagne, caractérisé par la vocation pastorale et forestière du haut Pays de Soule. Faire quelques pas, à l'Est, pour mieux découvrir l'éventail de vallées du haut Saison et, à l'horizon, le massif rocheux du pic d'Anie.

Holçarté (Crevasse d')★. — *1 h 1/2 à pied AR par le sentier balisé GR 10, s'amorçant aussitôt après le café et le pont de Laugibar.*
Après une rude montée on aperçoit l'entrée des «crevasses», gorges taillées dans le calcaire sur près de 200 m de hauteur. Le sentier s'élève au-dessus de la gorge affluente d'Olhadubi, qu'il franchit sur une impressionnante passerelle, très aérienne, lancée à 171 m au-dessus du gave, en 1920.

Iraty (Forêt d')★. — A cheval sur la frontière, la hêtraie d'Iraty, qui dès le 18e s. fournissait des mâts de navires aux marines de France et d'Espagne, constitue l'un des plus vastes massifs feuillus d'Europe (en France : 2310 ha).

Iraty (Plateau d'). — Nombreux chevaux et têtes de bétail à l'estive. *Vente de fromage de brebis.*

Kakouetta (Gorges de)★★. — *Visite (durée : 2 h 1/2) du 1er juin au 31 octobre seulement. Prendre les billets au chalet-buvette, en contrebas du parc de stationnement.*
Traverser l'Uhaïtxa sur une passerelle, à l'origine de la retenue d'un barrage ; escalader l'autre rive et descendre dans les gorges.
Le «Grand Étroit» *(mains courantes)* est le passage le plus beau de Kakouetta. C'est un canyon large seulement de 3 à 10 m et profond de plus de 200 m. Le sentier se rapproche du torrent que l'on franchit sur des passerelles. Il aboutit en vue d'une cascade *(tables de pique-nique)* formée par une résurgence. Un peu plus loin, une grotte marque le terme du parcours aménagé.

Licq-Athérey. — 296 h. (les Licquois). *Lieu de séjour p. 42.*

Ste-Engrâce. — 510 h. Village de bergers entouré de montagnes boisées, entaillées de canyons. L'église romane, une ancienne abbatiale du 11e s., dresse son architecture puissante et son toit assymétrique dans le **site★** pastoral de la combe supérieure de l'Uhaïtxa ; elle jalonnait un itinéraire des Chemins de St-Jacques. Le chœur, fermé par une robuste grille du 14e s., montre des chapiteaux richement ornés. On identifie : à gauche, des scènes de bateleurs ; au centre des scènes de chasse et une Résurrection ; à droite, Salomon et la reine de Saba, l'éléphant de la visiteuse portant sur son dos un palanquin à l'indienne.

St-Sauveur (Chapelle). — Elle ne se distingue guère, vue de loin, d'une bergerie. A cette ancienne chapelle-hôpital de l'ordre de Malte se rattache un pèlerinage, le jour de la Fête-Dieu. On remarque à l'extérieur une suite de colonnettes, stations de chemin de croix. L'intérieur *(demander la clé au berger voisin si la porte du côté gauche est fermée)* garde quelques naïves statuettes.

Stationnement sur les routes de montagne.

Si vous croyez devoir caler les roues lors d'un arrêt en côte ou en terrain difficile, n'omettez pas de débarrasser la chaussée des pierres que vous aurez utilisées.

TARASCON-SUR-ARIÈGE

Carte Michelin n° **86** - plis 4, 5 – *Schéma p. 106* – 4 167 h. (les Tarasconnais).

Tarascon vit s'éteindre, en 1932, le dernier haut fourneau des Pyrénées, mais garde une vocation métallurgique grâce aux fabrications de l'usine de Sabart (aluminium, électrodes).

C'est l'un des rendez-vous pyrénéens de la spéléologie scientifique (étude du néolithique surtout), touristique et mythique, la légende et le mystère n'ayant pas cessé de fleurir dans ce confluent de vallées, connu, dans la géographie médiévale, sous le nom de **Sabarthès**, aux parois percées d'une cinquantaine de grottes.

Les « mystères » d'Ussat. – La veille de l'holocauste de Montségur *(voir p. 135)*, l'évêque cathare Bertrand d'En Marti avait confié à quatre « parfaits » la mission de franchir les lignes des assiégeants en emportant les derniers trésors de la communauté. Traversant la montagne du St-Barthélemy, ceux-ci atteignent les grottes du Sabarthès, connues seulement de quelques initiés. La nature exacte de ce trésor spirituel – on évoque ici le « graal », ce vase mystérieux qui aurait contenu le sang du Christ – pose une énigme qui a enfiévré bien des imaginations.

Les grottes de Lombrives et des Églises à Ussat, de Bethléem à Ornolac, recèlent, en fait, de nombreux graffitis, symboles solaires et signes divers, étrangers à l'iconographie chrétienne en Occident. Elles sont devenues des lieux de pèlerinage pour ceux dont les secrets cathares aiguisent la curiosité.

EXCURSIONS

Grotte de Niaux★★. – *5,5 km au Sud par le D 8 et le chemin d'accès au parking, à gauche dans le village de Niaux. Description p. 139.*

Grotte de Lombrives★. – *3,5 km, puis 1 h 1/4 de visite. Sortir de Tarascon par la ville haute (esplanade du Foirail) et la route d'Ussat-les-Bains suivant la rive droite (D 23) de l'Ariège. Longer le parc thermal ombragé d'Ussat et traverser l'Ariège. Description p. 121.*

TARBES

Carte Michelin n° **85** - pli 8 - 57 765 h. (les Tarbais).

Tarbes, métropole des Pyrénées centrales et centre commercial, s'agrandit depuis le début du 19e s., sous la stimulation de ses foires et marchés, des industries repliées après 1870 ou nées des initiatives de « Monsieur Paul » *(voir p. 19)*.

Musée (BX M) **et jardin Massey** (BX). – *Visite du musée de 10 h à 12 h et de 14 h à 18 h. Fermé les lundis et mardis. Entrée : 5 F.*

Le musée est installé dans la propriété de Placide Massey (1777-1853), ancien directeur de l'Orangerie de Versailles. Dans le joli parc★ dessiné par ce spécialiste des jardins on a reconstitué en partie le cloître gothique de St-Sever-de-Rustan (BX B – *p. 174*).

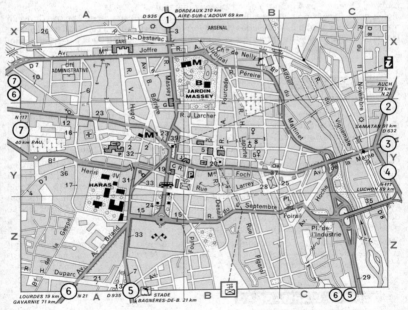

TARBES

0 _____ 500 m

Abbé - Torné (Rue)	AY 2	
Foch (Rue Mar.)	BY	
Fourcade (Rue André)	BX	
Jubinal (R. A.)	BX	
Larcher (R. Jean)	AX	
Lassalle (R. Georges)	AY 23	
Massey (Rue)	AX	
Pyrénées (Rue des)	AY 31	

Ramond (Rue)	AY 32
Alsace-Lorraine (R. d')	AX 3
Brauhauban (Rue)	BY 5
Breyer (Rue André)	AX 6
Carnot (R.)	AZ 7
Clemenceau (R. G.)	BY 8
Clément (R. Victor)	AX 10
Corps-Franc-Pommiès (R. du)	AY 12
Courte-Boulie (Pl.)	AZ 13
Cronstadt (Rue)	AZ 15
Cultivateurs (Rue des)	AY 16
Dreyt (Rue Gaston)	AY 17

Gambetta (Cours)	AY 19
Jaurès (Pl. Jean)	BY 21
Laforgue (Av. J.)	AZ 24
Leclerc (Allées Gén.)	AZ 20
Marcadieu (Pl.)	CY 25
Marquis de Sombrun (R. du)	AX 26
Mousis (R. François)	CY 28
Mouysset (Bd)	CZ 29
Regt-de-Bigorre (Av. du)	AY 33
St-Frai (Viaduc)	CZ 35
Ste-Catherine (Rue)	AY 36
Ste-Thérèse (Pl.)	BY 37
Verdun (Pl. de)	AY 39

Au **musée international des Hussards★** (1965) on verra la rétrospective de cinq siècles d'histoire militaire, à travers l'évolution de ce fameux corps de cavalerie légère né en Hongrie en 1474 et adopté par 34 pays d'Europe et d'Amérique latine. La présentation de 112 mannequins, avec uniformes, équipement et armement complets, est très soignée.

Maison natale du Maréchal Foch (AY M[1]). – *Visite de 8 h à 12 h et de 14 h 30 à 17 h 45 du 1er juillet au 15 septembre (14 h à 17 h le reste de l'année). Fermé le mardi, le mercredi, les 1er janvier, 1er mai, 1er et 11 novembre (le matin), 25 décembre. Entrée : 4 F.*

Ferdinand Foch y naquit le 2 décembre 1851. Portraits de jeunesse et documents rappelant la carrière du maréchal Foch. Présentation de films documentaires anciens.

Haras (AY). – *Visite accompagnée du 30 juin au 10 février de 14 h 30 à 17 h ; fermé le dimanche. S'adresser au Secrétariat, ☏ (62) 34.44.59.*

Dans un parc de 9 ha, ombragé de cèdres et de magnolias, il forme avec ses pavillons clairs et bas un ensemble empreint de la distinction du Ier Empire.

Les écuries ont été, au 19e s., le berceau du fameux « Tarbais », l'anglo-arabe des hussards et des chasseurs montés qui firent les beaux jours de Tarbes, ville de garnison. Les produits sont maintenant orientés vers la compétition (courses d'obstacles), le dressage, le tourisme équestre et les utilisations d'agrément.

EXCURSIONS

Château de Montaner. – *Circuit de 45 km – environ 2 h 1/2 (visite le dimanche après-midi, selon les disponibilités des restaurateurs). Sortir de Tarbes par ⑦, N 117, laissant à gauche l'imposante église d'Ibos et montant par un lacet panoramique sur le plateau de Ger. 1 km au-delà du carrefour de Ger, tourner deux fois à droite, dans le D 202. A Ponson-Dessus, descendre à droite dans le vallon que domine bientôt la tour de Montaner.*

Position avancée du Béarn du côté de l'Adour, le château verrouillait, avec Mauvezin au Sud-Est, les issues du comté de Bigorre vers la plaine. Il servait ainsi la politique d'expansion de la maison de Foix-Béarn, visant à rassembler en un seul État ses domaines échelonnés entre Foix et Orthez. Il fut bâti entre 1374 et 1380 par Sicard de Lordat *(voir p. 27)*.

La forteresse de brique *(illustration p. 27)* présente la forme d'un polygone à 20 pans soutenus par des contreforts. Le donjon carré, en avancée, s'élève à 36 m de hauteur. Un pont basculant y donnait accès. Les fouilles effectuées à l'intérieur de l'enceinte permettent de retrouver le plan et l'affectation des constructions aujourd'hui disparues.

Retour à Tarbes par le bourg de Montaner, le D 225, Siarrouy et le D 7, à droite.

St-Sever-de-Rustan. – *142 h. 22 km – environ 1 h. Sortir de Tarbes par ②, route de Rabastens. A l'entrée d'Escondeaux, quitter la N 21 pour le D 27 à droite (itinéraire jalonné).*

L'abbaye bénédictine existait dès le 10e s. ; elle fut restaurée par les Mauristes, congrégation réformée de l'ordre bénédictin qui s'attacha à ennoblir l'architecture monastique des apports du classicisme. Le pavillon des Hôtes porte encore la marque de cette époque.

Dans l'église *(demander la clé à M. Despeaux, à 50 m du portail)*, en grande partie romane, observer les 4 groupes de chapiteaux (hauteur : 1 m) de la travée sous coupole : aigles, lions, Péché originel et châtiment du Mauvais riche, arrestation du Christ et Christ en majesté ; le bel ensemble de boiseries (18e s.) formé par les lambris à cartouches rocaille de la sacristie et les stalles du chœur ; de chaque côté du maître-autel, deux bas-reliefs : saint Sever redonnant sève à un néflier desséché et la devise PAX des bénédictins.

◾ La TÉNARÈZE

Cartes Michelin n° **79** - pli 13 et **82** - plis 3, 13, 14.

Ce nom, connu par l'appellation d'une région délimitée des eaux de vie d'Armagnac, s'applique à une antique voie de passage *(carte p. 21)* suivant la ligne de partage des eaux entre l'Adour et la Garonne. Si l'on en croit l'adage gascon, cet itinéraire aurait permis d'aller « des Pyrénées jusques à Bordeaux, sans passer de pont ni prendre bateaux... ».

Le parcours de crête. – Il est possible de cheminer entre Eauze, au Nord, et Miélan, au Sud, sans quitter la ligne de faîte des coteaux où tournaient jadis des moulins à vent *(à l'entrée de Lupiac, l'un d'eux a été restauré)*. Selon les sinuosités du chemin (D 20, D 102, D 943, D 159 vers St-Christaud, D 156), les panoramas sur la chaîne des Pyrénées alternent avec les vues sur les collines de l'Astarac, piquetées de châteaux d'eau d'un blanc cru. Le donjon de Bassoues *(p. 131)*, au Sud-Est, et, au second plan, au Sud, le clocher pointu d'Auriébat, dans la dépression de l'Adour forment des repères remarquables.

« Monsieur d'Artagnan ». – On évoquera le souvenir de Charles de Batz, autour de Lupiac, soit au château de **Castelmore**, probablement maison natale *(4 km au Nord – on ne visite pas)*, soit au château de la Plagne *(1,5 km au Nord-Est – on ne visite pas)*, maison paternelle.

◾ TERMES-D'ARMAGNAC

Carte Michelin n° **82** - plis 2, 3 - 198 h.

Thibaut de Termes (1405-1467), compagnon de Jeanne d'Arc au siège d'Orléans et témoin capital lors du procès de réhabilitation de la pucelle, résida au château (14e s.), dressé au-dessus du confluent des « rivières » *(p. 13)* de l'Adour et de l'Arros. La forteresse du vaillant « Armagnac », restaurée, abrite des expositions temporaires.

Donjon. – Sur la terrasse Sud, moderne, s'ouvre la porte de l'escalier à vis obscur et raide (149 marches) montant à la plate-forme. **Panorama★** sur la vallée de l'Adour. La trouée du fleuve, au Sud, dévoile un large pan des Pyrénées Centrales (pic du Midi de Bigorre).

TOULOUSE ★★★

Carte Michelin n° 82 - pli 8 — 383 176 h. (les Toulousains).

Métropole de la région Midi-Pyrénées, Toulouse est la sixième agglomération urbaine de France. Principal marché d'une région agricole, elle est devenue un grand centre industriel en tirant parti d'abord des ressources régionales en électricité et en gaz naturel.

La cité, dotée d'équipements universitaires et scientifiques favorables au développement des secteurs de pointe — industries aérospatiales et électroniques — est aussi l'une des grandes villes d'art françaises.

La cité rouge. — « Ville rose à l'aube, ville rouge au soleil cru, ville mauve au crépuscule. » La brique, seul matériau fourni en abondance par la plaine alluviale de la Garonne, a longuement dominé dans les constructions toulousaines et donné à la cité son cachet particulier. Légère et adhérente au mortier, elle a permis aux maîtres d'œuvre de lancer de larges voûtes couvrant une nef unique et autorisé, moyennant quelque fantaisie dans la disposition, des effets décoratifs qui ne manquent pas de grâce.

Une ville vibrante. — Très vivante, Toulouse offre une animation qui se poursuit jusqu'à une heure avancée de la nuit.

La longue rue Alsace-Lorraine est l'axe de cette activité, joignant la bruyante et populaire place Esquirol aux marchés des boulevards, attirant sur elle et dans les rues adjacentes commerces de luxe et grands magasins. Dans l'étroite rue des Changes prolongée par la rue St-Rome, des boutiques font vivre de vénérables façades. L'amateur de vitrines comme le flâneur des vieilles rues débouche fréquemment sur la belle ordonnance de l'hôtel de ville ou sur le square ombragé qui enveloppe le donjon. Cafés et restaurants contribuent à animer le quartier.

Le soir la place Wilson a bien du charme, toute verte et rose autour de la fontaine dédiée au poète Godolin (prononcer Goudouli), « dernier des troubadours ou premier des félibres » (1579-1648) : y déguster l'apéritif à la terrasse d'un grand café est un plaisir fort prisé des Toulousains.

UN PEU D'HISTOIRE (1)

La ville des «capitouls». — L'oppidum primitif des Volques, rameau des envahisseurs celtes, se transforme en une grande ville dont Rome fait le centre intellectuel de la Narbonnaise. Au 3ᵉ s., gagnée par le christianisme, elle devient la troisième ville de la Gaule. Capitale des Wisigoths au 5ᵉ s., elle passe ensuite dans le domaine des Francs.

Après Charlemagne, Toulouse est gouvernée par des comtes mais son éloignement du pouvoir franc lui laisse une grande autonomie. Du 9ᵉ au 13ᵉ s., sous la dynastie des comtes Raymond, elle est le siège de la cour la plus aimable et la plus magnifique d'Europe. Des consuls ou « capitouls » administrent la cité. Le comte les consulte pour la défense de la ville et pour toute négociation avec les féodaux des environs. Après le rattachement du comté à la couronne en 1271, il ne reste plus que 12 capitouls. Le Parlement, créé en 1420 et réinauguré en 1443, supervise la justice et les finances.

Le capitoulat permettait aux marchands toulousains d'accéder à la noblesse (pour marquer leur élévation, les nouveaux promus flanquaient leurs demeures de donjons).

La crise albigeoise. — Au début du 13ᵉ s. les domaines du comte de Toulouse et de ses vassaux s'étendent de Marmande, à la limite des États du roi d'Angleterre, duc d'Aquitaine, au marquisat de Provence, futur Comtat Venaissin, alors sous la mouvance du Saint Empire. Mais l'administration comtale est faible, comparée à celle du Capétien. Paradoxalement, celle du Haut-Languedoc est la plus négligée, et l'hérésie cathare s'y répand (p. 24).

La lutte contre l'hérésie résolument prônée par la Papauté fait d'abord appel aux sanctions ecclésiastiques — excommunication, interdit, suspension des évêques suspectés de mollesse — puis aux prédications des clercs réguliers. La mission de Dominique d'Osma et de ses compagnons frères (voir p. 102) semble la mieux adaptée, mais, en 1208, le légat du pape, Pierre de Castelnau, est assassiné à St-Gilles (voir guide Vert Michelin Provence). Le pape Innocent III réagit en excommuniant le comte de Toulouse Raymond VI, accusé de complicité, et en lançant l'appel à la croisade contre l'hérétique. Philippe Auguste décline l'invitation.

La croisade (1209-1218). — Les nouveaux croisés, casqués ou mitrés, «gens du Nord» en majorité (Ile de France, Champagne, Bourgogne, Flandres et, dans la suite, Allemands de souche diverse), se voient gratifiés des mêmes bénéfices spirituels que les volontaires pour la Terre Sainte : absolution des fautes passées, indulgences, etc. Ils sont certes animés du désir de servir l'Église, mais les chances de conquête de terres appartenant aux seigneurs déchus, comme rebelles à la cause de l'orthodoxie ne sont pas étrangères à leur démarche. Ils ne sont tenus, en droit féodal strict, qu'à un service de quarante jours, la quarantaine.

Après le massacre de Béziers et la prise de Carcassonne (1209), Simon de Montfort, promu chef de l'expédition, se saisit de la vicomté de Trencavel (voir p. 83). Toulouse est peu à peu débordée. La folle conduite, à Muret, du roi paladin Pierre III d'Aragon, allié au Languedoc fidèle, mène au désastre (1213).

Aux assises de Pamiers (1212) les compagnons de lutte de Montfort, entre autres Guy de Lévis, avaient été installés dans les territoires confisqués et le clergé s'était vu reconnaître de nombreux privilèges. Pourtant, Toulouse reste fidèle à Raymond VI et s'aguerrit derrière ses murailles. En juin 1218, Simon de Montfort, assiégeant la cité pour la deuxième fois, est tué par un projectile lancé par une pierrière (voir p. 28).

(1) Pour plus de détails, lire : «Connaissance de Toulouse», par J. Coppolani (Toulouse, Privat) et «Les grandes heures de Toulouse», par P. de Gorsse (Librairie Académique Perrin).

L'engagement capétien (1224-1229). – La croisade des barons se disloque. Amaury, fils de Simon de Montfort, pourchassé par Raymond VII, l'héritier de Toulouse, abandonne le Midi et cède tous ses droits à Louis VIII de France (1224).

Cependant le comte de Toulouse joue perdant sur le terrain diplomatique. Tenu à l'écart des conciliabules entre la cour de Saint Louis et le cardinal de Saint-Ange, l'un des plus grands noms de la diplomatie vaticane, en butte à l'hostilité irréductible de l'épiscopat, démoralisé par la tactique de la «terre brûlée» inaugurée sur ses terres par le lieutenant du roi, Raymond accepte de négocier. Le Jeudi saint 12 avril 1229, il se présente en pénitent sur le parvis de Notre-Dame-de-Paris et jure d'observer les clauses du traité dit de Paris (ou de Meaux). Le comte ne recouvre – à titre d'usufruit seulement – que le Haut-Languedoc *(carte p. 19).* Sa fille unique Jeanne est donnée en mariage à Alphonse de Poitiers, frère de Saint Louis. A la succession de ces princes – sauf enfants à naître de cette union – le domaine comtal reviendra, à son tour, au roi. Raymond s'engage encore à démanteler les remparts de Toulouse, à entretenir à ses frais pendant dix ans «quatre maîtres en théologie, deux en droit canon, six maîtres ès-arts et deux régents de grammaire», formule qui constitue l'acte de naissance de l'Université toulousaine.

Croix du Languedoc.

1271 marque l'exactitude du calcul – s'il y en eût – des négociateurs français. Alphonse et Jeanne décèdent sans héritier à trois jours d'intervalle. Le Languedoc dans son entier est réuni à la couronne.

La doyenne des académies. – Après la tourmente albigeoise, Toulouse retrouve son rayonnement artistique et littéraire. En 1323, sept notables qui veulent «maintenir» la langue d'Oc fondent la «Compagnie du Gai-Savoir», la plus ancienne des sociétés littéraires d'Europe. Chaque année, le 3 mai, les mieux «disants» des poètes reçoivent une fleur d'orfèvrerie. Ronsard et Victor Hugo en furent, parmi d'autres, honorés ainsi que ce Nazaire-François Fabre (1755-1794), auteur du calendrier républicain et de la romance «Il pleut, il pleut bergère», qui tint à immortaliser son prix en modifiant son patronyme en Fabre d'Églantine.

En 1694, Louis XIV érige la société en **Académie des Jeux floraux.**

Une tête qui tombe. – Un épisode de la rébellion de la noblesse contre Richelieu a sa conclusion tragique à Toulouse. **Henri de Montmorency,** gouverneur du Languedoc, «premier baron chrestien», appartient à la plus grande famille de France. D'une bravoure éclatante, beau, généreux, il devient rapidement populaire dans sa province d'adoption.

Entraîné par Gaston d'Orléans, frère de Louis XIII, il prend les armes en 1632. Tous deux sont défaits à Castelnaudary. Montmorency s'est battu désespérément; atteint de dix-sept blessures, il est fait prisonnier. Le Parlement de Toulouse le condamne à mort.

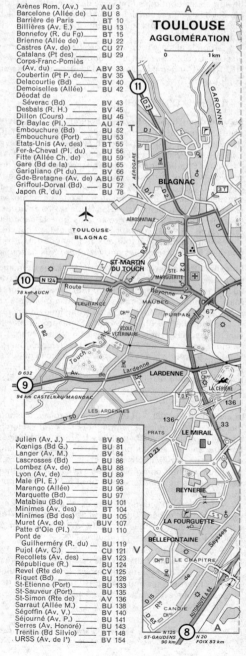

Personne ne peut croire qu'un si haut personnage sera exécuté ; mais le roi, qui est venu en personne à Toulouse avec le cardinal, résiste aux supplications de la famille, de la cour et du peuple. « Je ne serais pas roi, si j'avais les sentiments des particuliers » se contente-t-il de répondre. La seule faveur accordée au condamné est d'être décapité à l'intérieur du Capitole, au lieu de subir son supplice sous les halles.

L'échafaud est dressé dans la cour intérieure, au pied même de la statue de Henri IV. Le duc — il a 37 ans — meurt avec l'élégance d'un grand seigneur et la résignation d'un Chrétien. Le peuple, assemblé sur la place du Capitole, pousse des cris de vengeance à l'adresse du cardinal quand, d'une fenêtre, le bourreau vient montrer la tête sanglante.

Le boom du pastel. — Au début du 16e s., une sorte de très grosse salade aux feuilles bleu-vert envahit les parcelles cultivées du Toulousain et de l'Albigeois. Broyées puis putréfiées et agglomérées en « coques » les feuilles de pastel ou « guède » dégorgent un jus bleu tenace, très propre à teindre les draps de qualité.

Le commerce des coques jette pour la première fois les négociants toulousains dans l'aventure du trafic international : Londres et Anvers figurent parmi les principaux débouchés. La spéculation permet aux Bernuy, aux Assézat de mener un train princier. Les hôtels

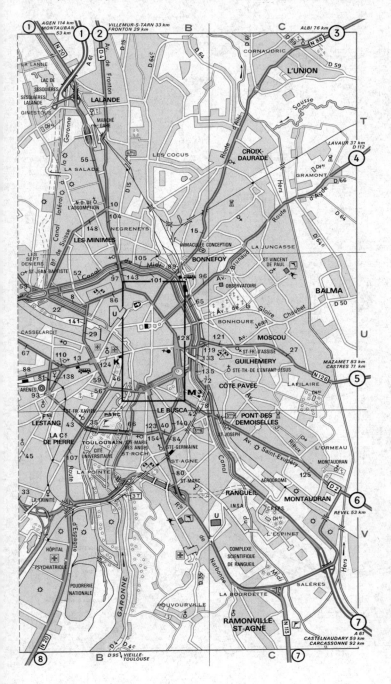

177

TOULOUSE
CENTRE

0 _____ 300 m

Alsace-Lorraine (R. d')	DXY
Bayard (R. de)	EX
Capitole (Pl. du)	DY
Esquirol (Pl.)	DY
La Fayette (R.)	DY
Metz (R. de)	DEY
Rémusat (R. de)	DX
St-Rome (R.)	DY
Wilson (Pl. Prés.)	EY

Arnaud-Bernard (R.)	DX	4
Astorg (R. d')	EY	5

Baour-Lormian (R.)	DY	7
Boulbonne (R.)	EY	18
Bouquières (R.)	EZ	19
Bourse (Pl. de la)	DY	20
Cantegril (R.)	EY	23
Cartailhac (R. E.)	DX	26
Chaîne (R. de la)	DX	31
Cujas (R.)	DY	36
Daurade (Quai de la)	DY	38
Demoiselles (Allée des)	EZ	42
Fonderie (R. de la)	DZ	60
Frères Lion (R.)	EY	62
Grand Ramier (Av. du)	DZ	71
Henry-de-Gorsse (R.)	DZ	76
Jules-Chalande (R.)	DY	79
Lapeyrouse (R.)	EY	85
Magre (R. Genty)	DY	91
Malcousinat (R.)	DY	92
Marchands (R. des)	DY	95

Martyrs-de-la-Libération (R. des)	EZ	99
Mercié (R. Antonin)	DEY	103
Pélissier (R. du Lieut.-Col.)	EY	112
Peyras (R.)	DY	113
Pleau (R. de la)	EZ	114
Poids-de-l'Huile (R.)	DY	115
Polinaires (R. des)	DZ	116
Pomme (R. de la)	DEY	117
Riguepels (R.)	EY	127
Romiguières (R.)	DY	129
Ste-Ursule (R.)	DY	137
Sémard (R. Pierre)	EX	142
Serres (Av. Honoré)	DX	143
Suau (R. Jean)	DY	145
Temponières (R.)	DY	146
Trinité (R. de la)	DY	149
3-Journées (R. des)	EY	152
3-Piliers (R. des)	DX	153

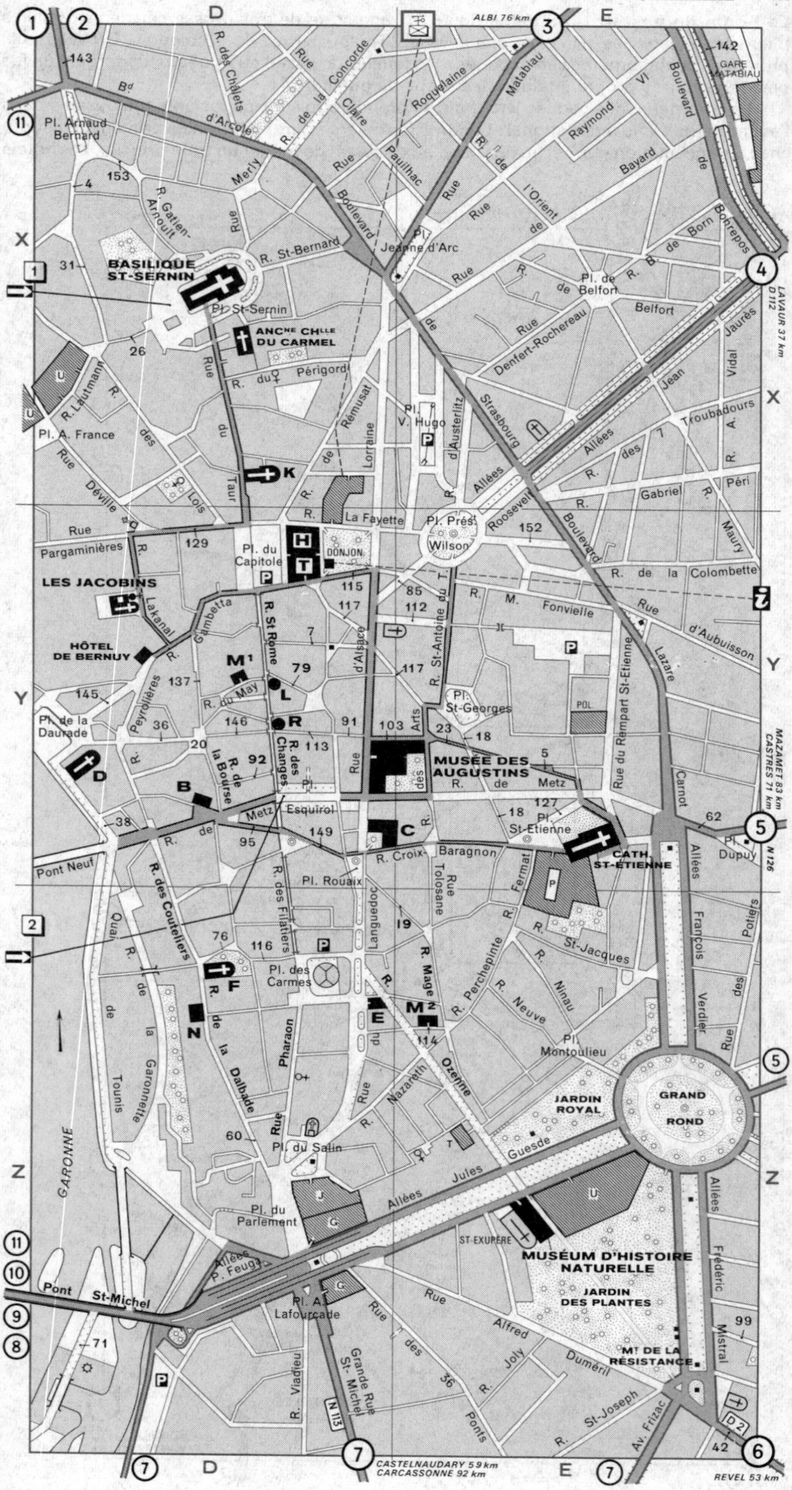

178

de briques se multiplient. Les robins prospèrent. Le Haut-Languedoc devient un « pays de cocagne ». Mais, à partir de 1560, arrive en Europe l'indigo (teinture « des Indes ») et le marasme s'installe avec les guerres de Religion. Le système s'effondre.

La « ligne ». — Toulouse a pris de l'importance entre les deux guerres, comme base de la première ligne aérienne régulière au départ de France, grâce aux efforts déployés par des industriels comme P. Latécoère, des organisateurs comme D. Daurat, des pilotes comme Mermoz, Saint-Exupéry, Guillaumet...

25 décembre 1918 : premier vol d'études sur le parcours Toulouse-Barcelone.

1er septembre 1919 : inauguration officielle de la première liaison postale France-Maroc. Les appareils de type militaire, à peine modifiés, relient Toulouse-Montaudran à Rabat, avec escales à Barcelone, Alicante, Malaga, Tanger.

1er juin 1925 : Dakar est atteinte. Les « défricheurs » opèrent en Amérique du Sud.

12 mai 1930 : première traversée commerciale de l'Atlantique-Sud par l'équipage Mermoz-Dabry-Gimié. La liaison aérienne France-Amérique du Sud devient réalité.

2 mars 1969 : premier vol d'essai de « Concorde 001 ».

■ PRINCIPALES CURIOSITÉS *visite : 1 journée*

⬚ De St-Sernin à la place Esquirol

Basilique St-Sernin★★★ (DX). — C'est la plus célèbre, la plus vaste et la plus belle des églises romanes du Midi, la plus riche de France en reliques *(voir p. 29).*

Sur son emplacement s'élevait, à la fin du 4e s., une basilique qui abritait le corps de saint Sernin (ou Saturnin). Cet apôtre du Languedoc, premier évêque de Toulouse, fut martyrisé en 250, attaché à un taureau.

Charlemagne ayant enrichi l'église de reliques, on y venait de tous les points de l'Europe : c'était aussi une étape pour les pèlerins qui se rendaient à St-Jacques-de-Compostelle. L'édifice actuel fut construit pour répondre à ces besoins nouveaux. Commencé vers 1080, il a été achevé au milieu du 14e s. La restauration générale a été entreprise à partir de 1855 par Viollet-le-Duc et terminée par Baudot.

Extérieur. — St-Sernin est construite en brique et pierre. Dans le chevet, commencé à la fin du 11e s., la pierre domine ; dans la nef, c'est la brique, employée finalement seule dans le clocher.

La façade Ouest, restée inachevée, fut terminée en 1929.

Le **chevet★★★**, du 11e s., est la partie la plus ancienne du monument. Les cinq chapelles de l'abside et les quatre chapelles des croisillons, les toitures étagées du chœur et du transept, dominées par le clocher, forment un magnifique ensemble.

Le **clocher★★** octogonal à cinq étages s'élève sur la croisée du transept. Les trois étages inférieurs sont ornés d'arcades romanes en plein cintre (début du 12e s.). Les deux étages supérieurs ont été ajoutés 150 ans plus tard ; les baies, en forme de mitre, sont surmontées d'un petit fronton décoratif. La flèche a été élevée au 14e s.

La **porte des Comtes**, primitivement dédiée à saint Sernin (l'effigie a disparu), s'ouvre dans le croisillon Sud. Les chapiteaux de ses colonnettes *(suivre le déroulement des scènes de droite à gauche),* d'une facture encore fruste, se rapportent à la parabole de Lazare et du Mauvais riche et surtout aux châtiments encourus par celui-ci pour ses péchés d'orgueil (portail de droite, 1er chapiteau de gauche), d'avarice (portail de gauche, 1er chapiteau de gauche), de luxure (portail de gauche, 2e chapiteau de gauche) ; de part et d'autre du pilier central : le riche, demandant à revenir sur la terre pour avertir son frère, est maintenu en enfer (la répétition du même motif marque l'éternité du châtiment).

A gauche du portail, une niche grillagée abrite trois sarcophages ayant servi de sépulture à des comtes de Toulouse, d'où le nom donné à la porte.

Pour voir de près la **porte Miégeville★★**, passer sous une porte Renaissance, reste de l'enceinte qui entourait, jusqu'au début du 19e s., l'église, les bâtiments du chapitre des chanoines, les cimetières adjacents. La sculpture romane de cette porte a fait école dans tout le Midi. Exécutée au début du 12e s., elle recherche l'expression et le mouvement beaucoup plus que les œuvres du siècle précédent.

(D'après photo Jean Dieuzaide)

Porte Miégeville.

1) Le roi David. — 2) Deux femmes assises sur des lions. — 3) Les Apôtres, la tête renversée, assistent à l'Ascension du Christ. — 4) Ascension du Christ entouré par les Anges. — 5) Le Massacre des Innocents. — 6) L'Annonciation et la Visitation. — 7) Adam et Ève chassés du paradis terrestre. — 8) Deux lions adossés. — 9) Saint Jacques. — 10) Saint Pierre.

Intérieur. — St-Sernin est le type accompli de la grande église de pèlerinage. Son plan est conçu pour faciliter les dévotions des foules et donner à la pompe religieuse tout son éclat : huit portes, une avant-nef pour les réceptions solennelles, une nef flanquée de bas-côtés doubles et un immense transept pour la masse des pèlerins, un chœur avec déambulatoire pour les processions, neuf chapelles — en plus du chœur — pour les offices, deux cryptes *(fermées)* pour l'exposition des reliques.

Pour un édifice roman, St-Sernin est particulièrement vaste : longueur 115 m, largeur au transept 64 m, hauteur sous voûte 21 m. La nef fait grand effet. La perspective du chœur est cependant un peu étranglée par les gros piliers du transept, renforcés lors de la surélé-vation du clocher.

La coupe de l'église montre la perfection de son élévation et de son équilibre. La nef principale voûtée en berceau plein cintre est épaulée par un premier bas-côté voûté d'arêtes et surmonté de tribunes très décoratives (voûtées en demi-berceau), qui lui-même prend appui sur un second bas-côté, encore voûté d'arêtes et adossé à un contrefort. Ainsi, tous les éléments de cette énorme masse concourent harmonieusement à la solidité de l'ensemble.

Chœur. — Sous la coupole de la croisée, belle table en marbre de St-Béat de l'ancien autel roman signée Bernard Gilduin et consacrée en 1096 par le pape Urbain II.

Transept et déambulatoire. — Le vaste transept présente une structure à trois nefs et chapelles orientées. Admirer les chapiteaux de la galerie de la tribune et les peintures murales romanes.

Dans le croisillon droit, voir particulièrement la chapelle orientée dédiée à la Vierge (statue de « N.-D.-la-Belle » du 14ᵉ s.) : au cul-de-four, fresques superposées mêlant les thèmes de la Vierge assise « en Majesté » (13ᵉ s.) et du couronnement de la Vierge.

Contre le mur tournant de la crypte *(visite de 10 h à 11 h 45, sauf le dimanche, et de 15 h à 17 h 30)* sont appliqués sept impressionnants **bas-reliefs★★** de la fin du 11ᵉ s., en marbre de St-Béat, provenant de l'atelier de Bernard Gilduin : le Christ en Majesté, avec les symboles des Évangélistes, entourés d'anges et d'apôtres.

Dans le croisillon gauche ont été mis au jour deux ensembles de peintures murales romanes. Au mur Ouest de la 1ʳᵉ travée, la Résurrection : de bas en haut, les Saintes femmes au tombeau et l'ange, deux prophètes de l'Ancienne loi, le Christ glorieux entre la Vierge et saint Jean-Baptiste ; à la voûte : l'Agneau de Dieu présenté par des anges. La même scène de l'Agneau mystique se retrouve à la voûte de la 2ᵉ chapelle orientée du transept.

Parties hautes. — *Visite guidée pour admirer les chapiteaux, depuis la tribune (à 15 h, en été ; durée : 2 h environ).*

Église N.-D.-du-Taur (DX K). — Appelée St-Sernin-du-Taur jusqu'au 16ᵉ s., elle a remplacé le sanctuaire élevé à l'endroit même où le taureau avait traîné saint Sernin et où le corps du martyr avait été inhumé. Le mur-pignon de la façade *(illustration p. 29)* est d'un type fréquent dans la région. Avec son clocher garni de créneaux et de mâchicoulis, c'est un des rares vestiges de l'ancienne enceinte. On peut observer ici les combinaisons décoratives que permet la brique : baies en losange, frises en dents d'engrenage, arcs en mitre, etc.

Les Jacobins★★ (DY). — *Visite de 10 h à 12 h (sauf le dimanche) et de 15 h à 18 h 30 (17 h 30 en hiver).*

En 1215 saint Dominique, effrayé par les progrès de l'hérésie albigeoise, avait fondé l'ordre des Frères Prêcheurs *(voir p. 102).* Le premier couvent des Dominicains fut installé à Toulouse en 1216 ; les religieux arrivent à Paris un an plus tard et s'installent près de la porte St-Jacques, d'où le nom de « Jacobins ». La construction de l'église et du couvent — pre-mière Université toulousaine — commencée en 1230, se poursuit aux 13ᵉ et 14ᵉ s.

L'ensemble avait été défiguré par sa transformation en quartier d'Artillerie sous le Premier Empire, l'église servant d'écurie. Les travaux de dégagement et de restauration, étalés sur plus d'un siècle, ont abouti, en 1974, au dégagement et à la réhabilitation de l'église, du cloître et des bâtiments conventuels rescapés à l'exception du réfectoire et de la grande sacristie.

Église. — L'église de briques est, avec la cathédrale d'Albi, un chef-d'œuvre de l'École gothique du Midi. Ses grands arcs de décharge disposés entre les contreforts et surmontés d'oculi lui donnent une allure de forteresse. La tour octogonale allégée d'arcs en mitre qui servit de modèle à tant de clochers de la région reçut, à son achèvement (1299), la cloche unique de l'Université dominicaine. L'« église-mère » de l'ordre des Frères Prêcheurs, ache-vée vers 1340, accueillit en 1369 le corps de saint Thomas d'Aquin.

Le grandiose vaisseau à deux nefs fut bâti par agrandissements et surélévations suc-cessives. Il traduit le rayonnement de l'ordre, sa prospérité et ses deux missions bien tranchées : le service divin et la prédication.

Sur le pavement, le plan du premier sanctuaire (1234), rectangulaire et couvert de charpente, est rappelé par 4 dalles de marbre noir (base des anciens piliers) et par un cordon de carreaux, également noirs (les murs). Les sept colonnes portent la voûte à 28 m de hauteur sous clé. Sur la dernière d'entre elles repose la voûte tournante de l'abside : ses 22 nervures alternativement minces et larges évoquent les branches d'un palmier.

La décoration polychrome des murs ayant heureusement subsisté en grande partie, les restaurateurs ont pu restituer l'ambiance colorée de l'église. Jusqu'à l'appui des fenêtres hautes, les murs présentent un faux appareil de pierres ocre et rosées. D'autres contrastes de teintes soulignent l'élan des colonnettes engagées, la souplesse des nervures de la voûte. Les verrières (grisailles dans le chœur, vitraux plus chaudement colorés dans la nef) ont été posées à partir de 1923. Seules les deux roses de la façade sont anciennes (14ᵉ s.).

Depuis les solennités du septième centenaire de la mort de Thomas d'Aquin en 1974, les reliques du « Docteur angélique » sont à nouveau exposées sous un maître-autel en marbre gris, provenant de Prouille *(p. 102).*

Cloître. — *Entrée : 1 F.* La porte Nord ouvre sur un cloître à colonnettes jumelées typique du gothique languedocien — on en retrouve d'autres exemplaires à St-Hilaire et Arles-sur-Tech. Les galeries Sud et Est, disparues vers 1830, ont pu être reconstituées à partir d'épaves, retrouvées dans la région, ou d'autres fragments de la même École.

Salle capitulaire. — Construite vers 1300. Deux fines colonnes prismatiques en supportent les voûtes. La gracieuse absidiole a retrouvé son décor polychrome.

Chapelle St-Antonin. — A gauche de la salle capitulaire, elle fut élevée de 1337 à 1341 comme chapelle funéraire par le frère Dominique Grima, devenu évêque de Pamiers (clé de voûte au-dessus de la tête du Christ de l'Apocalypse).

Des caveaux creusés dans le sol de la nef, les ossements étaient transférés dans un ossuaire, sous l'autel surélevé. La chapelle constitue une délicate œuvre gothique, parée, en 1341, de peintures murales à dominante bleue.

Les médaillons inscrits dans les voûtains sont consacrés à la deuxième Vision de l'Apocalypse : l'Agneau, immaculé, les pieds sur le livre aux sept sceaux, le Christ maître du monde entouré des symboles des Évangélistes et des 24 vieillards. Sur les murs, au-dessous de groupes d'anges musiciens, se déroulent, en deux registres, les scènes de la fantastique légende de saint Antonin de Pamiers dont la clé de voûte de l'abside donne la conclusion : les reliques du martyr naviguent sous la garde de deux aigles blancs.

Hôtel de Bernuy (lycée Pierre de Fermat) (DY). — Bâti en deux campagnes au début du 16e s. La porte (1, rue Gambetta) associe courbes et contre-courbes, de tradition gothique, à des médaillons. La 1re cour offre un intermède d'architecture de pierre. Le faste de la Renaissance s'y manifeste par un portique à loggia, au revers de l'entrée, et par une arcade très surbaissée, à droite.

Par le passage voûté d'ogives gagner la 2e cour où l'on retrouve le charme de la « ville rouge ». La tour d'escalier★ octogonale montée sur trompe, la plus haute du vieux Toulouse, prend jour par des fenêtres gracieusement agencées à la rencontre de deux pans.

Capitole★ (DY H). — *Visite de 8 h 30 à 17 h ; fermé les samedis, dimanches et jours fériés ainsi que les jours de réunions et de réceptions. Entrée : 1 F.* C'est l'hôtel de ville de Toulouse : il tire son nom de l'ancienne assemblée des « capitouls ». La façade sur la place date du milieu du 18e s. Longue de 128 m, ornée de pilastres ioniques, elle est un bel exemple d'architecture colorée, jouant habilement des alternances de la brique et de la pierre. Dans l'aile droite se trouve le théâtre, réaménagé en 1974.

Pénétrer dans la cour : au-dessus d'un portail Renaissance, statue de Henri IV érigée sous son règne. C'est ici qu'eut lieu, en 1632, la fameuse exécution du duc de Montmorency *(voir p. 176)*, gouverneur du Languedoc, entré en rébellion armée contre le pouvoir de Louis XIII (dalle commémorative sur le pavé).

L'escalier, le vestibule et diverses salles, surtout la salle des Illustres, dédiée aux gloires toulousaines, ont été décorés, avec une pompe appropriée à leur destination, par des peintres témoins de l'art officiel, aux temps de la IIIe République.

Traverser la cour puis le jardin en biais.

Derrière l'hôtel de ville s'élève le donjon, reste de l'ancien Capitole (16e s.), restauré par Viollet-le-Duc au siècle dernier. Il abrite le Syndicat d'Initiative.

Suivre la rue d'Alsace-Lorraine (à gauche, musée des Augustins — voir p. 182) et gagner à droite la place Esquirol.

2 **De la place Esquirol à la place Wilson**

Suivre la rue de Metz ; obliquer à droite vers l'hôtel d'Assézat.

Hôtel d'Assézat★ (DY B). — *La cour est fermée de 12 h à 14 h. On ne visite pas l'intérieur.*

C'est le plus bel édifice particulier de Toulouse. Il a été élevé en 1555-1557 sur les plans de Nicolas Bachelier, le plus grand architecte toulousain de la Renaissance, pour le capitoul d'Assézat, négociant enrichi dans le commerce du pastel.

Sur les façades des bâtiments de gauche et de face s'est développé, pour la première fois à Toulouse, dans toute sa noblesse, le style classique caractérisé par la superposition des trois ordres antiques : dorique, ionique, corinthien. Pour donner de la variété à ces façades, l'architecte a ouvert, au rez-de-chaussée et au 1er étage, des fenêtres rectangulaires sous des arcades de décharge. Au 2e étage, c'est l'inverse : la fenêtre est en plein-cintre sous un entablement droit. A cette recherche, correspond la décoration poussée des deux portes, l'une avec ses colonnes torses, l'autre avec ses cartouches et ses guirlandes. L'art de la sculpture s'est, en effet, ranimé à la Renaissance, la pierre recommençant à être employée à Toulouse en même temps que la brique.

Au revers de la façade donnant sur la rue s'ouvre un portique élégant, à quatre arcades, surmonté d'une galerie. Le 4e côté est resté inachevé, Assézat, converti au protestantisme, ayant été exilé et ruiné. Le mur est seulement décoré d'une galerie couverte reposant sur de gracieuses consoles.

L'hôtel abrite les six sociétés savantes de Toulouse, dont l'Académie des Jeux floraux *(voir p. 176).*

Montée à la tour. — *Accès, par beau temps, de 9 h à 12 h et de 14 h 30 à 18 h 30 (les 43 marches du dernier escalier à vis sont étroites et incommodes). Concierge à l'entrée à droite.*

Panorama sur le vieux Toulouse, ses églises, ses toits en désordre d'où émergent çà et là quelque tour de capitoul. Par temps clair (vent d'autan) se découpe la barrière des Pyrénées.

Reprendre la rue de Metz pour déboucher sur la perspective de la Garonne.

On pourra flâner un moment sur le quai de la Daurade, en aval du pont Neuf (17e s.) : vue sur le quartier St-Cyprien (rive gauche) avec l'Hôtel-Dieu et le dôme de l'hospice de la Grave.

TOULOUSE★★★

Faire demi-tour. Suivre à droite la rue des Marchands, la rue de la Trinité, puis la rue Croix-Baragnon, l'un des fiefs toulousains des antiquaires. Plusieurs demeures ont été restaurées : au n° 15, «la plus vieille maison de Toulouse» du 13e s. se reconnaît à ses baies géminées.

A l'angle de la rue Tolosane on a devant soi la façade et la tour de la cathédrale tandis qu'on aperçoit sur la gauche la tour des Augustins entourée de verdure. Au n° 24 rue Croix-Baragnon, Centre culturel de la ville.

On atteint la place St-Étienne agrémentée d'une fontaine du 16e s. portant un nom particulier « le Griffoul ».

Cathédrale St-Étienne★ (EY). — Comparée à St-Sernin, la cathédrale apparaît curieusement disparate. Rien d'étonnant: sa construction s'est étendue du 13e au 17e s.; les «écoles» gothiques du Midi et du Nord s'y sont affrontées. Les fonds manquant, on ne put achever la construction de la nef et l'élévation du chœur. Dans la façade de l'église primitive commencée en 1078, les évêques et le chapitre ont fait percer une rose au 13e s.; puis, au 15e s., un portail a été ouvert; enfin, au 16e s., on a élevé un clocher-donjon rectangulaire sans rapport avec les clochers polygonaux ajourés de la région. *Entrer par le portail de la façade.*

Intérieur. — La nef et le chœur ne sont pas dans le même axe et donnent l'impression de n'être pas faits l'un pour l'autre. Cela tient à ce que l'on commença la reconstruction (après la réunion du comté à la couronne) par le chœur, sans se préoccuper de la nef, bâtie en 1209, que l'on comptait jeter bas. On se contenta de procéder à un raccordement de fortune exigeant des prouesses architecturales dans ce qui aurait dû devenir le bras gauche du transept.

La nef unique, aussi large que haute, est la première manifestation de l'architecture gothique du Midi *(voir p. 29)* et l'on peut juger du progrès réalisé: la voûte unique de St-Étienne est large de 19 m alors que la voûte romane de St-Sernin n'en a que 9.

L'austérité de ses murs est corrigée par une belle collection de tapisseries des 16e et 17e s.. A la clé de la 1re voûte, remarquer la «croix aux douze perles» *(voir p. 176)*, armes des comtes de Toulouse, puis de la province de Languedoc.

La construction du chœur, commencée en 1272, fut arrêtée seize ans après. Deux siècles plus tard, les murs furent terminés et l'édifice couvert d'une charpente. En 1609, cette charpente, détruite par un incendie, est remplacée par la voûte actuelle qui n'a que 28 m de haut au lieu des 40 m prévus au plan initial.

Le retable du maître-autel, les stalles ornées de tapisseries retraçant la vie de saint Étienne, exécutées à Toulouse, le buffet d'orgues, les vitraux des cinq grandes fenêtres de l'abside datent du 17e s. Dans le déambulatoire, on verra des vitraux anciens, notamment dans la chapelle immédiatement à droite de la chapelle axiale, un vitrail du 15e s. qui reproduit les traits de Charles VII et appelé le «vitrail du roi».

Sortir par la porte droite et contourner l'église; extérieurement, la puissance des contreforts du chœur est révélatrice de l'ambition des projets irréalisés.

Traverser la rue de Metz, puis par la rue d'Astorg, la rue Cantegril, la rue Antonin-Mercié, gagner la rue d'Alsace-Lorraine.

Musée des Augustins★★ (DEY). — *Visite de 10 h à 12 h et de 14 h à 18 h (jusqu'à 22 h le mercredi); fermé le mardi, le mercredi matin, les jours fériés. Entrée: 1 F.*

Le musée est installé dans les bâtiments désaffectés du couvent des Augustins. Le bâtiment qui borde la rue d'Alsace-Lorraine a été construit par Viollet-le-Duc et Darcy au 19e s. On visite le grand cloître (14e s.), fort beau, la sacristie (14e s.) où sont exposées des sculptures de la fin du 13e s. et du 14e s., et la salle capitulaire (fin 15e s.) qui abrite la célèbre Pietà des Récollets.

Les **sculptures romanes★★★** (12e s.), présentées temporairement dans l'église conventuelle, forment un ensemble admirable. Elles proviennent essentiellement de l'abbaye St-Sernin, du monastère de la Daurade et des bâtiments du chapitre de la cathédrale St-Étienne. On admirera particulièrement les chapiteaux: Vierges sages et Vierges folles, mort de St-Jean-Baptiste, Histoire de Job, etc.

L'église abrite également des sculptures des 16e, 17e et 18e s. ainsi que des peintures religieuses de la même époque (Pérugin, Rubens, Murillo, Simon Vouet, Nicolas Tournier...).

La peinture néo-classique est aussi bien représentée au musée qui abrite, en outre, des œuvres du 19e s., des peintures modernes et contemporaines.

Au fur et à mesure des rénovations du musée,

(D'après photo Jean Dieuzaide)

Musée des Augustins. — N.-D.-de-Grâce.

la collection de peintures italiennes, françaises, flamandes et hollandaises des 17e et 18e s. occupera les nouvelles galeries dans le bâtiment Darcy-Viollet-le-Duc, et des sculptures allant du 4e au 9e s. seront installées. Ces travaux de réaménagements ont permis des découvertes archéologiques (sculptures des 15e et 16e s. notamment).

En sortant du musée, achever de contourner les bâtiments du couvent; du jardin (entrée rue de Metz), vue sur le clocher et la nef de l'ancienne église des Augustins.

Par la rue des Arts, la place St-Georges, la rue St-Antoine-du-Taur, gagner la place Président-Wilson, centre élégant de Toulouse. L'animation est grande, surtout en fin d'après-midi.

■ AUTRES CURIOSITÉS

Ancienne chapelle du Carmel (DX). — *Pour visiter, s'adresser au concierge de la bibliothèque universitaire, 56, rue du Taur.*

Sa décoration : boiseries et peintures célébrant la gloire de l'ordre du Carmel (œuvre du peintre toulousain Despax) constitue un très bel ensemble du 18e s.

Rue St-Rome (DY). — *Réservée aux piétons.* Tronçon de l'antique voie qui traversait la ville du Nord au Sud, elle devient le domaine des «boutiques». A son début (n° 39), maison à façade 17e s. du médecin de Catherine de Médicis. En faisant quelques pas dans la **rue Jules-Chalande** (DY **79**), on verra la belle tour gothique de Pierre Séguy (**L**).

Musée du Vieux-Toulouse (DY **M¹**). — *Visite de 15 h à 18 h du 1er juin au 30 septembre (de 14 h 30 à 17 h 30 le mercredi seulement, le reste de l'année). Fermé les dimanches et jours fériés. Entrée : 5 F.*

Installé dans l'hôtel du May (16e-17e s.), il réunit des collections concernant l'histoire de la ville, l'art régional populaire. Céramiques locales.

Rue des Changes (DY). — Le carrefour dit «Quatre coins des Changes» est dominé par la tour de Pierre de Sarta (**R**). Remarquer les numéros 20, 19 et 17 ; au n° 16 l'hôtel d'Astorg et St-Germain (16e s.) présente une façade à «mirandes» *(voir p. 171)* et une cour pittoresque avec ses galeries et escaliers de bois.

Rue Malcousinat (DY **92**). — Au n° 11, aimable corps de logis Renaissance flanqué d'un sévère donjon du 15e s.

Rue de la Bourse (DY). — S'arrêter au n° 20 : maison de Pierre Del Fau (15e s.), qui espéra être capitoul — d'où la tour — mais ne le fut jamais.

Basilique N.-D.-de-la-Daurade (DY **D**). — Héritière d'un temple dédicacé à la Vierge dès le 5e s., l'église actuelle remonte au 18e s. Les Toulousains y sont très attachés (pèlerinage à N.-D.-la-Noire, cérémonies de la recommandation des futures mères et de la bénédiction des fleurs décernées aux lauréats des Jeux floraux). Seule la situation de sa façade au lourd péristyle dominant la perspective de la Garonne *(voir p. 181)* présente de l'intérêt.

Hôtel de Fumel (Palais consulaire) (DEY **C**). — Siège de la Chambre de Commerce. Belle façade du 18e s., en équerre, sur jardin.

Rue Bouquières (EZ **19**). — L'hôtel de Puivert (18e s.) y déploie sa grande architecture d'apparat.

Rue Mage (EZ). — Une des mieux conservées de Toulouse : demeures d'époque Louis XIV (n° 20 et n° 16) et Louis XIII (n° 11) ; au n° 3, hôtel d'Espie, de style Régence.

Musée Paul-Dupuy★ (EZ **M²**). — *Fermé provisoirement. Réouverture prévue en 1983.*

Ce musée est consacré aux arts appliqués du Moyen Age à nos jours : arts du métal, du feu, du bois ; horlogerie ; métrologie ; numismatique ; reconstitution de l'apothicairerie du collège des Jésuites (1632). Le cabinet de dessins et d'estampes offre une riche iconographie du Languedoc et des provinces voisines.

Hôtel Béringuier-Maynier (ou du Vieux-Raisin) (DZ **E**). — *Rue du Languedoc, n° 36.*

Le corps de logis au fond de la cour marque la première manifestation de la Renaissance italianisante à Toulouse, dans le style des châteaux de la Loire. Le décor des ailes, aux fenêtres à cariatides, reflète un style plus tourmenté, proche du baroque.

Rue Pharaon (DZ). — Hôtel du capitoul Marvejol (jolie cour) au n° 47, façade du 18e s. au n° 29, tour de 1478 au n° 21.

Rue de la Dalbade (DZ). — Les demeures parlementaires s'y succèdent. Les numéros 7, 11, 18 et 20 montrent d'élégantes façades du 18e s. Remarquer au n° 22 le grand portail sculpté, d'inspiration très païenne (16e s.), de l'hôtel Molinier. Au n° 25, l'**hôtel de Clary** (DZ **N**) comporte une belle cour intérieure Renaissance ; sa façade, un peu chargée, fit sensation lorsqu'elle fut élevée en pierre au 17e s. — signe d'opulence en cette ville de brique (l'édifice en a gardé le nom d'«hôtel de pierre»).

L'hôtel des chevaliers de St-Jean-de-Jérusalem (n° 30), robuste et noble construction du 17e s., fut le siège du Grand prieuré de l'ordre de Malte.

Église N.-D.-de-la-Dalbade (DZ **F**). — *Fermé entre 11 h et 16 h.* Le nom de l'église est dérivé de la blancheur des murs du premier édifice. L'église actuelle, construite au 16e s., endommagée par l'écroulement du clocher en 1926, a été restaurée et son bel appareil de briques remis en valeur. Portail Renaissance (le tympan en céramique date du 19e s.).

Rue Ozenne (EZ). — Au n° 9, remarquable ensemble de la fin du 15e s. : l'hôtel Dahus et la tour de Tournoër.

Museum d'Histoire naturelle★★ (EZ). — *Dans le jardin des Plantes (voir ci-dessous). Visite de 14 h à 18 h (17 h du 1er novembre au 31 mars). Fermé le mardi. Entrée : 1 F.*

Importantes galeries de Préhistoire.

Jardin des Plantes, jardin Royal et Grand rond (EZ). — Bel ensemble planté. Dans le jardin des Plantes, Museum d'Histoire naturelle.

Dans le jardin Royal, monument à la gloire des équipages pionniers de la ligne France-Amérique du Sud, œuvre de Maillol.

A l'extrémité Sud des allées Frédéric-Mistral, **monument de la Résistance** *(visite de 10 h à 12 h et de 14 h à 18 h les jours ouvrables ; montage audio-visuel)*. Un jeu de lentilles ne distribue la lumière du soleil dans la crypte que le 19 août, jour anniversaire de la libération de Toulouse.

TOULOUSE★★★

Musée Georges-Labit (BU M³). − *Plan p. 177. Visite de 10 h à 12 h et de 14 h à 18 h. Fermé les mardis et jours fériés. Entrée : 1 F.*

Le musée est installé dans la villa mauresque où Georges Labit (1862-1899), négociant toulousain passionné par l'Asie, des Indes à l'Extrême-Orient, avait réuni les objets rapportés de ses voyages : sculptures khmères, indiennes, peintures et céramiques de la Chine et du Japon, estampes japonaises. Au sous-sol, antiquités égyptiennes et arts himalayens. La collection, enrichie et harmonisée depuis, offre un panorama rapide mais précieux des arts reflétant les grandes civilisations asiatiques.

Le pont St-Michel et les bords de la Garonne (DZ). − Ouvrage en béton précontraint d'une grande simplicité de ligne, le pont St-Michel offre un point de vue intéressant. Se placer au milieu du pont et la rive gauche : par temps clair la chaîne des Pyrénées se profile au Sud.

Du côté opposé le regard embrasse une bonne partie de la ville : des Jacobins à la Dalbade, la plupart des monuments se repèrent facilement ; c'est au coucher du soleil qu'on jouit le mieux de ce paysage urbain animé par les rougeoiements de la brique.

Le cours Dillon (BU) et la rive gauche de la Garonne forment une zone ombragée réservée aux piétons d'où l'on a des points de vue inattendus sur la ville. A la tête du Pont Neuf, la tour de briques d'un château d'eau (1823) a été aménagée, en 1973, en galerie d'art photographique, la **galerie municipale du Château d'eau** (BU K). *Visite de 13 h à 19 h. Fermé les mardis et les jours fériés.*

Parc toulousain (BV). − *Plan p. 177.* Aménagé dans une île de la Garonne, ce parc compte trois piscines de plein air et une piscine couverte, le Stadium, le parc des Expositions et le palais des Congrès.

Le VALLESPIR ★

Carte Michelin n° 86 - plis 18 à 20 − *Schéma p. 154-155.*

Le Vallespir est la région des Pyrénées-Orientales constituée par la vallée du Tech. On distingue le Haut-Vallespir, en amont d'Amélie-les-Bains, du Bas-Vallespir, en aval de cette station.

LE HAUT-VALLESPIR★

Cette petite région, au charme pastoral et montagnard, présente des aspects extrêmement variés et toujours séduisants. C'est, de plus, une curiosité géographique en ce sens qu'elle comprend les communes les plus méridionales du territoire français.

Les vergers et les cultures ne trouvent plus place ici que dans les fonds de vallée. Des forêts de châtaigniers, de hêtres et, surtout, de vastes pâturages les remplacent.

Une activité industrielle bien vivante, des traditions folkloriques encore vivaces, achèvent de donner au pays sa physionomie particulière.

C'est dans ses réjouissances qu'il faut voir cette population catalane, même si l'intérêt « régionaliste » de ces fêtes paraît un peu mince au premier abord, en raison de la disparition progressive des costumes locaux. Qui aura eu la chance de voir danser ou plutôt célébrer la sardane, « expression la plus humaine des émois et des transports d'une âme collective », ne sera pas près de l'oublier.

La crosse et l'épée. − Le comté de Cerdagne de Wifred-le-Velu *(p. 75)* est divisé en 990 à l'occasion d'une succession : Bernard dit « Taillefer » prend le titre de comte de Bésalu (petite ville de l'Ampurdan − la plaine jumelle du Roussillon − au Sud des Albères) et reçoit la haute vallée du Tech. Dès 1111, cette branche s'éteint et ses domaines passent aux comtes de Barcelone.

L'abbaye bénédictine de Ste-Marie d'Arles est, au Moyen Age, le grand centre religieux du pays. Son rayonnement s'accroît encore à la fin du 10e s., grâce à la translation des reliques des saints martyrs orientaux Abdon et Sennen, toujours très populaires dans le pays. Les abbés exercent naturellement une juridiction temporelle sur de nombreuses terres. Les moines, désireux de mettre en valeur le bassin supérieur du Tech, fondent une colonie agricole qui devient rapidement une petite ville, Prats-de-Mollo, dont les rois d'Aragon, appréciant déjà la situation et le climat, font une de leurs villégiatures d'été préférées.

Les seigneurs de Serralongue, de Corsavy, ont des préoccupations moins pacifiques ; ils élèvent des châteaux et des tours de guet qui, aujourd'hui encore, attirent le regard.

D'Amélie-les-Bains à Prats de Mollo. − *53 km − environ 4 h − schéma p. 154.*

La route contourne la croupe sur laquelle est assis Fort-les-Bains et remonte la vallée du Tech. Le massif du Canigou apparaît.

Arles-sur-Tech. − *Page 50.*

Gorges de la Fou★★. − *1 h 1/2 à pied AR (parcours de 1 200 m le long de passerelles bien entretenues). Visite de 9 h à 18 h de juin à septembre, de 10 h à 17 h en avril, mai et octobre. Entrée : 10 F.*

La première exploration de ces gorges ne date que de 1928. La fissure n'atteint pas 3 m de largeur par endroits pour une hauteur de plus de 100 m. Les parties où grondent les cataractes, chutant de marmite en marmite, alternent avec des passages plus lumineux où le chant des oiseaux se fait entendre. Remarquer plusieurs blocs coincés.

Le D 3 traverse le Tech et s'élève sur la rive droite du torrent, au milieu des châtaigneraies, pour s'engager ensuite dans la vallée affluente de la Quéra. A droite une curieuse montagne pyramidale porte la tour de Cos (alt. 1 116 m). Un virage dans un ravin offre ensuite une bonne vue, à droite, sur les villages de Montferrer et de Corsavy.

St-Laurent-de-Cerdans. — 1 807 h. Bourg le plus peuplé du Haut-Vallespir, animé par la fabrication des espadrilles et par des tissages (tissus catalans traditionnels).

Coustouges. — 171 h. Village de montagne où trépident aussi quelques machines de sandalerie. L'église fortifiée du 12e s. a gagné avec le temps une admirable patine. Un cordon décoratif en dents d'engrenage règne sous les combles, de même sous le parapet de la tour. Il se superpose, au chevet, à un délicat motif d'arcatures.
Pour l'ouverture de la grille de l'église, s'adresser à M. le curé.
La porte Sud ouvre sur un porche obscur, d'où l'on pénètre dans le vaisseau par un portail roman taillé, fait exceptionnel en Roussillon, non dans le marbre mais dans la pierre tendre. Aussi le sculpteur a-t-il développé ici un vaste programme décoratif. Le chœur est fermé par une belle grille de fer forgé, montrant ce décor de volutes que l'on retrouve souvent en Vallespir dans les pentures des portes anciennes. Remarquer les voûtes des chapelles latérales du chœur, soutenues par deux ogives en boudin, très archaïques.
Le gardien montre sur demande le camaril, petite chambre aménagée derrière l'autel de la Vierge.

Can Damon. — Site★ panoramique, au-dessus des vallées sauvages et silencieuses des confins ampourdanais. Des abords de l'oratoire N.-D.-du-Pardon (1968), vue sur la baie de Rosas, à l'extrémité de la Costa Brava.

Faire demi-tour; à la Forge-del-Mitg, tourner à gauche dans le D 64, route agréablement tracée sur le versant «ombrée» du Vallespir foisonnant en verdures (érables, châtaigniers) avivées par de nombreux ruisseaux. En avant apparaissent les trois tours de Cabrens.

Serralongue. — 206 h. *1,5 km, sur le D 44. Monter à pied à l'église.* Sur l'esplanade a poussé un micocoulier, dont le bois servait jadis à la confection des célèbres fouets dits «perpignans». Poursuivre jusqu'au sommet de la colline pour voir la ruine d'un conjurador, édicule à quatre ouvertures, au-dessus desquelles des niches abritaient autrefois les quatre Évangélistes. Lorsque l'orage menaçait les récoltes, le curé venait réciter les prières appropriées pour «conjurer» le péril en se tournant du côté de l'horizon assombri par les nuées.

Le Tech. — 126 h. Village d'éperon, au confluent du Tech et de la Coumelade, dont le quartier bas fut anéanti par l'inondation de 1940 *(voir p. 13)*. Le monument aux morts de 1914-1918 a été remplacé en 1964 par un sobre mémorial. L'église a été rebâtie sur le promontoire.

Défilé de la Baillanouse. — La route, emportée par les inondations catastrophiques d'octobre 1940, fut reconstruite plus haut. On reconnaît encore, à droite, un arrachement de terrain au flanc du Puig Cabrès. De là descendit un éboulement énorme (6 à 7 millions de m³) ayant barré la vallée sur une hauteur de 40 m.

Continuer par le D 115 jusqu'à Prats-de-Mollo *(p. 150)*.

Route du col d'Ares★. — *14 km de Prats-de-Mollo au col (frontière).*
La route s'élève dans les bosquets de châtaigniers. Les vues sont orientées vers le massif du Canigou et les amples contreforts pastoraux caractérisant le versant Sud de la montagne; agréable vue d'ensemble sur Prats, groupé au pied du fort Lagarde. A partir du col de la Seille se dégage, au Sud, l'éventail des vallées boisées convergeant vers Serralongue, où l'on reconnaît les tours de Cabrens, et, plus proche, la chapelle N.-D.-du-Coral. Dans la montée finale au col d'Ares (Alt. 1 513 m), on découvre au Nord la tour de Mir, l'une des tours à signaux *(p. 27)* les plus élevées du Roussillon.

De Prats-de-Mollo à Amélie-les-Bains par Corsavy (D 44). — *Routes de corniche sinueuses et accidentées — 35 km — environ 2 h — schéma p. 154.*

Montferrer. — 260 h. L'église a un joli clocher roman. A gauche, ruines d'un château.
Au point culminant de la route (860 m), le panorama prend toute son ampleur sur le massif du Canigou, les Albères, le Roussillon et la Méditerranée. La route perd ensuite de la hauteur pour traverser le ruisseau de la Fou (très belle vue), puis remonte doucement à Corsavy. A gauche, ancienne tour de guet. 1 km après Corsavy, on aperçoit sur une crête les ruines de l'ancienne église paroissiale du village.

La route, adoptant un tracé de crête, descend rapidement entre la fraîche vallée du Riuferrer et l'encoche supérieure des gorges de la Fou, avant de rejoindre Arles.

LE BAS-VALLESPIR

D'Amélie-les-Bains à Argelès-Plage. — *38 km — environ 3 h — schéma p. 154 et 155.*

Quittant Amélie-les-Bains *(p. 46)*, on aperçoit tout de suite Palalda, à gauche, qui s'étage sur la rive abrupte du Tech. Le D 115, çà et là bordé de platanes, laisse le Vallespir montagnard.

Céret★. — *Page 89.*

Pic des 3 Termes★★. — *De la bifurcation du D 618, 28 km — environ 2 h. Monter au Perthus (route déconseillée en période d'intense circulation) où prendre la route d'excursion décrite p. 148.*

Chapelle St-Martin-de-Fenollar. — *Visite de 15 h à 17 h tous les jours sauf les lundis, du 1er avril au 30 septembre; le vendredi seulement, le reste de l'année. Entrée: 2 F.*
Les peintures murales romanes illustrent le mystère de l'Incarnation. Elles représentent le Christ en majesté, entouré des quatre Évangélistes figurés par des anges tenant

chacun un livre et le symbole approprié (sauf l'ange symbolisant saint Matthieu qui ne peut être montré tenant une figure d'homme), les 24 vieillards de l'Apocalypse, l'Annonciation, la Nativité, l'Adoration des Mages et le retour des Mages dans leur pays.

Tourner à gauche en sortant de la chapelle. Après le grand virage apparaissent les thermes du Boulou.

Thermes du Boulou. — Traitement des affections hépato-biliaires. Certaines sources se prêtent à l'embouteillage et l'eau de table du Boulou peut être demandée dans la région. Le casino attire les Catalans d'Espagne en grand nombre.

St-Genis-des-Fontaines. — 1 107 h. *Au carrefour d'entrée, tourner à gauche vers l'église.* Le linteau qui surmonte la porte est la plus ancienne pièce romane datée de France (1020). Deux groupes de trois apôtres entourent le Christ qui trône au centre d'une gloire portée par deux anges agenouillés.

A gauche, le tertre de la cathédrale d'Elne surgit de la plaine.

St-André. — 1 016 h. *Laisser la voiture sur la placette ombragée à droite de la rue de traversée. Par une voûte accéder à l'église.*
L'édifice, du 12ᵉ s., présente extérieurement d'importants fragments d'appareil préroman en « arête de poisson ». Le portail est surmonté d'un linteau de marbre, de technique similaire à celui de St-Genis-des-Fontaines *(voir ci-dessus)*. La fenêtre présente un décor de palmettes et de galons de perles avec, aux angles, les médaillons des Évangélistes. Intérieurement la nef principale offre un curieux dispositif de piles à colonnettes engagées reposant sur de hauts socles ne laissant entre les supports et le mur qu'un étroit passage. Les fenêtres ont été dotées. en 1973, de châssis vitrés rappelant les dalles ajourées des « claustras » antiques.
La table d'autel à lobes fait apparaître des motifs décoratifs analogues à ceux du linteau.

Avant l'arrivée à Argelès *(p. 49)*, la route longe le pied des Albères ; de vieilles tours à signaux : tour de la Massane, tour Madeloc, apparaissent sur les crêtes.

VALS

Carte Michelin n° 🎱🎱 - pli 5 — 12 km à l'Ouest de Mirepoix — *Schéma p. 106* — 46 h.

L'oppidum de Vals, attribué aux Celtibères, resta occupé jusqu'à l'époque gallo-romaine, comme en témoignent d'abondantes trouvailles de céramique, de verrerie et d'ossements. Le Roc de l'Éperon semble taillé selon une technique archaïque, tandis que le Roc Taillat, ancienne table de sacrifices, présente des cannelures probablement travaillées au moyen d'outils de métal. L'ensemble de la plate-forme constituait la base d'un ancien temple.

Église. — *Si l'église est fermée, en demander la clé au bureau de tabac.* On y accède par un escalier creusé dans un boyau rocheux. C'est une église rupestre, à deux nefs superposées, portant la marque d'époques très différentes. La nef basse, ou crypte, est carolingienne, l'abside du 11ᵉ s. ; la tour massive dressée sur le socle rocheux abrite une chapelle romane (terminée au 14ᵉ s.), dédiée, comme de nombreux hauts-lieux du Moyen Age, à l'archange saint Michel.

Dans l'abside, des peintures murales du 12ᵉ s. présentent une remarquable unité et montrent, selon un plan logique assez rare, trois aspects de la vie du Christ : sa naissance (Annonciation, Bain de l'Enfant Jésus, Adoration des Mages), sa vie publique (les Apôtres) et sa glorification.

Ces tableaux stylisés, dessin au trait plutôt que peinture, présentent des personnages aux grands yeux en amande, figés dans des attitudes hiératiques selon la tradition byzantine. Par leur composition schématique et naïve, sans recherche de profondeur, ils s'apparentent aux fresques catalanes de l'époque romane.

Musée archéologique. — *Visite du 1ᵉʳ mai au 30 septembre de 9 h 30 à 12 h et de 14 h à 18 h ; le reste de l'année de 10 h à 12 h et de 14 h à 17 h.* Situé sur la place de l'église. La salle Henri-Breuil présente le produit des fouilles de l'ancien oppidum de Vals.

VERNET-LES-BAINS ★

Carte Michelin n° 🎱🎱 - pli 17 — *Schémas p. 81 et 154* — 1 344 h. (les Vernétois) — *Lieu de séjour, p. 42* — *Plan dans le guide Michelin France.*

Le **site★** de Vernet, au pied des contreforts boisés du Canigou où s'accroche le clocher de St-Martin, est l'un des plus frais des Pyrénées-Orientales ; le grondement du torrent du Cady apporte un bruit de fond montagnard, inattendu dans ce décor méditerranéen aimé de Rudyard Kipling.

On soigne dans l'établissement thermal, doublé d'un centre de rééducation motrice, les rhumatismes et les affections relevant de l'oto-rhino-laryngologie.

Le vieux Vernet, massé sur la rive droite du Cady, offre au flâneur ses ruelles déclives.

Le Vieux Vernet. — *Visite : 3/4 h.* De la place de la République, monter au « puig » (piton) de l'église par la rue J. Mercader bordée de petites maisons colorées et fleuries, souvent décorées d'une treille.

Église St-Saturnin. — *Ouverte en été, les lundis, mercredis et vendredis de 15 h à 18 h.*
Sa jolie situation, en vue du cirque du haut Cady et de la tour de St-Martin, fait son principal intérêt. Cette ancienne chapelle N.-D.-del-Puig (12ᵉ s.), adossée à un château fort (reconstitué), mérite une visite pour la présentation de son mobilier et de différents vestiges lapidaires : une cuve baptismale (face à l'entrée), une prédelle de la Crucifixion ayant fait partie d'un retable peint du 15ᵉ s., la table d'autel romane et, surtout, l'impressionnant Christ (14ᵉ s.) suspendu dans l'abside.

EXCURSION

Col de Mantet★. — *20 km au Sud-Ouest — environ 1 h. Route très abrupte, en corniche étroite (croisement très difficile) en amont de Py.* Sortir de Vernet par le D 27 à l'Ouest et remonter, à partir de Sahorre, la vallée de la Rotja d'abord parmi les pommiers puis dans une gorge entaillée dans les granits.

Au-dessus de Py la route escalade des pentes raides hérissées çà et là de rochers granitiques. A 3,5 km, dans un large virage, **belvédère★** sur le village aux toits rouges et le Canigou.

Le col de Mantet s'ouvre à 1 761 m d'altitude près des couverts de résineux de la forêt de la Ville. Faire quelques pas sur le versant opposé pour découvrir le site, impressionnant d'austérité, de Mantet, village à peu près déserté (7 h.), tapi dans un repli de terrain.

VILLEFRANCHE-DE-CONFLENT ★

Carte Michelin n° 86 - pli 17 — *Schéma p. 154* — 435 h.

Au confluent du Cady et de la Têt, Villefranche, bastionnée par Vauban, occupe une position encaissée surprenante : des roches voisines, suivant le rapport du grand ingénieur, des tireurs auraient pu «canarder à coup de fusil tout ce qui paraîtrait dans ses rues».

Ce «verrou» fut surtout, à partir du traité de Corbeil (1258), un poste avancé du royaume d'Aragon face à la ligne des «fils de Carcassonne» *(voir p. 96)*. Une garnison française l'occupa du traité des Pyrénées (1659) à 1925.

Les carrières des environs ont fourni le marbre rose qui ennoblit de nombreux monuments du Roussillon.

■ LA VILLE FORTE★ *visite : 2 h*

Laisser la voiture à l'extérieur des murs, sur le parking aménagé au confluent de la Têt et du Cady, le long des remparts.

Pénétrer dans l'enceinte par la **porte de France**, ouverte sous Louis XVI à gauche de l'ancienne porte comtale.

Au revers de celle-ci gravir l'escalier menant à une salle haute, point de départ de la visite du chemin de ronde.

Remparts. — *Visite du 1ᵉʳ juin au 30 septembre de 9 h à 12 h et de 13 h 30 à 18 h ; le reste de l'année, à la demande (℡ 96.10.78). Accès : 3 F. Suivre à l'aller les flèches rouges, au retour les flèches jaunes.*

Aux abords de la porte d'Espagne le circuit fait parcourir deux étages de galeries superposées : le chemin de ronde proprement dit et le boyau de circulation inférieur qui remonte à la construction de la forteresse (11ᵉ s.).

De retour à la porte de France, traverser toute la ville en suivant la rue St-Jean dont les maisons des 13ᵉ et 17ᵉ s. ont souvent gardé leur porche en plein cintre ou en arc brisé.

Église St-Jacques. — Des 12ᵉ et 13ᵉ s., elle assemble deux nefs parallèles. Pénétrer dans l'église par le portail «à quatre colonnes» et aux archivoltes torsadées ; les chapiteaux appartiennent à l'École de St-Michel-de-Cuxa.

Dans la nef gauche, les grandes dimensions de la cuve baptismale en marbre rose s'expliquent par la coutume du baptême par immersion pratiquée en Catalogne jusqu'au 14ᵉ s. Une Vierge à l'Enfant du 14ᵉ s., N.-D.-de-Bon-Succès, en marbre, assez abîmée, est invoquée contre les épidémies ; l'enfant tient un fruit dans la main droite, un oiseau dans la main gauche. A gauche de l'autel, retable de N.-D.-de-Vie (1715) de Sunyer *(voir p. 109)*.

Dans la nef droite, la chapelle latérale du milieu abrite un grand Christ en croix (14ᵉ s.), dans la tradition réaliste catalane.

Le chœur Ouest est encadré par des stalles du 15ᵉ s. (rosaces flamboyantes aux jouées) ; sur le podium repose un Christ gisant, œuvre d'art populaire poignante du 14ᵉ s. Les statues de la Vierge et de Joseph d'Arimathie sont des pièces rapportées, plus tardives.

Porte d'Espagne. — Réaménagée comme la porte de France en entrée monumentale sous Louis XVI. La machinerie de l'ancien pont-levis subsiste.

Faire demi-tour et prendre, à gauche, la rue St-Pierre pour accéder au petit pont fortifié St-Pierre, jeté sur la Têt. Du pont part l'escalier souterrain, muré, d'un millier de marches montant au **château** *(on ne visite pas)*. Des quatre femmes inculpées dans l'affaire des Poisons qui y furent enfermées, la dernière mourut en 1724 après 40 ans de détention.

■ AUTRE CURIOSITÉ

Grotte des Canalettes. — *Parking à 700 m au Sud, en contrebas de la route de Vernet. Visite du 15 mars au 30 septembre, de 10 h à 12 h et de 13 h 30 à 18 h 30 ; en octobre de 10 h à 12 h et de 13 h 30 à 17 h 30 les dimanches seulement. Durée : 3/4 h. Entrée : 11 F.*

Les concrétions étonnent par la variété de leurs formes : coulées de calcite, excentriques. Parmi les plus belles on remarquera la Table, un gour que la calcite a peu à peu rempli, et un bel ensemble de draperies d'une blancheur étincelante.

INDEX ALPHABÉTIQUE

Le souligné bistre indique que la localité est citée dans le guide Michelin France.
Les curiosités isolées (abbayes, barrages, cascades, châteaux, grottes, pics, vallées...) sont répertoriées à leur nom propre.

N O T E S

MANUFACTURE FRANÇAISE DES PNEUMATIQUES MICHELIN
Société en commandite par actions au capital de 700 millions de francs
R. C. Clermont-Fd B 855 200 507 - Siège Social Clermont-Fd (France)
© Michelin et Cie, propriétaires-éditeurs, 2-82
Dépôt légal : 6 - 82 — ISBN 2 06 003 662 - 3 — ISSN : en attente

Printed in France - 4 - 82120 - Photocomposition : Blanchard - Impression Istra Strasbourg - 1240

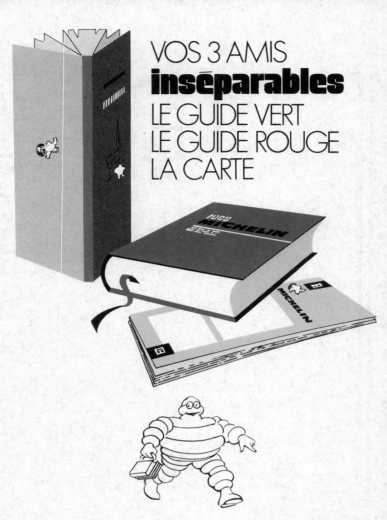

VOS 3 AMIS
inséparables
LE GUIDE VERT
LE GUIDE ROUGE
LA CARTE

2 NOUVEAUX GUIDES VERTS
TOURISTIQUES

Nouvelle Angleterre

Canada

CONSULTEZ CHEZ VOTRE LIBRAIRE
LE CATALOGUE COMPLET DES ÉDITIONS
MICHELIN